中国新闻传播学
自主知识体系建设工程

| 当代中国新闻理论研究 |

新闻真实论
（新修版）

On News Truth

杨保军◎著

中国人民大学出版社
·北京·

本书系中国人民大学科学研究基金项目

"当代中国新闻理论研究"

（批准号：18XNLG06）成果

总　序

　　2022 年 4 月 25 日，习近平总书记来到中国人民大学考察调研时指出，加快构建中国特色哲学社会科学，归根结底是建构中国自主的知识体系。没有知识体系这个内涵，三大体系就如无本之木。习总书记的这一重要论述，为中国特色新闻传播学学科体系、学术体系、话语体系建设指明了方向。当前，面向新时代的使命任务、面向新媒体的变革、面向全球化背景下人类文明交往的新形势，新闻传播学科面临转型升级的迫切要求，需要在回答中国之问、世界之问、人民之问、时代之问中实现学科的系统性重组与结构性再造，新闻传播学的知识体系也需要以此来锚定坐标、厘清内涵外延。

　　中国人民大学新闻学院是中国共产党亲手创办的第一所高等新闻教育机构，是新闻传播学科"双一流"建设单位，主动布局和积极开展自主知识体系建设是我们应有的使命担当。为此，学院开展了"中国新闻传播学自主知识体系建设工程"重大攻关行动，组建了十六个科研创新团队，以有组织科研的形式开展专项工作，寄望以此产生一批重大基础性、原创性系列成果，这些成果将在中国人民大学出版社的支持下陆续出版。

　　中国新闻传播学自主知识体系建设，首先要解决这一体系的逻辑性问题。这需要回到学科发展的历史纵深处，从元问题出发，厘清基本逻辑。在过去的一百多年中，报纸、杂志、广播、电视、通讯社等风起云涌，推动了以大众传播为主体的职业新闻传播事业的迅猛发展。这种实践层面的动向也必然会反映到理论层面，催生和促进新闻传播学的发展。如果从1918年北京大学新闻学研究会成立算起，新闻学在中国的发展逾百年，传播学全面进入中国学界的视野已超过四十年，从1997年正式成为一级学科，新闻传播学在我国的发展则有二十多年。在长期的发展过程中，新闻传播学形成了以史、论、业务三大板块为支柱的知识图谱，并在各专门领域垂直深耕，形成了蔚为壮观的学科阵列。应该说，已有的发展为构建中国新闻传播学自主知识体系提供了良好的基础，但离自主知识体系的要求尚存在不小的差距。主要表现在：长期跑马圈地扩张而以添砖加瓦方式累积形成的知识碎片如何成为有逻辑的知识图谱？主要面向大众传播而形成的知识概念何以适应新媒体时代传媒业结构性变革的新要求？多源流汇聚、面向多学科开放而形成的知识框架如何彰显本学科的主体性？马克思主义新闻观作为"中国特色"的灵魂如何全面融通进入知识体系？这些问题的解决必须超越各种表层因素，从元问题出发并以其作为逻辑起点展开整个知识体系的构建。新闻传播学的一个重要特质就是关注"对话与沟通"及由此对"共识与秩序"的促成，进而推进人类文明和文化的理解与融合。在今天的社会语境下，对于新闻传播学的这一本质意义的认识是重建学科逻辑的关键。在当今的新兴技术革命中，新闻活动从职业语境走向社会化语境，立足于职业新闻活动的新闻学也必须实现根本性转换，将目光投向更广阔的人类传播实践，将新闻学建立在作为人之存在方式、与人之生活世界紧密相连的"新闻"基础之上，建立在新闻、人、事实和生活世界之间相互交错的深厚土壤中。

中国新闻传播学自主知识体系建设，必须要处理好中国特色与世界普遍意义的关系问题。中国的历史、中国的新闻传播实践赋予知识概念以特殊含义，如何将这种"中国特色"阐述清楚，是新闻传播学理论首先要解决的问题。"中国特色"强调对中国问题、中国历史传统和现实特征的观照，但这绝不是自我封闭的目光向内，而是要处理好中国经验与世界理论的关系。建构自主的知识体系应该是一个对话的过程。马克思主义基本原理同中国具体实际相结合、同中华优秀传统文化相结合的过程，是吸收、转化、融入的过程，从学术上讲，实际上是马克思主义与中国传统对话、与中国现实对话的过程。建构自主的知识体系应该关切、关怀人类共同的问题和命运，这就要以产出中国知识、提供全球方案、彰显世界意义为目的，在古今中西的十字路口展开对照和对话。换言之，我们构建自主的知识体系不是自说自话，而是要通过知识创新彰显中国贡献，使中国的新闻传播学屹立于世界学术之林，这是一个艰难而复杂的进程。如果以此为目标做战术层面进一步细分的话，自主知识体系的构建大体可以分为三个向度：

其一，能够与世界同行开展实质有效的深层对话。

这部分主要是指那些具有特别鲜明的中国特色、短期内难以达成共识的内容，比如中国新闻学，从概念到理论逻辑均与西方学术话语有着较大的差异和分歧。对于这部分内容，我们至少在短期内可以以能够开展实质有效的对话为目标，不一定能够达成共识，但至少应努力做到和而不同。这需要我们首先建立一套系统的、在学术上能够逻辑自洽的中国新闻学理论体系。作为中国新闻学的灵魂，马克思主义新闻观不能成为被表面尊崇实则割裂的"特区""飞地"，而应"脱虚向实"，真正贯穿本学科的知识图谱。这就需要将马列关于新闻传播的经典论述与中国共产党从其领导下的百年新闻事业中不断总结提炼的新闻理论相结合，与中国历史传统特别是优秀传统文化相结合。当前，特别要立足于马克思主义新闻观与新时代中国新闻传播事业，加强对习近平文化思想、习近平关于新闻舆论工作重要论述的系统性理论阐释，全面梳理互联网环境下新闻实践的基本理念、原则、方式方法，充实和完善新闻学的本体论、认识论、方法论，构建较为系统完整的知识地图。这既是中国新闻学理论链条的最新一环，也将实现理论创新的层级跨越。

其二，能够与世界同行开展实质有效的交流合作。

这部分主要是指那些与西方学术话语有相通之处、面临共同的问题和挑战的内容，比如一直面临着基础理论创新乏力的传播学，我们可以在实质有效的合作交流中共同发展，做出中国贡献，形成中国学派。要实现这一愿景，中国的传播学必须坚持问题导向，立足中国现实问题，开展基础理论研究和应用对策研究：一方面，扎根中国大地，形成具有中国特色、世界意义的原创性理论；另一方面，面向中国实践，形成一套有解释力的观念体系。从国家加强国际传播能力建设的重大使命任务出发，当前尤其要加强国际传播基础理论建设，尽快构建中国的国际传播理论体系，推动与国际同行的学术交流和对话，加强国际学术话语权。

其三，能够为世界同行做出实质有效的独特贡献。

这部分主要是指那些新兴领域或者中国具有独特资源的领域，我们与世界同行基本处于同一起跑线，甚至有些还有一定的先发可能，要把握历史主动、抓住难得的机遇期。当前中国社会正处于转型期，呈现出大量西方社会较少见到的现象，这给中国新闻传播学研究在理论建构上做出世界贡献提供了机会。同时，要利用好中国在新媒体方面的技术优势和实践优势，提早布局、快速产生重大成果，为未来传播的新时代实现中国新闻传播学科建设的"弯道超车"创造条件。比如，目前各种人工智能技术已被广泛运用到新闻领域乃至整个传媒产业，带来了智媒化发展的大趋向，我们需要通过跨学科的视野梳理智能传播的基本架构以及知识体系，并在此基础上深入探究智能传播中的焦点问题：智能化媒体应用趋势、规律与影响，人工智能时代的算法，智能环境中的人与人机关系等。

自主知识体系建设是新闻传播学科在新的历史阶段开展"双一流"建设的重要历史机遇。如果说第一轮"双一流"建设是在筑基与蓄力，那么从第二轮"双一流"建设开始，我们的重要任务就是真正开启面向全球场域、建设世界一流，全面提升学科的国际对话能力，实现从一般性国际交往到知识创造、从理论互动到以学科的力量介入全球行动、从场景型合作到平台构建的"转向和超越"。在走出建设中国特色、世界一流大学新路的过程中，自主知识体系建设将起到至关重要的赋能作用，通过知识创新实现中国经验与世界贡献的有机融通，为中国的新闻传播学科屹立于世界学术之林夯实基础。这当然不是一所学院所能胜任的事情，需要整个学科共同体的努力。2023 年 11 月 4 日，中国人民大学新闻学院联合国内四十多所兄弟高校新闻传播学院共同发起成立"中国新闻传播学自主知识体系联盟"并发布倡议，希望以学科的集体力量和智慧推进这一重大行动，我们有理由期待未来更多高质量相关成果的推出。

新时代给新闻传播学科的发展赋予了无限动能与想象空间，这是我们的幸运，也是我们的责任。我们坚信，中国新闻传播学自主知识体系构建要锚定的基点，在于"以中国为根本，以世界为面向"，要充分了解、辩证看待世界，在广泛吸收人类文明优秀成果的基础上，回到本学科、本领域事业发展的历史和现状，回到中国的历史和优秀文化传统，以中国问题、中国现实为观照来构建自主知识体系，为推动中国更好地走向世界服务，为构建人类命运共同体做出贡献。

是为序。

2023 年 11 月 16 日

于中国人民大学明德新闻楼

写在前面的话

"新闻十论"的来龙去脉

"新闻十论"就要集纳成十卷本出版了，这对我来说，是对过去20多年来新闻学研究的一个主要总结，估计也是最重要的总结了。至于我关于其他领域一些问题的思考和研究，还得等待另外的机会进行总结。

"新闻十论"就要以新的"完整"的面貌与读者见面了，不再是过去的零散样式，想象到那像模像样的十卷，不仅感到欣慰，内心还有点兴奋和激动。对于一个研究者或思想者来说，能给社会、他人的最大贡献莫过于自己的著述了。这自然也是作为研究者、思想者精神生命中最具意义的部分。

关于"新闻十论"写作的来龙去脉，没有多少生动鲜活的故事，也没有什么摇摆不定的曲折起伏，就像一个研究者或思想者的生活一样，四季流转、朴素平淡。但毕竟是20多年才做成的一件事，总得给读者交代一下大致的过程和相关的情况。

当初写第一论《新闻事实论》时，我只是个"大龄"的博士研究生。1998年9月，我36岁，来到中国人民大学新闻学院跟随童兵教授读博士，面试时就大致确定攻读博士期间主要研究"新闻事实"问题。

2001年10月，新华出版社出版了我的博士学位论文《新闻事实论》。写作《新闻事实论》时，没想着要写那么多论，但出版后，就有了新的写作计划，当时只是想写"新闻三论"，即除了《新闻事实论》之外，再写《新闻价值论》和《新闻自由论》两论。

我的导师童兵先生在给《新闻事实论》写的序言中，做出了这样一个判断："'三部曲'搞成了，是对中国新闻传播学基础研究的一个贡献。"这大大鼓舞了我的士气，也增强了我做基础研究的信心。

写"十论"的想法产生于2001年年底，当时《新闻事实论》已经出版，我开始着手写《新闻价值论》了。写作过程中，我产生了一个想法，那就是能否在全国范围内找一些年富力强的学者，就新闻基础理论问题做个系列研究，三五年内撰写出版一批专著，为新闻理论研究做一些铺垫性的工作，也可以从根本上回击"新闻无学"的喧嚣。我当时博士毕业留到中国人民大学新闻学院任教不到一年，没有这样的组织号召能力，于是就把自己的想法告诉了童兵先生，渴望童先生通过自己的影响力组建一个团队来做这件事情（童先生当时担任国务院学位委员会新闻传播学学科评议组组长）。童先生说他先联系一下看看如何。大概过了半年多，童先生从上海来北京（童先生2001年年底从中国人民大学新闻学院调往复旦大学新闻学院工作）开会，我去看望先生，谈及前说组建写作团队一事，先生说找过一些人，但大都"面露难色"，此事不好做，随后话锋一转对我说："你若情愿，就一个人慢慢做吧。"我也没敢答应，此事就此搁浅了。

契机出现于2003年。当年，我出版了《新闻价值论》，《新闻自由论》两三万字的写作大纲也基本完成，想着再用两三年时间，写完《新闻自由论》，"三部曲"就结束了，然后再做其他问题的研究。记得是11月前后，有一天晚上快11点了（具体日子已经记不清了），有人给我家里打来电话，我拿起电话刚想问是谁，对方不紧不慢，"笑眯眯"地说（那语调、声气让人完全可以想象出来）："祝贺你，保军，你这个小老鼠掉到大米缸里啦，你的论文《新闻事实论》入围全国百篇优秀博士学位论文啦！"电话是方汉奇先生打来的。听到这样的好消息我当然高兴。老人家又鼓励了我几句，我表达了深深的感谢，并告诉方先生我自己会继续努力，好好做学问。

获得全国百篇优秀博士学位论文奖不仅名声听起来不错，而且还是件比较实惠的事情，可以申报特别科研资助基金。我申报了"新闻理论基础系列专论"研究的课题，承诺写三部专著——《新闻本体论》《新闻真实论》《新闻道德论》。这一下子等于自己把自己给逼上梁山了。但也正是从此开始，我正式规划"新闻十论"的写作。

"十论"具体写哪"十论"，其间有过精心筹划，也有过犹豫、选择和调整，现在的"十论"，与最初的设想还是不完全一致的，比如，《新闻自由论》转换成了《新闻精神论》，当初想写的《新闻文化论》也最终变成了《新闻观念论》，而想写的《新闻媒介论》最终没有写。但说老实话，转换、调整的根本原因是《新闻自由论》和《新闻文化论》太难写了，自己的积淀、功力远远不足，只好选择自己相对有能力驾驭的题目，那些难啃的硬骨头留给"铜牙铁齿"的硬汉们吧。

如果从1999年《新闻事实论》的写作算起，到2019年《新闻规律论》画上句号为止，"新闻十论"整整用了20年时间。这个时间，说长不长，说短不短，但它用去了我整个的中年时代。回头望去，就如我在《新闻规律论》后记中说的，二十多年过去了，我由青年、中年开始进入老年，黑发变成了"二毛"、白发，但当年的愿望也由头脑中的想象一步一步变成了摆在面前的文本，思想变成了可触可摸的感性事实，说实话，也是相当欣慰的。做了一件自己想做的事，并且在自己的能力、水平范围内做完了、做成了，也算给自己有个交代了。

不过，不管是起初设想的"三部曲"，还是最终写成的"十论"，这些著作只是对既往劳动心血的奖赏，一经面世，便是过去时了，对自己其实也就不那么重要了。至于这些著作对学术研究的意义和价值，对相关社会实践的作用和影响，就不是我自己能够评判的事情，只能留给他人和历史。我想做的是眼下与未来的新事情，继续自己的观察分析、读书思考、写作出版，争取对新闻学研究做出一些新的贡献。当然，我也会抽出一些时间，整理自己其他方面积累的一些文字，并争取出版面世的机会。

"新闻十论"能以十卷本聚合在一起的方式与读者见面，必须感谢中国人民大学。2018年4月，"新闻十论"以"当代中国新闻理论研究"课题方式，列入中国人民大学重大规划项目。有了项目资金的资助，出版也就可以变成现实了。

2019年，"新闻十论"的最后一论《新闻规律论》由中国人民大学出版社出版后，我便着手整理过往出版的"九论"——其中，《新闻事实论》于2001年由新华出版社出版，随后的《新闻价值论》（2003）、《新闻真实论》（2006）、《新闻活动论》（2006）、《新闻精神论》（2007）、《新闻本体论》（2008）、《新闻道德论》（2010）皆由中国人民大学出版社出版，2014年《新闻观念论》由复旦大学出版社出版，2016年《新闻主体论》由人民日报出版社出版。这些专著，除了新近出版的《新闻规律论》《新闻主体论》和《新闻观念论》，其他在市场上已经见不到了。有些朋友曾向我"索要"其中的一些书，我手头也没有。

尽管"十论"的结构方式、写作风格是统一的，大部分著作的篇幅差别不是很大，但有几本之间还是有一定差异的，比如作为博士学位论文的《新闻事实论》只有16万字左右，而2014年出版的《新闻观念论》超出70万字，面对这种情况，或增或减都是不大合适的，保留历史原貌可能是最好的办法。因而，这次集纳出版时，我并没有为了薄厚统一"好看"去做什么再加工的事情。顺其自然，薄就薄点，厚就厚些。

根据出版社编辑建议，"新闻十论"集纳出版之际，我专门撰写了《中国新闻学基础理论研究》，从一定意义上说，这本书是"十论"的"总论"，也是对"新闻十论"的总结。为了方便读者的阅读，我把原来分散在各单行本著作中的"前言"或"导论"集纳在一起，构成了该书的第二编。需要说明的是，有几本当初没有写类似"前言"或"导论"的文字，或者是写得过于简单，比如《新闻价值论》《新闻真实论》，为了形成一个比较完整的结构，我特意为这几本书补写了相当于"导论"的文字。由于是补写，就不可能回到当初的写作状态，但我尽可能以原来的文本为根据，去呈现原来著作的内容，类似于内容介绍，而不是站在现在的角度展开阐释。每一本书的"导论"，如果原来有题目，我就保留原来的，如果没有，我便从原作中找一句代表性的话作为题目；同时，为了阅读方便，我也特意提炼了各部分的小标题。总的来说，一个大原则就是尽可能完整保留原作的面貌，不用"后见"改变"前见"。

"总论"《中国新闻学基础理论研究》与"十论"合在一起，总字数超出 400 万字。

"新闻十论"在过往十几年中，得到了新闻学界的普遍肯定。一些学者撰写了评价文章，给予不少溢美之词；有些专著被一些新闻传播学院列为研究生、博士生必读书目或参考书目。"十论"中的多半著作获得了不同类型、层级的奖项，比如，《新闻事实论》获得了全国百篇优秀博士学位论文奖，《新闻价值论》《新闻活动论》《新闻道德论》《新闻观念论》分别获得了第四届、第五届、第六届、第八届中国高校人文社会科学研究优秀成果奖三等奖、二等奖、三等奖、一等奖，《新闻观念论》还获得了第七届吴玉章人文社会科学奖优秀奖，《新闻规律论》获得了北京市第十六届哲学社会科学优秀成果奖二等奖，《新闻精神论》《新闻规律论》等也曾获得中国人民大学优秀科研成果奖。但这些著作到底价值几何，获奖并不能完全说明问题，还是要交给未来的时间去说话。

伴随"新闻十论"的出版，我还撰写了数量不少的研究论文，这些论文大都是围绕"十论"主题的后续研究成果，可以说是相关主题研究的不断扩展和深化。如果借着本次出版机会把这些论文作为附录编辑在相关著作后面一起出版，也许有利于读者更好地了解我的研究进展情况，但这将使"新闻十论"显得过于庞大或"膨胀"，同时也会给编辑工作带来更多的繁重劳动。出于这些考虑，我放弃了编辑"附录"的想法，等将来有了机会，我再专门编辑出版相关研究论文。但这里需要稍微多说几句的是，"新闻十论"中的每一本著作都有其历史性，这也决定了它们对相关主题的研究成果不可能完全反映当下的实际情况。尽管"新闻十论"专注于基础问题，所得出的研究结论具有一定的稳定性和长久性，但对日新月异的新闻领域来说，这些著作中的一些见解、观点、看法还是需要补充、调整和修正的，我们需要根据新的现象、新的事实、新的发展做出持续的探索。新闻研究的本体对象在持续变化，新闻认识论、价值论、方法论等当然也要跟着变化。

由于"新闻十论"的写作前前后后长达约20年，每一本书的写作，都有当时的时代背景、环境特点，都是当时自己认识水平、思想水平和学术水平、表达水平的产物。因而，本次集纳出版时，出于对历史的尊重，也是对自己的尊重，更重要的是对读者的尊重，基本保持了每本书当年出版时的文字原貌。但在这次集纳出版时，按照中国人民大学出版社最新出版编辑规范的要求，调整、订正了注释方式以及参考文献的排列方式，对发现了的写作上或编辑上的个别明显问题，当然都做了必要的修正。

还需要特别说明的是，尽管"新闻十论"的每一论都是围绕某一个核心问题（范畴、概念、观念）展开论述，但这些核心问题之间有着内在的关系，自然也会存在共同的或交叉性的问题。因而，在论述过程中，一些内容就难免必要的重复。在"十论"集纳出版时，如果把这样的文字删掉，可能会影响相关论述的完整性。因此，为了使每一论都能自成体系、保持完整，我保留了各本著作出版时的原貌。

"新闻十论"不是一次性规划的作品，而是在研究、写作中逐步构想、形成的一个具有内在统一性的系列。"十论"中的每一论都是对一个新闻理论基础概念、基本观念的成体系的研究，完全可以独立成篇。而它们组合在一起，就初步形成了对新闻理论基础概念、基本观念的系统化研究。可以说，"新闻十论"为整体的新闻理论体系构建做出了初步的但确实重要的铺垫工作。

正是因为"新闻十论"不是先做整体策划，之后逐步写作，而是写了几本后才有的规划，因而，"十论"之间并没有形成明晰的先后或历史逻辑关系。但现在要集纳在一起出版，为了方便读者阅读，我把作为"总论"的《中国新闻学基础理论研究》一并纳入考虑，主要依据内容构成特点，将"总论"与"十论"分成几个单元，并按照内容之间大致的逻辑关系做了个排序：

（1）《中国新闻学基础理论研究》（总论）

（2）《新闻活动论》

（3）《新闻主体论》，《新闻本体论》《新闻事实论》

（4）《新闻精神论》《新闻道德论》《新闻观念论》，《新闻真实论》《新闻价值论》

（5）《新闻规律论》

这五个单元之间的关系，图示如下：

这五个单元之间的关系，可以大致这样理解：第一，《中国新闻学基础理论研究》是"新闻十论"提纲挈领的总介绍，具有统领的也是"导论"性质的地位与作用。第二，《新闻活动论》是"新闻十论"逻辑上的一个总纲，设定了"新闻十论"的宏观范围或问题领域。第三，新闻活动是人的活动，是人与人之间以交流新闻信息为主、为基础的活动，因而，人与新闻的关系问题是新闻活动的总关系，也是新闻学的总问题，这样，《新闻活动论》大致就可分为《新闻主体论》与《新闻事实论》《新闻本体论》两个单元：《新闻主体论》重点讨论的是新闻活动中的"人"的问题

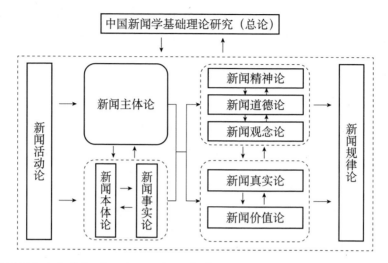

或"新闻活动主体"的问题；《新闻事实论》《新闻本体论》重点讨论的是"事实"问题、"新闻"问题，而"事实与新闻的关系问题"构成了新闻理论的基本问题。第四个单元可以看作第三单元的逻辑延伸：《新闻精神论》《新闻道德论》《新闻观念论》主要是关于"新闻活动主体""精神世界"的讨论，《新闻真实论》《新闻价值论》是在新闻认识论、新闻价值论视野中关于新闻与事实、新闻与主体价值关系的讨论。这两个小单元之间的关系，依然可以看作关于"人与新闻关系总问题"的进一步延伸。第五个单元是在规律层面上对新闻活动内在关系的揭示，也可以看作在前述各个单元基础上的总结。

需要再次说明的是，上面关于"新闻十论"逻辑关系的梳理，只是写作完成后对"十论"内在基本关系的一个反思性认识，并不是一开始的"顶层设计"。事实上，要建构比较完整的新闻基础理论研究大厦，不是这"十论"能够完成的，诸如关于新闻媒介、新闻语言（符号）、新闻技术、新闻制度、新闻文化等都需要以专论的方式展开系统深入的研究，这自然是一个长期的过程，也不是某一个人或几个人可以完成的任务，而是需要整个新闻学界展开持续的研究和探索。

致　谢

　　对于一个读书人、教书人、写书人来说，出版几本书是分内的事情，也是生命、生活过程的自然呈现，没有什么过多值得说的东西，但在自己的背后，却有许许多多要感谢的人，要感谢的单位，也有许许多多想说的事。这里不可能大篇幅展开叙说，但有些话还是要留下历史性文字的，一定要让它们成为美好的记忆。

　　读书、思考、研究、写作需要时间，需要安宁、清净，但自己有了时间，有了安宁、清净，有些人就得为你忙起来、跑起来。人们容易看到台前的人，很难看见幕后的人，但没有幕后人的辛劳，台前的人是表演不好的。

　　我从1998年读博开始，应该说正式步入了自己独立自主的思想探索、学术人生。经过几十年的慢慢前行，现在有一些被称作"成果"的文字放在那里。回头去看，这一路走来，在自己成长的道路上，需要感谢的人实在太多。我在已经出版的每一本著作的后记中，都有真真切切的记录，也一再表达了自己真诚的感谢，我愿在"新闻十论"出版之际，再次表达对他们的深深谢意。

　　感谢我的硕士生导师郭云鹏、赵馥洁、王陆元、伍步云诸位先生，是他们将我带进了学术的殿堂，让我初步懂得了学问的真谛、思想的珍贵，给我涂抹上了学术人生的底色。他们中有的已经驾鹤西去，但影响却深深留在了我的身上和心里。

感谢我的博士生导师童兵先生，是他指点我、引导我迈上了学术的台阶，开始了真正的攀登。如今他虽已年过八十，但依然与时俱进、笔耕不辍，活跃在中国新闻研究、新闻教育教学的前沿阵地，是我学习的榜样。感谢我的师母林涵教授，她敏锐智慧、性格耿直，无论在学术上还是在生活中都给我以特别的启示。导师和师母塑造了传奇式的"林中童话"，成为我们晚辈经常阅读、传说、交流的美好故事。

感谢我的博士后合作导师曹璐教授，她是那种充满母爱式的导师，温和宽容，不管是学术指导还是生活交流，总是一副慈祥的样子，让人感到放松和温暖。在跟从曹老师的学习过程中，我不仅得到了学术的滋养，也学到和体会到了一些如何与学生、与晚辈、与他人交往的真经。

感谢我的著作的出版者、编辑者，我的论文的审阅者、刊发者，是他们把我一步步扶上了学术的阶梯，帮助我不断向上攀爬，能够看到更高、更远的风景。感谢新华出版社的王纪林女士，中国人民大学出版社的司马兰女士、陈泽春女士、李学伟先生、王宏霞女士，复旦大学出版社的姜华先生，人民日报出版社的梁雪云女士，还有众多学术刊物的编辑们。他们中的一些人可能已经不在原出版单位工作了，但不管他们是退休了，还是另有高就，我都会一直记得他们，感谢他们。

感谢新闻传播学界的前辈学者刘建明教授、罗以澄教授、董广安教授、杨秀国教授、白贵教授……他们在我的学术道路上，以各种方式关注过我、帮助过我、提携过我，对我的学术工作、研究成果予以鼓励和肯定；感谢所有关心过我、帮助过我的同行朋友们，恕我不再一一列名。

感谢所有帮助过我、支持过我的朋友们。我要特别感谢樊九龄、朱达仁、李东升、栾肇东、党朝晖、郑瑜、杨武、李刚、刘吉发、任莉娟、贾玉峰……你们在我人生道路的一些关键节点上给予我不同方式的重要帮助，使我充满信心，克服了各种各样的困难，向着自己的目标前进。

感谢我所有的学生，包括我教过的中学生、本科生、研究生、博士生，是你们与我一起塑造、构建了我人生的主要场景，描绘了我人生的主要画面。与和你们一起成长相比，"新闻十论"不过是"副产品"，当然也是我与你们一起学习、共同进步的"正产品"。你们中的每个人，都以各自的方式在为社会服务的同时展开自己的生活、成就自己的人生，很多人都已成长为不同领域的佼佼者，这使我感到相当欣慰。你们中的一些人也常常与我联系、交谈，这使我获得了另一种特别美好的感受。

一个人的人生，不是一个人单独行走的过程，更不是独自默默绽开，而是所有相关者共同绘制、编织的结果。记得马克思说过这样的话，一个人的发展取决于和他直接或间接交往的其他一切人的发展。是的，我们是交往、交流中的存在，所有交往、交流中的人都是我们得以成长的不同助力者。在我们的人生道路上，会不断得到"贵人"相助，这是幸运的事、快乐的事、幸福的事。凡是以各种方式帮助过、支持过我的人，都会永远留在我美好的记忆之中，会成为我不时"念叨"的人……

感谢我的母校渭南师范学院（原来的渭南师专），我在那里读的是大专，学的是物理专业，但正是在那里，我阅读了大量的文学艺术作品和人文社会科学著作，奠定了后来成长的基础。

感谢我的母校西北政法大学（原来的西北政法学院），我在那里读的是硕士研究生，学的是哲学专业，方向是哲学认识论。正是在那里，我开始真正研读哲学史上、思想史上的一些经典著作，真正开始以学术的方式、独立自主的方式思考一些有意义、有价值的问题。

感谢我的母校中国人民大学，我在这里读的是博士研究生，学的是新闻学专业，专注于新闻基础理论研究，2001年毕业后留校任教。正是从步入中国人民大学新闻学院开始，我进入了新闻专业研究领域，开启了具有自身特点和风格的学术研究活动，并逐步形成了自己对研究领域比较系统成型的看法，"新闻十论"便是我在中国人民大学新闻学院 20 多年来学习、教学、科研工作成绩的重要组成部分。

感谢中国人民大学新闻学院的所有同事们，我们一起创造了一个学术环境宽松、人际关系和谐的学院，在这里我感到了难得的温暖和美好。20 多年来，我得到了前辈老师们学术上的指点、扶持和提携，感谢甘惜分先生、方汉奇先生、郑兴东先生、何梓华先生……。20 多年来，我在这里得到了更多老师在教学、科研、生活方面的关心和关照，感谢涂光晋老师、陈力丹老师、张征老师、倪宁老师、郭庆光老师、喻国明老师……。我还要特别感谢在我遇到特殊困难时安慰我帮助我的陈绚老师（她不幸英年早逝）、钟新老师、彭兰老师、赵永华老师、王润泽老师、赵云泽老师……

感谢我曾经工作过的陕西省耀县（今铜川市耀州区）柳林中学（它坐落在深山里，背靠大山，面临小河，如今它已不在了，变成了山中一座像模像样的宾馆），感谢我曾经工作过的西安市第六十六中学，感谢我曾经工作过的陕西日报社。在这些不同的地方、不同的工作岗位上，我能以不同的视野、不同的方式并在不同层次上经验中国社会、了解中国社会、理解中国社会。特别是在陕西日报社近八年的新闻工作中，我真正开始了解中国新闻、经验中国新闻、实践中国新闻、理解中国新闻，并初步思考和研究中国新闻。陕西日报社的工作经历，是我最终走上新闻研究之路的"动力源"。我看到的事实、我亲历的实践、我遇到的问题与困惑，促使我踏上了新闻研究的征程，从一个新闻一线的工作者转变成了一个新闻理论研究者。

在"新闻十论"出版之际，我要再次特别感谢我所在的中国人民大学，正是学校经费的支持，才使"新闻十论"以这样"风光"的形式与读者见面。在此，我要特意感谢中国人民大学科研处的侯新立老师，他不仅为"新闻十论"的出版协调各种关系，还对我如何安排"新闻十论"的结构提出了很好的建议。我要特别感谢我所在的新闻学院前任执行院长胡百精教授（现在为团中央书记处书记），现任院长周勇教授，主管科研工作的副院长王润泽教授。他们为了"新闻十论"的出版，专门与我商谈并在不同场合推介"新闻十论"以扩大它的影响，让我感到特别的欣慰。

我要特别感谢中国人民大学出版社，特别感谢人文分社，感谢人文分社的总编辑翟江虹女士，为了"新闻十论"的顺利出版，她上下左右协调各种关系，不辞劳苦、到处奔波，不厌其烦地回答我的各种问题，耐心细致地指导我如何按照相关规范修订、编辑书稿，组织编辑力量保证出版工作顺利进行。我要特别感谢"新闻十论"的责任编辑田淑香、李颜、汤慧芸、黄超、徐德霞、陈希。

我要特别感谢中国人民大学新闻学院十多位博士研究生，他们组成了一个工作团队，帮助我解决书稿编辑中的技术问题，他们是樊攀（他是这个博士生团队的组织者、协调者）、杜辉、王敏、刘泽溪、孙新、潘璐、张博、曾林浩、刘少白、余跃洪、李静、吴洁等，感谢他们帮助我调整、订正注释和参考文献的编排方式，感谢他们帮我查阅一些文献的新版表述，有些文献经斟酌还要保留旧版表述，这都是琐细繁杂、劳心费力又很费时的工作，要是没有他们的倾力相助，"新闻十论"的出版速度就会大大放慢。需要特别感谢的是我的博士生樊攀和刘泽溪两位，在校订书稿的过程中，他们随时都在帮助我解决遇到的各种技术问题。

"新闻十论"的出版，让我再次深切感受到一个学者的成长，一个研究者和思想者的学术成果的传播，绝不仅仅是一个学者、研究者、思想者自己可以单打独斗的事情，而是需要各种组织、机构的支持，需要个人的努力和别人的帮助。其实，所有的精神产品都不可能是某一个人独立的产品，而是一些组织、一些机构、一些人共同努力的结果。

最后，我要特别感谢自己的亲人们。感谢我的父母、岳父母，老人家们其实并不完全知道我整天为什么要读那么多书、要写那么多文字，但他们似乎都知道我在做"大事"。因而，每每与他们通话或见面时，总是要我做好自己的事，不要太挂念他们。天底下的父母，最爱的就是他们的孩子，孩子们好了，他们就觉得一切都好了。感谢我的兄弟姐妹，他们大都在父母身边或离得比较近，在赡养、关照父母的事情上付出了更多的辛劳。每次通电话，他们也总是让我放心，老人们有他们照顾。其实，我总感问心有愧，没有抽出更多的时间看望父母、陪伴父母。

对于她来说，"感谢"一词就过于轻淡了，即使给前面加上各种各样的修饰词，也增加不了任何分量。语言的能量其实太有限了，只能表达能表达的，却表达不了不能表达的，而那些不能表达的、难以表达的，才往往是最深沉的东西。

我从学物理转到学哲学，从学哲学转到学法律，再转到学新闻，这一转再转，需要读书，需要思考，需要时间，需要安静……我从这个学校的中学老师转成那个学校的中学老师，又从中学老师转成研究生，又从研究生转成新闻工作者，又从新闻工作者转成博士研究生，又从博士研究生转成大学教师，这一转再转，越来越需要时间，越来越需要读书、思考、写作，越来越需要更多比较安静的时间……

给我时间的，让我安心的，有许多人，但所有的其他人，都不能胜过她，所有的其他人，都不能代替她，因为所有的其他人，都不是她。她是唯一的。她就是那个平凡得不能再平凡、朴素得不能再朴素的人——我的爱人——成茹。不需要说她为我、为父母、为孩子、为兄弟姐妹、为亲朋好友、为我的老师、为我的学生做了什么，因为太多、太琐细、太婆婆妈妈，我说不完，更说不过来，但所有这一切却是我行走的背景，而没有背景又哪来的前景呢？谢谢你，成茹，辛苦了！

杨保军

2023 年 10 月 9 日

于北京世纪城

目　录

第三章　新闻真实的特征

第四章　新闻真实的实现（上）

第五章　新闻真实的实现（下）

第六章　新闻真实的证实

第七章　新闻真实的意义

前　言

一个老而又老、新而又新的重要课题

一

在众多的新闻基础理论问题中，根据我自己的体会，新闻本体、新闻真实、新闻价值、新闻自由、新闻伦理等，是几个分析、研究起来相当困难的问题。如果在这些问题上有所突破、拓展和深入，新闻理论研究的整体水平就一定能够有所提高，新闻学也就"更像"一门学科、一种学问，在学术之林的地位也会得到人们发自内心的认可，对新闻传播实践的启示作用同样会更大一些。近些年来，我自不量力，一直在默默地做这份努力，摆在您面前的这部《新闻真实论》，就是努力的结果之一。它和我前几年出版的《新闻事实论》（新华出版社，2001 年）、《新闻价值论》（中国人民大学出版社，2003年）放在一起，也算是一个研究系列。并且，这个系列还会不断延续下去。

大家心里都很明白，对于新闻学及新闻传播实践来说，新闻真实问题是一个老得不能再老、重要得不能再重要的问题。为了弄清它的实质，人们说了各种各样的话；为了实现它的要求，人们做了各种各样的事。然而，结果似乎并不那么令人欣慰。直到今天，就国内的相关研究来看，论述新闻真实问题的专门著作少得可怜，已有的一两本，还是 20 世纪 80 年代初中期的作品。就新闻传播实际来看，则更令人不安，尽管到处都在高喊打击虚假新闻的口号，但虚假新闻的泛滥依然触目惊心。因此，对于这本书的意义，我想用不着饶舌了。

这本书共七章，实际字数接近 37 万。我从对新闻真实的本质分析（第一章）入手，考察了新闻真实的构成（第二章）及新闻真实的特征（第三章），重点用两章的篇幅（第四章、第五章）探讨了实现新闻真实的实质、原则、方法以及虚假新闻的防治等问题，然后从证实（检验）新闻真实（第六章）的角度进一步阐述了实现新闻真实的过程中的诸多难题，最末一章（第七章）则以高屋建瓴的方式论说了新闻真实的社会意义。我试图在每一个大的问题中都进行新的探索，至少在一些问题上能对读者有所启发。但结果到底如何，我不敢妄加预测，只能等待读者的判断。

二

真实是新闻的生命。这句比喻性的判断足以说明"真实"对于"新闻"的至关重要性。真实是新闻存在的根据，是新闻存在的根本条件，是讨论其他新闻问题的基点。那么，新闻真实的本质到底是什么？即新闻真实的基本含义到底是什么？这是新闻真实论首先需要回答的问题。

《新闻真实论》的第一章从辩证唯物主义认识论的能动反映论出发，并将"真理符合论"作为基本理论方法，从而得出以下结论：新闻真实指的是作为新闻认识结果的新闻（新闻文本）与其认识对象（新闻事实）之间的符合关系，如果符合，新闻就是真实的，如果不符合，新闻就是不真实的。在符合性的前提下，新闻真实还存在着符合程度的问题，因而，无论是在新闻实践中还是在新闻真实论研究中，都存在着类似基本真实、部分真实、完全真实这样的一些概念和说法。总而言之，新闻真实是认识论意义上的真实，新闻真实是真理"符合论"意义上的真实，新闻真实是"实"与"真"的统一，新闻真实是"质""量"统一的真实。

新闻真实是具体的，而不是抽象的，关于新闻真实的本质主义界定并不能解决人们对新闻真实的具体把握问题，因而，《新闻真实论》第二章主要以当代中国新闻实践为根据，在前人研究的基础上，从多角度、多层面出发，比较系统地分析了新闻真实的具体构成情况，提出了一些成对、成组的概念，诸如：具体真实与整体真实、要素真实与事项真实、现象真实和本质真实、闻录性真实与实在性真实。通过对这些成组概念内涵的揭示及对其相互关系的分析阐释，本章呈现了新闻真实的实质所指，为进一步深入探究新闻真实的特征打下了基础。

新闻真实是真实系统中的一类，具有真实的一般特征，但新闻真实不同于法律真实、历史真实、情报真实，更不同于文学真实、公关真实、广告真实等，它有自身的个性特征。新闻真实是新闻与其反映对象的符合性以及符合程度。新闻真实是新闻传播意义上的真实，是新闻范围内的真实，因而有什么样的新闻传播，就有什么样的新闻真实；新闻真实存在于、实现于新闻传播的过程之中，因而它的所有特征必然与新闻传播自身的特征密切相关。把握新闻真实的个性特征，是我们充分认识新闻真实的主要途径。《新闻真实论》第三章对新闻真实的特征做出了这样的基本总结：新闻真实是事实性真实，新闻真实是过程性真实，新闻真实是有限度的真实，新闻真实是即时、公开的真实。《新闻真实论》还根据不同新闻媒介的形态特征，具体分析了报纸新闻、广播新闻、电视新闻、网络新闻在真实表现上的特征。

三

研究新闻真实问题，最终目的是实现新闻的真实传播和收受，可以说新闻真实论就是从理论角度为实现新闻真实"出谋划策"，提供路径和方法。因此，新闻真实实现论必然是也应该是新闻真实论的主要内容和核心内容。

新闻真实实现论涉及的问题不仅比较多，而且比较复杂，《新闻真实论》用两章的篇幅阐释了新闻真实的实现问题。第四章分析了新闻真实实现的内在要求、实现新闻真实必须坚持的基本原则以及实现新闻真实的主要程序和规则。《新闻真实论》认为，完整的新闻真实的实现是由新闻传播活动中的双重主体（传播主体和收受主体）共同完成的，是由真实报道和理解真实、相信真实共同构筑的。因此，可以这样来总结：所谓新闻真实的实现，是指在传播者真实再现新闻事实的前提下，收受者准确理解了新闻，并相信新闻是真实的。新闻真实的实现有自身的基本过程，主要由"真实再现新闻事实、准确理解新闻文本、检验新闻信息真假、更正虚假新闻报道"这些基本逻辑环节构成。实现新闻真实需要坚持的基本原则是：求实为本的事实原则、公正至上的价值原则和及时公开的方法原则。对于职业新闻结构来说，要保证新闻真实的实现，还必须遵守一定的程序规则，即要构建合理有序的传播流程、严守采写编的基本（原则）规范，还要建立有效的答辩更正制度。

新闻真实的实现会受到各种条件的影响，《新闻真实论》第五章重点讨论了制约新闻真实实现的新闻传播主体因素、新闻媒体自身因素和各种传播环境因素，并主要从新闻传播系统与传播环境的关系出发，阐释了在实现真实报道过程中应该把握好的法律界限、道德界限和政策界限问题。新闻真实的实现是一个系统工程，是各种力量聚合的结果，它既需要良好的新闻传播与收受环境，更需要所有参与新闻活动者的共同努力。

实现新闻的真实报道，还应注意防治虚假新闻的传播。与新闻真实相对的是虚假新闻、失实新闻现象。虚假新闻是指没有任何客观事实根源的"新闻"，即虚假新闻依据的"新闻事实"是想象、臆造、捏造的产物，是通过想象虚构出的"事实"。相对虚假新闻而言，失实新闻在性质上还属于新闻范畴，它是通过对一定的新闻事实的"残缺""偏离""片面"报道而形成的新闻。新闻虚假有不同层面的表现。宏观层面的新闻虚假，是指一个国家的新闻传播，在一定的历史时空范围内，对这个国家的反映报道在整体上是虚假的，至少是大面积失实的。中观层面的新闻虚假，是指个体新闻媒体在报道新闻的过程中造成的整体性虚假。微观层面的新闻虚假是相对具体报道而言的，这样的虚假新闻五花八门，表现形式多种多样，实际上，人们通常是在微观层面上讨论虚假新闻问题的。虚假新闻危害社会、危害新闻业自身，更会危害广大的新闻受众。虚假新闻虽然直接表现在新闻传播之中，但实际上是一个十分复杂的社会现象。虚假新闻成因的复杂性，社会影响、危害的广泛性和严重性，决定了我们必须通过内外结合、软硬并用等方式进行综合防治，主要方式包括：营造良好的社会诚信环境、制定必要的法律规范、充分发挥全社会的监督作用、实行行业及其媒体的自我管理与相互监督、倡导从业者的职业自律。

四

收受者的信赖是媒体生存与发展的重要条件。收受者信赖新闻媒体的根本条件是其所传新闻的真实性，而新闻只有在可检验的（即可证实或可证伪的）前提下才是真正有意义的，才能赢得收受者的信任。在新闻传播实践中，尽管收受者不可能去检验每一条新闻的真实性，但对传播者来说，只有每时每刻自觉检验所传播的新闻的真实性，才能确保真实传播的实现，为实现新闻真实奠定基础。因此，确立正确的证实标准，寻求有效的证实方法，克服新闻真实证实中特有的困难，是新闻真实论必须关注的重要问题，也是实现新闻真实的要求。《新闻真实论》第六章对新闻真实证实的实质、新闻真实证实的类型与对象、证实新闻真实性的途径、新闻真实证实的基本过程以及证实新闻真实的难度等问题进行了比较全面系统的讨论。

证实是为了保证新闻的真实，真实是新闻实现正面价值的基础和前提。世上最为宝贵的是生命，而真实就是新闻的生命。真实对于新闻传播的重要性不言自明，对于新闻媒体生存与发展的必要性也显而易见。真实是新闻媒介的立身之本，真实是新闻媒体的根本追求，真实是新闻传播的优势之源，真实是新闻传播社会影响力的根基，但这些只是新闻真实的"系统内"价值。新闻传播一旦实现真实传播，新闻一旦成为真实的新闻，它对新闻传播面对的现实世界，对人们的正常生存与发展，对社会的正常运转与进步，对历史的描述与记忆，就都有巨大的"系统外"意义。可以说，真实是实现民主的基本保障，真实是信息社会的安全前提，真实是知识社会的成长基础，真实是道德社会的内在诉求。

《新闻真实论》的最后一章在内外两个基本向度上简要分析了新闻真实的意义。正因为新闻真实具有内外双重价值和意义，我们关于新闻真实的讨论本身才是有意义的。我把"新闻真实的意义"作为新闻真实论的最后一章，目的就在于让读者对新闻真实的意义，进而对新闻真实论本身的意义，有一个更加充分的认识。

最后需要再说几句的是，这本书的写作保持了我一贯的姿态和风格。我要求自己的所有研究与写作从宏观上把握这么几点：一是以中国实际为根基；二是以世界眼光为境界；三是以当代人文社会科学的最新成果为借鉴；四是以创新精神为动力。这是非常高的标准，也许我永远达不到，但我愿意努力。我的写作注重理论阐述和逻辑分析，较少进行实际例证和个案考察，因而书读起来不那么轻松有趣。能够把基础理论问题写得深入浅出、朴素流畅，那是炉火纯青的高境界，亦是我努力的方向。

第一章　新闻真实的本质

　　新闻工作搞来搞去还是个真实问题。新闻学千头万绪，根本性的还是这个问题。有了这一条，就有信用了。有信用，报纸就有人看了。

——陆定一

　　新闻是人们在创造未来生活中的一种强有力的杠杆……它促使读者主动地判断问题。正因为它有这种职能，所以绝对不能错误地引导读者，报道的内容一定要根据事实真相去编写。

——小野秀雄

　　我们平常讲真理，总还是逃不出符合说的大框架，从其思想根源上说，逃不出主客关系的思维模式，逃不出认识论的范围。

——张世英

真实是新闻的生命。这句比喻性的判断足以说明"真实"对于"新闻"的至关重要性。它是新闻存在的根据，是新闻存在的根本条件，是讨论其他新闻问题的基点。那么，新闻真实的本质到底是什么？即新闻真实的基本含义到底是什么？这是新闻真实论首先需要回答的问题。

一、新闻真实论的指称对象

明确对象是进行任何科学研究的一个基本前提。新闻真实论的研究对象，表面上看似乎十分清楚，即关于"新闻"的真实。但人们对"新闻"的理解、界定并不完全相同，甚至有较大的差异。因此，我们首先必须明确本书界定的新闻是什么，然后才能阐释新闻真实的本质，进而对一系列相关问题展开论述。

（一）新闻真实的对象——传播形态的新闻

对于什么是新闻的问题，至今已有百种说法、千种回答，既有学院派的条分缕析，也有实证派的经验直觉。[①] 虽然人们的看法并不完全一致，但大致可以归为两种：一是认为客观存在的新闻事实、新闻信息（指未经新闻传播媒体认识、反映、报道的具有新闻价值属性的事实或信息）就是新闻；二是认为只有用一定符号记述、记录、再现、描述、陈述[②]出来，并且处于传播形态的新闻事实或新闻信息才能被称为新闻。对这些不同的看法我们不做评析，需要指出的是，在讨论新闻真实问题时，我们把传播态的新闻设定为新闻真实论的主要的、直接的对象。

我们所讨论的处于传播形态的新闻，被限定为由人们通常认为的大众

---

① 读者如果想详细获知对新闻的不同理解，可参阅国内出版的新闻理论教材，比如：童兵. 理论新闻传播学导论 [M]. 2版. 北京：中国人民大学出版社，2011. 郑保卫. 当代新闻理论 [M]. 北京：新华出版社，2003.

② 这些不同的概念或说法，基本意思是一样的，不同的作者可能有不同的偏好，在运用上有一定的差别。我在本书中，是在同等意义上理解这些概念的。

新闻媒体（即媒体机构或媒介组织）传播的新闻①，不包括通过非媒体组织方式传播的新闻②，也不包括未经媒体组织报道、只通过人际方式传播交流的新闻③。简单来讲，本书只讨论大众新闻媒体上承载、传播的新闻的真实性。在一般的、正常的情况下，通过大众新闻媒体传播的新闻是最典型的新闻，是常态的新闻，是按照新闻传播原则传播的新闻。因此，我们对其真实性的讨论，以及在此过程中形成的看法或判断，可以推及通过其他方式传播的新闻。

（二）新闻真实的对象范围——纯新闻

即使在传播形态的意义上，人们对新闻的理解仍然有广义和狭义之分。在通常情况下，新闻是一个比较宽泛的概念，包括新闻和新闻评论。新闻真实论所讨论的新闻，不包括新闻评论。新闻是对客观存在的新闻事实的认识和再现，本质上是一种事实。新闻评论是对新闻事实、事件表达的看法或观点，属于主观意见的范畴，因而不是新闻，不应该成为新闻真实论讨论的对象，不应被包括在新闻真实的对象范围之中。但我们应该注意的是，由于新闻评论是基于或依托于一定的新闻事实、事件或现象发表的意见和看法，因此，为了确保意见和看法本身的真实性和正确性，新闻事实必须是真实的，而不能是虚构的，不然，对其的评论就不能被叫作新闻评论。基于新闻事实的评论，才能叫新闻评论。在忠于新闻事实的真实性的前提下发表出来的评论才有可能忠于真理。

对于狭义的新闻，即对新闻事实的报道，不同的新闻之间仍然存在一

---

① 人们通常认定的大众新闻媒体有报社、广播电台、电视台、新闻网站、新闻类杂志社等，它们创制的新闻媒介分别是报纸、广播、电视、网页、杂志等。

② 比如，一般的政治组织、企业组织等也可以通过组织渠道传播一定的新闻，但对这类组织性的新闻传播的真实性我们不加讨论。

③ 比如人们私下对有关事实信息的交流，还有小道消息、新闻性的流言、新闻性的传说等。

些具体的文体上、报道方式上的差别，并且由于这些差别，形成了写作态度上的一些差别。比如，在中国的新闻报道中，最主要的两种文体是消息和通讯；而西方的新闻报道，则大而化之地分为消息和专稿（或称为特稿）。无论中外，已经形成的新闻观念和做法是：消息追求客观报道，以纯粹的事态信息为目标，自觉地不加入报道者（个人或媒体）的意态和情态信息，并努力消除传播语境信息对事态信息的不当干扰；而通讯或专稿，虽然也是对新闻事实的反映和报道，但却在一定程度上（特别是在中国的新闻通讯中）允许报道者自觉表达、渗透一定的情感和意见。尽管在任何文体的新闻报道中，都不可能彻底排除报道者的意态和情态信息，不可能排除作者有意无意布设在新闻文本中的"后设命题"①，但在消息和通讯（专稿）之间，上述实际差别确实是存在的，并且已经成为新闻报道中的一种习惯。

基于这样的分析，我们进一步将新闻真实论的对象限制在消息范围内，即主要以消息为核心对象来讨论新闻真实问题。由于人们习惯把消息看作"纯新闻"，因此也可以说新闻真实论的对象是纯粹的新闻。事实上，传播者在新闻作品中表达的意态信息、情态信息不属于新闻报道对象自身的信息，而是附加在事实上的信息。因此，在逻辑上，它们不属于新闻真实性的问题，而属于情感表达是否合理、意见表达是否正确的问题。普遍存在于新闻中的这些信息必然会干扰新闻的真实性，属于实现新闻真实的"噪声"。美联社第一位驻华盛顿的记者劳伦斯·戈贝赖特说："我的行当是传播事实；我的指导原则不允许我就我所传播的事实做任何评论（指在新闻报道中——引者注）……"② 因而，我们以严格的新闻、最为成熟的新闻形式——纯新闻——为探讨对象，应该说得出的有关结论会具有比较

---

① 所谓后设命题，是指作者并未直接用文本的字面意思表达的、渗透在字里行间的"话外之音、言外之意"，它"藏在语词的后面，藏在字里行间，它在推理之后出现在我们的头脑之中"。参见：董小英. 叙述学［M］. 北京：社会科学文献出版社，2001：201.

② 门彻. 新闻报道与写作：第9版［M］. 展江，主译. 北京：华夏出版社，2003：63.

严格的科学性和普遍适用性。

另外，本书以印刷新闻（报纸新闻）为主要参照对象展开相关论述。这是因为，任何媒介形态的新闻报道，都依赖于一定的语言符号文本，并且这种依赖性是不可或缺、不可替代的①，而且，不管是印刷新闻还是电子新闻，它们本质上都是在叙述事实信息，只是在符号系统、符号手段的运用上有着不同的方法和技巧。因此，以印刷新闻为主要参照对象讨论新闻真实问题具有合理性和科学性。当然，对于不同媒介形态新闻真实问题上的一些特殊性，我们会在相关论述中加以阐述。

二、新闻真实的本质

明确了新闻真实指称的对象和范围，也就意味着我们明确了应该在何种意义上讨论新闻真实性问题，即实质上确立了研究新闻真实本质问题的角度。传播态的新闻，是新闻认识的结果②，是主观反映、再现客观存在的新闻事实的产物，因而新闻真实的本质只能是认识论意义上的真实。我们用来理解新闻真实性的基本理论工具就是辩证唯物主义的认识论。认识论意义上的真实，在辩证唯物主义的视野里，是以真理论中的"符合论"进行阐释的③，因而，我们也将运用辩证唯物主义的真理"符合论"来分析新闻的真实性。

---

① 对这种不可或缺性的论证，可参阅杨保军《新闻事实论》中的相关论述，也可参阅黄匡宇《电视新闻语言学》中的有关论述。杨保军. 新闻事实论 [M]. 北京：新华出版社，2001. 黄匡宇. 电视新闻语言学 [M]. 北京：中国广播电视出版社，2000.

② 我们把以报道和收受新闻为目的的认识（活动）称作新闻认识。在本书中，开展新闻认识活动的主体主要是指传播主体，且主要是指传播主体中的本位主体（关于本位主体的概念，可参阅保军《新闻理论教程（第四版）》第三章内容。杨保军. 新闻理论教程 [M]. 4版. 北京：中国人民大学出版社，2019：50-52.），新闻认识的对象是客观存在的新闻事实。

③ 关于什么是真理，历来的看法大概有三种：一是强调主观与客观之间的"符合"论；二是实用主义的真理观，即真理"有用"说；三是注重观念之间内在逻辑一致性的"一致"论，或称融合论。对各种真理观具体内容感兴趣的读者，可参阅国内出版的一般性哲学认识论、西方哲学史教材。

（一）新闻真实是认识论意义上的真实

把新闻真实问题归属于认识论，体现了两个最基本的观点：其一，新闻真实论属于新闻认识论，是在认识论范围内探讨新闻的真假问题（尽管不能离开本体论来讨论认识论问题）；因此，其二，新闻真实是个认识论范畴，不是存在论或本体论范畴。在认识论意义上，新闻真实论的核心问题是：什么是新闻真实？新闻真实有什么样的特性？新闻真实的具体构成是怎样的？怎样实现新闻真实？如何证实新闻真实？

真实本身就是一个十分复杂的概念。在哲学家们看来，真实大致有三重规定：一指客体世界本身的运动、变化、发展及其规律性。二指认识的真实性、真理性。在这重含义上，当人的认识反映了客观事物及其规律时即谓"真"，否则即谓"假"。三指人所追求的一种境界。在这种境界中，人的思想和行为达到了与规律性的高度一致。[①] 第一重真实性可以看作本体论意义上的真实，说的是事实世界的客观实在性，属于"本真真实"；第二重是认识论意义上的真实，反映的真实乃是认识与对象之间的一种符合关系，属于"认识真实"；第三重则侧重于实践活动的真实，追求认识与存在的现实统一、事实与价值的统一，追求真实所体现的善和美的境界，属于"实践真实"或"生活真实"。但应当指出的是，人们一般是在认识论意义上使用"真""真的""真实的"这些概念的。本书也是在认识论意义上使用这些概念的（除非有特别的说明）。这一意义上的"真实"含义，与人们日常生活中赋予真和真实的含义并没有本质区别，因而，"'真'这一概念并不是哲学家专有的、神秘的概念。它就是日常所说的最平凡不过的'是真的'"[②]。

---

① 周文彰. 狡黠的心灵：主体认识图式概论 [M]. 北京：中国人民大学出版社，1991：53.
② 王路. "是"与"真"：形而上学的基石 [M]. 北京：人民出版社，2003：386.

反映、报道事实世界最新变动状况的新闻活动，本质上属于认识活动。新闻认识活动形成的新闻报道，是传播主体对自己认识结果的一种记述或再现。① 新闻真实指的就是这种"记述""再现"（也可以称作"陈述""叙述"等）的真实性。因此，新闻真实是一种认识论意义上的真实。我们关于新闻真实性的研究因而也可以被看作一种新闻认识论。

（二）新闻真实是真理"符合论"意义上的真实

真理论中的符合论，尽管不是唯一的真理观，"但它在中西传统哲学中占有主导地位"②。"我们平常讲真理，总还是逃不出符合说的大框架，从其思想根源上说，逃不出主客关系的思维模式，逃不出认识论的范围。"③

新闻是人类认识客观事实世界各种方式中的一种具体形式。因而，新闻真实与否的标准，在总原则上，与真理论应该是没有质的差别的。如果哲学真理观在新闻真实问题上失去了它的有效性，哲学真理观也就失去了它的普遍有效性。因此，真理观和真实观是统一的，本质上是一致的，有什么样的真理观，就有什么样的真实观。从一定意义上说，真理性的认识就是真实的认识。至于新闻真实与一般哲学认识论中所讲的真理的差别是什么，与自然科学、社会科学中所讲的真理的差别是什么，也就是说，新闻真实的个性特征是什么，我们将在后面的相关论述中进行探讨。

真理论中的"符合论"认为，正确的认识就是与认识对象相符合的认识，即只有与认识对象相符合的认识才是真理，也即符合论把与对象符合

---

① 其中自然也包含着传播主体各种可能的传播意图，只是如上所言，它们不属于新闻真实讨论的主要问题。

② 张世英．哲学导论［M］．北京：北京大学出版社，2002：70．按照张世英先生的看法，德国哲学家海德格尔提出了与以往各种真理观不同的、具有存在论意义的"去蔽"真理观，有兴趣的读者可参阅《哲学导论》72～78页的相关内容。但按照我的粗浅认识，海德格尔的"去蔽"真理观不过是获取真实认识的途径，与实践认识论有异曲同工之妙。

③ 张世英．哲学导论［M］．北京：北京大学出版社，2002：70．

与否作为真理的评判标准。"真正的符合论应该讲认识与认识之外的客观现实的符合（所谓认识之外的客观现实，是指存在论或本体论意义上的不依赖认识主体的意识而独立存在的客观实在。从认识论意义上讲，客观现实完全可以被认识，从而处于认识之内，这是两个不同层次的问题，不应混为一谈），讲其他东西之间的符合则不是符合论所说的符合。"① 也就是说，认识论意义上的符合，不是物物之间的符合，也不是观念之间、认识之间的符合，它本质上是指"认识"与客观存在的"认识对象"之间的符合。认识活动一旦发生，认识与对象之间的符合关系便建立起来了。可见，在真理符合论中，有两个主要问题：一是符合关系中的"关系项"，即"谁"与"谁"符合的问题；二是"符合"本身是什么意思，即什么才叫"符合"。弄清这两个基本问题，乃是理解真理符合论的基础和关键，也是我们理解新闻真实的重要前提。其实，在整个符合关系中，还存在着一个决定符合关系获得意义的认识主体——人，即关系项之间的符合关系，既是由认识主体建构的，又要依赖认识主体去证实。但认识与其客观对象之间的符合关系一旦建立起来，关系项之间到底是符合还是不符合、符合到什么程度，便都是客观的，并不会依赖认识主体而改变。

按照真理符合论的上述基本含义，我们来解剖一下新闻真实问题的实质。

首先，论及新闻真实性时，符合关系中的关系项是指"新闻"及其所反映的客观对象"新闻事实"，符合讲的就是它们二者之间的符合。新闻真实与否，就是看新闻与其报道的客观对象是否符合。符合，新闻就是真实的；不符合，新闻就是虚假的。

其次，符合本身的含义是什么？所谓符合，是说认识在本质上可以揭示客观对象的实际面目，达到与对象的相似性或一致性，这种相似性、一

① 郭继海.真理符合论的困难及其解决 [M]. 北京：中国社会科学出版社，2003：引言 2.

致性当然是认识论意义上的。并且，在一般情况下，认识与对象的符合只能是近似的符合、有限的符合。

符合是一个比较概念，在操作意义上是一个内涵非常丰富的概念，也是一个一直令哲学家们头疼的概念。符合何以可能？解答起来并不那么容易（甚至可以说，在理论上还没有得到令人们普遍信服的解答）。在日常语言中，符合"表示一个东西的两个部分或者更多的东西之间的相同、相通、相似、吻合、一致的关系。这里的'东西'，可以是物理的，也可以是心理的"①。同质东西之间（如物与物或认识与认识之间）的符合比较好理解，也易于被人们接受。比如，两枚硬币之间的吻合或相似，两个概念之间的相通或一致，都是很容易理解的。但一方是精神性质的观念、认识，另一方是物质性的客观实际（客观事物、客观事实等），在这种不同质的东西之间，如何比照它们的相似性、一致性呢？② 就新闻真实性而言，我们如何比较作为新闻认识之结果的新闻与其对象——客观存在的新闻事实——之间的相似性或一致性（即符合性）呢？

这一难题，似乎不像一些哲学家们想象的那么玄乎，实践早已早于理论做出了肯定的回答：认识是可以与其对象通过一定的途径和方法进行符合性比较的。③ 现在的难度在于如何从理论上完美地论证这种可比较的关系。但我们不能因为论证具有难度，就认为认识与其对象的符合性是不存在的。事实上，认识活动是在主客体的相互作用过程中实现的，是通过实

---

① 郭继海. 真理符合论的困难及其解决 [M]. 北京：中国社会科学出版社，2003：78.

② 比如海德格尔就对异质东西之间的符合性提出了疑问，在他看来，符合说所讲的符合中，一方面是客观且独立自在的物质对象，另一方面是主体对它的陈述、判断或认识。独立自在的物质对象与认识并不像两枚硬币一样是同类的东西，两者如何能符合呢？参阅：张世英. 哲学导论 [M]. 北京大学出版社，2002：72.

③ 我们可以顺便指出，真理符合论，讲的不是物与物是否符合的本体论关系，而是认识与其对象的符合关系。因此，用本体论意义上的物与物之间的符合性来批评认识论意义上的符合性问题，多少有点牛头不对马嘴的味道。可参阅：郭继海. 真理符合论的困难及其解决 [M]. 北京：中国社会科学出版社，2003：82. 张世英. 哲学导论 [M]. 北京大学出版社，2002：71.

践中介打通主观与客观之间的界限的，认识结果是主体通过感性认识、理性认识手段与认识对象"纠缠"的结果，其中必然与客观对象有着"因缘关系，或者相连、相关、相似、相适、相符关系"①。在日常生活中，"我们除了说甲物与乙物符合、观念与观念相等外，也说言行一致，地图与其描绘的地理位置符合等，很明显，言不是行、地图也不是其描绘的地理位置。但没有谁说言行根本不可能一致，地图不可能与其描绘的地理位置符合。可见，说不同类的东西不能符合在理论上说不通，事实上也不成立"②。因此，作为认识之一种的新闻认识的结果——新闻，与其反映的对象新闻事实之间的符合是可能的，并且这种符合性的比较是可以通过一定的途径与方法进行的。

（三）新闻真实是"实"与"真"的统一

真实是与虚假相对的概念，是需针对一定的参照对象来言说的。与虚假相对立的东西就是真实的，与一定言说对象相符合的就是真实的，这是对真实的最基本的理解，也是对新闻真实的最基本的理解。

我们对真实二字加以拆分、解剖（但愿这不是文字游戏），也许有益于我们对真实的进一步理解。真实既有"真"的含义，也有"实"的含义。"真"讲的是主体的认识，"实"讲的是对象存在的客观性。③ 因而，真实，其实是"真"（认识）与"实"（对象）的符合或统一；真实论，其

---

① 郭继海. 真理符合论的困难及其解决［M］. 北京：中国社会科学出版社，2003：82.

② 同①83. 也许这样的论证不能完全令人信服，我们把它留给"爱智慧"的哲学家们继续争论吧。好在实际已经告诉人们，认识与客观对象之间的符合性是可比较的，不然，人们永远无法进行真正的交流，无法谈论共同的对象。

③ 有人对"实"与"真"进行了有意义的区分。"真与实是不同的，真只是观念或认识可能具有的某种性质；实则指物理的东西的实存、实有或实在。"参阅：郭继海. 真理符合论的困难及其解决［M］. 北京：中国社会科学出版社，2003：20. 但将真与实联结起来作为一个词供人们在多种意义上使用时，需要根据具体语境来理解。在本书中，真实主要是在真的意义上使用，当在实的意义上使用时，会有明晰的语境，因此不会产生误读。

实是存在论与认识论的统一。事实上，我们只有在存在论与认识论相统一的意义上，才能真正理解真实的含义。

新闻真实，首先要求所反映的对象是客观存在的，这是真实的事实基础，如果没有"实"的基础，在新闻传播的范围内谈论真实便彻底失去了意义。其次，新闻真实讲的是对"实"的认识反映，这构成了"真"的真正内涵。新闻只要将新闻事实"照猫画虎"地简单再现出来，就达到了新闻真实的基本要求；而新闻如果对相应的新闻事实做出了正确的、全面的反映和报道，就达到了新闻真实的较高境界。新闻传播必须实现新闻真实的基本要求，应该追求新闻真实的较高境界。实现新闻真实的难度不在于简单记录新闻事实的现象，而在于揭示现象背后的"新闻"。

可以看出，新闻真实先是要求与报道对象的符合，进而要求能够对对象本身形成正确的认识。比如，一个人说在一场灾难中死了100人，如果要把这一说话行为作为新闻事实来报道，那么首先要求在新闻中对这个人所说的话的记述要与其实际所说的话相一致。至于这个人的话是否真实，则需要拿话所反映的事实来证明，有了这种证明，新闻才算正确，才算达到了正确层面的真实。

（四）新闻真实是"质""量"统一的真实

真实既有质的规定性，也有量的规定性。在质上它与虚假相对立，在量上它是有限度、有程度的真实，因而在质量统一性上，真实包含最基本的两个方面：真实性和真实度。新闻真实同样既有"真实性"的问题，也有"真实度"的问题。新闻真实的程度，也就是新闻真实的量度、真实的精确度，它是新闻真实性的存在方式，任何新闻的真实性都有具体的量度。[①] 真

---

① "量是质的存在方式，是质的规模和程度的标示。"参见：姜云. 事物论 [M]. 海口：南方出版社，2002：291.

实性是好把握的，真实度是难计量的。但一般来说，新闻真实的"精确度越高，新闻的真实值也就越大"①，因此，追求精确的新闻真实始终是也应该是新闻传播者的目的。

从思维逻辑上说②，如果以"原生态"的客观事实为标准，新闻记述、再现的结果样式大致有这样一些类型：从质上说，只有真实（符合）与虚假（不符合）两种；从量度上说（注意，量度总是一定质下的量度），可以分为完全真实、基本真实、部分真实和完全失实。完全真实就是新闻（作品）记述的新闻事实完全反映了客观存在的新闻事实的真实面目；基本真实是指新闻（作品）对新闻事实的再现反映了新闻事实的基本面貌，即反映了新闻事实的主要构成片段、事项及其相互关系；部分真实是指新闻（作品）再现的内容只有部分与新闻事实相符合；完全失实则是新闻（作品）根本未能反映事实，而是歪曲了事实的本来面目。

同样，从理论的理想性上说，新闻真实应当追求完全的真实、绝对的真实，除此之外的真实，都是"残缺"的真实。比如，基本真实或部分真实就是残缺的真实，它们都不应该成为新闻真实观的合理观念。刘建明先生在《现代新闻理论》中说，"'基本符合事实'之类的说法，不是新闻报道的用语，也不是新闻学承认的概念"③，我们认为这是完全正确的。事实上，只要不是别有用心的有意捏造和虚构（结果表现为假新闻），大部分失实新闻体现在一些细节或局部事实的差错上。因此，"如果在新闻理念上承认'基本真实'的正当性，无异于为失实新闻鸣锣开道"④。

然而，面对新闻传播实际，各种因素决定了新闻真实只能是有限度的

① 刘建明. 新闻学前沿：新闻学关注的 11 个焦点 [M]. 北京：清华大学出版社，2005：195.
② 所谓从思维逻辑上说，意思是这只是一种逻辑的推理，并不能完全等同于实际情况。
③ 刘建明. 现代新闻理论 [M]. 北京：民族出版社，1999：56－57.
④ 杨保军. 新闻事实论 [M]. 北京：新华出版社，2001：107.

真实，不可能是绝对的真实，真实只能是传播主体认知能力达到的真实，在认知能力达不到的范围内，无法谈论真实不真实的问题（关于新闻真实的限度问题，将在第三章进行专门的论述）。因此，在具体的新闻传播实践中，有些新闻在一定的条件下，只能达到基本真实，这也是基本真实成为被人们在一定程度上认可的真实概念的重要原因。但从原则上说，新闻媒体和新闻传播者在任何一次新闻报道中，都只能把基本真实作为不得以时的最低要求，而在报道条件许可的情况下，一定要尽可能为收受主体提供新闻事件的比较完整的真实面貌。

还需说明的是，新闻真实的量度，仍然主要是一个定性层面上的概念，不是一个纯粹的、可以计算的数量概念。在实际中，人们也无法去计算新闻真实的量，而只能用定性的方式描述新闻真实的量度。新闻真实的量度，是相对于完全真实而存在的一个概念，即我们假设有一种新闻能够达到对对象进行完全真实的报道的水平，那么不能做到进行完全真实的报道的新闻，就体现了不同程度的真实。

三、比较中的新闻真实

如上所述，新闻真实的核心是指新闻与其反映的事实对象的符合性及符合程度，是实与真的统一。为了进一步理解新闻真实的本质和内涵，我们将用比较的方法，在一般层面上考察一下它与其他领域真实问题之间的联系与区别。由于新闻真实属于认识论问题，因而，为了使这种比较真正具有合理性和科学性，我们只在认识论范围进行简要的比较。

（一）新闻真实与其他真实的总体关系

作为"真实"，新闻真实与其他真实相比，一定具有一些共同之处；

作为不同类型的真实，新闻真实一定具有与其他真实相比较而言的特殊性。在这里，我们先从总体上对新闻真实与其他真实（主要是文学艺术真实、历史真实、科学真实）的基本关系做出描述。

首先，根据辩证唯物主义的真理论，新闻真实与其他任何一种真实，诸如文学艺术真实、历史真实、科学真实等，在性质上是同"一种"真，而不是两种真或多种真，它们讲的都是一定的认识或认识结果与其相应客观对象的符合性。"凡是认识，不管是以什么形式存在的认识，是信念、判断，还是陈述、命题、推理、意见、假说；是自然科学理论，还是人文社会科学理论；是经验科学，还是数学、逻辑学或者哲学、艺术；只要是认识，只要是认识的成果，只要是对现实世界或现实世界某些方面的反映、言说，那就是有真假之分的，如果与现实相符合，就是真的，否则就是假的。"① 也就是说，在抽象的、普遍的意义上，所有的真都是一种真（认识论意义上的真），真实与否的标准只有一个：客观对象。符合，就是真实，不符合，就是不真实。

其次，新闻真实与其他真实一样，是人们运用认识手段建构起来的真实，与客观对象的自在或本真性的真实是两种不同的真实。文学艺术真实是人们运用文学艺术手段建构的真实，历史真实是人们通过历史认识建构的真实，科学真实是人们运用科学认识方式建构的真实，而新闻真实则是人们运用新闻认识手段建构的真实。这些真实都是人类在一定认识水平范围内以不同方式对客观事实世界做出的描述，都是人类在一定的历史文化条件下对事实世界做出的有限的反映。这些不同视野中的真实、不同认知方式中的真实，尽管根源于事实世界，但本质上都是人们按照自己的意识本性建构的真实。"人的关于世界的图景，当然是关于'自在世界'即世

---

① 郭继海. 真理符合论的困难及其解决 [M]. 北京：中国社会科学出版社，2003：129-130.

界本身的图景；但是，人的关于世界的图景，却只能是以自己把握世界的各种方式为中介而形成的关于世界的图景。"① 人们以各种不同方式认知世界、感受世界、经验世界，就会形成不同的"世界图景"，建构起不同的"真实图景"②。每种图景都只是对世界的某一个侧面、某一个层次的再现或反映。并且，根据各种认识的实际情况，人们发现，科学以外的真实，尤其会受到种种价值追求、利益取向、文化传统、社会心理的制约与影响，使得人们通过文学艺术、新闻、历史等所看到的真实，具有某种符号世界、虚拟世界的特征。新闻真实，特别是一定媒体新闻报道的整体真实，是在媒体所持有的意识形态体系的指导下、渗透下建构的真实。对此，当今的人们已经有了比较充分的、自觉的认知。③ 因而，真实的主观建构性既是必然的，也是人们应该注意的。

再次，新闻真实与其他真实之间有着样式上的差异。新闻真实与其他真实关涉的具体领域不同，或者说关注的方式不同。尽管新闻（报道）、文学艺术、历史（研究）、科学等的符合对象在性质上是同一的，都是客观事物、事实（或笼而统之称为实际），但各自符合的客观对象在具体存在方式、表现方式上还是有一定差别的，而且它们关注客观对象的方式也有所不同。因此，新闻真实、文学艺术真实、历史真实、科学真实等，自

---

① 孙正聿. 超越意识 [M]. 长春：吉林教育出版社，2001：12.

② 对此，我国哲学学者孙正聿有一段简明扼要的描述，可以帮助我们理解不同认识方式中的世界景象。他说："在'常识的世界图景'中，我们会看到一种源于经验而又适用于经验的'世界图景'；在'宗教的世界图景'中，我们会看到一个与'现实世界''世俗世界''此岸世界'相分裂的'天国世界''神灵世界''彼岸世界'；在'艺术的世界图景'中，我们会看到一个'诗意的''审美的''象征的'世界；在'伦理的世界图景中'，我们会看到一个充满'矛盾'而又趋于'和谐'，相互'冲突'而又显示出'秩序'的世界；在'科学的世界图景'中，我们会看到一个首尾一贯、秩序井然的'符号系统'和'概念框架'所表述的世界；而在'哲学的世界图景'中，我们会看到为自己的思想行为悬设的诸种'前提''根据''尺度'和'标准'。"参阅：孙正聿. 超越意识 [M]. 长春：吉林教育出版社，2001：12-13.

③ 其实，不少研究者通过对科学认识的考察发现，科学真实同样会受到意识形态等多种因素的干涉。这一点在学术界实质上也已经得到了普遍的认可。

然是不同认识视野中的真实、不同样式的真实。关于它们之间的具体关系，我们将在下文中进行阐释。

最后，新闻真实与其他真实有着层次上的差别。一般而言，新闻真实更多的是一种日常经验层次的真实，最典型的表现乃是具体的一事一物式的真实，是普通大众都可以相对轻易理解的真实，也是人们凭借日常学习、生活、工作经验就可以基本判断其真假的真实。但文学艺术真实是受艺术逻辑支配的真实，是一种与现实相似的真实，因而要理解文学艺术真实，需要具有审美的素养，需要具备基本的艺术感受能力。对历史真实的判断也需要专门的知识和研究。对科学真实的理解则更是比较艰难的事情，只有进行深入的学习和研究才能真正理解科学真实的含义。

（二）新闻真实与几种真实的具体比较

为了更具体地理解和把握新闻真实的个性，我们按照新闻学术界已经形成的习惯，对新闻真实与文学艺术真实、历史真实进行具体比较。同时，我们也试图扩展一下人们认识新闻真实问题的视野，将其与科学（包括自然科学和人文社会科学）真实做简要的比较。

1. 新闻真实与文学艺术真实

文学艺术真实，也是与客观对象相符合的真实，在真实性上，与其他真实性，包括与新闻真实性是相同的，文学艺术的真就是"表现的事物与被表现的事物之间的一致"①。但这种真实性不像新闻真实性那样，必须与具体的事实对象严格相符，而是一种文学艺术视野中的真实。新闻是对事实世界中部分相对特殊的事实（具有新闻价值的事实）的记述和再现，是人类发明出的一种比较纯粹的、简单的认知事实世界的方式，是

---

① 艾布拉姆斯.镜与灯：浪漫主义文论与批评传统 [M]. 郦稚牛，等译. 北京：北京大学出版社，1989：425.

人类理解、把握事实世界最新变化的一种中介或手段；而文学艺术则不仅仅以文学艺术方式认知事实世界，记述、再现事实世界，还以非认知的方式表演或展示人类的生活世界、梦想世界。因此，新闻真实与文学艺术真实尽管都是与客观对象相符合的真实，但它们必定是两类不同样式的真实。

新闻真实是"实有其事"的真实，属于事实性真实，因而新闻从原则上排除了对反映对象的一切虚构和想象。新闻的"魅力在于事实的真实，铁板钉钉，言之凿凿"①。新闻真实的魅力，就在于与当下具体的客观存在的事实的高度符合和一致，就在于让人们在一定程度上直接把握现实变动的、最新的、具体的景象。有人把新闻写作说成是讲故事，这是有问题的。故事原则上是文学的，童话、小说、民间流传的口头文学等都属于故事的范畴，"新闻与它们之间的最大的不同之处在于，新闻报道是真实的"②，而故事是可以虚构的。新闻写作可以运用讲故事的手法，正像新闻写作也可以运用散文式的手法一样（但新闻绝对不是散文），这是一种叙事方式上的相似，但新闻本质上是事实信息，既不能进行故事化的虚构，也不能包含散文化的抒情。新闻真实更多的是在科学精神支配下的真实，文学艺术真实更多的是在审美态度支配下的真实。

文学艺术所反映的对象只是在现实中具有一定的原型（甚至没有原型，只有一定的要素、细节等），但文学艺术并不以与现实的、具体的原型的高度符合为目标，因而它的真实不是与某个具体对象相符合的真实。它的高妙在于以艺术的手法，超越原型的直接面目，反映自然、反映生命、反映生活，是虚构、想象与现实的一种融合，"文学文本是虚

---

① 梁衡 . 新闻原理的思考 [M]. 北京：人民出版社，1996：101.
② 施瓦茨 . 如何成为顶级记者：美联社新闻报道手册 [M]. 曹俊，王蕊，译 . 北京：中央编译出版社，2003：156.

构与现实的混合物，它是既定事物与想象事物之间相互纠缠、彼此渗透的结果"①。文学，特别是优秀的现实主义文学作品，往往能够比较真切地反映社会实际面貌，具有某种类似于新闻报道、历史记述而又比它们深刻得多、意蕴丰富得多的价值。请看看恩格斯当年对巴尔扎克《人间喜剧》的评价，他说："巴尔扎克，我认为他是比过去、现在和未来的一切左拉都要伟大得多的现实主义大师，他在《人间喜剧》里给我们提供了一部法国'社会'，特别是巴黎上流社会的无比精彩的现实主义历史……围绕着这幅中心图画，他汇编了一部完整的法国社会的历史，我从这里，甚至在经济细节方面（诸如革命以后动产和不动产的重新分配）所学到的东西，也要比从当时所有职业的史学家、经济学家和统计学家那里学到的全部东西还要多。"② 但文学艺术的真实，必定是想象的真实或真实的想象，卢那察尔斯基说："全部艺术就是一大'花招'……艺术家的职责根本不是照相，不是记录事实，而是在于用想象和幻想的办法去创造事实，即虚构事实而又做得叫你感觉不到这是虚构，却说：这就是它，真实！"③ 德国著名美学家沃尔夫岗·伊瑟尔说："作为一种媒介，文学所显示的所有固有形态都只是一种想象。文学甚至能将人类所有特性具体化为一种非真实性的幻象，这种幻想是文学呈现千变万化的相关事物特征的唯一途径。"④ 可见，新闻真实针对的对象本质上是直接实存的，而文学艺术真实针对的直接对象本质上是想象的、虚构的，它与实存的事物之间是一种间接的关系，这也许就是新闻真实与文学艺术真实的最根本的区别。

① 伊瑟尔. 虚构与想象：文学人类学疆界 [M]. 陈定家，汪正龙，等译. 长春：吉林人民出版社，2003：14.
② 马克思，恩格斯. 马克思恩格斯选集：第4卷 [M]. 3版. 北京：人民出版社，2012：590-591.
③ 卢那察尔斯基. 论文学 [M]. 北京：人民文学出版社，1978：307.
④ 同①4.

文学艺术真实更多地需要从整体上来理解，"即把从一件艺术作品中获得的审美经验作为一个整体与现实对照，如果符合或大体符合，那便是真的"①。"艺术的真是从总体上呈现出来的，是通过诗意想象获得的。我们欣赏艺术时获得的种种感受如果是真的，那在总体上就是与现实符合的。"② 文学艺术世界的真实，是一种"仿佛如此"性的真实，是一种总体感觉、总体印象式的真实。因此，我们常说，文学艺术源于现实而高于现实，它通过文学艺术家的主观能动性、创造性，"克服现实事物的片面性或局限性，让人领悟到现实中更具普遍性的东西，从而超越现实"③，"文学作为虚构与想象的产物，它超越了世间悠悠万事的困扰，摆脱了束缚人类天性的种种机构的框范"④。文学艺术以源于现实而又超越现实的方式来反映现实，它不是简单地与现实相似或符合，而是以文学艺术的方式，揭示出社会的真实、人生的真实、时代的真实，"艺术形象比现实的存在更强烈地显示生命的文化形式，更强烈地激发生命的创造力。对于人的生命体验，特别是情感体验来说，艺术世界是比现实存在更为真实的文化存在"⑤。美国美学家苏珊·朗格说："你愈是深入地研究艺术品的结构，你就会愈加清楚地发现艺术结构与生命结构的相似之处。"⑥ 事实上，从总的方面看，"艺术作为人类超越意识的文化形式，不仅是'生命的形式'，也是'现实的镜子'，它以艺术形象的方式使人们强烈感受到自己的'时代精神'"⑦。新闻报道追求的是报道与事实对象之间的一对一的直接

---

① 郭继海. 真理符合论的困难及其解决 [M]. 北京：中国社会科学出版社，2003：183.

② 同①187.

③ 同①188.

④ 伊瑟尔. 虚构与想象：文学人类学疆界 [M]. 陈定家，汪正龙，等译. 长春：吉林人民出版社，2003：12.

⑤ 孙正聿. 超越意识 [M]. 长春：吉林教育出版社，2001：79—80.

⑥ 朗格. 艺术问题 [M]. 滕守尧，朱疆源，译. 北京：中国社会科学出版社，1983：55.

⑦ 同⑤80.

的符合性，而文学文本则将现实世界中的客观事物打碎、搅拌、糅合在一起，通过想象构成新的事物、新的事实，这样，现实的、真实的事物在文学文本中处处找得到，但又处处找不到，诚如伊瑟尔所说："经验世界的那些被选择的因素，被文本（指文学文本——引者注）挪用以后，它们实际上不再具有那种作为原系统有机组成部分的客观性了。"① 文学艺术通过对典型环境、典型人物等的塑造达到一种更加普遍的真实，"与现实生活中的虚构与想象不同，文学体系中的虚构与想象的相互作用是最具典型意味的。它们无须服从具体事物的实际需要，因而比日常生活中的虚构与想象更加具有天马行空、无所羁绊的特性"②。但文学艺术的想象不是纯粹的"虚幻的想象"，而是通过"真实的想象"去实现"想象的真实"③，有文学评论家说："《红楼梦》是把生活的大山推倒之后，又艺术地重新建造起来。"④ 文学艺术不仅仅是艺术地再现了生活的真实，而且是艺术地创造了真实。"这种生活的真实，是生活逻辑的真实，生活理念的真实，生活理想的真实。艺术的魅力，根源于艺术想象的真实。"⑤

新闻真实与文学艺术真实的实现方法既有相似之处，亦有差别。新闻要实现真实，主要依赖采访手段（现场观察、考察，寻找各种资料、证据，进行各种形式的访谈，等等）获取关于新闻对象——新闻事实——本身的具体信息；文学艺术真实的实现也需要这种类似新闻采访的方法（所谓采风、体验生活），但它更需要在此基础上虚构、想象，凭借非理性的

---

① 伊瑟尔. 虚构与想象：文学人类学疆界 [M]. 陈定家，汪正龙，等译. 长春：吉林人民出版社，2003：19.

② 同①7.

③ 马克思说："它（指人的意识——引者注）不用想象某种现实的东西就能现实地想象某种东西。"马克思，恩格斯. 马克思恩格斯选集：第 1 卷 [M]. 3 版. 北京：人民出版社，2012：162.）这足以说明人的意识的超越性和创造性，文学艺术正是依赖于人的意识的这种超越性和创造性才得以存在的。

④ 孙正聿. 超越意识 [M]. 长春：吉林教育出版社，2001：12.

⑤ 同④.

认知方法，诸如直觉、顿悟、灵感等来构造文学艺术形象。① 可以说，没有想象，就没有文学艺术，想象的实质就是对以往贮存在头脑中的各种表象进行重构，以创造和形成新的表象。② "想象是艺术中极其重要的心理活动，也可以说想象是艺术创作和欣赏中的最重要的方法。"③ 而文学的特殊之处正在于，"它是虚构与想象两者水乳交融的产物，文学作为媒介的多变性也正是虚构与想象造成的"④。

2. 新闻真实与历史真实

在讨论新闻真实问题时，除了把它与文学艺术真实进行比较外，人们经常拿来比较的另一对象便是历史真实。如前所述，新闻真实与历史真实首先是同质的真实，讲的都是认识与其对象的符合性，但新闻真实与历史真实必定是两种不同样式的真实，新闻真实属于新闻认识的范畴，历史真实则属于历史认识的范畴。

新闻真实与历史真实都是事实性真实。在真实的事实性上，新闻要求的真实与历史要求的真实是同一种性质的真实。新闻真实讲的是新闻与新闻事实的符合，历史则以历史事实为准则来判断真假，法国史学家莫诺曾慷慨激昂地说："要事实、事实、事实"，"要真相，全部的真相，除了真

---

① 当然，新闻记者在采访过程中，也可以运用这些理性的或非理性的思维方法，但却不能把想象的东西写在新闻之中。

② 人们通常把想象分为两种基本方式：一种是根据对客体的描述或象征性描绘，构造曾经感知过的客体表象，这被称作再现性想象或复现性想象；另一种则是构造未曾感知过的客体的表象，即创造尚未存在的客体的表象，这被称作创造性想象。参见：孙正聿. 超越意识 [M]. 长春：吉林教育出版社，2001：28.

③ 郭继海. 真理符合论的困难及其解决 [M]. 北京：中国社会科学出版社，2003：186. 其实，新闻的收受，特别是以文字、声音为载体的新闻的收受，也要借助收受者对新闻事实的想象来完成，对此，我们在"新闻真实的实现"一章中还会讨论。关于想象，我国已故著名美学家、翻译家朱光潜先生有着在我看来十分精要的论述。他把想象分为分想和联想，分想"就是把某意象和它相关的意象分裂开，把它单独提出"，联想"就是由甲意象而联想到乙意象"。参阅：朱光潜. 朱光潜美学文集：第 1 卷 [M]. 上海：上海文艺出版社，1982：193-194.

④ 伊瑟尔. 虚构与想象：文学人类学疆界 [M]. 陈定家，汪正龙，等译. 长春：吉林人民出版社，2003：6.

相其他一概不要"①。人们经常说的今天的新闻就是明天的历史，也主要
是基于"事实"而言的，即今天的新闻之所以能够成为明天的历史，最为
关键的原因是它们都把事实真实置于头等地位。中国著名新闻学者甘惜分
先生说："事实，已经发生的事实，是新闻学的出发点，也是历史的出发
点。"② 法国学者贝尔纳·瓦耶纳在他的《当代新闻学》中写道："有人说
记者是当代的历史学家。如果一个人能写下一切不断变化的事件的历史，
这句话是很正确的。至少新闻和研究历史共用一种材料，因为现在发生的
事件马上就会进入历史档案，让位于更新的事件。"③ 英国著名报人约翰·
德莱恩说："新闻记者的职责与史家相同，就是不顾一切地寻找事实真相，
所以他所贡献给读者的，不是政策、国策之类，而只是尽他们力量所能得
到的事实真相。"④ 一言以蔽之，发现真相，向社会告知事实真相，是新
闻工作者和历史学家的共同责任。因而，完全可以说："真实的新闻留给
后代的是真实的记载，不真实的新闻留下的将是一部歪曲的历史。"⑤

　　作为事实性真实，新闻真实与历史真实都具有唯一性，即不管是新闻
事实还是历史事实，与它们相符合的认识是唯一的。对新闻事实的解释可
能是变化的、多样的，但那是意见或看法，而非新闻事实本身；同样，对
历史事实的解释也可以是变化的、多样的，但历史事实本身是唯一的、不
变的，即使人们在一定时期内无法确定那唯一的、不变的历史事实到底是
什么。因而，不管是对新闻真实还是对历史真实，"事实和意见必须区分
清楚"，"它们是两回事"⑥。

---

　　① 阿普尔比，亨特，雅各布. 历史的真相 [M]. 刘北成，薛绚，译. 北京：中央编译出版社，
1999：60.

　　② 甘惜分. 新闻论争三十年 [M]. 北京：新华出版社，1988：296.

　　③ 瓦耶纳. 当代新闻学 [M]. 丁雪英，连燕堂，译. 北京：新华出版社，1986：303.

　　④ 童兵. 比较新闻传播学 [M]. 北京：中国人民大学出版社，2002：86.

　　⑤ 蒋亚平，官健文，林荣强. 新闻失实论：上册 [M]. 北京：中国新闻出版社，1986：15.

　　⑥ 同①227.

在事实真实性上，新闻真实与历史真实的主要区别在于，它们针对的事实对象有所不同。新闻真实指向的对象主要是新近、正在发生（发现）的具有新闻价值的事实；而历史真实指向的对象主要是相对久远的、曾在的具有历史研究价值的事实，"历史以想象力重温往事"，"要用具体的事实为开门之钥"。我们可以大致地说，新闻真实追求的是"现实态"事实的真实[①]，"新闻实际上是关于现实的历史。它是及时写就的历史"[②]；历史真实追求的是"历史态"事实的真实。可见，两种真实对象最突出的不同体现在客观事实存在的时间性上。顺便说一句，也正因为如此，不管是对新闻传播者来说，还是对历史学家而言，它们面对的最大难题之一就是时间性，前者是如何在最短的时间内确保实现新闻真实，后者则是如何在"时过境迁"中描述出历史事实的面貌。

新闻认识与历史认识追求真实的目的有直接的相似性，都是揭示事实的真相，让人们了解事实的本来面目。但从价值论的意义上看，它们揭示真相、追求真实的具体目标是有差异的。新闻真实，是一种反映新近或正在发生的事件的事实性真实，核心目的在于监测环境的变化。传播者通过真实的新闻传播，履行作为"社会守望者"的社会职责，使新闻媒介真正成为社会公器。历史真实的基本任务是呈现历史的真实面目，把历史上曾在的、在历史学视野中有意义的事实面目描述出来。但历史真实更高的目标是通过对历史经验事实的分析，揭示历史变化、发展的可能趋势，"要找出足以造成社会发展路线的潜在逻辑"[③]，发现人类自身当前所处的历史位置，从而为人类充分认识自身服务，为人类现实和未来的发展提供知

---

① 我曾对"现实态"的含义，从"现时""现在""现识"等角度进行解释，有兴趣的读者可参阅拙著：杨保军. 新闻事实论 [M]. 北京：新华出版社，2001：13-15.

② 门彻. 新闻报道与写作：第9版 [M]. 展江，主译. 北京：华夏出版社，2003：76.

③ 阿普尔比，亨特，雅各布. 历史的真相 [M]. 刘北成，薛绚，译. 北京：中央编译出版社，1999：77.

识和智慧。

实现新闻真实与历史真实的途径和方法既有共同之处，也有所不同。新闻真实的实现主要是通过对"现实态"事实的直接认识、再现完成的，是以"眼见为实"为特点的真实，是比较容易证实的真实，因而，新闻记者所陈述、再现的事实面目比较清晰、精细、准确。历史真实的实现主要是通过对"历史态"事实的各种考证、推理甚至猜测完成的，历史学家面对的是已经消逝的往昔，历史事实大多以各种符号形式存在于历史文献之中，因而"历史学家如何将文件的语句转化为力求忠于往昔事实的故事，乃是一件求真的艰苦差使。这需要盯紧档案记录的细末枝节不放，还要运用想象力来安排叙事和解说"①。因此，与新闻传播者相比，历史学家对历史事实的描述往往是大致的、粗线条的，很难细致入微、清晰准确，但"这并不表示他们（指历史学家——引者注）就此不再要求真确与完整，不以这两个条件为评判历史记叙的标准"②。

还须特别指出的是，我们对新闻真实与历史真实的比较，是在相当狭小的范围内的比较，是事实层面的比较，是把新闻报道的真实性与历史研究中历史事实的真实性相对而言的比较，不是新闻学本身的真理性与历史学本身的真理性之间的全面比较，即不是两个学科之间的完全比较。作为学科，新闻学和历史学都要探究它们各自对象的特征及其运动规律。

新闻真实与历史真实最根本的相同之处，就是它们都要求认识必须与客观对象具体符合，是一种一对一的事实性的符合，不像文学艺术真实那样，是一种整体性的、相对来说比较模糊的符合，可以通过对文本多义的理解达到对现实的多角度的理解，也不像科学真实那样，必须达到与客观

---

① 阿普尔比，亨特，雅各布. 历史的真相 [M]. 刘北成，薛绚，译. 北京：中央编译出版社，1999：232.

② 同①.

对象规律层面的符合（关于科学真实问题，下文还要讨论），否则，就不
是人们平常所理解的科学。

3. 新闻真实与科学真实

科学，不管是自然科学还是人文社会科学，都把求真作为最基本的甚
至是至上的目标，探索自然与社会的特征、本质和规律。"科学作为人类
的一种活动，是人类运用理论思维能力和理论思维方法去探索自然、社会
和精神的奥秘，获得关于世界的规律性认识，并用以改造世界的活动。"[①]
科学认识主要通过"运用概念的逻辑去把握世界、描述世界和解释世界，
为解释世界而提供某些'原理'或'公理'"[②]。科学最为集中地反映了追
求普遍性的知识本质。与科学认识相比，新闻认识基本上是以经验式的直
观把握去反映对象，目的主要在于反映新闻事实是什么，将事实信息呈现
给人们。因而，就都要求真而言，就都要和对象相符合而言，新闻真实与
科学真实并没有本质的不同。但就像新闻真实与文学艺术真实具有差别那
样，新闻真实与科学真实也是两种不同样式的真实，在具体表现上还是有
很大不同的。

新闻真实性要求的主要是一种事实的实存性的真实，不是真理性的真
实。"真实"和"真理"是既有联系又有区别的两个概念。从区别上看，
真实强调的是认识结果中反映的对象的实存性，真理强调的是对认识对象
认识的正确性。"正确性与真实性密切相关，但它是比真实更高、更复杂
的一个范畴"，正确性以真实性为基本前提，是对真实的情况做出的正确
结论，"正确性是包含真实性的，获得正确性的认识与获得真实性的材料
相比，要艰巨得多"[③]，因而忠于事实，才能达到真理。新闻认识的主要

---

① 孙正聿. 超越意识［M］. 长春：吉林教育出版社，2001：92.
② 同①93.
③ 章士嵘，等. 认识论辞典［M］. 长春：吉林人民出版社，1984：303.

目的不在于追求普遍真理①，不在于通过一件件具体的新闻报道，抽象出普遍的原理，而在于反映一件件具体事实的实际面貌和情况，以直接提供最新事实变动的信息为人们服务。在辩证唯物主义认识论中，真理有独特的专门的含义。真理被界定为主观（主体）对客观（客观实际）的规律性的正确反映，是正确的道理或理论。② 理论是人们对世界的本质或规律的概括或反映，是有一定次第或连贯性的思想。③ 我们可以粗略或大致地说，新闻理念、新闻精神追求的首先是尊重事实的求实精神，进而是通过求实的途径，为整个社会的良性运行提供健康的信息环境，并通过求实的途径尽可能地维护社会正义；科学理念、科学精神则主要是在尊重事实的基础上，以求真为精神灵魂，以扬弃自我、超越现状的批判精神、创造精神为前进的动力。但由此我们也可以看出，科学认识、科学思维并非与具有普通经验、普通思维的新闻认识、新闻思维截然不同，而是密切相关。美国科学哲学家 M. W. 瓦托夫斯基说得好："在科学本身的基础上，铭刻着它同普通经验、普通的理解方式以及普通的交谈和思维方式的历史连续性的印记，因为科学并不是一跃而成熟的。"④

新闻媒体不是科学研究机构，而是信息采集、加工和传播的组织；新闻本身不是理论，也不是科学（尽管最新的理论、科学研究成果可以作为新闻事实来报道）；新闻是对具体客观事件、事实的记述、描写或再现。因此，新闻真实首先是个别性的真实、针对一事一物式的真实，而非普遍

---

① 人们常说，新闻传播者应该追求"真理"，为社会服务，为人民服务。我认为在这种语境下所说的"真理"，并不是科学意义上的真理，并不是要求新闻传播者去做自然科学家或人文社会科学家，而是指新闻传播者应该尊重事实，敢于揭露事实真相，敢于坚持正义。因而"真理"实质上是在"正义"的意义上被使用的。

② 王路. "是"与"真"：形而上学的基石 [M]. 北京：人民出版社，2003：35.

③ 郭继海. 真理符合论的困难及其解决 [M]. 北京：中国社会科学出版社，2003：62.

④ 瓦托夫斯基. 科学思想的概念基础：科学哲学导论 [M]. 范岱年，等译. 北京：求实出版社，1982：11.

的、反映客观对象规律的真理。自然，在理想状况下，新闻传播可以通过对客观事实世界中一件件新闻事实的报道，以新闻认识的方式实现对社会的整体性真实反映。科学认识、理论认识的正确性、真理性，尽管指的也是与实际对象的符合性，但如前所述，它们作为具有普遍意义的认识结果，与新闻真实性相比，与对象的符合性有着层次上的差别。瓦托夫斯基说："科学研究不单单是一件积累事实的事情，科学也不是一大堆积累起来的事实。就科学是理性的和批判的而言，它是一项力图整理事实并在清晰的语言结构中用某种首尾一贯的、系统的方法来表示这些事实的尝试。"① 当然，新闻真实性同样要求新闻应该正确和全面，但这种正确和全面，关注的主要是新闻对新闻事实本身的记述、再现必须正确②和全面，而不是要求新闻必须反映新闻事实运动变化的本质和规律。

新闻真实与科学真实都应基于客观事实，不能虚构，不能捏造，这是它们的共同点。但是，新闻永远不能离开事实进行想象（新闻认识可以运用想象思维，但不能把想象的结果作为事实写入新闻文本之中），而科学认识则可以进行大胆假设、预测和推理，理论可以在尊重事实的前提下，通过对概念、范畴的操作，运用逻辑运演等方法去探求真理。科学，像文学一样，要凭借想象的翅膀飞翔，要凭借想象的力量去创造。但科学也像文学一样，它的想象、它的创造，最终总是离不开事实的根基。科学的想象，也像文学的想象一样，只有是真实的，才是真正文学的、科学的。我们来读一读巴甫洛夫的比喻："无论鸟翼是多么完美，如果不凭借空气，鸟是永远不会飞翔高空的。事实就是科学家的空气。你们如果不凭借事实，就永远也不能飞腾起来。"③

---

① 孙正聿. 超越意识 [M]. 长春：吉林教育出版社，2001：96.

② 记述的不是假象而是真相，或指出什么是真相，什么是假象。关于真相、假象，后文将有论述。

③ 同①30.

四、新闻观与新闻真实观

正如"世界总是通过一定的世界观显示其'本来面目'的"①，新闻真实也总是一定新闻观下的新闻真实，这是事实，不是理论推理。尽管对"新闻是什么"的回答在当今新闻传播界看不出什么形式上或表述方式上的差别②，但在实际的新闻传播活动中，到底把什么样的事实当作新闻事实，把哪种类型的新闻事实（比如正面性的新闻事实和负面性的新闻事实）当作主要的报道对象，在不同的社会形态、不同的新闻制度下（比如资本主义和社会主义），在不同类型、不同层次的媒体中（比如商业利益至上和政治利益至上的媒体等），实际上有很大的不同（当然也有相同之处）。这就造成了对"新闻"在理解上和在实际报道中的实质性差别，因此，客观上展现的新闻真实也有很大的不同。我们只有认清不同新闻观之间的差异，才能准确把握新闻真实在不同社会语境、媒介语境中的真实含义。不然，关于新闻真实的讨论，便是纯粹抽象的东西，并不能帮助人们理解现实新闻传播中的新闻真实问题。

（一）新闻观与新闻真实观的含义

被称为"什么观"的东西，实质是指人们对相关事物、对象的一种系统看法和根本观点。比如，所谓世界观、人生观、价值观等，指的就是人们对世界本质、人生意义、生命价值等的总的、系统的、根本的观念。每

---

① 赵敦华. 现代西方哲学新编［M］. 北京大学出版社，2001：193.

② 无论中外，不管是学界还是实证界，人们一致认为，处于传播态的新闻，应该是对具有新闻价值属性或新闻价值要素的事实的报道。并且，对于什么是新闻价值属性或要素，人们在形式上和基本内涵上都有着比较一致的看法。可参阅：杨保军. 新闻价值论［M］. 北京：中国人民大学出版社，2003.

个人都有一系列的"观"层面的观念，区别只在于有些人是自觉的，有些人是模糊的，大多数人则介乎其间而已。对人类一些群体（小至一个团体或组织，大到一个国家、民族，以至整个人类群体）的、制度化的、组织化的社会活动而言，人们通常更会自觉建构"观"层面上的观念，以指导相关的活动行为。现代社会以来的新闻传播活动，便是这样一种典型的社会活动，因而，新闻观也在不同的社会中被自觉不自觉地建构了起来。

面对相同的事物或对象，人们具有的实际社会生活状态的各种差别，使得人们的"观"往往有所不同，甚至有巨大的差异和对立。而一种"观"层面上的看法和观点，会直接影响人们对"观"内具体问题的认识和处理态度。并且，人们关于一定对象的"观"层面上的认识一旦形成，便具有很强的稳定性（因此，观念更新往往是非常困难的），它不仅会长期影响人们后继的认知活动，更会影响人们的相关价值选择和实践行为。因此，对相关领域人们"观"的讨论甚为重要。具体到新闻真实问题上，如果我们想真切理解新闻真实的本质和含义，就必须首先把握新闻观，因为对新闻真实的把握，一定是在新闻观下的把握。

1. 新闻观的含义

我们这里所说的新闻观，是新闻传播观的简要说法，指的是人们关于新闻与新闻传播问题的系统看法，特别是对新闻本质、新闻传播目的的看法。新闻观是由一系列具体的子系统观念构成的，其中最为重要的是新闻价值观、新闻（传播）功能（效用）观和新闻真实观。新闻观要回答的最主要的问题是：什么是新闻？确定新闻传播内容的标准是什么？新闻传播必须遵守的基本原则是什么？新闻传播的目的是什么？新闻传播要实现的社会功能是什么？在这里，我们主要从传播主体的视角来讨论新闻观问题，因为传播主体是实现一定社会新闻观的主要人群。

新闻观中最为重要的构成部分是新闻价值观。这里所说的新闻价值观，是广义的新闻价值观。狭义的新闻价值观指人们对什么样的事实、什么样的作品才是新闻事实、新闻作品的看法。比如，关于新闻价值五种属性或要素的学说，关于新闻文本必须具有时间上的及时性、内容上的针对性、形式上的亲和性的观点等，大致都可以看作狭义新闻价值观的主要内容。① 狭义新闻价值观，主要是从新闻传播规律角度确立的新闻价值观。广义新闻价值观不仅包括狭义新闻价值观的内容，更为重要的是，它要从新闻传播的社会规范方面，从合乎（传播）主体的目的性方面，来确立传播主体选择新闻传播内容、传播方式的基本原则和标准，因此，它才更为突出地反映了传播主体的需要，反映了传播主体的传播追求②，也因此，它从根本上、深层次上决定着新闻传播的外在表现方式。我们甚至可以说，有什么样的新闻价值观，就有什么样的新闻传播景象。"新闻价值观念是新闻观念的核心部分，它决定着新闻传播的主导方向，决定着新闻传播的目标追求和理想境界。"③ 新闻观其他子系统观念的确立，大都要受到新闻价值观的约束。

新闻功能观反映的是传播主体对新闻（传播）之功能的看法，如上所述，它与传播主体的新闻价值观念密切相关。传播主体期望新闻传播发挥什么样的功能作用，用它来发挥什么样的功能作用，直接或间接反映了传播主体的新闻功能观。比如，在中国，学者们根据他们的理解与期望，按照一定的次序，将新闻（传播）的功能概括为这样一些条目："报道新闻，传播信息；表达意见，引导舆论；服务社会，指导生活；传播知识，普及教育；提供娱乐，裨益身心；播载广告，促进产销。"④ 这段话集中反映

---

① 杨保军. 新闻价值论 [M]. 北京：中国人民大学出版社，2003：125-158.
② 杨保军. 新闻事实论 [M]. 北京：新华出版社，2001：51-58. 杨保军. 新闻理论教程 [M]. 4版. 北京：中国人民大学出版社，2019：89-92.
③ 同①217.
④ 甘惜分. 新闻学大辞典 [M]. 郑州：河南人民出版社，1993：10.

了大多数中国新闻学者的新闻功能观。期望新闻传播具有什么样的功能、发挥什么样的效用，对新闻媒体的定位、新闻内容的选择，都有直接的、重要的影响。

新闻真实观，反映的是传播主体对新闻真实的理解和观念。它也是新闻观的一部分，并且是非常重要的一部分，因为，真实始终是新闻（传播）赖以存在的根本条件（下面还要做专门阐释）。

如前所述，"观"层面上的认识一旦形成，不管它是正确的还是错误的，合理的还是不合理的，便有了非常重要的功能，对于人们相关领域的活动具有十分重要的指导作用。新闻观作为人们对一系列新闻（传播）基本问题的根本看法，当然对于传播主体的新闻活动具有至关重要的意义。它指引着传播主体的行为方向，规定着新闻传播的目标和追求，凝聚着传播主体的力量，是传播主体从事新闻活动的重要精神动力。如果一个群体（大至一个国家、民族，小到一家新闻媒体）没有自己的相对比较稳定、成熟的新闻观，就很难进行像样的新闻传播实践。我曾经在《新闻价值论》中写过这样一段话："一个群体拥有的新闻价值观念，会成为引导其所有成员的精神旗帜，会成为凝聚其所有成员的精神力量，会成为调节其所有成员的精神杠杆。拥有一致价值观念的群体才会成为一个真正有战斗力的群体，一个新闻传播机构的竞争力如何，除了基本的物质力量之外，关键还要看它是否拥有统一的精神旗帜，即是否拥有统一的、正确的、合理的新闻价值追求、价值目标、价值规范和价值理想。"[①] 由于在我看来，广义的新闻价值观乃是新闻观的核心，因此，这段话也可以说表达了新闻观本身的价值和作用。

2. 新闻真实观的含义

新闻真实观，就是人们对新闻真实的系统观点，特别是对新闻真实本

---

① 杨保军.新闻价值论［M］.北京：中国人民大学出版社，2003：224.

质的看法。① 由于新闻真实观是新闻观的一部分，因此，讨论新闻真实观，就应该关注两个大的方面：一是关于新闻真实本身的观念；二是新闻真实观与整个新闻观的关系。此处，我们主要阐释新闻真实观本身的内容，对于它与新闻观的关系，将在后文中单独论述。

人们常说，"真实是新闻的生命"，这就是新闻真实观的一种形象表达，它说明在人们的心目中，"真实"对于新闻（传播）而言具有"生死存亡"的地位和作用。但这必定是一种比喻性的、笼统的表达，还难以说明新闻真实观的具体内容。

新闻真实观大致包括这样一些基本的、具体的问题：新闻真实的本质，新闻真实的特性，新闻真实的构成（表现），新闻真实的实现，新闻真实的证实，新闻真实的意义，等等。不管什么人，如果承认新闻真实问题的存在，并且认为有讨论的必要，如果要建构比较系统的新闻真实理论，或系统回答关于新闻真实的问题，就总要涉及这些最基本的问题。我们甚至可以说，作为一种"观"层面的新闻真实论，总是逃脱不了这些最基本的问题。也就是说，如果不系统讨论这些基本的问题，关于新闻真实的看法就只能是一些零星的观点，或者说只是新闻真实观的某个侧面的反映。

不同主体有可能对这些基本问题做出不同的回答，或者只是对其中的个别问题具有不同的理解，其背后包含着各种各样的原因，这都是完全正常的现象。也正因为如此，我们在现实中会看到，不同主体会拥有不同的或有一定差异的新闻真实观。比如，有的新闻真实观认为，新闻不应该追求本质真实，不应该追求整体真实，新闻根本做不到本质真实和整体真实；有的新闻真实观则指出，新闻真实不能停留在现象真实层面上，不能

---

① 比如，本书就是我对新闻真实问题的比较系统的阐述，它反映了我对新闻真实问题的基本观点，可以看作我的新闻真实观。

停留在具体真实层面上，必须而且能够达到本质真实和整体真实；有的新闻真实观甚至认为，新闻不仅要反映新闻事实的本来面目，还要通过对新闻事实的反映，来反映整个社会、整个时代的真实面目和未来发展方向；还有一些新闻真实观认为，新闻真实本身就是神话，根本就不可能实现。尽管不同的人、不同的新闻主体对新闻真实有一些不同的理解，但他们不会没有自己的真实观，即使是那些不承认新闻可以真实反映其对象的观念，也可以看作一种新闻真实观。但我们必须指出，不同新闻真实观之间是有优劣之分、对错之别的，不同的新闻真实观之间会不断地进行争辩，正像不同的世界观、人生观、价值观之间会不断争辩一样。因而在学术范围内可以用"怎么都行"的方式展开争鸣和探讨，但用什么样的真实观指导传播实践则需要慎重。有些关于新闻真实的看法是正确的、合理的，有利于新闻传播的正常运行；有些看法是错误的、不合理的，需要修改、纠正；有些看法是模糊的、似是而非的，需要不断辨析和明确。

像其他"观"层面的看法一样，新闻真实观一旦形成，就具有一定的稳定性；但同样像任何一种"观"层面的认识一样，新闻真实观是一个开放的系统，会不断地更新、变化和发展。"每一个人、每一个文化共同体、每一个时代都有自己底世界观。随着人类精神生活底不断进展，世界观也在改变。因此，世界观并没有普遍的有效性与不容争辩性，每一种世界观都可以卷入无休止的争辩。"[①] 人们看到，随着新闻传播业的演变与发展，随着新闻传播在整个社会运行中的地位、作用的变迁，随着人们对新闻传播认识的不断深入，关于新闻真实问题的"问题域"会不断得到开辟和扩大。比如，在电子传播诞生之前，人们不可能讨论广播电视新闻的真实问题；在网络媒体、手机短信等进入新闻传播领域之前，人们不会讨论网络

---

① 刘永富. 胡塞尔现象学·海德格尔本是学引论：从所知学的角度重新解读胡塞尔和海德格尔[M]. 西安：西北大学出版社，2000：27. 另外，"底"字系原文所用，也是作者的特殊用法。

新闻、手机短信等的真实问题（即使有，也是猜测性的、肤浅的）。但如今，关于它们的讨论可以说铺天盖地、连篇累牍。而且，我们完全可以相信，未来新的、超越网络传播的某种传播方式出现后，一定会引发一系列新的问题，也许这是一个无限的过程。同时，人们对以往那些老问题的探讨也会不断以新的方式、新的方法、新的视角进行。本学科或其他学科一些新的理论、新的观念、新的方法的诞生，都有可能被人们用来分析既有的问题，都有可能带来一些新的看法，甚至会产生一些"革命性"的观念。

（二）新闻观与新闻真实观的关系

我们在前面已经指出，新闻真实观是新闻观的重要组成部分。因而讨论新闻真实观与新闻观之间的关系，实质上是在讨论新闻真实观与其他构成新闻观的"子系统"的关系，即讨论真实观与价值观、功能观之间的关系。由于广义的新闻价值观内在地包含着功能观的主要内容，因此，这里关于新闻观与新闻真实观之关系的讨论，实质上集中在新闻价值观与新闻真实观的关系上。

1. 新闻观决定新闻真实观

新闻观决定新闻真实观，这是二者之间最基本的关系。一个主体，不管是什么层次的主体（个体或不同大小的群体），只要它（他、她）充当了新闻主体，那么，它（他、她）有什么样的新闻观，就会有什么样的新闻真实观。这一判断的实质意义是，新闻传播所实现的真实，总是一定新闻观指导下的真实，严格点说，总是一定新闻价值观（指广义的新闻价值观）指导下的真实，诚如有人所说："新闻价值的取舍，主导着新闻报道的真实性观念及其采编流程。"[1]

---

① 陈卫星. 传播的观念［M］. 北京：人民出版社，2004：213.

如上所述，新闻观内含的核心问题是：什么是新闻？确定新闻传播内容的标准是什么？新闻传播必须遵守的基本原则是什么？新闻传播的目标是什么？新闻传播要实现的社会功能是什么？对这些基本问题的理论性、实践性回答，实质上就从理论上和实践上限定了新闻传播的内容范围，即将一些事实认定为新闻事实，而将另一些事实排除在新闻事实之外，因而这也就限定了新闻真实的对象范围。比如，在社会主义中国，中国共产党和其所执掌的政府，要求所有的新闻传播媒体必须坚持党性原则，通过新闻手段实现正确的舆论导向，以达到为人民服务、为社会主义服务的基本目标。而为了实现这一目标，新闻传播必须坚持以正面报道（宣传）为主。所谓以正面报道（宣传）为主，"就是要着力去宣传报道鼓舞和启迪人们发展社会生产力的东西，鼓舞和启迪人们坚持四项基本原则、坚持改革开放的东西，鼓舞和启迪人们加强社会主义民主和法治建设的东西，鼓舞和启迪人们推进社会主义精神文明建设的东西，鼓舞和启迪人们热爱伟大祖国和弘扬民族文化的东西，鼓舞和启迪人们维护国家统一和民族团结的东西，鼓舞和启迪人们为推动世界和平与发展而斗争的东西。总之，一切鼓舞和启迪人们为国家的富强、人民的幸福和社会的进步而奋斗的新闻舆论，都是我们所说的正面，都应当努力加以报道"[1]。简单地说，以正面报道（宣传）为主，就是指在新闻宣传工作中，在质和量上都要以报道、宣传正面事实为主，对负面事实可以报道[2]，也必须报道，但要以有利于团结、稳定和发展的方式进行适度报道。显而易见，在"以正面报道

---

[1]　李瑞环. 坚持正面宣传为主的方针［M］//中共中央宣传部新闻局. 中国共产党新闻工作文献选编：1938—1989. 北京：人民出版社，1990：167.

[2]　"我们把能给主体带来正面效应（正价值）的新闻事实称为正面事实，带来负面效应（负价值）的称为负面事实，正负效应不明显或无所谓（零价值）的事实称为中性事实。""同一新闻事实对不同主体的效应是有差别的，甚至是相反的，这说明效应标准划分出的三种事实类型具有一定的相对性，但正面事实与负面事实对同一主体甚至不同主体的效应又具有绝对的一面，'正面''负面'包含的事实属性必定是客观的。"参见：杨保军. 新闻事实论［M］. 北京：新华出版社，2001：41-42.

（宣传）为主"方针指导下的新闻传播，所实现的新闻真实必然是"正面为主"的真实。同样，我们可以设想，如果某种新闻观坚持以负面报道为主的方针，那么，在它指导下的新闻传播实现的只能是"负面为主"的真实。

无须再做过多的解释，我们可以清楚地看到：新闻观决定着新闻真实观的实质内容，规定着新闻真实实现的整体面貌；新闻真实必然是新闻观指导下的真实，新闻真实的实现样式不可能超越新闻观的约束。

2. 新闻真实观是新闻观的核心

新闻真实观是新闻观的有机组成部分，它与新闻观是部分与整体的关系。作为部分，如上所述，它的地位首先是由整体决定的。但新闻观对于新闻传播的导向作用，又要通过其各个子系统（新闻价值观、真实观、功能观等）在新闻传播实践中的具体贯彻落实来实现。新闻传播是一种以新近或正在产生的事实信息为主的真实性传播，也是一种把真实视为生命的传播，可想而知，对其而言，真实观自然举足轻重，真实观在整个新闻观中的重要作用也是不言自明的。

首先，任何新闻观，都不可能没有自己的真实观。真实性本身对于新闻、新闻传播、新闻传播媒体的必要性和重要性，从根本上决定了任何新闻主体在建构自己比较系统的新闻观时，都会高度重视真实观的内容。一种新闻观，如果失去了新闻真实观这个子系统，也就不成其为新闻观；拥有不同新闻观的新闻主体，可能对新闻真实问题有一些不同的理解和看法，但不可能没有自己的真实观。因而，如果我们说真实是新闻的生命，是新闻传播、新闻传播媒体生存和发展的根本条件，我们也就可以说，新闻真实观是新闻观的生命或核心，是新闻观必不可少的重要组成部分。任何新闻主体，只有保住了自己所期望的生命，实现了自己的真实观，才能维护自己新闻观的生命，实现自己的传播追求。

其次，真实观集中反映了新闻主体的实质性追求。对于新闻主体到底要通过新闻传播追求什么、达到什么样的目标、为什么人的利益进行传播等问题，通过其对新闻真实的追求就可看得一清二楚。新闻主体想把什么样的真实景象呈现给人们，想让世界看到什么，其中必然蕴藏着新闻主体的传播目的和价值理念，即必然反映着新闻主体的新闻观。反过来说，新闻主体的传播追求，主要是通过其对真实观的具体落实实现的。正是对真实观的实际落实，才把新闻主体的新闻价值观加以外化、客观化，使之成为可见、可感的事物，从而体现了新闻主体的实质性追求。

最后，与上一点密切相关，真实观更为直接地反映了新闻主体的真实面目，反映了其价值理念的内在本质。在新闻传播实践中，人们对新闻媒体的自吹自擂并不陌生，几乎没有哪个媒体不说自己要客观、全面、公正、及时地反映事实世界，但事实究竟如何，看看它们的真实观的实际贯彻情况就可一目了然。真实观的落实使得人们能够看到新闻媒体的具体报道行为，从而可以发现其真实面目。比如，当一家（或一个地区的、一个国家的甚至整个世界的）新闻媒体总是有意把一定的对象（可以是一个具体的个人或单位，也可以是一定的地方、国家甚至整个人类社会）的正面形象（通过对正面事实的报道）再现给世界，却有意不报道该对象的负面形象（通过对负面事实的报道）时，其真实观的本质便暴露无遗，对于其新闻传播的实质用意或价值追求，我们想也是不难理解的。

（三）几种主要的新闻真实观

如何概括不同的新闻真实观本身就是一个难题，它需要找到划分不同新闻真实观的某种界线或标准，找到不同观念的典型代表人物。因而，如果能够确立不同的标准，找到不同的代表人物，就可以区分出不同的新闻真实观。但人们的新闻观、新闻真实观有时并不那么清晰，而是一些观念的混合物，并不像理论逻辑分析的那么一清二楚。我们这里概括出的几种新闻真实观，参照的主要是中国新闻传播的实际情况，依据的主要是中国学者对新闻真实的不同理解，但也大致可以代表世界范围内新闻学者和新闻业界人士关于新闻真实的基本观念。

1. 具体真实观与整体真实观

在承认新闻真实是事实性真实的前提下，即在承认新闻真实是新闻与其反映对象相符合的前提下，新闻传播能够达到什么范围的真实，应该追求什么范围的真实，是构成一种新闻真实观的几个关键问题。根据对这几个关键问题的不同回答，我们可以把人们的新闻真实观大致分为具体真实观和整体真实观。

（1）具体真实观。

具体真实观的核心观念可以概括为这样几点：第一，所谓新闻真实，指的就是具体报道的真实。只要一条条具体新闻报道是真实的，新闻真实就实现了。新闻真实的范围，就是具体真实。至于一条条具体真实新闻累积起来后能否反映一定报道领域或范围的整体情况，则不属于新闻真实考虑的问题。第二，新闻真实，只是关于新闻事实的真实，它并不必然承担反映一定范围内事实世界整体面貌的任务。并且，要求新闻传播反映整个事实世界的真实，本身就是违反新闻传播理念的真实观。第三，要求新闻实现整体真实，是一种不切实际的幻想。新闻可以反映一件具体事实的整体真实情况，但不可能反映整个事实世界的整体情况。对任何一家新闻媒体来说，它只能反映目标报道领域的新闻事实，不可能反映新闻事实以外的一般事实。因此，新闻真实说到底，只能是具体的新闻性的真实，不可能超越新闻传播范围去追求真实，去反映包括一般事实在内的真实。

（2）整体真实观。

整体真实观的核心观念可以概括为这样几点：第一，整体真实观承认，新闻真实首先是具体报道的真实，它是新闻真实的基础，也是新闻真实追求的基本目标。第二，新闻真实不能停留在具体真实的范围内或层次上，新闻传播要追求和实现整体真实。而所谓整体真实，就是要求新闻传播反映目标报道领域甚或事实世界的整体真实面貌，特别是要反映事实世界主导的、主流的真实面貌。任何一家新闻媒体，对于自己确定的目标报道领域，都一定要全面，不能片面，要让人们能够通过新闻报道准确认知报道领域的整体真实情况。如果新闻报道不能让人们把握媒体目标报道领域的整体状况，新闻报道在整体上就是失实的。第三，如果新闻传播达到了整体真实，它就不仅能够反映具体新闻事实的本质，也能够反映一定事实领域甚或整个事实世界的本质，对一定时空范围内的新闻媒体来说，就能够反映整个社会生活的主流、一定时代发展的趋势或规律。这样的新闻真实，也就达到了本质真实的层次。可见，整体真实观与本质真实观是相同的。

2. 现象真实观与本质真实观

新闻是对新闻事实的反映和报道。任何新闻事实都是现象与本质的统一体，但直接表现为一定的现象（可能是真相，也可能是假象），人们通常能够观察到的、感觉到的、认识到的是事实的现象。而事实的现象，既可能直接反映事实的本质，也可能不反映事实的本质，或通过曲折的方式反映事实的本质。那么，新闻到底应该如何报道事实的现象和本质呢？对这一问题，人们有不同的回答，从而形成了两种不同的新闻真实观：现象真实观和本质真实观。

（1）现象真实观。

现象真实观的核心观念可以概括为这样几点：第一，真实报道事实现象是新闻传播的首要任务。对新闻事实本质的认知和揭示，不属于新闻真实的范畴。因而，对新闻真实提出本质真实的要求，是不科学、不合理的。第二，即使认为新闻报道应该追求本质真实，这种追求也必然是有限度的，只能对部分新闻而言，不能对所有新闻而言。新闻传播自身的特殊性决定了一些新闻报道只能达到现象真实，不可能实现本质真实。新闻真实只能是关于事实现象的真实，既不可能达到本质真实，也没有必要追求所谓的本质真实。第三，一些现象真实论者认为，事实的本质存在于现象之中，因而真实地报道了事实的现象，也就在一定程度上真实地反映了事实的本质。因此，现象真实就是本质真实，并不存在现象真实之外的本质真实，也不存在本质真实之外的现象真实。

（2）本质真实观。

本质真实观的核心观念可以概括为这样几点①：第一，事实既然有本质与现象的区分，新闻报道就必然具有现象真实与本质真实的差别。何况，事实的现象还有真相与假象之别，因此，如果新闻真实停留在现象层面，就很有可能形成表面上的真实、实质上的不真实，具体上的真实、整体上的不真实。第二，实现本质真实是对新闻真实更高层次的要求。有论者指出："提倡新闻报道应当透过现象看本质，全面、深刻地认识和把握事物，不为表面现象所迷惑，这是对新闻工作者更高层次的要求。"② 第三，因此，从总的原则上说，新闻真实既要实现现象真实，也要追求本质真实，只有达到现象真实与本质真实的统一，才算真正实现了新闻真实。第四，不能因为一些别有用心的人曾以"本质真实论"的名义，把新闻传播作为实现政治阴谋的工具，为所欲为，扭曲事实，制造假新闻③，就否定追求本质真实本身的合理性，也不能否定"本质真实观"的合理性。因为，人们可以在任何科学、合理的观念下，实施不正当的、不合理的甚至

---

① "本质真实"这一提法，最早见于华北《人民日报》1948年对《全区人民团结斗争，战胜各种自然灾害》报道的检讨和1953年《新闻业务》上《抓住特点，具体地说明特点》一文中。参见：甘惜分 . 新闻学大辞典［M］. 郑州：河南人民出版社，1993：28.

② 郑保卫 . 当代新闻理论［M］. 北京：新华出版社，2003：272－273.

③ 在中国20世纪50年代后期的"大跃进"期间、60年代中期到70年代中期的"文化大革命"期间，新闻媒体曾以"本质真实论"的名义，不仅报喜不报忧，还根据政治目的随意扭曲一些事实的真实面目，对中国新闻传播业的正常发展造成了恶劣的影响。可参阅有关的新闻史著作。

罪恶的行为。

上述两对新闻真实观有内在的联系,当然也有一定的区别。持有具体真实观的人,基本上赞同现象真实观,反之亦然。但坚持具体真实观的人,可能要求新闻在反映具体事实时,既要达到现象真实,也要达到本质真实,这样,才算真正实现了具体真实。而在持有本质真实观的人看来,具体真实是现象性真实,整体真实才是本质性的真实,因为具体真实对整体真实来说,可能只是个别的现象,因而只有整体真实才能反映一定报道领域的实际情况,只有整体真实才能反映事实世界(一定时空范围内的自然生活,特别是社会生活)的整体面貌。

具体真实与整体真实、现象真实与本质真实,既可以看作对新闻真实的一种分类,也可以看作对新闻真实的一种层次划分。但就这两对概念的直接意义来说,具体真实、整体真实这对范畴,主要是指不同范围内的新闻真实。具体真实针对的是个别新闻事实,整体真实则针对的是一定时空范围的所有事实,且不仅仅是所有的新闻事实,因而整体真实的核心是新闻报道必须反映出一定时空范围内事物的整体真实面貌。现象真实、本质真实这对范畴,主要是指不同层次的新闻真实。任何事物都有本质与现象之别,因而,对新闻事实现象的正确反映只是现象层次的真实,而现象真实并不必然能反映本质真实;对新闻事实本质的真实反映才是本质层次的真实。除此之外,本质真实论者常常在整体真实的意义上运用本质真实的概念。

我们将在下一章详细论述对于具体真实与整体真实、现象真实与本质真实的具体看法。

3. 中西新闻真实观的主要表现

由上面的阐释可以看出,人们对新闻真实的看法虽然存在着一定的差异,但在一些最基本的问题上是基本一致的。比如,不管哪种新闻真实观,都坚持新闻的具体真实、事实真实,而具体真实、事实真实,是新闻真实的根本和基础。并且，在我看来，人们关于新闻真实的看法，一致性越来越多，差异性越来越少。不同新闻真实观之间的实质性冲突并不怎么激烈，有些不同看法只是对彼此的误解，这种误解是由新闻观的不同导致的。在这里，我们将从中西比较的角度，简要说明它们在新闻真实观上的差异。

在西方，特别是在美国，按照我们的概念来说，占主导地位的新闻真实观是具体真实观和现象真实观。西方新闻观中所说的真实，是具体报道的真实，是事物表现出的现象的真实。并且，西方新闻观中的新闻事实，主要指那些非常态的或反常态的事实；正常的事物，尤其是按照预定程序运作的事物，不被看作新闻事实（但不能把这一点绝对化）。也就是说，西方媒体认为能够成为新闻报道对象的、新闻应该反映的，主要是那些被称作"负面事实"的事实。[①] 这样，西方媒体所呈现的现实世界，往往是一个混乱多于秩序、阴暗多于光明、坏事多于好事的世界。有美国报人指出，地球上没有什么角落能够逃脱媒体的探照灯，它们往往专好腐臭、朽烂的事件。这基本上是西方新闻传播的传统。美国老一辈著名新闻教育家弗林特早在 80 年前就说过："报刊每天向大家描绘的世界是从灰暗到黑暗；如果一个土星来客阅读美国报纸，他会以为大部分人类都是坏人。"[②] 西方新闻界的这种传统可以说直到现在都没有发生根本性的改变。他们强调的不是整体真实，而是具体真实；在具体真实中，他们强调的是负面事实的真实，而不是正面事实的真实。就我们目前接触到的材料来看，用

---

① 因此，我们不能简单地认为，西方的新闻真实是片面的真实，不是全面的、整体的真实。因为西方媒体的主流新闻观念、新闻传统，并不把我们所说的一般性的正面新闻事实看作新闻事实。因而，他们所说的新闻真实的对象，并不包括我们眼中的那些一般的正面新闻事实。当然，对于西方的"坏事才是好新闻（事实）"的观念，我们可以不同意，也可以进行批评、批判，但如果用我们的新闻真实观去衡量他们的新闻真实，显然是用错了标准和尺度。事实上，西方早有学者对西方的新闻观进行了批评。也许在不久的将来，西方也可以在一定程度上接受我们的新闻观念，但这需要双方的努力。

② 弗林特. 报纸的良知：新闻事业的原则和问题案例讲义 [M]. 萧严，译. 北京：中国人民大学出版社，2005：8.

"具体真实"与"整体真实"这对概念反映新闻的真实性，是中国学者和中国新闻传播业界惯用的方式。西方学者和西方新闻传播业界一般都是比较笼统地谈论新闻真实，没有提出与中国新闻界使用的一系列概念类似的概念，他们在讨论或对待新闻真实问题时，针对的主要是我们所说的"具体真实"，童兵先生在他的《理论新闻传播学导论（第二版）》中说："一般来说，西方国家的新闻媒介，主要要求做到第一个层面即'事实真实'（即具体真实——引者注）。"① 但需要特别注意的是，不管是在西方学者的理论著作中，还是在他们的应用性著作中，只要他们讨论到新闻真实问题，我们就会清晰地感觉到，他们实际上很重视我们所说的新闻的"整体真实"问题。② 因此，既重视具体真实又重视整体真实，是中西新闻真实研究中共有的现象。③

---

① 童兵. 理论新闻传播学导论［M］. 2 版. 北京：中国人民大学出版社，2011：69 - 70. 童兵先生所说的新闻真实的层次有三层：一是事实真实（相当于具体真实），二是总体真实，三是"通过事实的报道而揭示该事实发生发展的原因及其本质"。关于新闻真实的层次问题，我们在下文中会进行专门的论述。

② 已经撰写过两部中西新闻比较研究著作的童兵先生也认为，"一些西方新闻学者提出，新闻传播者不仅应该做到事实真实，也应该坚持做到总体真实"。可参阅《理论新闻传播学导论（第二版）》（童兵. 理论新闻传播学导论［M］. 2 版. 北京：中国人民大学出版社，2011：69.）。他的这一判断是符合实际的，读者可参阅美国新闻自由委员会的报告《一个自由而负责的新闻界》（新闻自由委员会. 一个自由而负责的新闻界［M］. 展江，王征，王涛，译. 北京：中国人民大学出版社，2004.）、梅尔文·门彻的《新闻报道与写作（第九版）》（门彻. 新闻报道与写作：第 9 版［M］. 展江，主译. 北京：华夏出版社，2003.），或其他相关著作。

③ 我国有学者根据西方（主要是美国）新闻业及新闻学的发展历史指出，在相当长的时间内，西方的新闻的真实问题只是在一定程度上具体地体现在新闻传播的实际活动中，而在理论上缺乏鲜明的自觉意识，也并未被作为一个明确的概念得到一定的理论概括。在 18 世纪以后，随着社会历史条件的变化和新闻传播事业的发展，新闻真实性才成为人们普遍关注的问题。在这以后的近 200 年间，关于真实性的问题走过了一个曲折的历史变化过程，出现了种种思潮，其中十分突出的有以下两种。一是客观报道说。它以 19 世纪大众化报纸的兴起为基础，主要通过"客观性"来体现新闻的真实性。以"客观性"为核心内容的新闻真实观，不仅对后来产生了很大的影响，而且一直占有很重要的地位，成为实际新闻传播活动中的一条基本原则。二是解释性报道说。解释性报道说的出现，是和 20 世纪 40 年代的社会责任理论新闻思潮联系在一起。它在批判客观报道原则的过程中充分阐发了对新闻真实的看法。它认为"客观"是不可能的。新闻的真实应该是这样的真实：其一，新闻真实不只针对事实本身，还包含了"意义"；其二，新闻真实必然依赖于传者的解释、意见。解释性报道说所理解的新闻的真实性，就是所谓靠传者负责任的解释获得事实的真相。参见：吴高福. 新闻学基本原理［M］. 武汉：武汉大学出版社，1993：208 - 216.

西方媒体在对国内事实和国外事实的报道上是有很大差别的，在新闻真实问题上也有所不同。对国内新闻事实的报道，会更注重正负面事实之间的平衡问题；对国外新闻事实的报道，则主要选择负面事实，只有在一些相对特殊的环境下，才会选择一些正面事实作为报道对象。因此，一些人认为，以美国为代表的西方媒体在新闻真实观上，也像在人权观上一样，持有双重标准，因而其对国外的报道，特别是对第三世界国家的报道，对与西方世界不怎么亲近的国家的报道，缺乏应有的公正性和客观性，具有"妖魔化"的倾向和结果。①

在中国，就目前来说，占主导地位的新闻真实观可以被概括为"统一真实观"。对此，我们可做这样的解释：从具体真实和整体真实角度来看，占主导地位的新闻真实观是整体真实观，或者更准确地说，是具体真实与整体真实相统一的新闻真实观；从现象真实和本质真实的角度来看，占主导地位的新闻真实观是本质真实观，或者更准确地说，是现象真实与本质真实相统一的新闻真实观。新闻报道的真实性，要求所写的事例、人名、地名、时间、引语准确无误，且"不能只反映事物的现象，还必须体现事物的本质和主流"②。童兵先生在其所著的《比较新闻传播学》中解释道："这一界定指出了真实性的三个层次的要求：细节真实、总体真实和揭示事物的本质。"他说，对此，"学术界（指中国新闻学术界——引者注）有不同看法"，"但多数人已有共识（指基本认可甘惜分先生主编的大辞典中对新闻真实的界定——引者注）"③。事实上，关于上述所说的"统一真实观"的核心观念，当代中国的几位领导人的阐释更加明确。李瑞环曾在《坚持正面宣传为主的方针》中说："新闻的真实性不仅要求每一篇具体报

---

① 中国学者也发表过类似的著述，并且在不同学者之间还发生过一定的争论。我想，这种争论还会持续下去，因为不同新闻观之间的交锋，不是短期内可以解决的问题。

② 甘惜分．新闻学大辞典［M］．郑州：河南人民出版社，1993：28.

③ 童兵．比较新闻传播学［M］．北京：中国人民大学出版社，2002：92.

道的新闻要素必须真实准确，而且要求从新闻宣传整体的把握上做到真实、客观、全面。"① 江泽民在《关于党的新闻工作的几个问题》中指出："不仅要做到所报道的单个事情的真实、准确，尤其要注意和善于从总体上、本质上以及发展趋势上去把握事物的真实性。"② 中国新闻传播业，就是用"统一真实观"来指导新闻传播活动的。

---

① 这是李瑞环1989年11月25日在中国共产党中央委员会宣传部举办的新闻工作研讨班上的讲话。李瑞环. 坚持正面宣传为主的方针［M］//中共中央宣传部新闻局. 中国共产党新闻工作文献选编：1938—1989. 北京：人民出版社，1990：175.

② 这是江泽民1989年11月28日在中国共产党中央委员会宣传部举办的新闻工作研讨班上的讲话提纲。江泽民. 关于党的新闻工作的几个问题［M］//中共中央宣传部新闻局. 中国共产党新闻工作文献选编：1938—1989. 北京：人民出版社，1990：193. 江泽民和李瑞环的讲话精神，对1989年以来的中国新闻界有着重大的影响。

第二章 新闻真实的构成

　　只要报刊生气勃勃地采取行动，全部事实就会被揭示出来。这是因为，虽然事情的整体最初只是以有时有意、有时无意地同时分别强调各种单个观点的形式显现出来的，但是归根到底，报刊的这种工作本身还是为它的工作人员准备了材料，让他把材料组成一个整体。这样，报刊就通过分工一步一步地掌握全部的事实，这里所采用的方式不是让某一个人去做全部的工作，而是由许多人分头去做一小部分工作。

——马克思

　　如果记者观察得很清楚，并且是从整体上来看待问题，那么，他们正在向准确且生动地报道新闻的方向前进。

——门彻

　　本质总是依附或潜在于具体的现象之中，赤裸裸的一无凭借的本质是没有的。

——王元化

上一章关于新闻真实的本质及其相关问题的一些论述，是从比较一般的、抽象的层面上对新闻真实含义进行的分析。本章则从多角度、多层面出发，主要以静态解剖的方法，即把新闻真实的各种表现作为一种静态对象，比较系统地分析它的具体构成情况，目的在于形成对新闻真实内涵真切的、实际的理解和把握，为我们进一步深入探究新闻真实的特点打下基础。

一、具体真实与整体真实

新闻的基本存在方式、表现形式是一篇篇具体的报道，是对一件件具体新闻事实的反映，而巨量的个别新闻聚合在一起，自然形成了一个整体或"全体"报道的结果和效应，所以新闻真实必然在客观上形成两种表现：一种是单一的、个别的新闻的具体真实；另外一种是由单一的、个别的新闻组合起来共同塑造的整体真实。[①] 它们共同构成了新闻真实的实际系统。如何理解具体真实，特别是整体真实以及二者之间的关系，一直是新闻真实论关注的重要问题。

（一）新闻的具体真实

新闻的具体真实，也有人称之为个别真实、个体真实、微观真实、单

---

① "具体真实"和"整体真实"在逻辑上并不是严格对应的。因为"具体"与"一般"相对应，而"整体"与"局部"或"部分"相对应。但使用"一般真实"来代替"整体真实"，或者用"局部真实"或"部分真实"来代替"具体真实"，可能会引起更多的歧义，因为"一般真实"给人的直接感觉是不知所云，即使仔细琢磨，"一般真实"似乎指的是"基本真实"，也显然与"整体真实"的含义是不一样的；至于"局部真实"或"部分真实"，"局部"和"部分"是表量含义，这使得它们都难以表达"具体真实"的含义。考虑到这些因素，我们还是使用在逻辑上并不"工整对仗"的"具体真实"和"整体真实"这对概念。

个真实或狭义真实。① 但不管具体概念的名称如何不同，指称的客观对象是相同的——具体的新闻报道。新闻真实论中的具体真实，在理论上是一个相对比较好理解的概念，在新闻实践中也是比较容易把握和实现的目标。不管是新闻传播者还是收受者，通常都是在具体真实的层面上来看待新闻真实问题的。因此，具体真实实际上是新闻真实论中讨论得最多的问题。

1. 具体真实的对象与含义

具体真实，是新闻真实论中相对整体真实而言的一个概念，是对新闻真实系统的一个分类概念。人们用具体真实指称具体新闻报道的真实性，因而具体真实的对象就是一篇篇具体的新闻（报道）。也就是说，我们把所有单个的或单篇的新闻（报道）的真实性称为新闻的具体真实。

具体报道是新闻得以存在和传播的实际形式。所有记者、编辑都是通过对一件件具体事实（一篇篇具体稿件）的观察（分析）、采访（修改）进行新闻职业活动的；所有的新闻媒体都是通过对一篇篇具体新闻的适当组合实现规模化新闻传播的；整个新闻传播界也是通过一条条具体新闻履行职业责任、反映事实世界、实现社会影响的；所有的新闻收受者也是通过对一条条具体新闻的接收、理解、接受实现收受活动的。一言以蔽之，新闻传播的个别效应和整体效应，首先依赖于每一次具体的新闻活动、每一条具体的新闻报道与收受。同样，新闻真实的实现，首先依赖于每一条具体新闻真实的实现。因此，具体真实对于每个传播者、每个新闻媒体、

---

① 20世纪80年代中期，曾有人把具体真实界定为"狭义真实"，把整体真实界定为"广义真实"。他们在书中写道："在实践中，新闻真实有两重含义：一是指单篇新闻的真实，一是指整个新闻报道的真实。我们称之为狭义真实和广义真实。对事实的报道准确无误，就达到了狭义真实；广义真实则是指一定地区一定时期的新闻报道能够全面、准确地反映该地区在这一时期中发展、变化的状况。"参见：蒋亚平，官健文，林荣强．新闻失实论：上册［M］．北京：中国新闻出版社，1986：19.

每个新闻收受者的重要性，以致对于整个新闻传播业和社会的重要性都是不言而喻的。

具体真实是相对具体新闻而言的真实，即每一则新闻的真实就是具体真实，它指的是具体新闻作品与其反映对象的符合性。如果符合，一则新闻就是真实的；如果不符合，就是不真实的。因而，衡量一则具体报道真实性的标准，就是它所反映的具体事实对象。并且，这个标准是唯一的。进而言之，具体新闻报道的真实性，实质是指具体新闻事实的真实存在性。即只有能够找到证明证实具体新闻报道中所记述或陈述的事实的根据，我们才能说一则新闻是真实的。至于这则新闻的真实程度，还要看它对新闻事实记述或陈述的全面性与准确性。

2. 具体真实的特点

相对新闻的"整体真实"而言，新闻"具体真实"最突出的特点无疑是它的"具体性"。具体真实的所有其他特点都是从"具体性"中生发出来的，或者说蕴含在"具体性"之中。具体真实的"具体性"主要表现在以下几个方面。

首先，具体真实是一对一的真实，针对的是具体的新闻事实，因而，具体真实是一种"点"上的真实，而非"面"上的真实。具体真实的具体性，说明了每条新闻所反映的事实，都是相对独立的、单一的存在。不管一件完整的事实如何庞大、复杂，单就一篇具体的新闻报道而言，它的内容是具体的、有限的，它所反映的事实，只能是发生、存在于一定时空中的事物，是在一定时空中可以看得见、听得着、感受得到的东西。单篇新闻报道内容的有限性，从根本上限制了具体真实的有限性（关于新闻真实的有限性问题，我们将在下一章单独论述）。

其次，具体真实是可以直接检验的真实。相对整体真实对象的模糊性而言，具体真实的对象是十分明确的。具体真实的所指对象是非常清楚的，它是由一系列基本事实要素、事实片段或部分、不同事项及其相互关系构成的真实（对此，下文将有详细的讨论）。因此，比起整体真实，具体真实是易于被证明证实的真实。人们可以通过直接经验的方式去证明证实相关事实的存在，即使是对单篇新闻报道的真实性进行逻辑分析，也会由于其内容的有限性和具体性而变得比较易于把握。因此，在新闻传播实践中，人们比较容易发现具体的虚假新闻，却难以觉察新闻传播的整体失实现象。

再次，具体真实是易于理解的、较好把握的真实。具体真实针对的是一件件具体的单个的新闻事实，因此，不管是从新闻报道方面看，还是从收受者的角度说，具体真实都是相对比较容易认知、理解、把握的真实。一个记者、一个编辑可能难以准确认知、理解、把握他或她所面对的整个事实世界、新闻事实世界甚或自己的报道领域，但当面对一件具体的事实、一篇具体的稿件时，往往是比较从容的；一个读者、一个观众可能难以准确认知、理解、把握蜂拥而来的巨量新闻信息，但他或她在面对一则具体的新闻时，常常是比较自如的。这其中的道理其实很简单：人们的认识总是始于个别或具体，然后才能上升到普遍或一般。

最后，一般来说，具体真实是由个体记者直接掌控的真实，即具体真实的实现主要依赖于个体记者的个人品质和认知能力。编辑部的所有后续处理，依托的是记者提供的新闻稿件。因此，每一个记者对具体真实承担着首要的、在先的、不可推卸的责任。具体报道的真实，对一个媒体或整个新闻界实现整体真实传播而言具有奠基性的作用。但一则具体真实的新闻报道，能够产生什么样的真实传播效应，并不完全取决于某个具体的记者或某条具体的新闻，还要看新闻媒体如何编辑它、传播它。

3. 具体真实的局限性

具体真实的具体性，决定了具体真实的有限性，这种有限性中包含着它的局限性。认识具体真实的局限性，是我们全面理解具体真实所必需的。

第一，如上所述，相对一个整体的报道领域或一定范围的事实世界来说，任何具体真实都是一种个别的真实，是"点"上的真实。"点"式真实的特征，决定了人们通过具体真实的新闻报道，只能认知一定"点"上的真实情况，认知一定具体事实的真实面目。"点"上的真实，并不能必然反映"面"上的真实。把由"点"及"面"、由个别到一般的逻辑推理运用到新闻真实中是危险的，推论结论的正确性也是偶然的。这也就提醒人们，不要通过个别的真实新闻报道去推论相关领域事实的整体情况。新闻报道是事实的报道，新闻真实是事实性真实，不是理论研究，不是理论推理，不要用非新闻的理念去对待新闻真实问题。要求一则真实的新闻报道反映同类事物的整体情况，是非新闻的观念。任何一件具体事实的真实报道，都不能充当类似于理论推理的前提。这也就意味着，任何一则或几则具体的真实的新闻报道，不可能反映同类事物的整体面貌。它们只能以新闻的认知方式，反映出新闻范围内的真实、新闻事实的真实（关于新闻真实的这一特点，我们将在下一章专门讨论）。新闻真实只能承担新闻认识方面的职责，并不能完成科学认识或其他认识的任务。

第二，即使是对大量的单一类型、单一性质新闻事实的报道，比如对相关事物同质的正面或负面新闻事实的报道，即使是完全真实的报道，仍然是新闻的具体真实，属于具体真实范围内的真实，并不必然反映相关事物的整体面貌。如果新闻传播者总是注重事物的一个方面，注重一类事实，做出的新闻报道在具体事实上也许是真实的，但这些具体真实报道累积在一起，并不必然反映事物的完整面貌。人们通过对单一类型、单一性质事实的报道，至多只能了解相关事物的一个侧面，而不是全面，除非事物只有一面。因而，具体真实中始终存在着片面真实的可能性和危险性。比如，在中国一些媒体的新闻报道中，城市中的农民工总是穿着破烂、不讲卫生，他们当中总是产生比较多的违法犯罪分子；而据美国一些学者的研究，尽管越来越多的黑人出现在了美国媒体的报道中，但最常见的形象仍然是罪犯、运动员和演员。[①] 这种通过真实的具体报道形成的关于某些地区、某些人群的"刻板成见"[②]，显然是片面的、不完全真实的，而当大众媒体"所描绘的形象不能真实地反映社会群体时，它们就会误导判断"[③]，造成片面的真实效应。也许正因如此，人们把这样的新闻称为"偏见新闻""歧视新闻"，它们是缺乏真正的人文精神和人文关怀的新闻。

第三，即使对具体新闻事实来说，新闻的具体真实本身也常常是一种"碎片化"的真实、"马赛克式"的真实。所谓碎片化、马赛克式的真实是说，任何关于某一具体新闻事实的新闻，由于总是来自一定的媒体角度或记者角度，因此从原则上说，任何新闻实质上都存在着不可克服的"盲人摸象"式的可能偏误。"新闻工作者有时真的很像那些摸象的盲人"，"即使是最好的记者也会有他的'盲点'"[④]。"在瞎子面前，大象只是部分，而不是个整体、大全。瞎子感觉中的大象只能是一个面、一个点，而绝不是一个体，更不可能是一个实在的大象本体。"[⑤] 盲人们之所以只能发现或摸到大象的一个点、一个面、一个部分，原因在于"他们始终只能站在自己的位置上去摸大象，始终走不出自己的感觉，进而笃信自己的感觉，抵制或排斥别人的感觉"[⑥]。如果他们能从不同角度触摸大象，就有可能

---

① 莱斯特.视觉传播：形象载动信息［M］.霍文利，等译.北京：北京广播学院出版社，2003：107-110.

② 那些缺乏整体真实观念指导的具体报道，往往会造成出乎人们意料的叠加效应，使收受者对某个地区、某些人群形成"刻板成见"。"刻板成见"是指"一个社会群体所共同抱持的对某人、某群体等的简单化和标准化的认识或印象"。参阅：新闻自由委员会.一个自由而负责的新闻界［M］.展江，王征，王涛，译.北京：中国人民大学出版社，2004：14.

③ 新闻自由委员会.一个自由而负责的新闻界［M］.展江，王征，王涛，译.北京：中国人民大学出版社，2004：14.

④ 弗林特.报纸的良知：新闻事业的原则和问题案例讲义［M］.萧严，译.北京：中国人民大学出版社，2005：15.

⑤ 余治平.哲学的锁钥：源于本体论的形上之思［M］.成都：四川人民出版社，2002：160.

⑥ 同⑤165.

把握到比较完整的，从而也比较真实的大象整体。对有些新闻事实的报道，必须交代它的背景、它的产生环境，不然就会让人们摸不着头脑，"对一个孤立事实的报道，无论它本身如何正确，都可能具有误导性，到头来就是不真实的"[①]。其实，任何明眼人在观察能力上、认知能力上都有盲人的特点，新闻传播者当然也不例外。任何人都只能看到他所看到的，而看不到他所看不到的；只能知道他所知道的，而不可能知道他所不知道的。因此，对任何一件新闻事实，特别是那些比较重要的、复杂的、有影响的新闻事实的完整反映，不仅需要一家新闻媒体、一个记者的全面观察和认知，更需要多家新闻媒体、多个记者的不同的角度。这样，才能比较全面、完整地揭示出新闻事实的整体真实面目。至于对某一事实领域或整个事实世界来说，如果试图通过新闻认知的方式反映出它在一定时期的整体真实面目，则更需要所有媒体同心协力。人们不可能通过一双眼睛看清整个事实，看清整个世界，不可能透过一管窥见全豹。一句话，具体真实永远都是有限度的真实。

（二）新闻的整体真实

新闻的整体真实，有人也称之为总体真实、全局真实、广义真实、宏观真实[②]，它在理论上是一个并不难理解的概念，但在新闻实践中却是一个比较难把握也比较难实现的目标。如果说人们对"具体真实"这一概念

---

① 新闻自由委员会. 一个自由而负责的新闻界 [M]. 展江，王征，王涛，译. 北京：中国人民大学出版社，2004：12.

② 我国著名新闻学者甘惜分先生曾经提出过一对很有意思的概念。他把我们现在所说的整体真实称为"时代的真相"，把具体真实称为"事实的真相"。他说："后者（指事实的真相——引者注）是指一个一个的局部的真实，前者是指全局的真实。一个一个事件的局部的真实固然重要，全局的真实却更为重要。所谓反映时代的真相，就是要反映我们这个时代的重大事件，要反映出我们这个时代的特征和基本面貌，要反映出这个时代的发展变化和时代精神。"参见：甘惜分. 新闻理论基础 [M]. 北京：中国人民大学出版社，1982：121.

的科学性、合理性基本没有怀疑的话，对"整体真实"的看法就没有那么一致了。因此，整体真实是新闻真实论中的一个难点。读者在阅读、理解我下面的论述时，也应该从整体上来把握，不可断章取义。

1. 整体真实的对象与含义

与具体真实概念成立的逻辑一样，整体真实是新闻真实论中与具体真实相对的概念，也是新闻真实系统中的一个分类。[①] 但整体真实的对象不像具体真实那么一目了然，还需要进行仔细的分析。

从直接的意义上看，新闻真实论中所说的"整体真实"的对象，是由所有具体新闻组合而成的"全体"新闻。全体新闻描绘着、反映着报道对象的整体面貌。如果全体新闻如实描绘、反映了对象的整体面貌，我们就说新闻传播达到了整体真实；如果没有如实描绘、反映对象的整体面貌，那么，即使构成全体新闻的每一则具体新闻都是真实的，我们也说新闻传播在整体上是失实的，即没有达到整体真实。这种合乎逻辑的理论分析，似乎一清二楚，但还是比较抽象，多少让人有些不好把握。我以为，要阐释清楚整体真实的对象和含义，首先要对整体真实做出具体的解释。事实上，整体真实本身也是具体的真实，它的对象也是具体的，是在一定具体范围内的整体真实，不是纯粹抽象的整体真实。

新闻传播的整体真实，落实在新闻传播活动中，从实践逻辑上可以分为三个层面：微观层面的整体真实、中观层面的整体真实和宏观层面的整体真实。需要预先提请读者注意的是，我们下面所做的比较精细的分析是对新闻传播实际的理论分析，而不是对新闻传播实际情况的描绘。这种理论分析具有纯粹逻辑的意义，充满了理论的理想性。关于整体真实的全面

---

① 当然，如果我们把具体真实看作新闻真实的一个微观层次，那么，就可以把整体真实看作新闻真实的宏观层次，这就是说，具体真实和整体真实也是新闻真实的层次概念。从真实层次角度开展的讨论，我们将在下文进行。

理解，需要读者注意我们的整体论述。

　　所谓微观层面的整体真实，是指具体报道的整体真实。我们知道，任何一件具体的新闻事实，其本身也是由不同事实部分或一些具体事项构成的（下文还会有专门的论述），是由不同的侧面构成的。因而，如果只是真实报道了新闻事实的某一部分或某一侧面，特别是只报道了它次要的构成部分或侧面，那么，这样的新闻就没有反映出这件具体新闻事实的整体面貌，所达到的真实至多是部分真实或片面的真实。因此，即使在具体真实的范围内，仍然有一个部分真实与整体真实或片面真实与全面真实的问题。微观层面的整体真实报道观念，要求新闻媒体、新闻工作者不能以片面的、孤立的、绝对的眼光观察事实、报道事实，而应该把一定的新闻事实置于一定的环境中进行观察，发现它的来龙去脉、前因后果、左右关系，这样才能更加真实、准确地反映和报道新闻事实。美国的杰出教育家、哥伦比亚大学新闻学院研究生院名誉教授梅尔文·门彻指出，在任何时候，记者总是要尽最大努力向社会公众提供关于新闻事实的完整的、准确的报道。"如果记者观察得很清楚，并且是从整体上来看待问题，那么，他们正在向准确且生动地报道新闻的方向前进。"① "一个负责任的记者应懂得把事件放在特定的社会背景中来思考、来发现其原因和结果的重要性。这意味着，记者不仅要不断发展采访报道的技巧，还要扩展对人的理解，对记者所处的文化和社会的理解。"② 美国新闻自由委员会早在 1947 年发表的报告《一个自由而负责的新闻界》中就已指出："不存在没有情境的事实"，"可信地报道事实已经不够了。现在必须报道关于事实的真相"，新闻界要进行"一种就当日事件在赋予其意义的情境中的真实、全面和智慧的报道"③。但

---

① 　门彻. 新闻报道与写作：第 9 版［M］. 展江，主译. 北京：华夏出版社，2003：300.
② 　同①前言.
③ 　新闻自由委员会. 一个自由而负责的新闻界［M］. 展江，王征，王涛，译. 北京：中国人民大学出版社，2004：12.

是，我们应该在理论上注意到，微观层面的具体新闻的整体真实，是具体真实意义下或具体真实范围内的整体真实，所以严格来说不属于与具体真实相对应的整体真实需要讨论的问题。这样，我们关于整体真实的讨论，主要针对中观层面和宏观层面的整体真实，我们所说的整体真实主要指的是与具体真实相对应的整体真实。

中观层面的整体真实，是指某家具体新闻媒体（也可以称为个体新闻媒体）在一定时空范围内所做的全体新闻报道的真实。这种整体真实又可以分为两个具体的方面：一是媒体在一定时间范围内关于某一领域——特别是媒体自己设定的目标报道领域①——所做的全体新闻报道的真实性。如果媒体关于某一目标报道领域的所有新闻报道的累积认知结果，反映了该领域在一定时间限度内的整体实际情况，或至少是主流、主导情况，我们就说它对该领域在这一时间限度内的报道在整体上是真实的；相反，则在整体上是不真实的，或整体真实的程度不高。二是媒体在一定时间范围内关于自己设定的所有目标报道领域的新闻报道的真实性。如果媒体在一定时间范围内对设定的所有目标报道领域的报道都达到了整体真实，这时，我们就说，这家新闻媒体在此时间限度内的新闻报道在整体上是真实的。简单点说，可以这样来表述以上两点：确定的新闻媒体，总是有着比较明确的目标受众，有着比较稳定的目标报道领域。如果一家媒体在一定时期内关于某一领域的所有报道，比较真实地反映了这一领域的基本真实状况，就可以说这家媒体关于这一领域的新闻报道在这一时间范围内达到

---

① 所谓目标报道领域，也就是媒体编辑方针所确定的主要报道范围或内容。比如，《人民日报》的一个主要报道范围或内容是党和政府的路线、方针和政策，《经济日报》的主要报道范围或内容是中国的经济发展、变化情况。一家新闻媒体的主要报道范围通常是单一的，但对一些比较大的综合性媒体来说，报道范围常常是多领域的。相对目标报道领域来说，新闻媒体的报道范围也会包括一些非目标报道领域，对非目标报道领域的报道，通常是偶然的和零碎的。因此，对于自己设定的目标报道领域，新闻媒体会全面地反映它的面貌；而对于非目标报道领域，新闻媒体只会强调每一次具体报道中的真实问题。

了整体真实。如果一家媒体对自己所报道的所有领域，都达到了整体真实，就可以说这家媒体的新闻报道在一定时间范围内在整体上是真实的，实现了整体真实的新闻传播。

宏观层面的整体真实，是指在一定时空范围内所有新闻媒体全体新闻报道的真实性。这种整体真实也可以从两个方面来理解：其一，是指一定时空范围内的所有新闻媒体（比如，某一年内在中国大陆存在的所有新闻媒体）关于某一领域的全体新闻报道（比如，关于中国农业生产领域的所有新闻报道）的真实性。如果在一定时空范围内的所有新闻媒体关于某一领域的所有新闻报道的累积认知结果，真实反映了这一领域的整体实际情况，或至少反映了这一领域的主流、主导情况，我们就可以说，所有新闻媒体关于这一领域的所有新闻报道在一定时间限度内达到了整体真实。其二，是指一定时空范围内的所有新闻媒体关于所有报道领域的真实性。[①]如果对所有领域的新闻报道都达到了整体真实，就可以说，所有新闻媒体在一定时空范围内的所有新闻报道达到了整体真实。由于一定空间范围内的不同新闻媒体，总是在定位上有一些不同，在目标报道领域的设定上有一些差别，因此，它们之间常常会以优势互补的方式形成对一定时空范围内自然、社会的全面报道，如果这种报道反映了一定时空范围内自然与社会生活的整体实际情况，我们就可以说一定时空范围内的整个新闻传播达到了整体真实。比如，如果某一年内所有中国新闻媒体关于该年内中国社会的整体发展变化情况的报道，反映了该年度中国社会的实际整体情况，我们就可以说，它们的新闻报道达到了宏观层面的整体真实。按照这样的逻辑，如果整个人类的新闻媒体（即世界各国的新闻媒体）在一定的时间

---

① 注意：所有的新闻报道领域，并不等于所有的自然领域和所有的社会生活领域，因为并不是所有的这些领域都是新闻报道的领域。我们只能说，所有的领域都可能成为新闻报道的领域，有些领域已经成为现实的报道领域，有些领域还是潜在的报道领域。

范围内，反映了整个世界的实际整体情况，我们就可以说，世界范围内的新闻传播在一定时间范围内达到了整体真实。事实上，这正是一些人对新闻传播的一种梦想，对新闻真实的一种梦想。

2. 整体真实的特点

如同具体真实的特点都源于"具体性"一样，整体真实的所有特点也都根源于"整体性"。对"整体性"内含的分析，就意味着对整体真实特点的发掘。

第一，整体真实的对象既是具体的又是模糊的。对象的具体性是说，整体真实针对的对象总是个体媒体或一定时空范围内所有新闻媒体的所有有关报道，这些报道无论数量多么巨大，总是实实在在存在的，从原则上说是可以一条一条解读的，对它们产生的整合效应是可以进行评估的。进一步说，这些报道的客观对象也是存在的，它们是衡量报道是否整体真实的最终标准。新闻的整体真实，一定是一定时间限度内的新闻报道的真实，如果没有一定的时间限度，谈论整体真实时就失去了范围和边界，因而也就缺乏确定的目标。自然，这样的讨论就没有实质性的意义。新闻的整体真实，一定是针对一定报道领域的真实，只有涉及一定的报道领域，整体真实的对象才是确定的。可见，时间范围的具体性、报道对象范围的具体性，是整体真实具体性的主要内含。对象的模糊性是说，整体真实针对的直接对象是一定时间范围内的报道全体，不是某个或某几个具体的新闻报道。整体真实是所有报道的累积结果或效应，并不取决于某一条或某几条具体的报道，即使构成全体报道的每一条新闻都是真实的，仍然不能保证全体新闻对一定对象在一定时间范围内的整体情况的反映是真实的。也就是说，叠加或累积每条新闻的具体真实，并不必然保证新闻报道的整体真实。

第二，整体真实是一种报道的累积结果或效应，因而，整体真实不仅具有累积性，同时具有结果或效应上的延迟性。累积性是说，只有关于一定领域的新闻报道总量达到某种限度，人们才能判断、评估相关新闻媒体的新闻报道是否达到了整体真实。如果新闻媒体关于某一领域的新闻报道还没有达到一定的量度，就很难评判其新闻报道是否在整体上是真实的。因而，评判新闻报道的整体真实性，不像判断某一具体报道的真实性那样简单，需要科学地、合理地设定一定的报道时期界限，只有这样，做出的关于整体真实与否的判断才可能是正确的、公正的。整体真实的延迟性与累积性密切相关。延迟性是说，人们很难对新闻报道的整体真实性做出快速判断，而对于某一具体报道的真实性，从一般意义上说，则可以及时做出评判。尽管人们只能通过事后证明证实的方式去检验所有已经报道出来的新闻的真实性，但对具体真实来说，这种检验总体上是简单的、容易的，而对新闻报道整体真实性的检验几乎是感觉性的、直觉性的，是由一定时期的收受经验累积而成的。整体真实是比较宏观的、抽象的真实，是一种模糊的、不易把握的真实，是比较难以实现和进行确切评判的真实。正如有学者所说："要做到整体真实有相当难度，尤其是难以准确地评估。"[①] 如果真要证明新闻报道在整体上是否真实，就必须采取一定的科学认识途径，将新闻报道的某一领域的真实情况揭示出来，然后才能进行比较准确的判断。但人们一般不会为了证实新闻报道整体的真实性去劳心费力，而是往往将对媒体关于某一领域的新闻报道整体上是否真实的检验交给历史，交给"时间老人"。人们正是通过时间的流逝，通过"回头望"的方式来判断过去报道的真实性，因而是延迟的。

第三，整体真实是一种关于新闻报道的理念，也可以说是一种新闻价值理念，是一种新闻观的反映。在我看来，整体真实首先是一种新闻真实

---

① 李良荣. 新闻学导论［M］. 北京：高等教育出版社，1999：128.

理念，是对如何进行新闻报道的一种原则性的要求，是对实现真实新闻传播的一种宏观层面的要求，在实质上说，乃是新闻传播在真实性问题上的一种价值诉求或价值取向。在整体真实观看来，个体新闻媒体通过新闻报道向人们呈现设定的目标报道领域的整体真实情况，是媒体应尽的义务和必须承担的社会责任；而整个新闻界同样有义务和责任以新闻认识的方式，向人们反映整个事实世界的基本整体真实面目。因而，新闻媒体理应用整体真实的新闻真实观指导常态的新闻报道活动。确实，理想的新闻传播都会追求整体真实，但在新闻实践中，并不是所有的人都相信新闻报道能够达到整体真实，因而并不是所有的新闻传播者都愿意坚持整体真实观。

这里值得注意的问题是，有人认为新闻报道的职责主要是反映目标报道领域中那些非常态的事情，不需要过分关注正常的事情。在这种新闻观支配下的新闻媒体的新闻报道，它关于某一目标报道领域报道的真实性，在坚持整体真实观的人的眼中永远都是片面的真实。我以为，这里更多体现的是新闻观的差异，而不是新闻真实观的差异。从更根本的意义上说，问题已经转变成了价值问题，而非事实问题。新闻报道到底应该以"报忧"（"忧"指负面性的新闻事实）为主，还是应该以"报喜"（"喜"指正面性的新闻事实）为主？关于这一问题的争论，可能会长期存在下去。我个人的原则性看法是：应该根据实际情况，喜多就应以"报喜"为主，忧多就应以"报忧"为主，不能预先形而上学地规定以"报忧"或"报喜"为主。这样，人们才能真正跟随媒体的报道，把握到比较全面的实际情况。看得出，我所持有的真实观是实事求是的整体真实观。

第四，作为一种新闻报道理念，整体真实的核心要求是报道的全面性、客观性和公正性。如果我们以整体真实观来看待新闻真实，那么，整体真实的核心含义，在我看来，乃是真实的全面性。① 因而，整体真实实质要求的是：新闻必须反映事实世界的全面情况，而非某一方面或某几方面的情况。一定的媒体、一定的新闻传播面对的事实世界是有限的，新闻的整体真实要求新闻传播把有限事实世界（媒体设定的目标报道领域）的真实情况全面地反映出来。因此，如前所述，媒体对一定目标报道领域的报道在整体上是否真实，在当下是不可判断的。因而，我想重复强调的是：对新闻报道实现整体真实的要求，更多的是一种报道理念和报道追求。

3. 整体真实的困境

我们从理论上分析整体真实的含义、特点是比较容易的，从原则上提供一些实现整体真实的方式方法也是不难的，但在新闻传播实践中，实现整体真实是相当艰难的事情，会遇到许多难以超越的困境。即使在理论范围内，对于整体真实的理解也还是有一些困难的。

首先，宏观层面、中观层面的整体真实难以评判。整体真实与具体真实一样，是新闻认知的结果，但整体真实的结果与具体真实的结果的存在方式是不一样的。一篇具体的新闻报道，对象是明确的，其真实与否，只要以具体的新闻事实为标准，就可以进行检验。而整体真实的对象宏观上似乎是明确的，但事实上是比较模糊的，其真实与否，原则上说，要以目标报道领域的整体实际情况作为检验的标准，这在实践上谈何容易。人们收受新闻能力的有限性（表现为时间、能力和精力等的有限性），以及收受新闻的选择性，在很大程度上决定了人们通过新闻报道对一定事实领域的了解和把握，必然是有限的和片面的。只有乐于长期、不间断地阅读新

---

① 客观、公正的报道理念、报道方式，都是为了更好地实现真实报道的全面性。当然，也可以反过来说，全面才能保证客观和公正。这也说明，全面、客观、公正在内在精神上是统一的，都是新闻传播的基本内在精神。

闻并且具有足够兴趣、智力和其他素质的新闻收受者，才有可能通过新闻报道来把握媒体确定的目标报道领域的大致的、整体的、最新的变化情况。因此，人们对媒体设定的目标报道领域的整体把握，是极其有限的。即使新闻传播媒介能够为人们提供一个完整的、真实的目标报道领域的面貌，人们也难以做到对其进行全面把握。更为困难的是，如果人们要证明证实某一媒体在一定时期内关于设定的某一目标报道领域的报道是否真实，他们就必须首先全面、系统、正确地把握该媒体关于目标报道领域的所有具体报道及其相互关系，同时他们还得全面、系统、正确地把握该媒体设定的目标报道领域的实际情况，而要做到这一点，又谈何容易，恐怕只有全知、全能、全善的"上帝"做得到。因此，实事求是地讲，人们对宏观层面、中观层面的整体真实的评判，主要来自一种感觉，来自一种印象，来自一种信念，而这些感觉、印象、信念源于人们对大量具体报道的不断感受。如果一家新闻媒体的具体报道是真实的，并且注意到了不同性质、不同类型新闻事实之间的平衡关系，即不只是单纯报道目标报道领域的某一类事实，没有在人们心目中造成只"报喜"、不"报忧"，或只"报忧"、不"报喜"的印象，那么，通过日积月累的收受效应渗透方式，人们就会"相信"这家媒体关于目标报道领域的新闻报道在总体上是真实的。

其次，整体真实是新闻媒体难以把握、实现的一种真实。即使坚持整体新闻真实观，实现整体真实也是比较艰难的。目标报道领域的整体实际情况，是在一定的时间中展开的，是动态的事物，不是静态的对象。目标报道领域的整体情况到底是什么样子，是未知的，很多事实也是难以预料的，而正是那些难以预料的事实构成了新闻传播的重要内容。因此，对当下具体的新闻报道来说，并没有关于目标报道领域的十分明晰的整体形象，即使有，也是传播者根据以往事实、现实情况和未来可能建构的一种

"参考系"，一种理念多于现实的"参考系"。尽管这一"参考系"源于以往的经验判断、当下的现实认识、未来的可能推测，但对具体报道来说，它仍然具有"先验"的性质，更具新闻报道理念的性质。因此，如何选择具体事实，并通过具体真实达到整体真实，对任何传播机构和传播者来说，尽管在理论上是明晰的（实事求是，全面客观），但在实际操作上，并不是一件容易的事。但我们也不能把这种困难过分夸大。任何新闻媒体设定的目标报道领域，在一定的时间范围内，总有主导的、主流的实际状况，认识这种状况并不是十分艰难的事情。只要媒体坚持整体真实观，力求客观公正、全面平衡，就能够比较准确地反映目标报道领域主流、主导的实际情况。如果在每一较短的时期内都能比较准确地反映目标报道领域的主流、主导事实，也就能基本保证较长时期的整体真实。可见，问题的关键是，能否真正坚持和贯彻新闻传播的整体真实观。

再次，整体真实在客观上往往是新闻传播界新闻报道的一种整体效应，不是一家或几家媒体能够实现的。甚至可以说，整体真实正是通过不同新闻媒体的不同报道形成的一种互补效应实现的。对一件具体的新闻事实的完整报道如此，对一定报道领域的比较完整的揭示更是如此，而对世界范围内的事务（包括个别的事实和整个的事务领域）的报道就只能如此。因此，从这一意义上说，要求每一媒体在对每一新闻事实的报道上、在关于每一目标报道领域的报道上，都达到整体真实，实在是一种过高甚至是过分的要求。看得出，整体真实观，像所有其他真实观一样，具有强烈的价值内涵，是新闻真实所追求的一种理想。这里，我们实质上提出了另一个新的问题：整体真实，特别是宏观、中观领域的整体真实，需要不同新闻媒体的声音和视角。整体真实本质上是全面的真实，是多种声音中的真实。因此，单一性质、单一类型的新闻媒体，它们的数量再多，也很难甚至不能反映事实世界的完整面目。单一性质、单一类型意味着立场的单一、视角的单一、态度的单一、声音的单一，人们不可能以一种眼光、从一个侧面把握事实世界，甚至不能把握相对复杂的具体事实的完整面貌。[①] 只有不同的眼光才能看到不同的景象，而不同的景象构成了一定报道领域的完整景象，构成了世界的完整景象。因此，任何媒体都不具备自以为是的资本，任何媒体都不能轻易宣称自己的报道是最全面的、最真实的。

最后，作为新闻传播的一种目标，整体真实实现于自发与自觉之中，而不是纯粹自觉追求的结果。那些持有具体真实观的新闻媒体，不会把反映目标报道领域的整体真实情况作为自己的报道目标，也就不会为一般的正常事实（即新闻价值不大的事实）所累，它们把更多的时间和精力投入对"新闻"事实的报道上，它们更能揭示目标报道领域的新鲜情况，它们展现的目标报道领域的整体真实是新闻意义上的整体真实，当然，也为人们了解目标报道领域的整体真实（即不仅是新闻事实范围内的真实）打下了坚实的基础。坚持整体真实观的新闻媒体，更注重新闻事实与常态事实之间的平衡关系，它们可能为了使人们了解目标报道领域的整体情况，常常把一些新闻性不强甚至没有多少新闻价值的事实作为新闻报道的对象。它们以新闻的名义所做的一些新闻报道看起来并不像新闻，很难激发人们的收受热情和兴趣，因而追求整体真实的目标往往又在收受者那里得不到认可，目标常常落空，形成一种尴尬的局面。如前所述，新闻真实属于事

---

① 马克思认为，要完整揭露事实的真实面目，需要报刊的有机运动，这种有机运动不仅是指通过过程性的报道来揭露事实的完整面貌（可参见下一章相关内容），也指对同一事实的不同角度的揭示。他说："只要报刊生气勃勃地采取行动，**全部事实**就会被揭示出来。这是因为，虽然事情的整体最初只是以有时有意、有时无意地同时分别强调各种单个观点的形式显现出来的，但是归根到底，报刊的这种工作本身还是为它的工作人员准备了材料，让他把材料组成**一个整体**。这样，报刊就通过分工一步一步地掌握全部的事实，这里所采用的方式不是让某一个人去做全部的工作，而是由许多人分头去做一小部分工作。"马克思，恩格斯. 马克思恩格斯全集：第1卷［M］. 2版. 北京，人民出版社，1995：358.

实判断，但整体真实问题恰恰包含着价值信念的因素。对于坚持整体真实观的新闻媒体、新闻或新闻传播者来说，实现整体真实不仅是事实追求，也是价值追求，即把实现整体真实作为媒体"应该"追求的目标，这可以说是一种新闻信念。树立了整体真实的新闻真实观，并用它来指导日常的新闻报道活动，就是在自觉地努力实现新闻报道的整体真实。

（三）具体真实与整体真实的关系

从上面的论述中可以看出，具体真实与整体真实之间有着内在的关系。事实上，我们在上面关于它们的分别解析中已经对它们之间的关系做了一定的说明，但重点在于它们之间的区别。因此，下面将主要从相互联系的角度，对它们的关系进行进一步的阐释。

第一，具体真实是整体真实的基础。就新闻传播的实际运作来看，具体报道是关于实实在在的一件件具体新闻事实的报道，"全体"报道不过是具体报道在一定时空内组合累积而成的。显而易见，新闻报道的整体真实面貌如何，直接取决于具体报道的真实性。具体真实是整体真实的细胞。

新闻传播的整体动态之网，是由千万条具体新闻在时间的流逝中编织起来的。那些重要的、重大的具体新闻，就是整体之网的纽结；那些常态的、一般的新闻，就是整体之网上的一根根丝线。而每个纽结的轻重组合，每条丝线的色彩搭配，将决定它们能否把现实的真实面貌编织在新闻传播的大网之上。也就是说，由所有具体新闻报道塑造的新闻符号世界，能否反映一定目标报道领域的整体实际情况，首先取决于所有具体报道的真实性，取决于具体报道之间的相互关系。尽管具体报道的真实性不能必然保证新闻传播整体的真实性，但新闻收受者正是通过对具体真实的直接感受与理性认知，才窥探到了现实生活的总体面貌和发展趋势，因而离开具体报道真实来谈论整体真实性显然是空洞的、缺乏根基的。

第二，整体真实观，或者说追求整体真实的新闻报道理念，制约和影响着具体真实的实现方式。要求新闻报道追求整体真实，内含的真实观是全面真实观，内含的新闻观是新闻要反映事实世界或目标报道领域的每一个侧面，而不是某一个侧面，反映所有部分，而不是某一部分，并且要根据事实世界或目标报道领域的每一侧面、每一部分在实际构成中的比例、重要程度，安排新闻报道的分量，以达到一种与实际情况和谐匹配的关系。[①]

任何新闻报道活动，特别是在制度化、规模化的新闻传播事业中，大至一个国家，小到一家媒体，都会制定明确的传播路线、方针和政策，确立基本的传播价值取向，都有指导或支配新闻报道的一系列基本原则和理念。其中，以什么样的新闻真实观对待新闻真实问题，必然是极为重要的内容，因为，真实是新闻的生命，是新闻存在的根据，也是新闻媒体乃至整个新闻业的生命。由于具体真实是整体真实的基础，所以，追求整体真实的新闻报道理念，必然会对具体报道对象的选择方式、报道方式提出一定的要求。如果追求报道的全面性，要求一定时期内具体报道的整合结果能够符合目标报道领域的整体面貌，那么，这种报道观念就会要求常态的具体报道在选择报道对象时，必须注意到各种类型的新闻事实（正面事实、负面事实、中性事实）之间的平衡关系，要求新闻媒体在自己的新闻报道活动中，必须反映目标报道领域的整体事实情况，而不只是事实的某一类或某一面。这样，新闻报道最终形成的报道结构（表现为塑造出来的新闻符号世界）会与目标报道领域的实际事实结构大致相似。可见，追求整体真实的新闻真实观，会以观念的方式预先指导、调整具体的报道行为，从而对选择具体报道对象，即对把握目标报道领域不同事实类型量度

---

① 这显然是一种非常高的要求，这种要求是否完全符合新闻认识事物的特点和规律，有待深入的研究。

比例，形成一种总体的制约和影响。也就是说，有了整体真实的要求，新闻报道在对具体事实的选择上就不得不考虑其与整体的关系，"每个经验事实，都是由它们与总体的关系确定的，也只有在这种关系中它们才是可以被阐释的"①。因此，我们可以说，具体真实的实现方式，在一定程度上是受整体真实观念支配的。

第三，从新闻真实的层次性上说，具体真实属于微观层次的真实，整体真实属于宏观层次的真实。这就是说，具体真实与整体真实是两个不同层次的真实。实现微观层次的真实，是新闻真实最基本、最低层次的要求；实现宏观层次的真实，是新闻真实追求的较高境界，是新闻真实高层次的要求。所以有人说："整体真实从更高的视野俯瞰个体真实，使个体事实和整体真实相统一，这是更高价值的真实。"②

由具体真实和整体真实构成的新闻真实的层次性，包含着这样的意义：针对确定的目标报道领域，具体真实相对整体真实来说，是点上的真实，是局部的真实，是片面的真实，是一件一件新闻事实的真实，人们正是通过对具体真实的新闻报道来把握整个目标报道领域的整体情况的。而整体真实相对具体真实来说，是面上的真实，是全局的真实，是目标报道领域主流性、主导性的事实情况的真实，这种真实是由具体新闻报道累积而成的整体新闻认识结果、整体新闻传播效应。因此，如果新闻媒体对某一设定的目标报道领域"不顾总体上，本质上的真实，也就会陷入'玩弄个别事实儿戏'的误区"③。同样，如果新闻媒体只强调整体真实的重要性，却不落实在具体真实的实现上，那么，宏观真实的平台就搭建不起来。显然，整体真实内含于具体真实之中，每一具体真实都是登上整体真

---

① 李步楼，等．现代西方哲学中的真理观 [M]．武汉：湖北教育出版社，1991：251.
② 刘建明．现代新闻理论 [M]．北京：民族出版社，1999：59.
③ 徐人仲．理论精髓与新闻品格 [M] // 中国人民大学新闻学院．新闻传播学术报告会论文集．北京：中国人民大学出版社，1997：178.

实平台的一级台阶。"新闻报道的各个具体事实一旦失实，从'总体上、本质上以及发展趋势上'把握真实，就'毫无基础'。"① 整体真实观要求必须把点上的真实与面上的真实统一起来。如果具体真实的量度比例符合目标报道领域的整体实际情况，它们的有机统一，就能塑造出目标报道领域整体真实的形象。

第四，具体真实与整体真实之间不存在必然的逻辑推理关系。尽管整体真实只能通过具体真实来实现自己，但具体真实的叠加并不必然保证整体真实的实现，即从具体真实及具体真实的组合中，并不必然地归纳出整体真实。比如，所有的具体报道都是关于目标报道领域某一侧面的报道，那么，即使所有具体报道都是真实的，人们也只能了解目标报道领域的一个侧面，而不是所有方面，这样的真实只能是片面的真实，不可能是整体的真实。同样，从整体真实中也不能够必然地演绎出具体真实，即假设我们知道新闻媒体在一定时期内关于某一设定的目标报道领域的报道在整体上是真实的，但我们不能从这一假设中必然推出每一具体报道都是真实的。但是，如果媒体关于一定目标报道领域的具体报道大都是虚假的，那么，无论它们怎样进行量度比例的组合，都必然达不到整体真实，其根本原因是，虚假报道与新闻传播的本性背道而驰，失去了谈论真实性的基础。可也应该看到，在实际的新闻报道活动中，如果一家媒体关于某一目标报道领域的报道在不同具体报道的量度比例上是真实的，那么，即使出现偶然的、个别的不实报道，也可能不会直接造成"全体"报道的虚假，因为个别报道的失实有时并不会对整体真实构成根本性的影响，但必然会影响整体真实的真实程度。影响的大小，还要看该不实报道本身在整体报道中的地位和分量。

---

① 徐人仲．理论精髓与新闻品格［M］//中国人民大学新闻学院．新闻传播学术报告会论文集．北京：中国人民大学出版社，1997：178.

二、要素真实与事项真实

这是对新闻真实内在构成的具体分析，是以具体新闻（报道）为对象，从构成新闻的基本要素、部分（片段）、事项等出发分析新闻真实的含义。新闻真实是事实性真实，一定的新闻事实总是由具体的事实要素、部分（片段）、事项及其相互关系等构成的。因而，新闻真实的基础在于准确反映新闻事实要素、部分（片段）、事项的真实面目，在于正确反映不同要素之间、部分（片段）之间、事项之间的真实关系。对新闻真实内在构成的分析，即对新闻要素真实、事项真实以及要素之间、事项之间关系真实的分析，可以为新闻真实的实现提供直接的、操作层面上的指导。

（一）新闻基本要素的真实①

一则具体的新闻，是由一系列新闻要素构成的。因而具体新闻的真实，首先依赖于新闻要素的真实。如果构成新闻的基本要素虚假不实，也就没有了新闻真实的基础。因此，讨论具体新闻真实的内在构成，应该从新闻要素的真实性入手。

广义的要素，就是指"参与系统联系，构成整体的各个特定事物，或各种特定的关系、现象、过程……像'组成部分''因素''因子''元素''有机部分''构成成分'等"②。简单一些说，要素，就是构成系统的必要的、必不可少的因素，每一个都很重要。"要素，大致可译为英文的

---

① 本段的写作重点参考了拙著《新闻事实论》第二章的有关论述，但这里的写作角度与《新闻事实论》中是不同的。参见：杨保军. 新闻事实论［M］. 北京：新华出版社，2001：26-47.

② 夏澍，李嘉南. 系统和要素［M］//阳作华，黄金南. 唯物辩证法范畴研究. 武汉：华中工学院出版社，1984：48.

element，其含义较为严格，它有最基础素质的意思，即多一个不能、少一个不可。"[1] "要素的基本特征就在于，它们是各自离散的。但是只有就它们参与整体性联系或就它们结合起来构成整体或总体而言，它们才是要素。"[2] 也就是说，构成一个系统的结构要素应该是异质的，具有相对的独立性，它们是在一个系统的结构中发生有机联系的。可见，要素是相对一定的系统而言的，离开系统谈要素是无意义的。

显然，讨论新闻的要素真实，是把任何一则新闻看成一个相对独立的系统，看它是由哪些要素构成的，然后看这些要素是否真实反映了客观事实的构成要素。新闻根源于客观存在的新闻事实，因此，新闻的构成要素实质上就是事实的构成要素的主观再现。那么，一件完整的新闻事实是由哪些相互联系的要素构成的呢？

我们知道，任何事实都孕育、变动、形成于一定的时空之中，新闻事实自不例外，进行这一系列演变的主体不是人就是物，或者是由人和物联系组合在一起的统一体。不管是人、物，还是人与物组成的统一体，都在演变活动中做着一定的事。可见，"何人"（who，其实还有何物等）和其所做的"何事"（what）是构成一件事实的基本要素。"何事"（包含着何人或何物的活动）的存在是由空间的三维性和时间的一维性构成的，时间的连续性和空间的广延性的交互作用则构成了"何事"的演变过程，展现出整个"何事""怎么样"的形态。不难看出，"何时"（when）、"何地"（where）和"怎么样"或"如何"（how）是构成一件新闻事实的必备因素。主体事物在一定时空中为什么这样演变，而不那样演变，为什么会呈现这样的现象和结果，而不呈现那样的现象和结

---

[1] 郑杭生. 社会学概论新修 [M]. 3 版. 北京：中国人民大学出版社，2003：28.

[2] 夏澍，李嘉南. 系统和要素 [M] //阳作华，黄金南. 唯物辩证法范畴研究. 武汉：华中工学院出版社，1984：49.

果，必然有其内在和外在的原因，这便构成了事实的又一个要素"为什么"（why）。

新闻事实作为事实中的一类，在构成要素的多少上和抽象的意义上与一般事实是没有区别的，实际的区别在于新闻事实的构成要素必须具有"新闻性"①。新闻事实的要素构成，决定了报道新闻事实的新闻，必须包含构成新闻事实的所有要素。当然，这主要是逻辑意义上的判断，在新闻传播实践中，则会有一定的差别，并不是所有的事实要素都必然地包含在新闻报道中。

由上述六个要素——何人、何时、何地、何事、怎么样、为什么（通常被称为5W1H）——构成的动态统一体，就是一件事实的完整形象。反过来说，这些要素便是构成事实的要素。所谓新闻的要素真实，就是指构成事实的这些要素，要在新闻作品中得到全面的、真实的反映。这也是新闻真实最基本的要求。

在构成新闻事实的上述要素中，何人、何时、何地、何事四个要素是"显在"的，可以被直接看见或感觉到，因此，对它们的真实反映比较容易，一般的常态新闻，大都是对这些事实要素的反映。而"怎么样"和"为什么"两个要素，处于"显在"和"隐在"之间，有些东西看得见，有些东西看不见，需要仔细观察、认真分析，发现其中的来龙去脉、前因后果，因此，一些涉及"怎么样"，特别是"为什么"的报道，通常被人们称为深度报道，其真实性也是比较难实现的。事实上，一般新闻报道的

---

① 凡是完整意义上的事实，都必然包含上述六个要素。新闻事实的特殊性在于，它要求这六个要素都有"新闻味"，即"时间"是新近或当前的，"地点"与受众在空间或心理上是接近的，"何人"最好是"著名"的或普通当中"不普通"的，"何事"的内容是广大受众未知、欲知、应知的，"怎么样"的表现方式是特殊的、异常的，"为什么"的原因是会使众人感到意外的。这些要素中的某一个或某几个如果缺乏"新闻味"，在新闻作品中就会被轻描淡写或干脆忽略，这也是符合新闻的写作特点的。参见：杨保军．新闻事实论［M］．北京：新华出版社，2001：29.

难度不在于描述"显在"的要素，而在于揭示"隐在"的和"既隐又显"的要素，在于揭示各要素之间或隐或显的各种关系。当然，由于新闻报道要求及时迅速，一般情况下，特别是在纯新闻的报道中，记者只要将"显在"的事实要素准确报道出来，也就基本完成任务了。这也大致就是人们所说的新闻的现象真实。

还有一个值得注意的问题：一件事实一旦发生，并且一旦与人们的生存和发展关联起来，便会显示出一种客观的意义。[①] 因此，有人认为事实的客观意义也应该是构成事实的一个要素。这个要素尽管在感觉上是无形的，但实际上是存在的。因而，新闻报道应该把事实的意义揭示出来。[②] 这种看法具有一定的道理，但我以为，事实的意义或价值是在构成事实的上述六要素的组合中体现出来的，更准确地说，事实的意义是在事实属性与人们之间的关系中显现的，它表现为事实结果或效应的一部分，可以包含在"怎么样"这个要素中。至于新闻事实与一定人群之间的可能关系，即还没有成为现实事实的东西，很难说属于客观事实的独立属性或要素。正因如此，新闻传播者在新闻作品中要尽量避免说明事实的各种可能意义，因为这包含着很强的主观性，本质上属于传播者的意态信息，很可能会使事实信息的明晰性和准确性受到干扰，从而背离新闻报道的本质。如果确有必要揭示新闻事实的可能意义，那么最好借他人之口（比如权威部门或权威人士）来说，新闻传播者则最好通过新闻评论的方式去表达对事实可能意义的看法。

（二）新闻事项的真实

新闻是对新闻事实的陈述或再现。新闻对事实的陈述总是按照一定的

---

① 所谓客观意义，即不管主体主观上认为有没有，新闻事实实际上已经形成了对主体的作用和影响。

② 本人在撰写博士学位论文时就是这样认为的。参见：杨保军. 新闻事实论 [M]. 北京：新华出版社，2001：28-29.

逻辑进行或展开的，而陈述事实的逻辑，必须从本质上遵循和符合客观事实自身的客观逻辑。新闻写作中的各种结构或叙述方式，正是以新闻事实自身的结构或构成方式为基准的。新闻写作不能随意改变新闻事实自身的结构方式，打乱不同事实部分或事实片段之间的客观关系，不然，就会造成新闻失实或对新闻事实的扭曲，新闻的真实性也就难以得到保证。因此，了解新闻事实的客观构成是确保新闻真实的根本。在前文中，我们从构成新闻事实的要素角度，讨论了新闻真实的内在构成问题；下面，我们将从构成新闻事实的事项角度，分析新闻真实的内在构成。

任何新闻事实都是在一定的时空中展开的，而展开的过程必然会形成一些既相对独立又相互联系的部分或片段事实，我们把这样的部分或片段称作新闻事实的事项或事实单元。因而，也可以说一件完整的新闻事实是由不同的事项构成的。这些不同事项在一个完整的新闻事实中所处的地位、作用总是有一定差别的。这种差别又是在不同事项关系的比较中显示出来的，离开了它们之间的关系，差别便无从谈起。这种关系比较中的差别，是从事项构成出发对新闻事实构成进行分析的基础，也是我们从事项构成角度讨论新闻真实的根据。

一件比较完整的具体的新闻事实，总是可以相对地划分为许许多多不同的具体事项。从事项构成角度分析新闻事实的结构，就是看新闻事实是由哪些具体的事项构成的。新闻事实通常以两种状态存在着：一是具有相对稳定结果的新闻事实，即已经结束了的、具有完整性的新闻事实；二是正在发生变动的新闻事实。前者可以说是静态的新闻事实，后者可以说是动态的新闻事实。对已经形成相对稳定结果的新闻事实来说，它包含的各个事项在整个事实结构中也有着相对稳定的、不变的位置，不同事项在整个事实的性质特征、表现形态中发挥着相对稳定的影响和作用。对仍然处于动态变化的新闻事实来说，各种因素的相互作用，使得构成事实各事项的地位与作用会随时改变或相互转化，从而在本质上生成新的事实和新的事项关系。但相对任何一次单独的新闻报道而言，作为对象的新闻事实，其不同事项的构成，在整个事实中的地位、作用等也是确定的，因而仍可对其做相对静态的观察和处理。由于各事项在整个新闻事实中的地位、作用不同，我们可以按它们对整个新闻事实性质、形态发挥影响和作用的程度，划分出这样几种基本的事项：主要事项、次要事项、边缘事项、背景事项等。[①] 其中，主要事项、次要事项、边缘事项基本上属于新闻事实的前景事项或前景事实（狭义的具体的新闻事实就是前景事实），即它们构成了新闻事实的当前表现形式或状态；而背景事项基本上属于新闻事实的背景事实，包括造成前景事实的历史情况和现实环境，它们本身并不是新闻事实的直接组成部分。但考虑到任何前景事实都有一定的背景事实作为依托，考虑到在任何新闻报道中，或多或少都要陈述一定的背景事实，因此，关于背景事实的陈述实质上是新闻作品的有机构成部分，这样，在宽泛的意义上，我们也就可以把背景事实看作新闻事实的有机构成部分。

可见，主要事项、次要事项、边缘事项的区别，主要体现在它们在一件新闻事实（前景事实）构成中的地位的重要性上。更准确一点讲，是从新闻价值大小角度对构成事实的不同部分的区分。在新闻报道的视野中，潜在新闻价值最大的事项就是主要事项，较小的就是次要事项，无关紧要的就是边缘事项。背景事项则是从与前景事项相对的角度，对整体新闻事实（宽泛意义上的新闻事实）的构成部分的一种分析。对于不同事项在新

① 法国叙事学家巴尔特根据一个个具体事件（相当于我们这里所说的事项）在整个文学故事中的等级次第关系，把重要的事件称为"核心"事件，把意义小一些的称为"卫星"事件。据此，我国叙事学者罗钢进一步阐释道："在故事中，'核心'是不能省略的，一旦被省略，就会破坏基本的叙事逻辑，而'卫星'事件就没有这种重要性，即使省略它也不会破坏故事的逻辑。"参见：罗钢. 叙事学导论 [M]. 昆明：云南人民出版社，1994：82-88. 我以为叙事学中的这一思想，对我们把握一个新闻事实中各种事项之间的相互关系，在写作、编辑中处理不同事项之间的关系，都有一定的启发意义。因为新闻写作必定是一种典型的、相对简单的对真实事件进行叙述的文体。

闻真实性上的地位和作用，我们将在下文中加以仔细阐释。

主要事项，是指对一件新闻事实的性质、形态、结果具有主导作用和影响的事实部分或事实片段。主要事项构成了新闻事实的主要内容或核心内容，因而也可以被称为中心或核心事项。一件事实的主要事项如果缺少新闻价值或变得没有新闻价值，该事实就不再是新闻事实。一件事实的主要事项如果发生了较大变动，该事实就会呈现出新的面貌，成为新的事实。新闻报道从采访到写作，首要的任务就是抓住新闻事实的主要事项。一篇报道，如果丢掉了事实的主要事项，那么无论对其他事项的采访、写作有多么细致精彩，都不会成为好的新闻。从新闻真实论的角度来说，如果关于主要事项的反映是不准确的，那么，新闻报道就必然在整体上是失实的。如果对主要事项、片段进行隐瞒或扭曲，就会影响整个新闻的真实性。马克思说过："隐瞒……重要的、具有决定意义的地方，就会对叙述的真实程度引起严重的怀疑。"[①]

次要事项，是指对一件新闻事实的性质、形态、结果虽有影响，但相对主要事项来说影响较小的事实部分或事实片段。对任何一件新闻事实来说，并不是它的每个部分、每个片段都值得报道，那些潜在新闻价值较小的事项就是次要事项。但次要事项是主要事项得以显露其特有新闻价值的基础，亦是一件新闻事实不可或缺的部分。因此，在新闻报道中，那些新闻价值不大的次要事项往往会占较大的篇幅，如此，才能充分说明主要事项的地位和意义，表现主要事项的新闻价值。因此，从新闻真实论的角度看，次要事项的真实同样至关重要。次要事项的虚假或失实，必然会影响到人们对主要事项的理解及对其价值的判断，影响到人们对整篇新闻报道的信任。我们可以这样说，尽管在事实的实际构成上，确实存在着主要事

---

① 马克思，恩格斯. 马克思恩格斯全集：第31卷 [M]. 北京：人民出版社，1972：10.

项和次要事项的区分，但在真实性问题上，不存在主要和次要的区别，写在新闻中的事实，其真实性都是重要的。

边缘事项，是指对整个新闻事实的性质、形态、结果影响很小的事实部分或事实片段。边缘事项的主要作用在于体现新闻事实作为事实的完整性，但它本身没有多大的新闻价值。在新闻报道中，是否反映边缘事项信息，不影响人们对新闻事实的准确理解，但如果报道出来，则能够使人们获得更多的细节性信息。这里需要强调的是，尽管从事实构成的角度来说边缘事项无足轻重，可一旦将其转换为新闻内容，写入新闻作品之中，它的重要性就会举足轻重。在新闻报道的真实性上，我们可以从理论上说哪些事项的真实比起哪些事项的真实更重要，但在收受活动中，任何一个细节的失实，都可能导致"雪崩效应"或者"蝴蝶效应"①，即导致收受者对整个报道失去信任。因此，极端地说，在新闻的真实性上，不存在中心与边缘的问题。新闻传播者可以不报道边缘事项，但一旦报道，就必须保证其真实性。这也正是我们从真实论角度讨论边缘事项的意义所在。

背景事项，是指构成一件新闻事实的各种背景事实，其反映着新闻事实的来龙去脉，烘托着主要事项的价值。任何新闻事实的发生，都不会是无缘无故的。任何展现在人们面前的前景事实，都有一定的背景事实在支撑。一些前景事实只有通过背景事实才能得到说明和理解，只有放在一定的环境中才能得到充分的说明。②"任何事物都不是突然出现、孤立存在的，它们都有一个从无到有、从小到大的渐变过程，与外在的各种相关事物都有一定的联系。抛开这些纵向与横向的联系，很难认识和反映事物的真相。"③

---

① "雪崩效应"和"蝴蝶效应"都是为了说明，一个微小的变动，可能会引起巨大的后果。

② 新闻报道中的背景材料，常被称为"新闻背后的新闻"，背景事实就是"用来说明新事实的旧事实"。参见：刘明华，徐泓，张征. 新闻写作教程 [M]. 北京：中国人民大学出版社，2002：44.

③ 刘明华，徐泓，张征. 新闻写作教程 [M]. 北京：中国人民大学出版社，2002：196.

正因如此，新闻报道中才必须包括必要的背景事项的内容。对必要的背景事项的反映，有助于人们对新闻事实进行全面的、完整的理解和把握。① 也正因为如此，背景事项的真实才必然成为新闻真实的内在构成部分。

更值得特别指出的是，在深度报道、解释性报道越来越受到人们重视的今天，新闻中背景事项的重要性越来越强，只有理解了背景，才能真正理解前景。深度，在一定的意义上说，就是揭示背景事项对主要事实的价值和意义；解释，在许多方面，就是说明主要事项是如何从背景事项演变而来的。因此，在这类并不纯粹的新闻报道中，背景事项的真实，对整篇新闻的真实有着更为重要的意义。

从上面的分析可以看出，所谓新闻的事项真实，就是指新闻作品关于这些事项的反映是真实的。如果新闻未能反映构成新闻事实的某一必要事项，新闻真实就必然是"残缺"的真实；如果新闻未能准确反映构成新闻事实的某一事项，新闻就必然包含失实的因素。构成新闻事实的每一具体事项，其本身也不是单一的，即每一事项本身也是由许多更小的事项构成的，可称之为"细节事项"或"细节事实"，它们才是构成一件新闻事实的真正的"细胞"。新闻作品中的每一信息单元，都是对细节事实的陈述或再现。人们所说的新闻的细节真实，就是指构成具体事项的细节事实的真实。它也是对新闻真实的细节要求。新闻只有在每一细节上都达到了真实，并在所有细节之间的关系上都达到了真实，才算真正做到了再现真实。缺乏细节真实的新闻真实，是大而化之的真实，是粗线条的真实。

---

① 新闻背景具有重要的作用，具体体现在这样一些方面：说明、解释，令新闻通俗易懂；可以揭示前景事实的意义；可以突出当前事实的特点和新闻性之所在；可以为新闻注入知识性、趣味性，从而增强新闻的可读性；可以对新闻中的相关事实做出进一步的揭示，以满足人们的好奇心；可以帮助人们了解相关的同类事实，开阔视野。关于背景事实在新闻写作中的具体价值与作用，可参阅：刘明华，徐泓，张征. 新闻写作教程［M］. 北京：中国人民大学出版社，2002：198－208.

（三）新闻基本要素、事项关系的真实

构成新闻事实的不同要素、事项，总是处在一定的客观结构关系之中。不管是从理论上还是从实践上说，发现事实构成的要素、事项往往不是什么特别困难的事情，但要发现事实要素之间、事项之间的某些关系则是相当困难的。而新闻报道只有把这些关系揭示出来，才能揭示事实的真相。因此，新闻能否准确反映不同事实要素之间、事项之间的客观关系，也是新闻是否真实的一个关键所在。

1. 新闻要素关系的真实

构成具体新闻报道的基本要素之间有着内在的联系。新闻报道中的时间、地点、人物、事件、如何、为什么等要素，必须有明确的所指，必须具有高度的统一性，即谁在什么时间、什么地点、做了什么事、怎么样、为什么，要清清如水（如果所有要素都有必要写入新闻报道中）。每件事实都有自己的特殊的构成要素，世界上不存在两片相同的树叶，也不存在两件完全相同的事实。如果新闻要素针对的不是同一报道对象（同一新闻事实），那么把这件事实的要素说成是那件事实的要素，出现张冠李戴的现象，必然导致新闻叙述错误，导致新闻失实。

即使在一件完整的新闻事实中，也可能有多个行为主体，不同的行为主体有着不同的活动时间和地点，做着可能相同也可能不同的事情，为完整的新闻事实创造着不同的事实部分或事实片段。可见，不同行为主体的具体活动要素是不同的，因而反映他们活动的新闻要素也是不同的。在这种情况下，新闻如果要达到清晰准确，就必须把不同行为主体的具体活动要素严格区分开来，一旦出现混淆，新闻便会失实。在现实的新闻报道中，不少新闻失实就是由这种要素的混淆导致的，具体表现为写作中的移花接木。尽管普通受众无法判断这种新闻的真假虚实，但当事人一清二

楚。一些典型报道中的人物，在现实中往往是墙内开花墙外香，甚至受到身边人的嘲笑和冷落，其中一个原因就是新闻报道把不是他们所做的事情说成是他们做的。从新闻要素角度看，这种新闻报道的作者没有正确反映出新闻要素关系的真实性，混淆了不同行为主体的活动要素。

构成新闻事实的要素，其内涵是不断变动的，要素之间的关系也是不断变动的。比如，一件新闻事实总是在时间的流逝中展开的，也有可能是在空间的不断变换中进行的，因而不同要素之间的关系是一种动态的关系，新闻报道如果要真实反映事实要素之间的关系，就必须把要素之间的动态关系反映出来。这样，才能让人们真正了解到新闻事实的变动性和过程性。那种简单的一时一地的结果式报道，只能适用于简单的事实。对于那些复杂的、重要的新闻事实，必须通过对事实变化过程的准确叙述，才能达到完整再现事实面目的目的，这其中的主要任务之一，也是主要困难之一，就是能够把事实要素之间的客观关系准确地反映出来。如果出现事实要素之间的关系错位，比如，把甲时刻发生在甲地点的事实片段说成是甲时刻发生在乙地点，而把乙时刻发生在乙地点的事实片段说成是乙时刻发生在甲地点，新闻的真实性就会受到损害。

2. 新闻事项关系的真实

如前所述，新闻事项实际上是指相对完整的不同事实部分或片段，这些部分或片段有机联系在一起，共同构成一件完整的新闻事实。因此，正确把握和处理不同事项之间的联系与区别，是实现新闻报道真实、客观、全面、公正的重要基础。新闻能否把不同事项之间的客观关系准确地反映出来，直接影响着新闻再现的真实性。

首先，新闻事项关系的真实，要求新闻报道中不能遗漏构成新闻事实的必要事项。所谓必要事项，是指不可或缺的事项。一旦缺少这样的事项，人们就不能完整理解新闻事实。新闻报道中多数失实的产生原因，主要不是作品中陈述的事实不存在，而是作品对事实的反映不全面——遗漏了许多应报的必要事项。一旦遗漏了应该报道的事项，就等于破坏了新闻事实的本来结构，搞乱了新闻事项之间的本来关系。这样的新闻真实只能是片面的、不周全的真实，而片面的、不周全的真实就是不真实。

其次，新闻事项关系的真实，要求新闻报道不能颠倒不同事项之间的客观关系，比如主次关系、中心与边缘的关系、前景与背景的关系、因与果的关系、并列关系、包含关系等。苏联学者尤·科尔尼洛夫说："作为新闻核心的基本事实不能只靠它本身来说话，它应当有一定的背景，应当有别的补充事实来说明主要事件，指明其意义。新闻工作者的艺术就在于找到这种背景，善于深思熟虑地处理这一切。要不然，新闻就会不可避免地失掉严整性，次要的成分就会遮住主要的成分，最后整个材料将失去思想上的明确方向。"[①] 不管对以静态结果存在的新闻事实，还是对以动态方式表现的新闻事实，构成它们的各事项总是相互关联的，形成了稳定的结构，保持着新闻事实的本质和外在的现象样式。如果事项关系的结构改变了，事实的性质就可能在一定程度上发生改变。因此，针对事项关系基本稳定的新闻事实来说，如果反映错了事项之间的关系，那么，即使新闻报道中包含了所有必不可少的新闻事项，新闻报道本身仍然是失实的。在新闻传播实际中，更多的非故意的新闻失实不是由于没有反映构成新闻事实的必要事项，而是由于没有正确反映必要事项之间的真实关系。因为，比起认识各个相对独立的新闻事项，认识不同事项之间的关系更难，因而更容易出错。我们可以设想，如果一则新闻把次要事项、边缘事项当成了主要事项，把前景事项当成了背景事项，或者把作为原因的事项当成了结果事项，等等[②]，那

① 蒋亚平，官健文，林荣强．新闻失实论：上册 [M]．北京：中国新闻出版社，1986：131.
② 从新闻报道角度看，主要事项必须在新闻报道中占据核心地位，次要事项、边缘事项只能处于次要地位和边缘地位。前景事项比背景事项更重要，前景事实是不可随意改变的，但对于采用哪些背景事项，则可以进行较为自由的选择。新闻必定是对前景事实的报道。

么，即使对事项本身的报道可能是全面的，即报道了构成一件事实的所有事项，也改变了各事项间客观的结构关系，这实质上等于改变了事实的本来面目，这样的新闻报道自然是失实的。

事实上，人们经常看到，一些新闻媒体在个别别有用心的新闻报道中，并不是通过直接捏造子虚乌有的假新闻来欺骗公众，而是通过在新闻报道中"玩弄"真实事实中不同新闻事项的地位、结构关系，来歪曲新闻事实的真实面貌，以达到自己的传播目的。比如，把次要的事项说成是主要的事项，把边缘的东西描写成核心的事物，把原因说成是结果，等等。这些表面上看起来真实的新闻（新闻中所说的事实都是真实的），具有极大的欺骗性，如果不是新闻事实的当事人、知情者，就很难识别这样的虚假新闻。但我们也必须指出，这种不正当的、失却专业精神的做法不只是卑鄙的，对新闻传播媒体来说，也是极其危险的。人们一旦识破媒体的这种不道德的把戏（故意扭曲新闻事项的实际关系），媒体的信誉甚至生命也就快要终结了。因此，从新闻事项关系角度审视新闻的真实性，无论对真实报道新闻，还是对识别新闻的真实性都有着重要的作用。

最后，新闻关系事项的真实，要求新闻报道准确反映"关系事项"本身。"关系事项包含两方面的内容，一是指联结新闻事实各事项的那些事实片段，二是指联结相对独立的一件新闻事实与其存在环境关系的那部分事实。这种事项本身尽管新闻价值不大，但它们却是主要事项显示价值的'开关器'，也是结构整个新闻事实的纽带。"[1] 关系事项可能是前景事实，也可能是背景事实。但不管它是什么样的事实，只要进入新闻作品，就要得到真实的反映。正如我们在上文中所说的，真实性上无小事。

---

[1]　杨保军. 新闻事实论 [M]. 北京：新华出版社，2001：31.

三、现象真实与本质真实①

事物、事实结构的层次性，认识进展的阶段性，共同决定了作为新闻认识结果的新闻真实必然具有层次性。并且，新闻真实的层次问题，既是新闻实践面临的难题之一，也是新闻真实论中比较复杂的理论问题之一。人们关于新闻真实问题诸多争论的焦点，大都可以归结为对新闻真实层次的不同理解和看法。在上文中，我们已经从具体真实与整体真实关系的角度，简略讨论过新闻真实的层次性。下面，我们主要以新闻报道的具体真实为对象，从现象真实与本质真实入手，比较深入地阐释新闻真实的层次性问题。

任何事物都是现象与本质的统一体②，因此，从认识论角度看，关于事物的认识结果必然存在着现象真实与本质真实的层次问题，新闻认识当

---

① 我在博士论文《新闻事实论》中，曾将新闻真实现象划分为"存在论意义上的真实"和"认识论意义上的真实"。我把只具有对应关系——新闻陈述与事实的对应——的真实称为存在论意义上的真实，即"新闻作品中所陈述的事实是客观存在的，但并不要求'陈述'本身是周全的，即并不必然要求'陈述'必须是对一定客观事实的全面反映"，"因此，存在论意义上的新闻真实并不必然确保对整个新闻事实的报道是真实的，只能确保新闻作品中陈述的所有事实是存在的"；我把正确、全面反映报道了一定事实的真实，称为认识论意义上的真实，"有两个方面的基本内容：一是反映新闻事实的全面性。它不仅要求新闻作品中所陈述的事实是客观存在的，达到存在论意义上的真实，而且要求'陈述'本身对新闻事实的反映必须是全面的、周全的，对新闻事实的要素构成、事项构成、要素构成关系、事项构成关系，以及事实与环境的关系事项都没有损害性的遗漏……二是反映新闻事实的正确性。即要求新闻作品在全面陈述新闻事实和正确把握新闻事实的基础上，进一步揭示出新闻事实发生发展的原因及其本质"。可参阅拙著《新闻事实论》第七章中的相关内容（杨保军. 新闻事实论[M]. 北京：新华出版社，2001.）。我以为我当时引入的这对概念，对理解新闻真实问题有较强的解释力，可现在觉得它们并没有"现象真实"和"本质真实"这对概念科学、明了。因为新闻真实本身属于认识论范畴，而我为了说明新闻真实的一种现象，又引入了一个存在论的概念，容易引起思维上的混乱。并且，我所使用的那对概念在形式上缺乏整齐美观，不像严格的概念。因此，我在本书中回归传统，使用了"现象真实"和"本质真实"这对概念。

② 对于这一判断的论证，可参阅国内出版的马克思主义哲学原理著作。比如李秀林、王于、李淮春主编的《辩证唯物主义和历史唯物主义原理》（李秀林，王于，李淮春. 辩证唯物主义和历史唯物主义原理[M]. 5版. 北京：中国人民大学出版社，2004.）的相关内容。

然也不能例外。在新闻真实论中，人们主要运用"现象真实"与"本质真实"这对范畴来反映新闻真实的层次性问题。① 现象与本质是一对用来反映事物本身层次结构的范畴，有着丰富的具体内涵，这就意味着新闻的现象真实和本质真实以及二者之间的关系（我们将把关系分析贯穿在对现象真实与本质真实的分析之中）也是相当复杂的问题，需要对其进行认真仔细的分析。

（一）现象与本质的一般解释

按照辩证唯物主义的基本观点，一切事物、事实都是现象与本质的矛盾统一体。在哲学视野中，"任何一种对象都既有显露于外的形象和形态，也有深藏于内的属性和本质"②。"所谓现象是指事物的外部联系和表面特征，是事物的外在表现。"③ "本质则是事物的根本性质，是组成事物基本要素的内在联系。事物的本质是由它本身所固有的特殊矛盾所决定的。"④ 从认识论角度看，"客体的现象是其本质的各种各样的外部表现，是能被人的感觉器官感觉到的客体的外部联系或表现形态"⑤，而事物的本质则可以通过理性认识的方式加以把握。

本质都要通过一定的现象来表现，现象都要通过一定的本质来支撑。"本质是事物内在的、相对稳定的方面，隐藏在现象后面并表现在现象之中。现象是事物外在的、活动易变的方面，是本质的表现形式。"⑥ 在常态

① 具体真实和整体真实之间尽管也存在着层次关系（见上文），但这对概念主要针对的是新闻真实的范围；现象真实与本质真实这对概念，主要针对的是新闻真实的层次。

② 李秀林，王于，李淮春. 辩证唯物主义和历史唯物主义原理［M］. 5 版. 北京：中国人民大学出版社，2004：253.

③ 同②261.

④ 同②261.

⑤ 文援朝. 超越错误：医错哲学及其应用研究［M］. 长沙：中南工业大学出版社，1995：51.

⑥ 冯契. 哲学大辞典：修订本［M］. 上海：上海辞书出版社，2001：98.

情况下，事物、事实的现象与本质是统一的或一致的，即什么样的现象反映什么样的本质，什么样的本质通过什么样的现象来反映。但事物、事实的现象是多样的、复杂的，同样，事物、事实的本质也是多层次的，这就有可能造成现象与本质之间的非对应、不一致的错位关系。错位在客观上必然会使人们的认识活动产生错觉，从而给认识对象的本质带来困难和障碍。认识现象是认识本质的开始，因此正确认识现象至关重要。对于以"快"为突出特征的新闻认识、新闻报道来说，首先准确把握现象显得更为重要。

现象有真相和假象之分，但真相、假象都是一定事物、事实的现象，作为现象，它们都是客观存在的，具有客观性。当一种现象真实反映、表现了这种现象对应的事物、事实的一定本质时，这种现象就是真相；当一种现象反映、表现的不是其对应的、应有的一定本质时，相对这一定的本质而言，这种现象就是假象。① "真相是和客体的本质相一致的、从正面直接表现本质的现象，假象是与客体的本质不一致的、从反面或侧面以和本质相异的形式表现出来的现象。"② 可见，相对一定的本质而言，既有与其直接一致的、契合的真相，也可能有与其不一致的、非契合的假象。因此，真相、假象的区分既有一定的绝对性，又有一定的相对性，即真相、假象的区分总是相对事物或事实的一定的本质而言的，是以一定的本质作为参照标准的。

更为复杂的是，事物、事实的现象的呈现方式常常不是单一的，即不是单一的真相或单一的假象，而是真相、假象的混合体，所谓真中有假、假中有真。到底哪些是真相，哪些是假象，并不像在理论逻辑上那样分得那么清楚。"客体的现象是由真相和假象组成的混合体。真相常常隐藏在假

---

① 人们常说假象是不真实的，这里的不真实指的是它与一定本质的不一致性，而不是说假象本身是不存在的。凡是假象，都是客观存在的现象，具有实在性，是真实存在的一种现象。

② 文援朝.超越错误：医错哲学及其应用研究［M］.长沙：中南工业大学出版社，1995：51.

象之中，假象往往以真相的面目出现。真真假假，半真半假，假多真少，或真多假少，真中掺假，假中掺真，这种种复杂的情况，使得人们容易相信假东西，怀疑许多真东西，被假象迷惑，误将假象当作真相，或误把真相认作假象。"① 实际上，只有认识达到了一定的层次和水平，才能判断、区分真相和假象。在认识活动刚开始时，是不大可能识别真相、假象的。认识一开始碰到的现象到底是事物的真相还是假象，只有在认识了事物的本质后才能真正知道。可见，认识过程确实是一个复杂的、辩证的过程。

（二）新闻的现象真实

通过对现象与本质的一般解释，我们明确了现象真实和本质真实的指称对象，即现象真实是指对现象的真实认识，本质真实是指对本质的真实认识。下面我们将分析现象真实和本质真实的具体内涵。这里先来阐释现象真实的含义。

如上所述，现象本身有真相、假象的不同客观呈现方式。具体而言有三种：单一的真相、单一的假象和真相假象相混合的呈现方式。这三种呈现方式从逻辑上可以分为真相、假象两种，因而从逻辑上决定了现象真实也会表现为两种基本类型：一是真相性现象真实，二是假象性现象真实。为方便起见，我们将它们分别简称为"真相真实"和"假象真实"。要理解现象真实的具体含义，就需要对这两种现象真实分别做出阐释。

1. 真相真实

真相真实，是指新闻真实地反映报道了新闻事实的真实现象。由于真相是对事实本质的直接反映，即真相与本质之间具有同一性，因而真相真实也可以说就是本质真实，二者之间没有什么根本的区别。在这种情况

---

① 文援朝. 超越错误：医错哲学及其应用研究［M］. 长沙：中南工业大学出版社，1995：51.

下，现象真实与本质真实显然是统一的。因此，在实际的新闻认识活动中，关键是认识新闻事实的真相，或者说能够把真相和假象区别开来。

一些人认为，新闻真实没有必要涉及本质真实问题，只要达到现象真实就可以了。这是一种比较模糊的认识，根本原因在于没有认识到现象本身的复杂性。如果现象真实就是指真相的真实，显然是正确的；如果笼统地说新闻真实只要达到现象真实就可以了，那就不够准确。因为现象还包含假象，如果一则新闻对新闻事实的报道，仅仅停留在假象层面上，并且不能为人们指出什么是假象（能够指出一种现象是假象，也就说明认识者已经识破了假象），那么它显然没有完成新闻认识的基本任务。新闻报道的基本任务就是为人们揭示事实的真相。

这里还需要澄清一个十分重要的问题：不能因为一些新闻报道不能立刻反映新闻事实的本质或真相，就认为新闻没有必要反映事实的本质或真相。认识真相、报道真相，乃是新闻认识的基本任务，而将新闻事实的本质信息或真相信息反映出来，乃是新闻的直接功能或本体（本位）功能。[①] 新闻如果不承担反映事实本质或真相的职责，那还能够承担什么职责？在一些特殊情况下，新闻传播者无法判断真相与假象，但又必须报道新闻，只好先把看到的现象（说不清是真相还是假象）报道给人们，这是万不得已的事情，并不是说新闻停留在现象层面就可以"交差"了。[②] 有

---

① 杨保军. 新闻理论教程［M］. 4 版. 北京：中国人民大学出版社，2019：77.

② 在这种情形下，传播者实际上有办法向收受者说明有关情况。比如，可以在新闻中说明有些事实还无法判明是真是假，请收受者注意后续的相关报道。在具体的写作方法上，则可以用纯粹的描述技巧。有位学者从哲学层面对"描述"的本质做了阐释，我觉得比较准确，录引在此。他说："描述底最基本特点是不带任何先入之见；它既不用任何先入之见来解释某所指、某现象，也不按照某种先入之见对所指、现象做任何理想化的改造；因而描述既不把所指、某现象本身所没有的任何内容加给这一所指、这一现象，也不从这一所指、这一现象中抽掉它所具有的内容，而是不带任何成见地、直接地、整个地给出所指底内容。"参见：刘永富. 胡塞尔现象学·海德格尔本是学引论：从所知学的角度重新解读胡塞尔和海德格尔［M］. 西安：西北大学出版社，2000：54 - 55. 另外，"底"字属原文所用，也是原文作者的特殊用法。

些人在一般理论原则的基础上认为，新闻只要把感知到的现象（不管真相与假象）真实反映出来就行，我以为这是一种误导性的理论，是一种具有危害性的理论，不符合专业精神的要求。如果用这样的理论或原则指导新闻报道活动，就很可能导致新闻报道敷衍了事、不负责任的现象，必然会产生大量表面真实、实际虚假的新闻报道。

2. 假象真实

假象真实，是指新闻真实反映报道了新闻事实的假象。假象是客观存在的现象，即假象本身是一种事实性的存在，而不是想象物、虚构物。因此，对假象的报道也是一种事实性的报道。因而，对假象的报道并不必然就是假新闻。这其中的关系，需要仔细地厘清。如上所述，假象不能直接反映事实的本质，而是以扭曲的方式反映事实的本质，因而假象真实和本质真实是对立的，二者之间不具有直接同一性。因此，我们更应该关注假象真实问题。所谓新闻真实不能满足于现象真实层面，核心也正在这里。常见的新闻失实现象，也更多地发生在假象真实范围内。

新闻（报道），不管是符合真相还是符合假象，仅仅就符合性而言，它们都是一样的，都是符合。从认识论上看，凡是与对象相符合的认识都是真的，因而凡是与报道对象相符合的新闻都是真实的新闻。因此，与假象相符合的新闻也是真实的新闻。这一逻辑并没有什么错误。但显而易见的是，人们不可能通过与新闻事实假象相符合的新闻报道达到真正了解事实真实面目的目的，因而，这种所谓的真实新闻其实是对人们的一种误导。这里清晰地显示出了一个重要问题：新闻真实是有层次的。如果仅仅停留在现象层面的真实，真实有时是不可靠的。一种看上去、听上去真实的新闻有可能是失实新闻或假新闻。比如，一个地方粮食局，为了应对有关领导的检查，临时从其他地方借来大量的粮食，以证明自己有足够的粮食储备（事实上粮食不是该粮食局的，即没有足够的粮食储备才是真相，才是该粮食局现实状况的本质），记者前去采访，确实亲眼看到了大量的粮食（但不知道是借来的），确实亲耳听到了领导对粮食局的赞扬（赞扬的话语是真的，但却基于假象，因而赞扬具有了一种反讽的味道）。如果记者报道了这些看到的、听到的东西，那么这则新闻是真实的吗？从直接的现象层面看，显然没有失实，因为记者真实报道了他或她亲眼看到的、亲耳听到的东西。但透过现象，我们还能说这则新闻是真实的吗？因此，停留在现象层面的真实是很危险的，因为有些现象是假象，不能反映事实的本质或真相。这也又一次从根本上说明，追求真相真实、追求本质真实，是新闻报道的必然目标。不能一时一事达不到真相真实、本质真实，就认为本质真实的要求是不合理的、不正确的。

如果新闻报道能够指出一种现象是假象，那就说明传播者已经识破了假象的真实面目，这样的新闻自然是突破了假象真实的真实新闻。尽管识破假象并不必然等于发现了事实的真相[①]，认清了事实的本质，但能够识破假象的新闻至少不会对收受者形成误导。收受者通过这样的新闻也许难以知道事实的真实面目到底是什么，但至少可以比较明确地知道事实不是什么。这样的新闻也为后续报道留下了足够空间，事实上，事实的真相大多是在一步一步的报道中被揭示出来的，这也是新闻报道实现真实再现的重要特征之一。

如果新闻报道不能指出假象是假象，那就说明传播者自身还没有认清事实的本来面目，还停留在以假为真或真假不辨的层面上。这时的新闻确实不是假新闻，因为它有一定的事实根据（假象也是一种客观存在的事实），真实地反映了假象。但必须指出，这种真实是纯粹的假象真实，即关于假象本身的真实。由于这样的新闻事实上没有反映出新闻事实的本质

---

① 我们有时知道某一现象是假的，但这并不必然意味着我们就能知道真相到底是什么。

或真相，因而相对事实的本质而言，它是失实的新闻。新闻一旦失实，它作为新闻的价值也就从根本上不存在了。一些新闻传播者借口自己报道的事实是确实存在的，便说自己的新闻报道是必然真实的。这听起来似乎是有道理的，但人们必须追问，报道者自己必须反思自问，报道的事实是什么样的事实，是真相性事实，还是假象性事实，因为它们都是客观性的存在，都是事实性的存在。如果不能肯定地回答这一问题，新闻的真实性就是可疑的，就需要人们进一步发掘事实的真相。我们强调新闻必须追求本质真实，最根本的目的就是尽可能防止纯粹的假象新闻的传播。这里再一次提醒新闻传播者，尽管看到的现象确实是真实的、客观的存在，但它是否能够反映其背后事实的本质，却是需要进一步深入采访、深入思考的问题。因此，对以探究事实真相为基本职责的记者、编辑来说，对任何现象，都要有怀疑的态度、眼光，都要问①：这种现象是事实的真实面目吗？能够反映事实的真实面目吗？美国著名记者拉尔夫说："一个优秀的记者从来不会停留在新闻的表层上，新闻记者的使命就是挖掘事实真相。他拒绝写作未经亲自调查的报道；他坚持认为一切优秀的报道都是调查性报道。"②

关于假象真实，还有一个特别值得关注的问题，即假象不仅有自然假象，还有人为假象。而新闻传播者面对的事实假象，主要是人为假象——一些人有意制造的假象。如果我们把新闻事实分为自然性新闻事实和社会性新闻事实两类③，新闻所报道的无疑主要是社会性的新闻事实。因而，新闻报道面对的假象大都是社会性假象，即人为制造的假象——有意假

---

① 怀疑，不是指不相信看到的、听到的一切，而是指要找到能够使自己相信的根据。"怀疑"一词的本意是"考察""探寻"与"考虑"。可参阅：陈嘉明．知识与确证：当代知识论引论 [M]．上海：上海人民出版社，2003：95．

② 门彻．新闻报道与写作：第9版 [M]．展江，主译．北京：华夏出版社，2003：序言8．

③ 杨保军．新闻事实论 [M]．北京：新华出版社，2001：38－39．

象。"自然界的假象多为无意假象，人类社会与人类思维的假象多为有意假象。""假象在社会领域和精神领域不但是有意假象，而且是更为经常而广泛的存在。"①

制造假象，就是为了掩盖一定事实的真实面目，特别是为了掩盖不光彩一面的真实面目。制造假象，就是试图阻碍人们对事实真相、事实本质的了解，试图使人们对事实的了解与事实的本来面目恰好相反。因此，社会领域或社会事实假象的人为性、有意性，目的的欺骗性，手段的多样性，使得社会性假象多了几分玄机，多了几处陷阱，多了几分迷惑，看上去更像真相，因而增加了人们识破假象的难度。对新闻传播者来说，也就增加了产生假新闻、失实新闻的概率。因此，实现真实报道的难度主要不在于自然性新闻事实，而在于社会性的新闻事实，主要不在于准确报道事实的现象，而在于敏锐识破事实的假象，特别是那些人为制造的假象。

面对当前的实际，人们不断发现，一些组织、集团和个人，为了达到某种目的（有可能是正当的，有可能是不正当的），挖空心思，利用各种手段（有可能是正当的，有可能是不正当的）制造一些能够吸引新闻媒体注意力的事件，这些事件的外在表现形式或形态常常给人以美好的感觉和印象。如果以这样的现象去推断事物的本质，那么个个都美好无比，但实际往往差距很大甚至完全相反。因此，新闻传播者在采访、编辑、报道活动中，必须（不得不）格外小心，识破假象，挖掘真相，注意人为制造的各种宣传性现象②，以防上当受骗。记者或新闻媒体一旦落入别有用心者的假象圈套，受害者就不只是记者或个别媒体，而且是千千万万的新闻收受者。

---

① 高帆. 虚假论：真实背向的理性沉思 [M]. 沈阳：辽宁人民出版社，1994：9.
② 有些宣传性现象就是人为制造的新闻假象（"宣传性现象是一种特殊的社会现象，它是在一定情况下，由于宣传和传播的影响和干扰而产生的或者为了满足某种宣传目的而人为制造的一类现象。"参见：艾丰. 新闻采访方法论 [M]. 北京：人民日报出版社，1989：88.），制造者的目的是吸引新闻媒体的注意力。

（三）新闻的本质真实

新闻的本质真实，并不是个神秘的、难以理解的问题。它既是新闻报道的一种内在要求①，也是新闻报道可以实现和应该实现（包含着我的真实观）的目标。如上所述，停留在现象层面的真实有时是不可靠的。因此，在新闻传播活动中，坚持本质真实观是合理的、应该的。比起现象真实观来，本质真实观是一种对社会、对受众、对新闻媒体及传播者自身更为负责的新闻真实观念。我们不能因为某种真实观会被一些人扭曲运用，就说这种真实观本身是错误的②，正如我们不能因为一些人会扭曲运用科学技术，就认为支撑科学技术的科学真理是错误的。

本质是规定一事物之所以是一事物的特殊属性，也就是说，本质决定着事物的实际状况。新闻报道只有将新闻事实的真实面目揭示在人们的面前，才算真正完成了自己的任务。在新闻传播实践中，本质真实体现在两个主要方面：就具体报道而言，新闻真实论中所说的本质真实，主要指的是具体报道对象的真相的真实。即本质真实的核心在于，新闻报道要陈述、再现出新闻事实的真相，而非假象，也不是真相与假象的混合物。在真相、假象难以确定但新闻又不得不报的情况下，必须在新闻中向收受者说明这一点。就整体报道来说，新闻真实论中所说的本质真实，也即宏观层面的本质真实，有两方面的基本内涵（可参阅前文的相关论述）：一是

---

① 所谓内在要求，是指达到或实现本质真实是新闻传播规律性的要求。如果不追求本质真实，就难以揭示事实的真相，这样，也就背弃了新闻报道的基本使命。

② 国内一些学者认为，本质真实观会为新闻造假者提供理论依据。一些人会以反映本质、反映主流为借口，公然造假，发表失实报道。其实，仔细想一想，这样的逻辑更适用于现象真实观：利用对一些假象的真实报道，更容易使人"信以为真"。本质真实要求我们必须报道真相，不仅是具体事实的真相，也包括目标报道领域或整个社会在一定时期内的真相。这是一种高层次的要求。因而，我认为，本质真实观没有为造假留下理论上的根据，倒是现象真实观的模糊性为新闻造假留下了理论上的根据。任何正确的、合理的理论，都有可能在运用中被歪曲，但不能因为有人歪曲了正确的理论，就说理论本身是错误的。至于如何正确运用某种理论，那就是另一个问题了。

某一新闻媒体乃至一定时空范围内的整个新闻传播业的整体新闻报道，能够揭示一定目标报道领域在一定时期内的主流、主导情况；二是能够揭示整个社会、整个时代在一定时期内的主流、主导情况。主流、主导情况，就是一定目标报道领域或整个社会的本质，或者更准确地说，反映、代表了一定领域和整个社会在一定时期的本质。如果新闻传播达到了这样整体的、宏观层面的要求，也就能够以新闻认识的方式在一定程度上揭示出社会或时代发展的趋势。本质真实观在宏观层面的核心体现，就是要求新闻报道把一定事实领域的整体实际状况反映出来。除此之外的本质真实，我以为是神秘的、不可理解的。

有人认为，对事物、事实本质的认识，并不是新闻认识、新闻报道的任务和责任，而是科学认识的任务和责任。新闻认识能够揭示出事物、事实的本质是偶然的，不是必然的，只有科学认识才能真正揭示出事物、事实的本质，揭示出事物、事实的普遍规律和发展趋势。这些看法似是而非、比较模糊，需要清理。人类认识世界，不管针对的是整个世界，还是某个具体的事实，目的都在于认识事物、事实的真相。新闻认识、科学认识，如同人类任何一种认识世界的方式一样，都承担着揭示事物、事实本质的任务，在这一点上它们是相同的。但是，不同认识方式承担的任务是有所不同的，在具体认识反映事物、事实的角度、层次上也是有所不同的（可参阅第一章相关内容）。这是人类认识活动历史地形成的一种分工事实。并且，哲学分析与科学研究都已经证明：任何事物、事实的本质本身也是多层次的。"客体的本质有初级本质、二级本质、三级本质……不同层次的本质在不同程度上反映了客体的性质及其内部联系。这些本质有一个逐渐显露和展开的过程。人们的认识是一个由初级本质进到高级本质、由不太深刻的本质进到较深刻的本质的过程。"① 我以为，正是在揭示事

---

① 文援朝.超越错误：医错哲学及其应用研究［M］.长沙：中南工业大学出版社，1995：50.

物、事实本质层次的问题上，新闻认识与科学认识的不同显示了出来。新闻认识、新闻报道的及时性特点，决定了它的重点是把事实本身是什么陈述出来、再现出来，它侧重于揭示一个个具体的对象——新闻事实——的真实面目，这也是人们对新闻报道的基本期望，也可以说是人们对新闻传播应该承担什么样的任务的一种约定。① 而科学认识则要通过对个别对象、同类现象的研究，去探究发现那些一般的、普遍的、共同的东西。新闻的本质真实重在揭示事实的初级本质，科学认识追求的真实是深层本质的真实。新闻认识重在说明事实是什么，科学认识重在反映事实背后的普遍规律是什么。比如，经济新闻报道的主要任务是反映经济领域中出现的最新的变动事实，特别是具有新闻价值的事实，同时也会在新闻认识的层次上，以新闻认识的方式② 揭示经济领域的最新的运行特点和趋势。而经济学则要深入探讨这些最新变动的各种产生原因、不同变动之间的关系、变动对未来经济发展的影响，特别要研究变动有无规律性。并且，经济学视野中的研究对象不只是具有"新闻价值"的经济事实，它会将所有的经济事实都包含在内，可以说，具有新闻价值的经济事实只是经济学研究对象中的很小一部分，而它的研究方法更是专门性的科学方法。显然，经济新闻报道所达到的本质真实与经济学研究所达到的本质真实是有层次差别的，它们揭示的是不同的本质层次。我们可以大略地说，新闻的本质真实重在"实事"，科学的本质真实重在"求是"。它们的总体目标是一致的，即认识一定事物、事实的本质，但认识的层次是

---

① 正是在人类认识历史的发展过程中，形成了不同的学科领域，形成了不同的认识世界的方式。什么样的认识方式应该完成什么样的认识任务，也是在认识的发展演变过程中逐步形成的。因此，要求某种认识方式去完成本不属于它的认识任务，显然是不恰当的。不同认识方式的差别，原则上只是认识分工的不同，并没有地位高低的差别，人类是通过自己发明的所有认识方式认识世界的，而不是通过某一种方式认识世界的，并且，越是生活化的认识方式，越是对人们有着直接的影响。

② 新闻认识的主要特征可以概括为两点：认识的主要对象是具有新闻价值的事实，不关注一般性的事实；认识是在一定的较短的时间限度中进行的。

有一定差别的。

新闻真实是事实性真实（下章将进行专门的分析），因而，新闻的本质真实也是事实性的真实，并不是抽象的真实，并不是抽象的逻辑判断。新闻的本质真实，主要是指把事实的真相揭示出来，表现在新闻中，仍然是对看得见、摸得着、可证实的具体的事实的陈述或再现。即使是宏观层面的本质真实，也是通过对一件件具体的新闻事实的报道的累积实现的，不是通过理论推理达到的。新闻的根源是事实，本质是事实信息，因此，离开事实、离开事实信息谈论新闻的本质真实，必然会偏离新闻真实的要求。

与直接描述事实现象相比，揭示事实的本质当然不是一件容易的事情，会受到种种因素、条件的限制或约束。事实现象与本质的不一致性，事实本质本身的多层次性，人的认识能力的有限性，认识环境的复杂性，如此种种的制约与限制，共同决定了达到本质真实往往不能一蹴而就，而会经历一个艰难的过程。对一件事实的报道，也许一次、两次不能完全揭露它的真相，但新闻报道只要持续下去，就能够以过程的方式最终揭露事实的真实面目（关于新闻真实实现的过程性特点，下章有专门阐释）。一些人以实现本质真实比较困难为理由，否认本质真实要求的合理性，我以为这同样是一种不负责任的观念。任何一种认识，要想达到真实、正确，都是艰难的。看见什么就写什么确实容易，听见什么就写什么确实简单，但谁能保证这种新闻的真实性呢？达到本质真实是新闻传播的内在要求、本质性要求，并不是可有可无的要求。

（四）现象真实与本质真实之间的关系

通过上面的分析，我们已经看到，事物是现象与本质的统一体，离开现象的本质与离开本质的现象都是不存在的。"本质总是依附或潜在于具体的现象之中，赤裸裸的一无凭借的本质是没有的。"① 把有些现象说成本质的现象，把有些现象说成与本质毫无关系的现象，使其"成为无家可归的孤儿，永远被放逐在本质的圣殿之外"②，是对本质与现象关系的割裂和曲解。"本质在现象中，只有在现象中才能找到支配现象变化的规律，只有正视各种复杂的现象，才能认清事物的本质。绝不能把现象当作一个世界，把本质当作现象背后或现象之外的另一个世界。"③

同样，现象真实和本质真实也是统一的。事实上，我们在上文中已经阐释了二者的基本关系，这里撮其核心，再加以简要的说明。

现象真实、本质真实都是真实，但它们主要不是对真实类型的反映，而是对真实层次的划分。现象真实反映着本质真实，它们在新闻报道中是共时的存在，是不同层次的真实，有时是有一定错位的真实。新闻真实表现出来的都是现象真实，即新闻从原则上看总是对一定事实的可经验的部分的报道。当新闻真实停留在现象层次，不能反映事实的本质时，就属于纯粹的现象真实；当达到现象与本质的统一时，人们就称之为本质真实。

本质是事物的内在联系。所谓本质真实，就是要求新闻报道尽可能地把事物的内在联系揭示出来，而不是只停留在现象层面。如果现象是真相，本质与现象就具有直接的统一性，达到现象真实也就达到了本质真实；如果现象是假象，本质与现象就不能直接统一，现象只能曲折反映事物的本质，这种曲折容易使人们只见现象，不见本质，把假象当真相、当本质。因此，我以为提出本质真实是合理的，有利于新闻报道者在报道事实的过程中，多一分警惕，多一分深入，在看到现象时，能够继续追问事实现象背后的内在联系。只报道一个单位彩旗飘飘、机声隆隆、报表数字

① 王元化. 文学沉思录 [M]. 上海：上海文艺出版社，1983：69.
② 同①70.
③ 陈锡喜. 正确理解本质在现象中 [J]. 社会科学，1984（7）：38.

诱人的事实，而不去看其背后真实的生产情况，不去了解左右生产的内在要素之间的相互关系及其发展趋势，是很难写出真实的新闻的，即使真实，也有可能只是现象的真实，人们通过这样的新闻，只能得出不符合实际的结论。本质真实的新闻观念，核心在于避免假象真实，抓住这一点，也就抓住了本质真实的实质。

因而，在我看来，比起现象真实，本质真实是一种更高的要求。它要求新闻报道反映出新闻事实的真相。现象真实，只要反映出新闻事实的现象就行了，至于是真相还是假象，留给收受者自己去判断，这样，就等于在理论原则上给虚假失实新闻留下了空子，甚至可以说给一些新闻传播者不负责任的报道留下了论理的根据。显然，这样的新闻真实观是难以令人信任的。本质真实不允许停留在现象层面，它要求必须揭示真相，因而，也对新闻报道者提出了更高的要求，它在理论原则上，没有给虚假、失实留下余地。

四、闻录性真实与实在性真实

在新闻传播实际中，人们常常面对两类不同的新闻：一种是"话语新闻"，即新闻陈述、再现的只是某人说了某些"话语"，至于这些"话语"描述的事实是否真实存在，从新闻中无法得知；另一种是"实事新闻"（姑且如此称之），即新闻陈述、再现的事实在客观世界中实实在在地存在着。[①] 为了对这两种新闻表现出的不同新闻真实现象加以区别，我们引入一对新概念——"闻录性真实"与"实在性真实"。我们用"闻录性真实"

---

① 当然，绝大多数新闻报道，都属于我们所说的"话语新闻"与"实事新闻"的混合体或统一体。因此，只要我们把话语新闻和实事新闻的真实性阐释清楚了，也就在逻辑上解决了混合或统一新闻的真实问题。

指称"话语新闻"的真实性，用"实在性真实"指称"实事新闻"的真实性。之所以用这对概念讨论新闻的真实性，是因为在新闻报道实践中，大量的假新闻、失实新闻都属于"话语新闻"，而非"实事新闻"。并且，"话语新闻"的证实问题、虚假失实的责任问题等，比起"实事新闻"来，似乎更难解决。因此，提出这样一对概念，也许对厘清一些常见的问题有所帮助。

（一）闻录性真实

闻录性真实，是以新闻源主体所说的"话语"为根据的新闻的真实性，也就是以"有闻必录"方式形成的新闻报道的真实性。如果用带有哲学色彩的概念来说，就是以精神客体（事实）为本源的新闻的真实性。[①]需要预先说明的一点是：一般的看法、意见，并不构成话语新闻的对象，即使进行传播，也不属于新闻的范畴，至多是意见的表达，属于言论的范畴。只有那些影响到一定范围公众利益的意见或观点，至少是影响到一定新闻媒体目标受众普遍利益或共同兴趣的意见和观点，才有可能成为话语新闻报道的对象。即使是重要公众人物的看法和意见、专家权威的看法和意见，也只有在涉及公共利益或普遍兴趣时，才值得作为话语新闻去报道。

新闻是对新闻事实的报道，反映的是事实本身的信息，因而从原则上说，只要新闻中包含的信息在一定事实的构成中有相对应的实际存在，新闻就是真实的。某人说过某些话，说话的行为存在过，所说的话也存在过，即说话的事实存在过，如果说话的事实具有新闻价值，说话行为与所

---

① 中国当代著名记者、新闻学者艾丰先生在他的《新闻写作方法论》中，对新闻事实就有一个分类，即将其分为"物质事实"和"精神事实"，参见：艾丰. 新闻写作方法论 [M]. 北京：人民日报出版社，1993：87-88.

说的话语就构成了新闻事实。新闻如果真实反映了说话者的说话行为及其所说的话语，新闻就应该是真实报道了新闻事实（说话的行为和所说的话），因而新闻是真实的。这里的一番啰唆和推理没有什么逻辑错误。但显而易见的是，这里所说的新闻真实，只是说话行为是否发生过和话语是否被说过的真实，至于新闻源主体所说"话语"所指事实对象本身的真假，即话语本身到底有无确实的事实根据，新闻报道并不能确定。因此，新闻的真实性只能是停留在话语层面的真实性。对这种新闻真实性的内涵，需要做进一步的细致分析。

（1）直接话语新闻的真实。

"话语新闻"通常有两种最基本的表现形式：一种可以叫作"直接话语新闻"或"纯粹话语新闻"。这类新闻所报道的内容就是新闻源主体的"话语"本身。并且，话语依托的新闻事实要么是曾在的，要么是正在的，要么是将在的。[①] 一句话，直接话语新闻针对的事实已经存在或肯定将要发生。新闻源主体的"话语"，主要表达的是源主体对一定既有事件、事实、现象或确定将要发生的事件、事实、现象等的观点和看法（因此，话语新闻又被称作"观点新闻"或"意见新闻"）。比如，一些团体、组织、机构或一些个人发表的各种言论，反映或代表了他们对既有的一些重要事实（已经发生过的或正在发生的新闻事实）或将要发生的事实（可能会成为新闻事实）的态度和看法，而他们所表达的态度和看法本身事关重大或能够激发人们的普遍兴趣，即他们表达的态度和看法本身就构成了新闻事实（本质上属于精神性的新闻事实）。当新闻媒体报道了这样的新闻事实，形成的新闻就是"直接话语新闻"[②]。从新闻收受者的角度看，他们对直

---

① 杨保军.新闻事实论［M］.北京：新华出版社，2001：39.

② 如果这样的"话语"只被当作言论刊播在新闻媒介上，而不是作为新闻报道的对象，就不能被看作话语新闻，只能被看作意见的表达。

接话语新闻的主要诉求也是话语本身，这里假定他们对话语所依托的事实信息已经足够了解。

对直接话语新闻来说，它的真实性主要是话语自身的真实性，即新闻报道者是否客观、全面、准确地"转述"了新闻源主体的有关话语。如果真实转述了源主体的话语，新闻就是真实的；如果相反，新闻就是失实的。比如，某国外交部新闻发言人对刚刚发生的某一事件发表了看法，他或她的看法（代表他们的政府）就是新闻报道的对象，新闻是否真实，就是看新闻是否对发言人的话语进行了准确的、全面的转述。因此，对直接话语新闻而言，源主体所说的话语就是检验新闻真实与否的最终标准。

（2）间接话语新闻的真实。

另一种话语新闻可以叫作"间接话语新闻"。它的直接表现也是对新闻源主体有关话语的报道。它与"直接话语新闻"的最大区别是：作为新闻内容的"话语"所依托的事实是否真实存在，对新闻报道者来说是不确定的，即报道者不知道源主体的话语有无事实根据。比如，甲足球俱乐部的一位高层人士告诉记者：某著名足球裁判接受了乙足球俱乐部的100万元贿款。记者并不知道这一话语到底有无事实根据。如果记者在没有搞清此话语有无事实根据的情况下就报道了新闻源主体的"话语"，这样形成的话语新闻就是我所界定的"间接话语新闻"。这类话语新闻并不是我们凭空想象的，而是在现实中存在的，实事求是地说，这样的话语新闻越来越多，并且带来的问题也越来越多。可见，间接话语新闻的内容有两个基本层次：一是话语本身，它是直接的，也是记者可以直接证明证实的；二是话语所依托的客观事实，它是间接的、不确定的，也是记者在短时间内难以证明证实的。这也正是此类"话语"诱惑力大、刺激性强，同时作为新闻报道对象风险比较大的重要原因。从新闻收受者的角度看，他们对间接话语新闻的主要诉求不是话语本身，而是话语背后的事实到底存在不存在。如果话语背后的新闻事实客观上不存在，这样的新闻就变成了类似"流言"的东西。美国新闻教育家梅尔文·门彻早就指出过："当记者只依赖人的消息来源，而忽视了要求消息来源对其陈述提供证据时，他有时会误入歧途。"[①] 可见，间接话语新闻的真实性是相当复杂的问题。

就像间接话语新闻的新闻内容实质上包含两个层次一样，间接话语新闻的真实性亦有两个层次：首先是话语本身的真实，即新闻源主体是否说过新闻报道中所说的话，这是直接的真实，是低层次的真实；其次是话语背后的事实是否真实存在，这是间接的真实，是高层次的真实，是间接话语新闻真实性的核心。间接话语新闻的真实性取决于话语背后的事实是否存在。如果话语背后的事实不存在，那么所谓的新闻源主体实质上不是在向媒体或记者提供新闻信息，而是在捏造事实。如果新闻传播者对源主体的话语信以为真，不做进一步的调查和验证就报道"话语"，新闻报道者实际上就充当了传播假新闻、失实新闻的角色，充当了传播"谣言"或"流言"的"二道贩子"。

（3）话语新闻真实性的困境。

话语新闻真实性的困境主要存在于间接话语新闻的真实性上。有些"话语"本身具有新闻性，但话语所指对象（事实）的真实性难以断定。在这种情况下，如何报道具有新闻性的"话语"就是一个相对比较复杂的事情。新闻媒体、新闻记者往往处在一种两难的困境之中：如果不报道，就有可能失去报道重要新闻的机会；如果报道，则要承担新闻可能失实甚至虚假的风险。更为令人担心的是，一旦新闻失实或虚假，就有可能给社会公众和相关的当事人带来难以挽回的影响和伤害。

---

① 门彻. 新闻报道与写作：第9版 [M]. 展江，主译. 北京：华夏出版社，2003：56。但梅尔文·门彻同时指出："记录、文件、报告比消息来源本身更可信。但是即便一个物的消息来源也可能产生误导，除非它是经过了仔细检查的。"

产生上述困境的关键因素有三个：一是时间。新闻报道的及时性原则不允许记者慢慢调查。对于一些话语，如果等到彻底证实其有无事实根据后再去报道，它们就有可能早已失去了报道价值。按理说，新闻报道应该是"真实第一，及时第二"，但在新闻传播实际中，有时没有了及时，也就没有了新闻，而没有了新闻，何谈新闻的真实。因此，真实与及时本质上似乎是矛盾的，但又是统一的。二是发现真相的难度。有些话语所根据的事实，即使给记者足够的时间，也难以发现或证实。实际情况往往可能是，正因为新闻报道了有关话语，才引起人们关注某种现象，促使话语背后的事实最终被揭示出来（不只是通过新闻媒体的力量和新闻认识的方式）。因此，如果一开始不冒一定的风险报道纯粹的话语，就不可能有重大新闻的产生，这样的例子在新闻史上并不少见。三是媒体之间的新闻竞争（暂不考虑非正当的新闻竞争）。生存与发展的需要，导致媒体之间为获得独家新闻而竞争，这就有可能使一些媒体宁愿冒着失实的风险也去报道一些当下无法证实的具有新闻性的话语。既然有可能失实甚至产生假新闻，就完全有可能给相关的当事人以及媒体自身带来负面效应或伤害。

那么，如何面对这种困境？我以为，没有十全十美的突破困境的方法，这种困境是新闻媒体、新闻记者永远都会面对的，它是由新闻传播的特质所决定的。但有几条基本的原则必须把握，它们可以帮助媒体或记者降低报道假新闻和失实新闻的概率。首先，具有"特别"的新闻真实意识。"间接话语新闻"是一种特别的新闻样式，因而为了应对它的真实性问题，需要建立起特别的新闻真实意识。所谓"特别"的新闻真实意识，就是记者需要时刻提醒自己：这类新闻的真实性不仅取决于源主体是否真的说过某些话语，而且取决于源主体的话语是否有事实根据，并且，后一点对于新闻的真实性来说更为关键。新闻必定是对事实的反映和报道。作为新闻媒体，作为记者、编辑，在道义上不能以"有闻必录"为"护身符"，"规避记者、编辑应尽的调查事件真实性的天职"①。其次，如果把这样的话语作为新闻对象报道，就必须在新闻作品中说明话语的具体来源，并且要特别说明，话语所指的事实，还没有得到证明证实。在新闻报道实践中，新闻媒体有时不得不以这种方式将新闻真实的责任部分"转嫁"到新闻源主体的身上。这种"转嫁"对降低假新闻、失实新闻的概率有着重要的作用。实际经验告诉人们，新闻源主体一旦有勇气并且愿意向社会公开自己的身份，他或她所说的话语本身基本上就是可信的，话语背后的事实根据极有可能是存在的。最后，如果提供话语新闻的源主体不愿透露自己的真实身份，媒体和记者就得更加谨慎，一定要预先评估新闻报道出去后可能产生的效应是什么，评估"话语"到底值不值得作为新闻去报道。毛泽东曾说过："记者到下面去，不能人家说什么，你就反映什么，要有冷静的头脑，要作比较。"② 如果决定报道，就要做好应对新闻可能失实的各种准备。作为新闻媒体，要通过连续报道的方式，即通过媒体的有机运动，最终将真实情况告知大众。

最后还须指出的是：媒体或记者是否将间接性话语作为新闻报道，从实践操作层面看，还需要特别凭借记者的新闻敏感和既往的报道经验。任何一家新闻媒体，任何一个新闻记者，如果想获得独家新闻的荣誉和风光，也就应该做好面对新闻失实时的尴尬和窘迫的准备。新闻有时是需要冒险的，尽管冒险凭借的是智勇而非鲁莽。

（二）实在性真实

如前所述，闻录性新闻报道的是有新闻性的话语事实，实在性新闻报

---

① 姚福申. 学海泛舟二十年：对新闻学与编辑学的探索 [M]. 香港：香港语丝出版社，2001：78.

② 中共中央文献研究室. 毛泽东年谱：一九四九—一九七六：第3卷 [M]. 北京：中央文献出版社，2013：523.

道的是实际的（物质性的）事实。前者如果被称作"话语新闻"，后者就可以被称作"实事新闻"。因而，实在性真实指的就是实事新闻的真实。具体一点讲，实在性真实，是以客观存在的新闻事实（即人们通常所说的物质事实）为本源的新闻的真实。它的真实性是直接可检验的，比起间接话语新闻的真实性来，具有更大的可靠性。

在有关新闻真实性的学术研究中，人们通常是在不区分二者之间差别的前提下讨论新闻真实性的，并且常常把讨论集中在我们这里所说的实事新闻的真实性上，很少专门讨论话语新闻的真实性。而我们提出实在性真实的目的，就是在区别的意义上更好地理解和把握话语新闻真实性的特殊性（参见上文）。话语本身必定是意识形态性的存在，不同于物质形态的实在性存在。

关于实在性真实，我们没有多少必要在此展开详细的论述，因为整部著作可以说主要讨论的就是实在性真实问题。需要再次指出的是，在现实的新闻报道中，单纯的话语新闻或单纯的实事新闻必定是少数，大多数新闻报道是话语新闻和实事新闻的统一体，即构成新闻的内容，既有纯粹的话语信息，也有间接的话语信息，但更多的是实事信息。新闻真实的复杂性，在很大程度上是由这种信息构成的多样性所决定的。

（三）闻录性真实与实在性真实的关系

既然我们把新闻分为两类不同的样式——话语新闻和实事新闻，相应地把新闻真实分为两种不同类型的真实——闻录性真实和实在性真实，那么，自然就会存在两种新闻真实的关系问题。对此，上文的相关分析已经有所涉及，此处再加以必要的系统化。

第一，闻录性真实和实在性真实在性质上是同一种真实，二者属于新闻真实的不同表现样式。闻录性真实与实在性真实并不是两种不同性质的真实，它们都是认识论意义上的真实，本质上都是指新闻（报道）与其报道对象的符合性。符合就是真实的，不符合就是不真实的。从直接性上看，闻录性真实符合的是具有新闻性的话语，实在性真实符合的是实际存在的具有新闻性的事实。这两种新闻真实之间的差异，显然根源于作为新闻本源的事实特征的不同：一个是话语性的事实，另一个是实事性的事实。因此，理解了话语性事实与实事性事实的不同，也就从根本上理解了闻录性真实与实在性真实的不同。

第二，闻录性真实和实在性真实属于不同层次的真实。一般来说，实在性真实是更根本的真实。新闻本质上是一种事实信息。尽管新闻事实可以是精神性的事实（精神客体），但精神事实本身又有不同的具体形式。有些"话语"新闻（直接话语新闻）的主要内容是一定主体对相关事实的看法、意见或评价，属于纯粹的话语新闻，它的真实性比较直接、简单，只要与"话语"本身符合就达到了陈述或再现的真实；有些"话语"新闻（间接话语新闻）的核心内容是"话语"所指称的事实，因而新闻真实与否取决于话语所反映的事实是否客观存在。对这类新闻来说，新闻真实在最终意义上是指新闻与一定客观事实的符合，因此，仅仅与一定话语相符合还只是表层的真实，只有与话语背后相对应的实际事实相符合才是深层次的真实。停留在表层的真实属于人们所说的"有闻必录"性的真实，深层的真实才是"实有其事"的真实。新闻报道的目标无疑应该达到"实有其事"的真实层次。只有在万不得已的情况下，才允许新闻真实"暂时"停留在表层真实上。

第三，闻录性真实，特别是"间接话语新闻"的真实，是可信度比较低的真实。从收受角度看，可信的真实才是有意义的真实（尽管真实与否与收受者是否相信没有内在的逻辑关系），真实的可信度一旦降低，新闻传播的实际效果就会大打折扣。这就提醒传播者：其一，控制话语新闻的刊播量。话语新闻过多，会在一定程度上影响新闻媒体的新闻性，导致新闻纸、新闻栏目的退化。其二，在报道话语新闻特别是间接话语新闻时，要尽可能提供话语背后的事实。对那些难以确定到底有无事实根据的话语，最好不要作为新闻去报道。对于那些不愿暴露自己身份的新闻源主体所提供的"话语"，如果他或她不能向媒体、记者提供足以使媒体、记者信服的事实证据，则需要耐心等待时机，不可为了追求一时的轰动效应，进行简单的处理。

第三章　新闻真实的特征

所谓事实，不言而喻，就是在思想意识之外实际存在的事物，是不依赖思想意识而存在的事物；非事实则是仅仅存在于思想、意识之中而在思想、意识之外并不存在的事物，是实际上不存在而只存在于思想中的事物。

——王海明

在新闻中增加倾向性的高超技巧通常被称为"毒药"。

——弗林特

无论如何，也决不能说新闻是没有时空限制的。它充其量体现了一种存在于某个特定时刻的真实性。

——富勒

新闻真实是新闻与其反映对象的符合性及其符合程度。新闻真实是新闻传播意义上的真实，因而有什么样的新闻传播，就有什么样的新闻真实；新闻真实存在于、实现于新闻传播的过程之中，因而它的所有特征都必然与新闻传播自身的特征密切相关。把握新闻真实的特征，是我们充分认识新闻真实的主要途径。

一、新闻真实是事实性真实

新闻的本质是一种事实信息，新闻传播者的本职是传播事实信息。在传播状态中，新闻（报道）是对新闻事实的反映，是对新闻事实信息的传播，是对新闻事态变化的符号再现。新闻把客观事实作为本源，把对事实本身面目的呈现作为第一目标，把与事实对象的完全符合作为自己的理想追求。因此，事实性真实是新闻真实最基本的、首要的特性。可以说，新闻的事实性本身就是新闻真实性的另一种说法①，二者没有根本的区别。

（一）事实性真实的含义

正像"事实"与"非事实"对应存在一样，事实性也是与非事实性相对应的一个概念。新闻都是对事实的反映，而不是对非事实的反映。这里我们引用我国学者王海明的界定，来简要说明事实与非事实的含义。"所谓事实，不言而喻，就是在思想意识之外实际存在的事物，是不依赖思想意识而存在的事物；非事实则是仅仅存在于思想、意识之中而在思想、意识之外并不存在的事物，是实际上不存在而只存在于思想中的事物。"②

---

① "事实"这个术语，在中文中有两种最基本的含义：一是指事情的真相；二是指事情确实存在。在欧洲语言中，"事实"一词的主要意思是在现实中"被做过"或"被完成"了的事情或事件。可见，事实性与真实性是一致的，真实性的本质就是事实性。可参见：舒炜光.科学认识论：第3卷科学认识形成论 [M]. 长春：吉林人民出版社，1990：18.

② 王海明.伦理学原理 [M]. 北京：北京大学出版社，2001：34.另外，我以为王海明先生对事实的分类很有启发意义，他将"事物"分为"事实"和"非事实"，将"事实"分为"主体事实"和"客体事实"，又将"客体事实"分为"价值事实"（即价值）和"非价值事实"（即狭义的事实或"是"）。有兴趣的读者可参阅《伦理学原理》34～36页的内容。

所谓新闻真实是事实性真实，就是说新闻（报道）从原则上或内在要求上排除所有非事实性的表达，一切非事实性的信息在本质上都不是新闻信息，不应被看作新闻的有机组成部分。由于新闻是对真实存在的事实的报道，这就从本体上决定了事实性真实是新闻真实最重要、最突出的特性。事实性真实主要表现在以下几个方面。

第一，事实性真实拒绝一切虚构性信息。关于一定事实的虚构信息，是想象的产物。由想象建构的想象物，是一种影像，而不是实际的存在物，不构成事实的实际组成部分，因而不能被作为事态信息进行报道。至于纯粹想象、虚构的东西，更不应该成为新闻报道的对象（如果做了报道，便形成了假新闻。对此，我们将在后面有关章节进行专门讨论）。在中国新闻传播史中曾经出现、现在仍然不时在媒体上表演一番的"合理想象"①，对于新闻真实的事实性来说，也是一个怪胎，绝对不能让其在新闻领域中滋生。马克思、恩格斯所说的"根据事实来描写事实"，而不是"根据**希望**来描写事实"，"完全立足于事实"来报道事实的新闻原则②，强调的正是新闻的事实性真实。新闻必须完全立足事实、引用事实，并以事实为根据进行判断，得出的结论仍然是明显的事实（即具有真理性的判断）。③

第二，事实性真实避免价值评价。新闻真实的事实性，要求传播者力

---

① 按照甘惜分先生的说法，"合理想象"论主张"事件和人物的细节不可能都一一采访周到，记者写稿时可以根据自己的生活经验对细节做合理的想象，写进稿件中去"。参见：甘惜分. 新闻理论基础 [M]. 北京：中国人民大学出版社，1982：119. "合理想象"的另外一种典型表现是，作者根据自己的生活经验，根据新闻人物当时所处的环境，推断、揣测新闻人物的心理活动，并把推断、猜测的结果作为实际发生的事实写入新闻作品中。但实际上，"我们永远不能直接地、实际地感知别人心里在想什么"。参见：刘永富. 胡塞尔现象学·海德格尔本是学引论：从所知学的角度重新解读胡塞尔和海德格尔 [M]. 西安：西北大学出版社，2000：141.

② 马克思，恩格斯. 马克思恩格斯全集：第 1 卷 [M]. 北京：人民出版社，1956：191. 马克思，恩格斯. 马克思恩格斯全集：第 42 卷 [M]. 北京：人民出版社，1979：413.

③ 马克思，恩格斯. 马克思恩格斯全集：第 42 卷 [M]. 北京：人民出版社，1979：413.

求避免根据自己的价值标准在新闻中有意地、自觉地评价有关新闻事实，特别要避免表达作者的价值意愿和情感。事实真实与价值好坏之间有着内在的关联，但对新闻报道来说，传播主体重在揭示事实之真实面目，不在评价事实之好坏。我们虽然不否认价值评价的客观性，但价值评价确实具有强烈的主观性。新闻如果变成了传播者主观意愿的表达，也就失去了意义。通过所谓"高超"的技巧，有意在新闻中渗透传播者的情感和倾向，是不符合新闻真实性的内在精神的。在西方，"在新闻中增加倾向性的高超技巧通常被称为'毒药'"①，因为它干扰了人们对事实信息的正常理解。然而，一些人至今仍然把"用事实说话"、表达"无形意见"看作新闻写作的规律，实在是没有理解新闻真实的基本要求。②

第三，事实性真实排除意见渗透。新闻不仅要避免传播者对事实的价值评价，也要排除传播者对事实的"灼见"③。新闻记述的是传播者耳闻目睹的事实是什么，而不是传播者认为、以为、推理、猜测的事实是什么。新闻如果超越自己的本分，就有可能弄巧成拙，误导社会。新闻收受者对新闻报道最感兴趣的、最注重的是事实的真实和描写的准确。传播者的首要职责是以新闻的方式对待新闻，竭尽全力认清事实的真相，然后进行清晰、准确的陈述或再现。能以朴素的风格将新闻事实的本来面目原原本本、实实在在地呈现出来，就是漂亮的、高超的新闻写作。新闻对收受者的引导功能，最好通过事态信息自身的内涵去实现，而不是通过传播主体在新闻中的自作聪明、自作多情来实现。"对于读者来说，事实本身是

---

① 弗林特. 报纸的良知：新闻事业的原则和问题案例讲义［M］. 萧严，译. 北京：中国人民大学出版社，2005：52.

② 大量的新闻理论著作、新闻业务著作都在极力向人们传授如何在新闻中巧妙地表达倾向，如何通过新闻标题来表达情感、发表意见。我以为这是严重的误导。将新闻与倾向、意见严格区分开来，是产生好新闻的基本保证。

③ 新闻需要传播者对事实的"真知"，但却排除传播者对事实的"灼见"。

最重要的，事实的原貌是最重要的。记者的主观感受和舞文弄墨都不是他们在索取信息时需要的东西。"① 传播主体的意见与智慧，作为"信息人"的深刻和前瞻，最好放在专门的意见阵地（比如新闻评论）去表达，避免在新闻中画蛇添足，否则极有可能干扰人们对事态信息本身的准确认知和理解，从而损害新闻的真实性或事实性。有学者指出："今天的美国主流新闻界认为，新闻是属于公众的公共财富，新闻栏只提供事实，不掺杂媒介的私家观点；报社和公众意见则可通过社论版和社论对页加以表达。"②并且，近些年来，美国新闻界的新闻报道在很大程度上回归了追求准确客观的传统。事实上，美国新闻自由委员会在《一个自由而负责的新闻界》中早就写道："与报道的准确性同样重要的是，要分清事实就是事实，观点就是观点，并尽可能将两者剥离。从记者的文件夹到复写台、排版台或社论部，最后到印刷好的成品，这一点要一以贯之。"③ 如果新闻媒体将事实信息与对事实的意见或者其他什么信息搅和在一起，那是新闻媒体或者传播者非专业化的不当表现。因此，我们在讨论新闻真实问题时，也不能把意见问题包裹进来。④

第四，事实性真实不赞成作者在新闻作品中有意的审美表现。事实本身的美的属性乃是事实属性的一部分，可以通过对事实本身的记述、再现来反映。如果传播者情不自禁地在新闻作品中表达自己对新闻事件、新闻人物或其他新闻现象的审美感受，也许合乎人之常情，但并不合乎新闻传

---

① 高钢．新闻写作精要 ［M］．北京：首都经济贸易大学出版社，2005：100．

② 弗林特．报纸的良知：新闻事业的原则和问题案例讲义 ［M］．萧严，译．北京：中国人民大学出版社，2005：译者序3．

③ 新闻自由委员会．一个自由而负责的新闻界 ［M］．展江，王征，王涛，译．北京：中国人民大学出版社，2004：12．

④ 新闻自由委员会认为："如果它（指媒体——引者注）将广告、信息和讨论混合在一起发表，以至于读者无法分辨，那么它就不能宣称自己是令人尊敬的。"参阅：新闻自由委员会．一个自由而负责的新闻界 ［M］．展江，王征，王涛，译．北京：中国人民大学出版社，2004：58．

播的内在要求。新闻语言（符号）的对象是新闻事实，目标指向是收受新闻的人，而非传播者的自我情态、意态表达。新闻中对事实的记述、再现是记述、再现给收受者的，这一基本要求是不能混淆的。不然，就有可能把新闻真实的事实性要求转化成其他要求，从而背离新闻传播"让事实说话"的基本目的。①

（二）事实性真实的特点

首先，事实性真实具有具体性的特点，即新闻真实是具体的真实，而不是抽象的真实。凡是新闻事实都是具体的事实，都是发生、存在于一定时空中的事实，是人们可以通过不同方式感觉、知觉、表象、想象或直接经验的事实，因而，每则对具体新闻事实做出报道的新闻，其真实性都是具体事实的真实，而不是不可捉摸的抽象真实。②

其次，事实性真实是唯一的真实。当新闻事实一定时，新闻事实的本真状态（即新闻事实本来的客观面目）便是唯一的。因而，针对一件确定的新闻事实，如果出现两种对立的报道，那么至少必有其一是虚假的。③我在博士论文《新闻事实论》中曾经写道："我们能够创造一种新的事实，

---

① 根据新闻传播的实际情况，我把新闻传播的说话方式通俗地概括为三种类型：一是"让事实说话"，指以新闻为本位的传播观念，真实、客观地再现事实面貌；二是"用事实说话"，指以宣传为本位的传播观念，把新闻（事实）当作宣传的手段；三是"为事实说话"，指以社会正义为本位的传播观念，不仅客观报道新闻事实，并且勇敢揭露社会丑恶、维护公共利益，特别是能够为社会弱势群体服务。"让事实说话"是所有新闻媒体都必须承担的天职；"用事实说话"是任何媒体都应具有的传播意图；"为事实说话"是每一媒体都应该拥有的境界。

② 1945年12月13日，延安《解放日报》发表了题为《从五个W说起》的文章，其中有一段谈到了新闻的具体性，实质上也就是真实的具体性，讲得朴素透彻。转录此处，供读者参考："抽象的、笼统的话头，只能给人以模糊的概念，只有事实，具体确切的事实，才能予读者以经久不磨的印象，真正生动的教育读者。新闻报道的具体化和形象化，是和确切、翔实不可分的。愈是具体、确切，感人愈深，说服力愈大。往往千百篇一般性的报道，效果还顶不上一件具体确切的实地记实，其道理也就在这里。"参见：中共中央宣传部新闻局，中国社会科学院新闻研究所. 真实：新闻的生命[M]. 北京：中国新闻出版社，1986：91.

③ 如果不同报道反映的是同一新闻事实的不同侧面、不同部分或片段、不同事项，则各个新闻可能是同真的、同假的、有真有假的。这些不同报道在真假问题上不具有可比性。

人与自然、社会的实践交往就是一个不断创造新的事实的过程。但人却不能改变一件既有的事实，改变后的事实乃是新的事实，已不是原来的事实。因此，事实一旦产生，便具有其相对的不变性。恩格斯说过，'事实本身……不管我们喜欢与否……照样要继续存在下去'①。斯大林说，'事实是不能违拗的'②。金岳霖先生在他的《知识论》中也说：'事实是我们拿了没有办法的。所谓修改事实，只是使得将来与现在或以往异趣而已。'③ 我们可以在知识形式中改变一件事实的内容，但不能把经过改变的事实当作原来的事实。也正因为人在把握客观事实的过程中，有可能在认识中改变事实的本来面目，对事实的判断、陈述才有真和假的问题。认识的真假问题，不是事实的'责任'，而是认识者的问题。"④ 也就是说，"如果事实不变，而关于它的报道的信息改变了，即关于它的真值变化了，这只能从认识主体上找原因，而不能说，关于它的报道的真值改变了，事实就相应地改变了"⑤。

再次，事实性真实是易于检验、确证的真实。新闻事实大多是可以直接经验的事实，因而新闻真实也是易于被证明证实的。如果新闻中陈述、再现的事实要素、事项及其相互关系是模糊的、模棱两可的，通过任何方法都难以确切地证明证实，那么，尽管我们不能断言新闻一定是虚假的，但至少可以说，这样的新闻是拙劣的，其真实性是存疑的。因为作为事实性真实，新闻真实的基本要求就是达到准确性，"达不到准确，你就没有得到任何新闻"⑥，"如果没有精确性，就不能称之为新闻，

---

① 马克思恩格斯文集：第 10 卷 . [M]. 北京：人民出版社，2009：625.

② 斯大林 . 斯大林全集：第 13 卷 [M]. 北京：人民出版社，1956：121.

③ 金岳霖 . 知识论 [M]. 北京：商务印书馆，1983：784.

④ 杨保军 . 新闻事实论 [M]. 北京：新华出版社，2001：8.

⑤ 弓肇祥 . 真理理论：对西方真理理论历史地批判地考察 [M]. 北京：社会科学文献出版社，1999：19.

⑥ 施瓦茨 . 如何成为顶级记者：美联社新闻报道手册 [M]. 曹俊，王蕊，译 . 北京：中央编译出版社，2003：18 - 19.

只能算是虚构"①。美国著名报人约瑟夫·普利策"准确、准确、再准确"
的至理名言，正是对新闻真实的呼唤。我国也有学者早就指出："新闻第
一须确实，凡虚伪之消息，均非新闻。"②

最后，新闻真实的事实性，意味着这种真实是公共的、独立的，而非
私人的、为某些人而存在的，即对于传播者认为真实的事实，其他人通过
与记者类似的活动（如果愿意的话），从原则上也可以证明证实。这有点
类似于科学认识中的实验，一种认识只有在可重复的实验证实条件下，其
真实性、真理性才是可靠的。由于新闻文本（作品）中每一判断（陈述）
都有事实根据，都是从可以清楚明白确证的事实中引出的，因而对所有的
人而言都应该是一样的。列宁说："真实性不应取决于情报该为谁服
务。"③ 如果新闻作品中描述的东西，只是对自己私人的感觉和心理感受
的记录，那就很难得到证明，很难让人相信新闻的事实性。对于那些一去
不复返的事实的真实性，我们只能依赖传播者的真诚和职业精神去相信。

二、新闻真实是过程性真实

所谓新闻真实是过程性真实，是指新闻真实只能在新闻传播过程中得
到实现。这种过程性包含两个大的方面：一是指宏观的过程性，主要是指
新闻真实实现于完整的传收过程中，甚至实现于一定的历史过程中；二是指
微观的过程性，主要是指新闻真实实现于新闻传播本位主体的报道过程中。④

---

① 施瓦茨. 如何成为顶级记者：美联社新闻报道手册 [M]. 曹俊，王蕊，译. 北京：中央编译
出版社，2003：20.

② 黄天鹏. 新闻学论文集 [M]，上海：光华书局，1930：3.

③ 列宁. 列宁全集：第51卷 [M]. 2版（增订版）. 北京：人民出版社，2017：257.

④ 我把新闻传播主体分为高位主体和本位主体。高位主体指新闻媒体或新闻资产的所有者、经
营管理者；本位主体指直接从事具体新闻传播活动——采写编评等——的记者和编辑。详细内容可参
阅：杨保军. 新闻理论教程 [M]. 4版. 北京：中国人民大学出版社，2019：47-52.

人们通常所说的新闻真实的过程性，主要是指第二种意义上的过程性，但这种理解应该说有一定的片面性，因为根据新闻传播的实际展开过程，可以看到新闻真实是属于整个新闻传播过程的，而不是只存在于再现真实的环节。

（一）新闻真实过程性的宏观含义

新闻真实过程性的宏观含义，是指从所有具体新闻传播共有的过程性上考察新闻真实的过程性，即抽象出共有的过程性。任何新闻报道，在客观逻辑上都有这样一个共有的过程：本源事实—本源事实的符号再现（形成新闻作品或新闻文本）—新闻作品（新闻文本）的收受。新闻真实问题贯穿在整个传播过程中，任何一个环节的虚假都会导致新闻失实和新闻真实的难以实现。因此，尽管我们在讨论新闻真实问题时主要以传播态的新闻为核心对象，但我们始终都会以系统的观念和方式来分析相关的问题，因为离开本源事实谈论真实，新闻真实将失去最为根本的参照，而离开对在收受环节中理解真实的考虑，新闻真实在实现问题上就会出现缺环，新闻真实论本身的意义也将大打折扣。并且，从原则上说，一些新闻到底真实与否，只能在社会的历史过程中被证明证实。当然，我们也不排除，有些新闻的真实性（特别是一些重要的、有必要证明证实的细节事实）可能永远也得不到证明（证实或证伪），只能是历史的谜团（比如一些重要人物被刺杀的细节，一些重要历史事件的真实起因，一些重大灾难的实际原因，等等）。因此，在宏观意义上，新闻真实性包含着历史真实的问题。基于这些思考，我们对新闻真实宏观意义上的过程性描述如下。

第一，由于新闻真实本质上是指客观发生、存在的新闻事实的真实，因此，我们可以把本源事实的真实姑且称为新闻的"本真真实"。这种真实不以任何人的意志为转移，不依赖于报道行为，它是自在的、外在的、客观的真实，是本体承诺意义上的真实。本真真实成为人们衡量对它所做的各种报道的真实性的唯一标准和根据（我们将在"新闻真实的证实"一章中做专门的论述），它从客观上限定了真实的范围和程度。

第二，对新闻事实的反映和再现产生了"再现真实"的问题，这是新闻真实性的核心环节，也是新闻真实论在新闻学范围内讨论的核心问题。由传播主体对新闻事实加以反映、报道而生的再现真实，是一种主观性的真实、自言性的真实、认识论意义上的真实，与本真真实在性质上是不同的。同样，正是由于再现真实的主观性，不同的新闻媒体、不同的新闻传播者都可以自称自己的再现真实是唯一的真实。本真真实确实是唯一的，但谁的宣称与它相符呢？新闻真实的复杂性便由此而生，这恐怕也是人们千次万次、连篇累牍探讨新闻真实性的重要缘由之一。

第三，对新闻报道或新闻文本的解读产生了"理解真实"或者"解读真实"的问题。当我们把新闻传播作为由传—受（传送与收受）活动构成的一个完整过程来看待时，收受主体能否在新闻收受过程中依据新闻文本的信息真实还原新闻事实的本真面目就成了非常重要的问题。如果新闻报道在它的归宿处发生变形失真（假定新闻传播者比较完美地达到了再现真实），那么，尽管责任也许不在新闻传播主体，但新闻传播的目的显然没有达到，新闻的真实性没有顺利实现。解读真实是一个具体新闻报道真实性的周期完结。因此，在新闻收受这一环节，真实性仍然是一个事关全局的大问题，应该包含在新闻真实性的内涵之中，因此，我们在"新闻真实的实现"一章中还将讨论理解真实或解读真实的问题。

第四，新闻报道的历史存在，决定了它还有一个"历史真实"的问题。历史真实实际上已经超越了新闻真实的直接意义，它是以历史的眼光审视既有新闻报道的真实问题，通过光阴流逝的方式去检验"本真真实""再现真实""解读真实"本身的真实性问题。历史真实的要义在于对再现真实做出最终的证明，因此它是新闻真实一直在追求的一种境界，即所谓经得起历史的考验。如上所述，也许有些新闻报道的真实性永远无法在历史的检验中得到证实，甚至无法去证实，但只有经受住历史考验的"再现真实"，才算是真正的真实。当再现真实被历史检验推翻时，往往会产生更大的新闻事实、更有影响力和震撼力的新闻报道，新闻真实也许又在历史的流变中步入了一个新的旅程。

上文中对新闻真实的宏观过程性分析，充分说明了新闻真实的系统性与复杂性，我们通常理解的新闻真实主要是再现真实，并且主要是在与本真真实的关系中讨论再现真实，一般不涉及收受主体的解读真实，也很少讲经过历史时光检验的历史真实，这显然是有欠缺的。解读真实标志着新闻真实的实现，标志着新闻真实微观过程的完结（参阅"新闻真实的实现"一章）；历史真实则把新闻真实的追求提升到更高的境界，要求新闻传播对子孙后代负责，对历史和未来负责，以实现新闻真实的历史价值。[①]

（二）新闻真实过程性的微观含义

过程性的微观含义，是把上述"再现真实"环节端拿出来，分析再现真实的具体实现过程。毫无疑问，这一环节是新闻真实问题的关键所在，也是新闻真实论的核心。这也正是我们将其单独讨论的原因。根据新闻传播的实际情况，我们主要从以下两个方面来解析"再现真实"自身的过程性。

---

① 有人认为新闻在传播中经历了三种真实：一是社会真实，指事件的真相，是一种客观真实；二是媒介真实，指的是媒介对社会事实的呈现；三是受众真实，即受众对社会真实的认知和把握，这种认知既可以通过媒介真实，也可以通过其他信息渠道来产生，是一种主观性的真实。可参阅：钟蔚文.从媒介真实到主观真实：看新闻，怎么看？看到什么？[M].台北：正中书局，1992：1.社会真实、媒介真实、受众真实与我在上文中提出的本源真实、再现真实、理解（解读）真实没有实质性的差别。不过，我以为我的概括对于新闻真实来说更加准确。

其一，再现真实的过程性，是指新闻的真实性是通过多次的、过程性的报道方式实现的，对相对复杂的、重要的、人们普遍感兴趣的新闻事实的报道尤其如此。过程性是一个时间概念，新闻事实、事件的变化和真相是在时间中逐步显现、展开的，传播主体也只能在时间的流动中一步一步地认识、揭示、报道新闻事实。一般来说，在过程性上，新闻报道可以分为这样几种类型：

（1）一次再现式。一次再现式，是指对某一新闻事实整体或传播者认为值得报道的某一部分、某一侧面只做一次性报道，便能比较完整地反映事实真实面目或主要面目的方式。日常的新闻报道大多是以这种方式进行的。新闻界常常把这种报道方式称为结果式报道。

一次再现式，并不必然意味着新闻事实本身是简单的或不重要的。再现方式的选择，并不必然与新闻事实的复杂性和重要性相匹配。但在正常情况下，以什么样的方式再现新闻事实，是由事实本身所包含的新闻内容决定的，是由传播者的传播目的、传播条件决定的。就新闻传播实际来看，一次再现式主要针对的是已经有比较稳定的、明确的结果形态的新闻事实，或一次就可完成报道内容的情形。至于那些把本该以多次再现方式报道的新闻事实以一次性的"结果式"再现出来的传播者，不是由于他们的新闻观念差，就是由于一些非新闻的因素在"作怪"。这种现象在世界各国的新闻传播实践中屡见不鲜。新闻传播必定不是纯粹的信息传播，对报道时机的选择，对报道频度的把握，对报道规模的权衡，都会影响再现新闻事实的方式。再现方式尽管看上去只是传播新闻的形式，但它对新闻传播的实际效果有着必然的、重要的影响，因此，任何自觉的新闻传播者、控制者，都会充分运用传播艺术和技巧，驾驭传播的方式。

（2）二次再现式。所谓二次再现式，是指通过两次报道，揭示某一被视为"同一新闻事实整体"的实际情况的方式。二次再现的具体表现主要有这样几种：对同一新闻事实的修正式再现，即二次报道对首次报道的失误做出修正；对同一事实的补充、完善式再现，即根据一些事实的特点，先报一简讯，随后加以详细报道；对预测"事实"是否成为现实事实的再现；对一件事实的"开始"与"结果"的回应式再现；等等。

（3）多次再现式。通过三次以上的报道才能完整反映某一事实整体的方式被称为多次再现式。这种再现方式针对的主要是既复杂又重要的事实，特别是处于动态变化中的重要事实。如果想使新闻报道既成为真正的"新闻"，又能最终在整体上反映事实的真实面目，就必须进行多次报道。

从新闻传播的内在要求上看，对任何具体新闻事实的再现都是一次性的，重复再现同样的新闻事实，绝对会使报道失去"新闻"的意义。如果从这一角度来说，新闻再现不存在二次和多次再现的方式，新闻再现必然是对"新"事实的再现。但由于一件事实总是由片段、部分事实构成的系统或整体，片段与部分的存在方式既可能是共时的，也可能是历时的。如果再考虑到人们对事物认识的过程性、媒介容量的有限性，以及新闻报道的及时性要求等，那么，对一些新闻事实整体的完整再现，就必然要通过连续再现不同片段、部分的方式来完成，或通过连续再现不同事实侧面来完成（这些不同的报道，并不一定是由一家媒体或一名记者完成的）。这样，相对一件新闻事实整体而言，便形成了二次和多次的过程性再现方式。[①] 而新闻真实，也正是在对事实的过程性报道中实现的。马克思认为这是报纸报道新闻的特点，并将其称为报刊的有机运动。[②]

---

① 本处对新闻再现方式的过程性讨论，参用了拙著《新闻事实论》第四章"新闻事实的再现"中的相关内容。杨保军. 新闻事实论 [M]. 北京：新华出版社，2001：81-115.

② 马克思说："只要报刊生气勃勃地采取行动，**全部事实**就会被揭示出来。"（马克思，恩格斯. 马克思恩格斯全集：第 1 卷 [M]. 2 版. 北京，人民出版社，1995：358.）陈力丹先生将这句话改译为："在有机的报纸运动下，全部事实就会完整地被揭示出来。"参见：陈力丹. 马克思主义新闻思想概论 [M]. 上海：复旦大学出版社，2003：52.

如今，人类已经在整体上步入信息社会，人们的工作、生活、学习节奏在不断加快。与此相应，人们要求新闻的传播速度更快、内容更新。如何适应社会的发展，满足人们的需求，对新闻传播者来说，最基本、最直接的方法就是通过过程性的报道方式（实际操作中的滚动新闻）缩短新闻传播的周期，加快新闻传播的频率和节奏。因此，结果式的报道观念正在失去传统的主导地位（但这并不意味着结果式报道方式会消亡），而过程性的报道观念已经成为新闻报道的主导性观念。

其二，再现真实的过程性，指再现真实是在新闻媒体内部多个环节的合作下实现的。从大的方面看，新闻真实是在采写环节、编辑环节、传递播报环节的流水作业中实现的。任何一个环节的失误、差错都将导致新闻失实。从小的方面看，在新闻传播每一个大环节的内部，还包括一系列小环节，最典型的就是编辑环节。一则新闻从稿件到作品的转换，至少要经过四五道不同岗位编辑的"把关"①。每道关口上的编辑，对再现真实的实现都有不可推卸的责任，都对再现真实的实现有一定的影响。可见，再现真实的实现，即使在新闻媒体内部，也是一个相当复杂的系统工程。

三、新闻真实是有限的真实

作为一种理想追求，新闻传播的目标应该是达到这样的境界，即新闻报道与对象的本来面目绝对符合。然而，不管是就具体真实而言，还是对整体真实来说，绝对真实都是乌托邦式的幻想。新闻传播者只能再现其把握到的真实，新闻收受者只能达到其理解的真实、相信的真实。在各种因

---

① 在通常情况下，一篇新闻稿件要经过一般编辑、部门负责人（主任编辑）、主管一定部门的副总编、值班总编辑（对报纸来说就是值夜班的总编辑）、版面编辑、校对编辑等的把关处理。每一环节都有责任修正稿件中存在的各种问题，特别是要订正可能有误的事实差错。

素的影响下，无论是在真实的范围上、程度上还是层次上，新闻传播达到的真实都是有限的真实。

（一）新闻真实是新闻传播范围内的真实

生活常识、一般的认识活动、专门的科学研究（包括自然科学和人文社会科学）都告诉我们，任何认识的真实性，都有特定的指称对象，即使是指向相同对象的真实，其反映的具体属性、侧面、层次也是不一样的。新闻真实是以新闻认识方式实现的真实，因而一定有其特有的范围，我们可以将其描述为"新闻认识范围内的真实"。就再现真实而言，新闻传播者只能通过自己的努力向理想的新闻真实逼近，但新闻真实不可能超越新闻认识的范围。当我们能够以现实的态度来对待和思考新闻真实时，我们才能接近新闻真实的真实面貌。

第一，新闻真实是新闻报道的真实，即新闻真实的对象是"新闻报道"，强调的是新闻信息的真实性，并不包括新闻传播媒体中其他类别的信息。那种把新闻评论或其他一般信息等的真实性也包含在新闻真实论中的做法，泛化了新闻真实指称的对象，不利于对新闻真实的科学讨论（可参阅第一章中的相关论述）。比如，一些研究者把对新闻事实的解释和评论的公正性、正确性、合理性要求，也归属到新闻真实论中①，我以为这在逻辑上是混乱的。

第二，就事实世界与新闻事实的关系而言，尽管它们在性质上都是客观事实，但事实世界是全体，新闻事实是部分，而且是很小的一部分。尽管新闻事实在新闻价值的视野中，具有时新性、重要性、显著性、趣味性等"非常态"的特征，但它必定是事实世界中的"少数"或"微量元素"，

---

① 有兴趣的读者，可参阅国内近几年出版的一些新闻理论教材，其中关于新闻真实问题的讨论，大都将意见问题（新闻评论）包括在内。

而不是整个事实世界；尽管新闻事实体现着我们生存于其中的现实世界的最新变动情况，显示着现实世界未来变化和发展的趋势性信息，但我们最多只能说它确实是事实世界中的"精华"或"典型"，并不是整个现实世界。相对千变万化、纷繁复杂的事实世界，新闻事实可以说是简单的，它难以必然代表整个事实世界的面貌，以点带面或以个别推一般的逻辑在这里是危险的。新闻真实只能是新闻真实，只能是关于"新闻事实"的真实，并不能必然推及其他事物。

第三，新闻传播只是人类认识、反映事实世界的一种方式、一种手段，运用这种方式、手段把握到的世界，只能是"新闻世界"；利用这种方式、手段把握到的真实，同样也只能是"新闻世界的真实"，而不是整个事实世界的真实。"期望新闻事业能完成反映全球事件或完美记录某个城市的所有事件是荒唐可笑的。"① 对整个自然、社会变动的最新情况的全面反映，并不是新闻传播单枪匹马能够达到的，它需要人类通过所拥有的一切认识工具、认识方法去共同实现。要求新闻去反映整个事实世界整体的真实面目是不实际的，它也担当不起如此规模的重任。人们已经习惯于要求新闻认识反映世界的真实面目，这在一般意义上说是没有问题的，但需要明确的是，新闻认识只能完成它分内的事，如果要它超负荷地运转，去做它力所不及的事情，结果必然适得其反。

第四，新闻真实只能是新闻认识层次上的真实。新闻认识不能代替也不可能代替其他方式的认识。新闻认识基本上是感性层面、现象层面为主的认识，是一种监测环境式的、反映最新事态变化的情报方式的认识。因而，人们也应该主要在这个层面上理解和对待新闻的真实性。对于那种动不动就要求新闻反映事物的本质、反映时代发展的规律、反映社会未来发

---

① 弗林特. 报纸的良知：新闻事业的原则和问题案例讲义 [M]. 萧严，译. 北京：中国人民大学出版社，2005：45.

展的趋势的看法，我以为基本上是在虚张声势，十分不切实际，是一些人把惯用的大话、空话、套话甚至假话套用在新闻真实问题上的结果，并不符合新闻认识反映世界的特点。这些对新闻真实的要求，也并不利于新闻传播的健康发展。当然，我们这样说，并不是否认新闻能够并且应该在一定程度上反映事实的本质，反映时代的真相，反映社会发展的趋势，而是说新闻认识的主要任务不在这里。新闻真实的主要目标也不在这里，而在于及时将人们生活于其中的世界的最新变动情况真实地告知人们，它的核心是为人们提供事实信息。尽管意见新闻、观点新闻的地位与作用越来越有影响力，但它们的基础仍然是事实信息。如果新闻认识的主要任务不再是提供事实信息，那么，传统意义上的新闻传播也将失去存在的根基——果真如此，那就另当别论了，我们所提出的新闻真实论恐怕也要彻底改头换面了。

（二）新闻真实是一定传播价值取向下的真实

我们在第一章讨论新闻真实观与新闻价值观的关系时已经指出，新闻价值观决定着新闻真实观，真实观念是价值观念限定下的真实观念，这实质上就意味着新闻真实只能是一定新闻传播价值取向下的真实，是价值框架下的真实。尽管真实就是真实，真实不是价值，它们之间有着严格的逻辑界限，但就现实的新闻传播来看，新闻真实拥有的"地图"是由新闻价值理念这支彩笔画定的。因此，每种价值取向下的新闻真实，必然是有限的真实，是带有一定价值痕迹的真实。

1. 制约新闻真实的几种价值观念

制约新闻真实的价值观念，具有多元化、多层面的表现。如果我们在一定的社会范围内进行考察，大致可以将制约新闻真实的价值取向概括为三个层面：

　　一是社会制度层面的新闻价值观念。每个社会都有自己以经济制度、政治制度为核心的制度体系，都有以某种思想、理论或者某种"主义"为核心的观念体系，都有自己追求的社会目标。贯注在这些体系、目标中的内在精神就是这个社会的价值理念，它在深层次上以社会灵魂的地位和方式指导着社会各个系统的运转。一个社会拥有的共同的、基本的价值理念，落实到各个社会子系统中，便建构起了与一定社会子系统特征相结合的具体的价值观念。社会制度层面的新闻传播价值观念就是其中之一，它左右着一个社会新闻传播的总体方向，自然也会影响新闻真实的实现问题。一个社会新闻传播所追求的和能够实现的新闻真实的总体景象，一定是在社会制度层面的新闻传播价值观念指导、制约下的景象。比如，对中国特色社会主义新闻传播业来说，其新闻传播最基本的价值理念就是为人民服务、为社会主义服务，直接的目标是通过新闻传播实现以正确的舆论引导人，核心手段则是坚持以正面报道（宣传）为主。可想而知，在这样的新闻传播理念下，人们通过新闻报道看到的中国现实，其主流必然是积极的、正面的。我们也可以在理论上假设，即使一个社会在客观上确实是"形势一片大好"，但这个社会的新闻传播理念是以揭丑为主、以报道负面事实为主，那么，可以想象，人们通过新闻报道看到的社会现实，很可能是到处乌烟瘴气，天灾人祸频发。新闻传播价值取向对新闻真实本身面目的制约显而易见。由此也可以看出，一个社会在总体上建构什么样的新闻传播价值理念，不仅对新闻传播本身有重要的影响，也对人们能够看到一个什么样的社会现实有至关重要的作用。如果这个价值理念是合理的、科学的①，就有助于人们把握社会的实际情况；反之，人们则可能

----

①　什么样的价值理念才算是合理的、科学的，这是一个相当复杂的问题，需要专门的研究。但我以为有几条最基本的标准：其一，符合新闻传播规律；其二，符合一定的社会实际，即在这种价值理念指导下的新闻传播有利于社会的进步与发展；其三，符合一定社会的新闻传收心理，即在这种价值理念指导下的新闻传播，能够得到传播者和收受大众的认可。

被蒙在鼓里，生存在一个虚拟的、虚假的、与实际并不符合的符号世界之中。

二是媒体层面的新闻价值观念。新闻传播总要通过一个个的新闻媒体来实现，每个新闻机构或组织都有自己的媒体方针、编辑方针，并通过它们来定位自身的角色和目标传播指向。这些方针不仅体现着社会制度层面的新闻价值观念，也特别反映着每个媒体的个性特色和价值追求。[①] 一家新闻媒体传播什么样的内容，追求怎样的真实，与它的媒体方针、编辑方针有十分紧密的关系，它们从根本上限制和规定了新闻真实的范围。"一些历史的片段因受到媒体的关注而放大，另一些历史的片段则因没有受到媒体的关注或者关注的程度不够而被遗忘直至销声匿迹。于是从某种程度上说，每一次新闻记录的过程，都有可能是信息失真的过程。更何况很多事实，在它发生过后的一秒之后，真相就已经变得扑朔迷离。"[②] 美国社会学家阿尔文·古尔德纳说，媒体"要根据自己的标准和原则对新闻事实进行选择和编辑，表现一些事件而压制另外一些事件。它们一方面站在公众的立场上，另一方面又代表着公共机构、组织、运动的官方管理者，或社会权力精英的利益。媒体发展它们自己的机构和原则来生产令人信服且值得特别宣传和报道的社会真实新闻"[③]。这一认识应该说是比较符合新闻传播实际情况的。比如，一家亲善某国的新闻媒体与一家敌视某国的新闻媒体，它们所做的关于该国的所有具体新闻报道也许都是真实的，但通过这两家不同新闻媒体具体的真实报道，新闻收受者可能会对被报道国的

---

① 有些新闻媒体的新闻价值观念可能与一定社会制度层面的主导价值观念不一致。在有些社会里，可能允许这样的媒体存在；而在另一些社会里，可能不会允许这样的媒体存在。但历史告诉人们，在任何一个动荡的社会，比如处于革命时代的社会中，媒体之间的价值观念差异往往会表现得十分明显；而在相对比较平稳的社会中，不同媒体之间的核心价值观念基本是相同的。

② 陈卫星. 传播的观念 [M]. 北京：人民出版社，2004：200.

③ 埃尔德里奇. 获取信息：新闻、真相和权力 [M]. 张威，邓天颖，主译. 北京：新华出版社，2004：25.

实际情况形成差异很大甚至完全对立的印象，而不管被报道国的实际情况到底如何。造成这种效应的直接原因是那些具体的真实的报道，但在此背后发挥核心作用的乃是不同新闻媒体的新闻价值取向以及蕴含在这种取向中的"亲善"或"敌视"态度，它们限定了新闻真实呈现的图景。由此我们可以看到，一家媒体的新闻价值取向，直接体现在它的新闻报道之中，一家媒体是否真正追求客观、全面、公正，人们不需要"听其言"（它自己的价值宣称），只要"观其行"（它的实际报道）就可以了。

三是传播者个体层面的新闻价值观念。尽管当今的新闻传播是制度化的、组织化的、标准化的传播，但传播者个体仍然是最重要的新闻把关人之一，他们是新闻作品的直接生产者，因而他们的知、情、意会以各种方式渗透在日常的新闻工作中；尽管几乎所有的新闻院校、新闻媒体，都要求未来的新闻工作者按新闻传播规律、原则办事，但一个个正在从事新闻职业的和将要从事新闻职业的个体，并不是某几个模子铸造出来的统一品，他们对"新闻是什么""新闻传播应该做什么"等问题，有自己的理解和体验，因而在新闻实践中仍然会形成自己的一些独特的新闻价值观念。这些新闻价值观念会直接影响他们对新闻传播内容、传播方式的选择，从而直接影响新闻真实景象的呈现结果。美国学者约翰·麦瑞尔的一段话比较准确地揭示了这一现象，他说："记者不是毫无思想和灵魂的机器人，漫无目的地四处游荡，没有价值观，没有意见，没有倾向……他们有自己的成见、自己的偏爱、自己的评价。"① 他们在新闻作品中再现出来的事实真实，一定是他们自己认识到的真实、认为值得再现的真实、相信的真实。他们没有认识到的、认为价值不大的、不大相信的东西，即使对新闻的收受者是重要的、有意义的，也不大可能进入新闻作品中。美国

---

① 莱斯特. 视觉传播：形象载动信息 [M]. 霍文利，等译. 北京：北京广播学院出版社，2003：96.

著名新闻教育家梅尔文·门彻早在 20 世纪 70 年代就说过这样的话："负责任的新闻记者不能在价值无涉的真空中从业，我在作品和教学中一直致力于表现的是，最好的新闻学、新闻记者的最高成就是由那些其热情在于向人民揭示他们生活其间的世界的基本真相的人达成的。"① 舆论学创始人李普曼说："正如我们按照自己的准则进行自我调整一样，我们也会按照那些准则去调整我们所看到的事实。从理性角度来看，事实对于我们的是非观而言是中立的。但实际上，我们的准则在很大程度上决定着我们应当了解什么以及如何了解。"② 一位曾经做过记者的教授说："新闻不仅是反映世界的一面镜子，而且是构筑社会真实的一种职业。从这种意义上说，新闻记者不只传播新闻，还制造新闻。"③ 果真如此的话，记者只能用他或她的价值取向来制造新闻、制造真实。

还需要特别说明的是，在所有以个体形式存在的新闻传播主体中，高位主体的新闻传播理念、价值追求对新闻传播的实际影响是最大的，因为他们决定着整个媒体的传播方针、政策和传播价值取向。美国新闻自由委员会在大约 60 年前的一份报告中就已指出："到底哪些人、哪些事实、哪些版本的事实以及哪些观点应该被公之于众，这是由新闻界的业主和经理们决定的。"④ 我们再来看看当代媒体大王默多克是如何左右他的媒体的，有学者描写道："默多克运用他的多种财产，包括报纸、杂志、球队、一家电影制片公司、一家图书出版公司，采取牺牲真正的新闻采集、法律法规和新闻伦理等手段，来增加他自己的经济利益。他将他的

---

① 门彻. 新闻报道与写作：第 9 版［M］. 展江，主译. 北京：华夏出版社，2003：前言 4.
② 李普曼. 公众舆论［M］. 闫克文，江红，译. 上海：上海人民出版社，2002：97.
③ 埃尔德里奇. 获取信息：新闻、真相和权力［M］. 张威，邓天颖，主译. 北京：新华出版社，2004：24.
④ 新闻自由委员会. 一个自由而负责的新闻界［M］. 展江，王征，王涛，译. 北京：中国人民大学出版社，2004：14.

媒介作为工具，影响可以帮助他的政客，他还用新闻专栏诋毁其竞争对手。如果有人能够展示巨大权力集中在极少数人手中的危险，那么这个人就是默多克。"① 直接控制媒体的媒体所有者或高位主体，他们个人在政治上、经济上甚至个人兴趣上的偏好，都会直接地、巨大地影响新闻传播的价值取向，从而影响新闻真实的实现。但就日常的新闻报道来说，新闻传播本位主体的新闻价值观念具有更为普遍的影响，他们的新闻价值观念决定着新闻传播的整体表现状态，决定着新闻真实的整体面貌。当然，现实地看，这种决定是以一定制度层面的、媒体层面的新闻价值观念为前提的决定。②

2. 价值取向制约新闻真实的具体表现

新闻传播作为一种社会认识活动，必然受到新闻活动主体新闻价值观念的影响，传播的内容是在传播价值取向下的选择，这就决定了新闻真实必然受到价值取向的制约。通过新闻媒体传播的新闻，本质上是集体劳动的结果，是多重把关（既有媒体内部的把关，也有媒体外部的制约）的结果，是在上述各个层面新闻价值观念指导、制约下的结果。如果我们将不同层面新闻价值观念对新闻真实的制约综合起来考虑，大致可以概括为以下几点。

其一，新闻价值取向制约着新闻选择的方向和范围，从而不仅制约着传播者对具体报道内容的选择，更制约着新闻传播整体真实的面貌。选择新闻事实是任何新闻媒体的必然行为，是进行新闻报道的首要环节，但对于选择什么样的新闻事实或某一新闻事实的哪些部分作为报道内容，尽管所有的新闻媒体都会在一定程度上遵循新闻传播规律，遵循一些基本的、

---

① 门彻. 新闻报道与写作：第 9 版 [M]. 展江，主译. 北京：华夏出版社，2003：91-92.
② 关于高位主体与本位主体的具体关系，可参阅：杨保军. 新闻理论教程 [M]. 4 版. 北京：中国人民大学出版社，2019：47-52.

共同的标准①，但不同性质、不同类型、不同层次的新闻媒体，也会有一些不同的选择原则或标准。即使是那些被共同遵循的选择标准，往往也是形式上一致、实质上不同，即在抽象的意义上遵循的是共同的标准，但在与具体的媒体实际、具体的传播实践结合后，对标准的实际理解与具体落实有着很大的差别。② 由于选择新闻事实的标准有所差别，各媒体再现的"新闻世界"的真实性当然就会有所不同。如前所述，在以正面报道为主的传播价值取向下，新闻传播再现的主要是正面新闻事实的真实，这时人们就很难了解负面新闻事实的真实情况；在以负面报道为主的传播价值取向下，新闻传播再现的主要是负面新闻事实的真实，这时人们就很难了解正面新闻事实的真实情况。因而，不管以什么样的价值取向去做选择和报道，真实的结果可以说都是有限的，如果这种选择与客观实际并不符合，真实就不仅是片面的，甚至可以说在整体上是失实的（当然，这里暗含着整体真实观的评价）。即使传播主体以实事求是、客观全面的价值取向为原则，新闻传播实现的真实也可能是有限的，因为新闻真实的实现不只取决于传播的价值取向，还取决于其他诸多因素。何况，不同的传播者对实事求是、客观全面本身的理解也是不同的。没有哪个媒体不说自己是实事求是、客观全面的。

其二，新闻传播价值取向制约着新闻真实的再现方式。再现方式就是报道新闻的方式、方法。人们知道，再现新闻事实的方式有时比新闻事实本身更重要，因为传播主体如何"包装"新闻事实，如何策划报道活动，

---

① 一般说来，这些共同的标准包括：规律性标准，如狭义的新闻价值标准、传播技术标准；规范性标准，如法律标准、道德标准、政策标准、纪律标准。可参阅：杨保军. 新闻理论教程［M］. 4版. 北京：中国人民大学出版社，2019：80－91.

② 比如，所有的新闻媒体都说自己遵循新闻价值标准，即按事实的时新性、重要性、显著性、接近性、趣味性等来选择报道对象，但它们对这些新闻价值属性具体内涵的理解却往往有不小的差异，因而到底什么重要、什么显著等，在实际的传播中其实是不大一样的。

本身就反映了传播者对有关新闻事实的价值评价，有着重要的"议程设置"作用，因而将直接影响新闻传播的实际效果。同样是再现新闻事实，不同的传播价值取向对同样的事实会采取不同的甚至是对立的再现方式。下面，我们来分析几种具体情况，说明价值取向对再现新闻事实方式的制约。

在追求新闻的宣传效应、坚持正面报道为主的价值取向下，无论是在质上还是量上，传播者都会十分自觉地在媒体上对正面事实给予强势处理，以吸引收受者的注意力。相反，对那些在传播者看来比较负面的新闻事实，则在能不报道的情况下，尽量隐而不报；在能迟报的情况下，装聋卖哑，尽量迟报；对于不得不报的负面新闻事实，则会采取"低调"或"降格"处理的方式，极尽能事地驾驭、运用传播时机或技巧，降低新闻对收受者的吸引力和影响力。更为可悲的是，一些新闻媒体甚至会采取负面事实正面报的方式，扭曲事实的本来面目，欺骗社会和公众。

在那些以商业利益为传播价值取向的媒体中，商业逻辑成为支配新闻传播的轴承，传播者常常自觉地以商业化的方式、方法报道新闻，把芝麻大点的新闻事实硬是处理成西瓜大的新闻报道，追求刺激性、追求煽情化已经成为惯用的手法，目的多是引起"眼球的注意"，营造出更多的"卖点"。更有甚者，以所谓的社会公共利益为幌子，利用新闻策划招摇撞骗，或自己单独、或与其他利益集团合谋，捏造新闻事实、制造新闻事件，追求轰动效应，把新闻媒体当成了蹩脚的公关公司。可想而知，在这种价值取向下实现的新闻真实自然会大打折扣、面目全非。

在敌视或故意"找茬"态度支配下的新闻传播，更会专注于对负面新闻事实的报道，再现新闻真实的方式也会发生某种扭曲。比如，西方一些新闻媒体对中国的报道方式就很耐人寻味，它们标榜"新闻就是报道反常事件""新闻就是和政府作对"，它们的"新闻眼"专门紧盯发生在中国的各种天灾人祸，它们的"新闻鼻"专门嗅闻那些发生在中国的所谓政治民主事件，如"人权"事件，西藏、新疆的问题，宗教问题，等等，它们的新闻"第六感"格外关注政府行为造成的种种"恶果"。[①] 对于它们捕捉到的这类新闻事实，其在报道方式上也往往是生花妙笔、大肆渲染，一股唯恐天下不乱的味道，并多少带有一些幸灾乐祸的架势和怪异感觉。这样，中国在它们的新闻报道中就成了"专制、愚昧、落后、可笑、不讲人权、不通人道"的国家。而无论中国在事实上如何发展，如何生机勃勃，它们都会视而不见、充耳不闻。更令人吃惊的是，它们甚至把中国的繁荣富强看成对未来世界和平发展的威胁。我想，这种报道方式的重要根源就在于它们对社会主义国家骨子里的敌视态度或恐惧心理。在这样的态度和心理之下，在这样的新闻价值取向下，即使所报道的新闻事实是真实存在的，其真实性也是极其有限的。从这也足以看出传播价值取向对新闻真实报道的巨大影响。

其三，新闻传播价值取向制约着新闻真实的程度。这是前两点的自然结果。新闻真实最终表现为新闻报道与新闻事实之间的符合问题。新闻与其反映对象的符合到底能够达到什么样的程度，并且会以怎样的方式相符合，都与支配、指导新闻传播活动的价值观念密切相关。各个层次的新闻价值观念，原则上都会在新闻传播的最终结果——新闻作品——上留下自己的印记，在新闻真实的表现上留下自己的痕迹。因而，任何新闻报道都不会绝对等同于新闻事实完整的真相。

---

① 在这里，我们必须指出，这些新闻媒体对本国的报道，并不完全坚持这样的新闻价值观念。事实上，许多新闻媒体，对国内和国外的报道采取的是双重标准。对这种现象，我们不能简单以是非对错来评判，需要做认真仔细的分析。有一定影响力的新闻媒体，都会以报道国内新闻为主、国际新闻为辅。对国际新闻的报道，通常有两大类内容：一是具有国际影响的各种正常事务；二是发生在各国的天灾人祸、反常事件。媒体一般都不会以常规化的方式报道国外的具体成就，而是以综合报道的方式描述和反映一定地区、国家的一些总体发展或变化情况。

首先，传播价值取向制约着新闻的具体真实。这主要表现为传播者个体新闻价值观念对新闻真实性的影响。对于具体新闻事实的报道，也会由于传播者的价值取向（表现为对一定新闻事实的情感态度、看法意见等）的作用，影响对一件新闻事实的全面、客观的再现。如果传播者不顾新闻事实本身的面目，而以自己的情感态度、看法意见，即自己的倾向性或价值取向"策划、驾驭"事实，那就不但会影响具体真实的程度，甚至会扭曲事实，制造虚假的新闻。

其次，传播价值取向制约着新闻整体真实的程度。这主要表现为社会制度层面和媒体层面的新闻价值理念对新闻真实的影响。如果传播价值取向违背新闻传播规律、违背有关法律规定、违背新闻政策和纪律，只允许报道某些事实，不准报道另一些新闻事实，那就必然会形成"片面的、残缺的"真实，也就大大降低了新闻整体真实的程度，不能为人们提供一个完整的新闻事实世界。

最后，传播价值取向制约着传播者对整体真实与具体真实关系的处理。新闻的整体真实要通过具体真实来实现。如何选择具体的新闻事实，如何正确对待正面新闻事实、负面新闻事实、中性新闻事实间的量度比例与平衡关系，直接影响着整体新闻报道的真实程度。反过来说，能否正确把握现实社会的整体状况，做出比较符合实际的认识判断，又会影响到传播者对具体的、不同性质的新闻事实量度比例的把握。

（三）新闻真实是传播者认知限度内的真实

新闻报道是传播者对新闻事实认识结果的符号记述或再现，因此，如果我们不考虑其他因素的影响，仅从认识论角度看，再现的真实程度就取决于传播者对新闻事实的认知程度。一般来说，一种认识关系是由三大要素构成的：一是认识者，二是认识对象，三是实现认识的方式（认识中介）。我们还可以加一个要素，那就是认识环境。人们的认识活动总是在一定的环境中进行的，因而环境因素对认识过程、结果等的影响是必然的。因此，我们将从这四个要素出发来讨论新闻真实的有限性。

第一，认识论常识告诉人们，任何人的认识能力都是有限的，这种有限性不仅表现在终生的认识活动中，同样也表现在每一次具体的认识活动中。以新闻事实为主要认知对象的传播者自然也不能例外，这就从主体方面决定了新闻真实的再现必然是有限的。

"任何一个人的智慧、认知总是某些方面的，而不可能是全面的。任何人都不可能具有完全的智慧，而只可能具有某些方面的智慧：完全的智慧是人类之和所具有的。所以，说一个人有智慧只有在相对于某些方面的精神能力而言时才能成立，而不可能对于一切精神能力都成立。"[1] 同样，任何一个新闻传播者的知识储备总是有限的，熟知的相关领域更是有限的，但他所面对的报道领域是广阔的，面对的具体事实更是纷繁复杂、丰富多彩的，因而传播者感到力不从心乃是常有的现象。问题是面对这种情况，该做的报道还必须去做，可想而知，这种情形下的新闻报道，其真实性必然是有限的。即使是传播者熟悉的领域，即使我们暂时不考虑非认知因素的影响，我们也应该明白，任何一个传播者都不可能达到对认知对象——新闻事实——的上帝式的"全知"状态，传播者的眼是人眼，不是神眼，即使是神，也有打盹出错的时候。传播者对新闻事实的认知只能在他认知能力的范围内，不可能超越自身认知能力的限制。"人们是在自己心智世界的范围内思考，不可能为了形成对这个世界的独立判断而跳到这个世界之外。"[2] 说到底，一句话，认识能力的有限性，决定了新闻真实

---

① 王海明. 伦理学原理 [M]. 北京：北京大学出版社，2001：288.

② 阿普尔比，亨特，雅各布. 历史的真相 [M]. 刘北成，薛绚，译. 北京：中央编译出版社，1999：199.

的有限性，这一界限是不可逾越的，但可以逼近。

第二，所有的认识都是在认识关系中实现的，这样，认识对象本身的特点就会对认识能够达到的真实性、正确性起重要的制约作用。新闻事实的多样性、复杂性、变动性等特征，从客体对象方面决定了新闻真实实现的有限性。记者容易对自己比较熟悉的领域中发生的新闻事实做到真实反映，而难以对自己相对来说不甚了解的领域中发生的新闻事实达到真实准确的认知，并且，在不少情况下，记者必须对自己不熟悉的事实进行报道，不能等待别人的帮助，这就使新闻报道受到了一定的限制，完整的真实性自然是受限制的核心。新闻事实并不都是明摆在那里等待记者去认识的简单对象。不少新闻事实——往往正是潜在新闻价值比较大的新闻事实——要么本身就是一些复杂多变、扑朔迷离、让记者难以琢磨把握的事实；要么恰好是一些人拼命遮掩覆盖，甚至会设下种种陷阱，采取卑劣手段阻挠记者正常采访认知的事实；要么是一些不怎么知情的人见到记者后跃跃欲试、口若悬河，而知情者却退避三舍、不愿告知记者的事实……面对这样一些新闻事实，记者若想要做出适时、准确的报道，不仅需要知识和智慧、勇气和精神，还需要付出汗水甚至鲜血。即使如此，事实本身的特殊性、非常性，也会使再现真实的难度增大，达到的真实有限。

第三，新闻认识方式的特殊性决定了新闻真实的有限性。新闻认识是新闻传播规律支配下的认识，它在方式上最典型的特征就是必须及时、迅速（甚至实时）地反映新闻事实，它不允许"一停、二看、三通过"式的认识方式。快，就容易看"走眼"，容易顾此失彼，这就从客观上决定了新闻真实是难免"瑕疵"的真实。认识时间的紧迫性，限制了认清新闻事实的机会，记者认知新闻事实的过程，就是不断搜索相关事实、发现事实真相的过程，"这种搜索永远无法完全完成，总有些事实在记者的能力之外，正如地图永远不能完全标绘出一个区域，一篇新闻报道也不可能是对事实真相的确定表述"[1]。新闻认识基本上属于事后性的认识（即在新闻事实发生之后去认识和反映它），因而记者看到的、听到的往往是事实留下的"痕迹""残渣"，以及人们零七碎八、并不连贯的记忆或印象。以此为重要报道基础的新闻，其真实性一定是有限的。另外，如前所述，新闻认识是对新闻事实的认识，不能想象，不能假设，不能推理。[2] 遇到简单的新闻事实，传播者也许一次就可大功告成；碰见复杂的新闻事实，恐怕只能随着事实本身的发展变化，在运动过程中不断接近事实的本来面目。这就决定了过程中的所有报道，其真实性必然是有限的，即使是最终形成的关于某一事实的报道，也是一定认知范围内的报道，因而同样是一定限度内的真实。还有，对任何具体新闻事实的报道，都不可能穷尽它所有的方面，这对新闻传播来说也是没有必要的，因为并不是新闻事实的每一方面、每一细节都具有新闻价值，因此，相对事实整体来说，新闻真实总是新闻认知范围内的、新闻认知视野中的真实，而不是与事实对象在所有方面都符合的真实。

第四，新闻认识活动、报道活动总是在一定的社会环境中开展，也依赖于社会环境而存在。因此，正像新闻传播可以影响其他社会子系统一样，构成社会系统的其他子系统也会影响新闻传播活动，也会以各种方式制约新闻真实的实现。不管是从历史角度来看，还是从现实的新闻传播出发，我想没有人会否认政治、经济、文化、技术等各种社会力量对新闻传播的制约与影响，也没有人会否认它们会制约和影响新闻真实的实现。对此，我们将在"新闻真实的实现"一章进行专门讨论，这里就不做细究了。

---

① 门彻. 新闻报道与写作：第 9 版［M］. 展江，主译. 北京：华夏出版社，2003：309.
② 指不能把想象、假设、推理等的结果写入新闻作品中，将其作为事实信息来传播，但记者、编辑可以在采写编的过程中运用这些思维方式来帮助自己发现事实真相。

还需指出的是，上文中关于新闻真实有限性的阐释，主要针对的是具体真实，但事实上，新闻真实的有限性既体现在具体真实上，也体现在整体真实上（关于具体真实、整体真实的内涵，可参阅上一章相关内容）。就整体真实而言，有限的特征更加明显：整体真实本身就是全面性的真实、概括性的真实、具有量度比例性质的真实、本质性的真实、报道了主流情况的真实，因而它对传播者的认知能力要求更高，这也就意味着实现新闻真实的难度更大。这种真实描述的是新闻传播媒体对一定时空范围内新闻事实整体情况的把握，并不刻意追问构成整体的每一新闻报道是否真实，也就是说，某些个别的失实并不会影响整体的真实。

四、新闻真实是即时、公开的真实

在传播方式上，新闻传播最典型的特点是及时性和公开性。传播方式的这种内在特点，决定了新闻真实必然是即时性的真实、公开性的真实。即时性的真实，既展现了新闻真实的魅力，也包含着新闻真实的局限；公开性的真实，既充分反映了新闻真实的力量源泉，也使新闻真实容易受到人们的批评和监督。

（一）新闻真实是即时性真实

新闻传播的及时性和实时性，决定了新闻真实的即时性特征。新闻真实是即时性真实，是以一定时间点为节点的真实。新闻真实最直接的表现方式是即时性，这是由新闻传播方式上的及时性甚至是实时性决定的。我们可以说，正是即时真实的特点，才显示了新闻和新闻传播的特有价值和意义（我们将在第六章专门讨论新闻真实的意义）。新闻的真实总是就一定事实对象在某一时间范围内的存在状态、变动情况而言的，是以一篇篇具体报道的即时性存在的。"无论如何，也决不能说新闻是没有时空限制的。它充其量体现了一种存在于某个特定时刻的真实性。"① 曾负责过英国 BBC 宗教广播节目的科林·莫里斯说："他们（指电视新闻记者——引者注）必须在各种混杂的瞬间判断中，以闪电般的速度构造这个世界。"② 美国学者门彻甚至把时间比喻为记者的暴君③，新闻记者必须服从出版和播出时间的要求，同时还必须努力提供完整和正确的陈述。因而，新闻真实追求的是当下的现时、现在性的真实，不能把真实轻易留给历史，这是新闻传播主体对新闻真实应该持有的基本态度，也是既对现实负责又对历史负责的态度。

"新闻是对每一个历史瞬间的快速表达。新闻中的许多内容都仅仅着眼于它自己鲜活的那一天；新闻记者有时反映出他的本领是贡献即兴之作，新闻产品注定要随兴趣的转瞬即逝而消失无踪"④，因此，新闻真实有时正如杰克·富勒所说："报道得越快，真实性越强。"⑤ 对于时过境迁的东西，人们很难记得它们的真实面貌。如果新闻媒体总是把新闻的命运交给回忆，新闻的魅力和力量就会大为减损。

新闻真实的即时性特征，充分说明了实现新闻真实的特有难度。恩格斯曾经说过："新闻事业使人浮光掠影，因为时间不足，就会习惯于匆忙地解决那些自己都知道还没有完全掌握的问题。"⑥ 其实，这种现象不只是习惯，而且是必然或必须，新闻传播主体常常处于这样多少带有一定

---

① 富勒.信息时代的新闻价值观［M］.展江，译.北京：新华出版社，1999：5.
② 埃尔德里奇.获取信息：新闻、真相和权力［M］.张威，邓天颖，主译.北京：新华出版社，2004：4.
③ 门彻.新闻报道与写作：第9版［M］.展江，主译.北京：华夏出版社，2003：310.
④ 新闻自由委员会.一个自由而负责的新闻界［M］.展江，王征，王涛，译.北京：中国人民大学出版社，2004：77.
⑤ 同①.
⑥ 马克思，恩格斯.马克思恩格斯全集：第37卷［M］.北京：人民出版社，1971：319.

"尴尬"性的境地：不得不迅速报道那些自己还没有完全弄明白的事实。我国一位新闻研究者讲得好："记者所报道的客观事物是纷繁复杂的，它们往往是作为系统、作为过程而存在的，具有流变性与不确定性。记者的职业兴趣就是追求历史瞬间的丰富性，但受众又期望记者抓住历史的瞬间，迅速、正确地反映变动中的事物，这就产生了强烈的反差：事物像万花筒一样复杂多变，而受众又要记者对事物进行迅速正确的反映，而且尽可能深层次反映，这当然是件难度极大的事。"[①] 由新闻传播即时性造成的新闻真实的即时性的直接结果就是新闻真实的某种"残缺"性，新闻"是新闻机构内部每天进行权衡斟酌的结果，这类机构要在一个特定时间内挑选出令人瞩目的社会事件并制造出极易变质的产品。新闻是在压力下做出仓促决策的不完美成果"[②]，因此，"记者写的新闻，总有一些不可避免地要被'时间'老人修改"[③]，这也正是新闻真实要讲过程性和"历史真实"的内在根据。

新闻真实的即时性特征，提醒人们不能拿一件事实的完整面貌去衡量对这一事实某一历史片段的报道的真实性。新闻真实的即时性特征再一次提醒人们，必须以过程性的眼光去看待新闻的真实性，这种过程性既包括微观层次上的具体报道的过程性，也包括宏观层次上的历史过程性。但新闻真实必定是现在的真实，如果不能保证现在的真实，新闻就会失去它特有的价值。因此，强调新闻真实即时性特征的根本用意在于，以自觉的方式把握这一特征，并努力降低新闻失实的可能性。

及时传播很可能导致记者在报道一些新闻时缺少关键性的信息，这时的报道是危险的，因为缺乏关键信息的新闻，或者关键信息十分可疑的新

闻，对新闻本身真实性的完整性有着致命的影响。在这种情况下，真实性的要求应该比及时性的要求更重要。"盲目膜拜时效性是有害的，它与任何其他的速度癫狂症一样有危险的反社会倾向。"① 在新闻传播实践中，有些记者为了求得快速报道新闻，往往根据已经得到的一些事实信息进行逻辑推理，甚至想象出新闻的一些细节。这种做法是不可原谅的错误，它背离了新闻传播追求准确性的基本职业精神。在新闻报道中，所有的想象和推理，都是危险的，传播者没有任何理由将推理的东西、想象的东西作为事实进行报道，否则无异于故意欺骗。新闻传播内在地要求及时、快速，但作为传播者，时时不能忽视和忘记"准确性的最大敌人就是一味追求时效性"②。

指出新闻真实的即时性特征，也要求社会必须提供宽松的、透明的传播环境，这既是对政府的要求，也是对新闻收受者的要求。在宽松的环境中，新闻传播媒体才有充分的时空为我们提供真实的信息；在宽松的环境中，人们才有可能及时听到多种意见，看到多种描述，才有可能及时把握新闻事实的全景面貌。媒体和记者经常是在截稿时间的压力下采写编发新闻的，很难有足够的时间去验证每一条新闻中的每一句陈述，这样出错的可能性就多一些、大一些。我们可以设想，如果媒体或记者花时间去核实每一条新闻、每一句陈述，他们还能够进行及时传播吗？因此，为了及时传播，当然更重要的是为了及时让公众获得新闻信息，失去某些暂时的真实性是难以避免的代价，这是一对永远也无法完美解决的矛盾。因此，社会和公众应该给新闻媒体和传播者创造一个宽松的传播环境，对那些迫于时间压力并且无意造成的新闻失实现象给予一定的宽容和理解。但从媒体

① 弗林特. 报纸的良知：新闻事业的原则和问题案例讲义 [M]. 萧严，译. 北京：中国人民大学出版社，2005：21.

② 同①19.

和传播者角度说，则不能把这种客观上的不可避免性作为借口，进行一些不负责任的传播。诚如美国学者利昂·弗林特所说："尽管报纸出错情有可原，但这些只能是报界要求宽恕的理由，而不是为自己辩白的理由。"①

（二）新闻真实是公开的真实

新闻传播方式的公开性，决定了新闻真实必然是一种公开性的真实。公开性的真实，其最基本的含义，是说新闻报道将新闻事实的真实面目呈现在社会面前，呈现在社会大众面前，使其成为原则上人人都可以见到的、可以进行独立判断的真实。新闻传播以任何其他传播方式都无法企及的公开程度，把新闻事实的真相公布于阳光之下，显示出新闻真实特有的魅力和力量。

第一，公开的真实是自由的真实。新闻是一种事实信息，一旦获得公开传播的机会，也就意味着获得了自由传播的机会，但只有真实的新闻才能真正获得自由传播的机会。公开的真实使真实的新闻插上了翅膀，具有了自由飞翔的力量。近现代新闻传播业本身就是市场经济的产物，是信息自由交流不断进步、升级的产物，它的内在精神就是追求民主、自由和平等，而在我看来，只有真实的新闻，在法律上和道德上才应该获得公开传播、自由传播的权利。当然，并不是所有具有新闻价值的真实信息，都可以作为新闻来公开传播、自由传播，关于哪些事实信息可以作为新闻报道的内容，还有一定的法律限制、道德限制（对此，我们还将在后面有关章节进行专门的讨论）。但无论如何，由谎言和欺骗、虚构和捏造构成的假新闻，有意制造的失实新闻，在法律上、道德上都不应该获得自由传播的权利和机会。因而，新闻传播的公开性，内在地要求新闻必须是真实的。

---

① 弗林特. 报纸的良知：新闻事业的原则和问题案例讲义 [M]. 萧严，译. 北京：中国人民大学出版社，2005：14.

不然，它就失去了能够公开的根基。

第二，公开的真实是充满力量的真实。新闻真实的公开性，赋予新闻真实以特有的力量。新闻传播通过自己的即时性使公开成为一种迅速的公开，通过大众媒体本身的扩散能力，使公开成为一种无限制的公开。正是这种即时的、无限制的扩散方式，使新闻真实的力量能够得到充分的展示和体现。公开的真实所具有的巨大力量，依赖于公开自身的内涵。依赖公众的眼睛和智慧，公开性撕去了遮掩虚假的帷幕，使真实成为可以证明证实的真实。可见，公开的力量之源正是公开性所包含的自由和民主。因而，公开性的力量，公开性真实的力量，正是自由的力量、民主的力量，或者说得更直接一些，就是民众的力量。没有公开传播，没有公开的真实，真实必将变得软弱无力。公开的真实使真实的新闻具有了民主的意蕴，反映了民主社会、民主政治的诉求。新闻传播从特权享有向普遍权利的转换，本身就是民主意识的觉醒、民主政治的产物。因此，公开的真实并不只是一个简单的新闻传播问题，它使公众成为真正的新闻活动的主体。新闻公开的范围大小（主要表现为报道领域的大小），就是人们能够了解到的真实世界的范围大小，因此，公开与真实有着实质性的内在联系。能够以新闻方式公开的真实的范围和程度，在一定意义上标志着民主权利的大小。

第三，公开的真实从根本上斩断了虚假新闻传播的翅膀。不能公开或难以公开是产生虚假信息的重要根源之一。社会的整体公开和透明是减少和消除虚假新闻的根本途径之一。虚假新闻一旦产生，进入传播通道，就会随着传播的公开性将自己暴露在光天化日之下。虚假新闻一旦出笼，便已自掘坟墓，"雪里埋不住死人"。造假者从一开始便迈出了自毁前程的步子。新闻传播的公开性，使一切虚假新闻都失去了永久掩盖自己的可能。真实的敌人就是虚假。谣言止于公开。当然，这必定是乐观的一面，我们还必须注意到另一面：新闻传播的公开性，也为一些假新闻、失实新闻提供了绝好的扩散、蔓延机会，从而使它们的危害性、传播后果的严重性无法彻底避免。

第四，公开的真实使新闻真实本身成为社会可以监督的对象。公开是进行有效监督的前提条件。公开使新闻媒体的传播展现在阳光之下，使新闻传播主体的行为呈现在社会公众的面前，从而使人们能够对新闻媒体本身进行有效的监督，这自然有利于新闻媒体和新闻传播工作者的健康成长。"由于新闻传媒在信息资源方面的优势地位和信息传播方面的职业化、专门化、组织化的特征，与普通收受者相比，新闻传媒在社会信息传播领域具有某种资源和渠道的独占性，因此，必须接受广大收受者的监督才能避免媒介的'一己之私'，真正发挥'社会公器'的作用。"[1] 新闻传播自身的公开，扯去了遮盖在媒体上的神秘面纱，这无疑意味着社会公众可以比较自由、全面地获知媒体的传播行为，了解媒体运作的各种信息，这为有效监督创造了必要的条件。美国哥伦比亚广播公司的迈克·华莱士曾说："我们愿意将自己置于公众的监督之下，我们以此来评价自身和他人的工作、成就和败绩。"[2] "群众的眼睛是雪亮的"，但只有在公开的传播环境中，雪亮的眼睛才能充分地发挥作用。新闻传播一旦真正被以无遮掩的方式置于社会公众的面前，各种各样的非新闻，虚假新闻，失实新闻，歧视性新闻，不公正的、不合理的新闻，等等，就都会在公开的传播环境中受到人们的批评和谴责；一切缺乏社会责任感的新闻传播，有悖新闻正义的传播，不遵守新闻伦理规范的传播，就都会在公开的传播环境中遭到社会的拒绝和道义上的惩罚。因此，新闻职业精神将在传播的公开性中得到锤炼和提升，新闻传播的社会责任感将在传播的公开性中得到强化和

---

① 丁柏铨. 中国当代理论新闻学 [M]. 上海：复旦大学出版社，2002：78-79.
② 史密斯. 新闻道德评价 [M]. 李青藜，译. 北京：新华出版社，2001：30.

实现。

虚假最惧怕的就是公开。真实的公开，给人们提供了监督新闻是否真实的机会。新闻中的失实或虚假，就像新闻中的错别字一样，永远摆在公众的面前，不可能逃遁，只能被改正。瑕疵总是最容易引起人们的注意。新闻传播的公开性使新闻的真实性天然地展现在大庭广众之下，成为人们监督的对象。如果新闻虚假失实，就会有人站出来为事实说话。"新闻传播的客体（指报道对象——引者注）不是无知无识的死物，而是具有能动性的人以及与人相关的事态"，因此，"事实一旦被歪曲，会有人站出来为事实说话的"[①]。因而，新闻真实是人们可以监督的真实。公开性的真实，是说新闻真实是可见的真实，是可以呈现出来的真实，是具体的真实，不是抽象的真实。公开性的真实，是说新闻真实是以公开方式获取的真实。

五、新闻真实的媒介形态特征

新闻真实尽管是超媒介形态的，即不管是通过什么形态的媒介传播的新闻的真实性，都是指新闻报道的内容与其反映的新闻事实的符合性。但不同媒介形态的不同技术依托和信息传播符号系统使用上的差异性，使得它们在再现新闻真实的具体样式上表现出各自的媒介特征。把握不同媒介形态在再现新闻真实上的特征，有利于我们在更为细致的层面上了解新闻真实的含义；同时，对传播者充分利用不同媒介的特征再现新闻真实，以及收受者根据不同媒介的特征来理解新闻真实，都有重要的现实意义。

（一）报纸新闻真实的特点

报纸是以纸为介质、以印刷技术为支持的印刷媒介，它主要以文字语

---

① 项德生，郑保卫. 新闻学概论 [M]. 武汉：武汉大学出版社，2000：69.

言符号作为再现事实的主要手段①，诉诸人的视觉系统。美国的一位设计师说过一句很精彩的话："印刷就是将声音的轨迹记载为运动的画面。"② 它最起码蕴含了两个基本意思：第一，印刷媒介运用的主要符号——文字，是声音语言的再现和延伸，它可以随报纸在时空中长久地存续下来；第二，文字是对运动的画面的记载，即对事物变动状态的描述和再现，而不是直接的呈现。这恰好包含了印刷媒介再现新闻事实的特征，也包含了印刷新闻（主要是报纸新闻）真实的特征。

其一，在再现新闻真实的方法上，报纸应用的主要符号是文字，核心手段是描述。报纸新闻的结构方式，即描述新闻事实真实面目的方式在文本表现上是线性的，但它对新闻事实内容的反映既可以是线性的，也可以是非线性的。"它对事实信息的再现直观上是线性的流动，但实际上它对事实信息的表达不仅可以是线性的，也可以是立体的、非线性的，它不仅可以进行严密的逻辑叙述，也可将时序倒置穿插回还，采用'蒙太奇'的手法再现事实。"③ 因此，在不背离事实客观结构、客观逻辑的前提下，报纸新闻在描述新闻事实真实性的手法上是比较自由的，而阅读的可回返性，使报纸新闻在再现新闻事实的文本结构方式、叙述方式上，比广播电视新闻具有更大的自由度。

报纸新闻是凭借语言的"移位"实现的④，即报纸新闻通过"文字符号提供的是关于新闻事实的间接信息"⑤。它不可能像有些广播电视新闻、

---

① 尽管报纸早已呈现出"图文并茂，两翼齐飞"的外在形式，但凸现报纸媒介特征的符号系统仍然是文字。

② 莱斯特 . 视觉传播：形象载动信息 [M]. 霍文利，等译 . 北京：北京广播学院出版社，2003：128.

③ 杨保军 . 新闻事实论 [M]. 北京：新华出版社，2001：101.

④ 所谓移位，是"指人类语言可以让使用者表示在说话时（时间及处所）并不存在的物体、事件和观点"。胡壮麟 . 语言学教程：修订版中译本 [M]. 北京：北京大学出版社，2002：6.

⑤ 同③.

网络新闻那样，可以将新闻事实所具有的直接信息（外在形态或形象信息）通过声音或图像直接呈现在收受者的面前，构成一种直接性的视觉真实、听觉真实。但是，报纸记者完全可以把对新闻事实"在场"的观察和感觉描写出来，报纸记者的耳目就是具有活力、具有主动性的摄录机。报纸记者可以超越"在场"的限制和约束，可以超越电视镜头的直观性，将新闻事实的要素构成、事项构成及其相互关系比较充分地揭示、描述给读者。

运用文字记述、描写的报纸新闻质量的高低，是以读者通过阅读可以还原新闻事实形象的程度为衡量标准的，即读者是通过新闻作品的文字引导去想象和重构新闻事实的。因而，仅就新闻写作而言，在再现事实的真实性上，应该更受重视的是文字描述的形象性，而非表达的抽象性。能够被写成"视觉新闻"[①] 的报纸文字新闻，才是比较精彩的新闻。梅尔文·门彻也说："上乘的报道能帮助人们目睹事件经过，能使人物栩栩如生，能使人们亲临现场。"[②] 记者用文字将新闻事实"引渡"并展现在人们的眼前、思维前，让人们想象事实的真实状态。读者可以跟随记者的文字，看到"事实"变化的生动画面。《纽约时报》前编辑主任吉恩·罗伯茨说："成功作品的最佳境界就是让你的读者如临其境。它是伟大作品的本质所在。"[③]

---

① 广义的视觉新闻包括电视新闻、纪录电影新闻、图片新闻等。这里所说的视觉新闻主要是指运用形象化的手法来再现事实以取得视觉效果的新闻。它要求把概念的表述诉诸充实的具体形象，运用生动的画面、典型的细节来写新闻，可使报道的内容可闻、可见、可触、可感，让人看到所报道的事实的真实面貌。参见：甘惜分. 新闻学大辞典 [M]. 郑州：河南人民出版社，1993：162. 在中国，"视觉新闻"概念最初是由著名记者穆青提出的，他说："要把概念诉诸充实具体的形象，使我们报道的内容可闻、可见、可触、可感"，"形象化、立体化，有典型的细节、生动的画面，读来有声有色，使人能够具体、形象地看到你所报道的事实的真实面貌"。参见：穆青. 新闻散论 [M]. 北京：新华出版社，1996：279.

② 门彻. 新闻报道与写作：第9版 [M]. 展江，主译. 北京：华夏出版社，2003：171.

③ 同②300.

其二，报纸对新闻事实的再现，并非仅限于文字语言符号，它同样也诉诸非语言符号。在与其他媒介形态的传播竞争中，如今的报纸都在普遍追求"图文并茂，两翼齐飞"的风格，图片、图表、图画已成为报纸再现新闻事实常用的手段，甚至成为个别报纸吸引读者注意力的主要手段。在电脑制图被应用到报纸编辑工作中后，报纸的图形传播取得了长足的进步，"读图时代"似乎真的到来了。罗杰·菲德勒写道："今天，在更多的报纸和杂志上印刷出版了更多的信息图形——地图、图表、图形、示意图等——这远不是引入电脑图形系统以前可以想象的，甚至是根本不可能的。它们既带来了图形在内容、时效、形式和质量等方面的根本变化，同时也带来了新闻美工人员在角色和地位上的根本变化。"[①] 图的形象性、直观性，使它在再现新闻事实的真实面目，以及各种事实要素、事项的关系上，更加生动直接、易于理解，成为报纸新闻反映事实世界真实面貌不可或缺的手段。除此之外，报纸也可以充分利用自己独有的语言——版面语言[②]，塑造自己的形象，以形成对读者的视角冲击和吸引。通过对字体、线条、图饰、色彩、版次、版位、结构、层次等的编排，再现事实、评价事实，再现倾向、发表意见，这是报纸对非语言符号的独特使用。可以毫不夸张地说，版面本身就在进行着新闻传播，特别是在进行着意见的传播。不被版面语言重视的新闻，其传播的价值通常都会大打折扣。新闻的真实性似乎与报纸的版面语言关系不大，但如果我们系统考察新闻的真实问题，即将新闻的阅读理解，也即新闻真实的最终实现包括进来，版面

---

　　① 菲德勒. 媒介形态变化：认识新媒介 [M]. 明安香，译. 北京：华夏出版社，2000：2. 罗杰·菲德勒针对美国描述的这一景象，在中国也已经成为事实，我们在很多报社看到，美术编辑的地位和收入都在不断地上升。

　　② 我国著名新闻学者郑兴东先生认为："版面对于刊载的内容绝不是消极被动的。版面不只是向读者介绍内容，而且是向读者评价内容。因此，版面也是一种传播语言。""版面语言，即版面空间、编排手段和版面的布局结构"，它的表意方式既是具象的，又是象征性的。参见：郑兴东，陈仁凤，蔡雯. 报纸编辑学教程 [M]. 北京：中国人民大学出版社，2001：229-230.

语言就显得相当重要，因为它对读者如何对待不同的新闻、如何理解不同的新闻有着不可忽略的导向作用。

其三，报纸媒介作为信息载体的物理特性以及语言文字符号系统的表意特性等，使报纸新闻在反映新闻事实时，具有不可否认的、不可替代的广度和深度。根据人类信息传播交流的实际经验，文字语言，比起声音语言、图像语言来，更能诉诸人们的思辨理性。报纸新闻不仅能够描述新闻事态的外在特征和形象，而且可以通过文字符号细致而深刻地揭示、分析事实的来龙去脉与背后原因。因而，报纸新闻在反映那些事件已经过去、现场已经不在、内容错综复杂的新闻事件时，具有广播电视新闻难以企及的优势。更为独特的是，报纸新闻为读者留下了充足的、相对比较自由的"反刍"新闻内容的余地和机会，这就使它在再现新闻事实时具有了广播电视新闻很难达到的广度和深度。传播学研究认为，"随着人类的文化水准的提高，人们对信息的需求已从喜好形象的、浅层次的传播，转向深度的、思辨的、全方位的追求"①。这一研究结论使我们相信，以文字为主要符号手段的报纸，在激烈的媒介竞争、新闻传播竞争中仍有用武之地。

其四，从新闻收受角度看，读者对新闻事实本来面目的理解和把握，主要通过对报纸新闻内容的想象还原来实现。报纸的媒介形态特征，决定了它对新闻事实的再现不可能是实时性的再现，只能是一种延缓性的再现、有中介的再现、间接性的再现，这也对读者理解新闻真实产生了影响。电视新闻提供的是在场的、直观的事实形象，广播新闻可以提供直接的现场声音，这些，报纸新闻显然都做不到。如前所述，报纸的物理介质特征、运用的语言符号特征，决定了它只能为读者提供间接性的事实信息，因而，对新闻事实原貌的还原，必须依赖读者的想象力，"需要人对

---

① 黄匡宇. 理论电视新闻学［M］. 广州：中山大学出版社，1996：60.

传入大脑的文字进行思维，并对各种信息进行重组，将图像的轮廓勾勒出来。这种间接感知的方式借助丰富的想象"①。同时，我们知道，文字语言符号本身又是抽象的结果，含义具有一定的抽象性和多义性，因此，比起电视新闻来，对报纸新闻真实性的理解，也更多地诉诸读者的抽象思维能力。罗杰·菲德勒说："在文献传播领域②，内容和文章是通过表音字母或象形文字，而不是通过自然的声音和形象来传送的。读者必须把书面词语和符号译过来并给它们赋予意义。因此，阅读和浏览书面信息比起大部分广播传播（作者所说的广播是广义的广播，并不仅指人们平常所说的广播——引者注）形式来说，需要受众进行更多的内部分析。文献可以在一定的情感层次上影响人们，但是它们往往在激发人们的想象力和促进人们抽象性和分析性思考上最具影响力。"③

由于对事物的想象理解在相当程度上依赖于人们的既有知识和经验，因此，不同读者通过报纸新闻所理解的事实的真实面目，会有不小的差别。对电视新闻来说，由于它再现事实形象的直接性，减少甚至避免了这种想象理解上的差异性。之所以要求记者写作新闻时少用形容词和副词，多用名词和动词，就是为了更准确地再现新闻事实的真实面目，约束和限制读者想象的空间，因为与名词、动词相比，形容词和副词在表意上具有更大的弹性或模糊性，容易造成想象理解的自由性或不确定性。新闻作品是对事实信息的陈述，因而一般来说，它在结构上是简单的，在语境上是低度的，在语义上是封闭的，在语言上是明确的④，这样，读者对新闻内

---

① 刘建明.新闻学前沿：新闻学关注的11个焦点［M］.北京：清华大学出版社，2005：197.

② 罗杰·菲德勒将传播媒介领域分为人际传播领域、广播传播领域和文献传播领域。菲德勒.媒介形态变化：认识新媒介［M］.明安香，译.北京：华夏出版社，2000：27-44.

③ 菲德勒.媒介形态变化：认识新媒介［M］.明安香，译.北京：华夏出版社，2000：35.

④ 关于新闻作品或新闻文本的这几项特征，可参阅：杨保军.新闻理论教程［M］.北京：中国人民大学出版社，2005：217-221.

容的想象理解才有可能更接近作者的描述。

（二）广播新闻真实的特点

这里所说的广播是狭义的广播，是指通过无线电波或导线传送声音的新闻媒介。[①] 广播新闻再现新闻事实的符号是唯一的，就是诉诸人们听觉的声音符号。"声音符号系统分为两部分：有声语言和音响。"[②] 对于广播新闻来说，"无论是哪类信息都要首先被转化成声音，才能借助广播播出"[③]。这就决定了人们只能通过听觉来收受广播新闻。广播新闻真实的特点，与广播媒介自身的技术特点、传递信息符号的唯一性（声音符号），以及收受通道的唯一性（听觉）密切相关。

第一，广播技术的成熟发展，广播播出的快速方便，广播收受的自由简单，使广播新闻与其他媒介形态的新闻相比，具有得天独厚的优势。这种优势对新闻传播来说，最突出地体现在"快速"二字上。即使在电视成为"第一媒介"、网络成为时代新宠的大背景下，我们仍然可以说，在普遍情况下，广播是能够把真实报道与及时报道结合到最佳境界的媒介。因此，仅就广播新闻真实性的特点而言，最突出的一点是：它能够以最快的速度将新闻事实的真实面目报道出来。人们常说，真实是新闻的生命，但新闻的真实必须是及时的真实，也就是说新闻真实要通过及时性来确保，不然就不再是新闻的真实。从这一意义上说，广播新闻的真实性是最富鲜活生命力的真实性。当然，不同媒介的整合，已经使本属广播新闻的特征

---

① 广义广播的概念包括声音广播和电视广播。"广播是通过无线电波或导线，向一定范围播送声音、图像节目的大众传播媒介。按传播方式，可分为无线广播和有线广播。从传播信号看，只播送声音的，称为声音广播，简称广播；同时播送图像和声音的，称为电视广播，简称电视。"参见：周小普．广播新闻与音响报道［M］．北京：中国人民大学出版社，2001：24．

② 吴缦，曹璐．新闻广播研究［M］．北京：北京广播学院出版社，1997：43．

③ 周小普．广播新闻与音响报道［M］．北京：中国人民大学出版社，2001：26．

普遍化。

第二，广播新闻的音响报道形式[①]，使广播新闻的真实性显示出特有的魅力。比起报纸的文字语言符号，广播不仅可以通过"为听而写"的叙述语言表意达情[②]，更可通过声音的音量、音调、音色等充分展示广播再现事实的个性色彩，而音响报道则把这种个性的长处发挥到了极致。音响报道形式将新闻事物、新闻人物发出的各种声响，也即它们的声音形象（也可称之为听觉形象），直接记录下来，再报道出去，形成对新闻事实部分信息（听觉信息）的直接反映。由于直接信息（主要表现为报道对象的物理形象信息和声响信息）在传播过程中没有经过中介环节的转换，信息损失、失真的概率很小，因而能够比较真实、准确地反映事实的本来面目，这也就决定了音响报道具有较高的可信性。而音响本身的直接性，与收听者日常经验的接近性，都使得音响新闻报道形式具有特殊的感染力，使收听者能够更加专心地收听新闻、理解新闻、相信新闻的真实性，这就为新闻真实在收听环节的最终实现铺平了道路。

第三，广播新闻传送信息所用符号系统的单一性，既为再现新闻事实的真实性带来了好处，也从客观上决定了广播新闻再现新闻事实真实性具有局限性。首先，任何新闻事实包含的信息都是多元的，既有视觉信息，也有听觉信息，还有其他类别的感觉信息。对于新闻事实的听觉信息，广播新闻可以通过音响报道形式直接传播，以高保真的方式直接再现新闻事实的听觉形象，但对于新闻事实的其他信息表现形式或者感觉形象，广播新闻只能通过将它们转换成听觉信息的方式进行报道。也就是说，除了新

---

① "音响报道是运用新闻事物和（或）人物自身的声音进行报道的广播新闻形式。它一般是由实况音响与解说共同构成，它是广播新闻的主要报道形式之一。"参见：周小普．广播新闻与音响报道［M］．北京：中国人民大学出版社，2001：85．广播新闻的音响报道形式本身也是多样的，包括录音新闻报道、现场报道、实况报道、主持人报道等具体类别。

② 李向明．广播新闻创优谈［M］．北京：中国广播电视出版社，1997：155．

闻事实的声音形象外，广播新闻对新闻事实的其他信息只能提供间接信息。一旦出现直接信息向间接信息的转换，就难免使信息发生一定的变形，因而广播新闻在再现新闻事实的真实面目时有其不可避免的局限性。其次，从收听角度来看，广播新闻的收受只"占用"收受者的听觉通道，因而它具有收受通道单一、集中的特点，这种单一、集中的优点是"没有多信道间可能产生的相互干扰，所传信息像沿着一条笔直、宽阔的大道，直达接收者的大脑，使接收者感受专一，能很好地理解所传内容"①，而且收受所需感觉通道的单一性，使收听者还可以同时去做其他事情，显示了广播新闻具有兼顾、"兼听"的特点，这无疑提高了收听者的时间利用率。但事情往往都是有一利必有一弊。广播收受的"兼听"性，对收听一般的娱乐节目来说，没有什么问题；对一般的广播新闻收受来说，也无伤大雅。但这种可以"兼听"的收受方式，分散了收受者对新闻内容的注意力，从而必然会影响收听者对新闻内容的完整、准确的理解和把握，加之广播播出的稍纵即逝，一旦错过，往往在短时间内无法弥补，只能等待下一个播出周期。因而，广播新闻的真实性的实现，往往会因为其收受方式的"兼听"性而受到影响。

第四，像对报纸新闻的收受一样，人们对广播新闻的收受，对新闻事实真实面目的理解与把握，凭借的主要是想象思维，同时离不开必要的猜测和推理。"报刊、广播新闻也有镜像的视阈，给人们展示声色形味的动感世界。但它们不是直接提供影像，而是在受众意象中刻印出影像来。"②有学者指出，天然缺少视觉信息的广播，给听者提供了广阔的驰骋想象的自由空间，"人们可以在听的过程中对各种人物形象和事件场景加以想象弥补（指弥补视觉信息缺失造成的空白——引者注），从而形成一种再创

---

① 周小普. 广播新闻与音响报道［M］. 北京：中国人民大学出版社，2001：27.
② 刘建明. 新闻学前沿：新闻学关注的 11 个焦点［M］. 北京：清华大学出版社，2005：189.

造，一种对所听内容的积极的心理参与。这种创造、参与，使听者对所听内容的感觉更为真切、丰满，从而具有独特的感受、审美功能和独特的欣赏、接收效果。"① 显然，想象为广播信息的收受、新闻事实原貌的还原，打开了一条有效的通道。但是，这种"创造"性的想象理解对准确把握广播"新闻"来说，也有一定的危险性，它很可能导致听者对新闻事实本来面目的改变（假设传播者的报道是准确的）。但这是难以避免的，是所有不同媒介形态在新闻收受中必须付出的"代价"。就广播新闻而言，可以通过我们上面所说的音响报道形式，增强新闻的感染力和可受性，帮助听众通过想象和推理营造出"在场"的感觉，同时限制收听者那些"离谱"的想象和推理（这要求广播新闻传播者必须制作出结构简单、信息准确、语言明晰的广播新闻作品），以确保对新闻事实面貌的准确把握。

第五，与报纸新闻相比，广播新闻的虚假性、失实性较难判断识别。广播媒介的形态特征、信息符号载体的易逝特征以及广播新闻的快速线性传播方式，共同决定了听众比较难判断广播新闻的真实性。报纸新闻，一旦印刷出来，白纸黑字，是真是假，有案可及，有据可查，谁也改变不了。并且，读者可以反复阅读、认真思考，若有怀疑，可以通过各种方式进行查证。而"广播由于它转瞬即逝、一听而过，有失实之处也较难被听众发觉，听众有所怀疑也难以'捕捉'、核查"②。一些广播新闻一旦经过先进技术的加工处理，对于普通的听众来说，其真实虚假就更难判断了。广播新闻虚假性、失实性的难判断性、不易识别性，实际上对广播新闻的播出机构（广播电台）、广播新闻从业者提出了更高的要求，其中最直接、最重要的有两点：其一，能够把复杂的新闻事实简单化，同时又不能失去

---

① 周小普．广播新闻与音响报道 [M]．北京：中国人民大学出版社，2001：256．
② 同①．

准确性，即既能充分发挥广播媒介的优势，又能有效避免它的劣势；其二，广播新闻虚假性、失实性的难辨性，说明对广播新闻机构、从业者新闻报道的真实性监督起来比较困难，因而，广播播出机构及其从业者更应该严格要求自己，以高度的职业精神合理运用广播技术手段，确保新闻的真实性。

第六，相对报纸新闻、电视新闻、网络新闻而言，特别是从新闻收受的角度来说，广播新闻不易向听众描述、再现比较复杂的新闻事实的完整面目。广播声音符号的优势和劣势始终是相伴的，它可以通过无线电波传送到四面八方，听众也可以以任何姿态、在任何情况下收听新闻，但它稍纵即逝，不易留存，同时声音语言的口头化使它难以很好地描述和再现复杂的新闻事实，也难以给听众提供足够的"反刍"机会，这就给听众理解新闻带来了障碍。因而，虽然广播播出机构有能力反映复杂的新闻事实，但要使听众对这类新闻获得良好的收听效果，确实是比较困难的。在电视新闻特别是网络新闻已经能够提供立体化信息的时代，广播细致深入的报道方式确实不合时宜了。它应该充分发挥自己的优势，追求快报，追求简单明了；它的重点应该是描述新闻事实的核心或轮廓，而不是反映新闻事实的细节和网络。

（三）电视新闻真实的特点

电视新闻真实的特点，主要依赖于电视新闻再现新闻事实时所运用的符号系统。从总体上看，电视新闻传播符号包括三个子系统：一是画面系统（图像系统），二是声音系统，三是文字系统。这些符号系统在传播过程中，共同诉诸人们的"视""听"感觉器官，以"双通道""立体化"的方式再现新闻事实的面貌，以"全能语言"的方式传播新闻信息，从而显示出电视新闻传播的整体优势。"这种多符号的综合表现、相互配合、立体传播是任何其他传媒所不能比拟的，它充分地展示了电视新闻的优势。"① 电视新闻真实的特点，也正是在此整体优势中显现的。具体地说，电视新闻真实的特点主要可以概括为以下几点。

第一，摄录同步技术，使电视新闻形成了声画同步的形象化、动态化传播。可以说，电视新闻的最大魅力就在于它的连续的、动态的画面形象。"画面传达的信息是最有效的，它在传播信息时所产生的辐射能量，不但显示了新闻表面的事实，而且揭示了隐藏在新闻事实背后的体现个性和情感的力量。"② 而电视新闻的同期声③，使观众在观看事实画面形象的同时，听到了记者在新闻事实发生现场的报道声，以及新闻事实本身发生、展开过程中的各种现场声音。这种"形""声"兼备的新闻传播方式，无疑是印刷新闻、广播新闻无法达到的，从而凸显了电视新闻的个性。我们可以说，电视新闻再现新闻事实的特色，不仅在于充分利用了广播的声音语言和尽可能恰当地运用了文字符号，还在于运用了图像语言，将语言符号与非语言符号有机地融为一体，从而使形象、声音、文字等多种表意符号构成一个"信息阵"、信息场，同时作用于观众，"使作品所传达的信息得到多方位、多角度、多侧面的尽善尽美的还原"④。长期从事电视新闻研究的叶凤英教授说："现场画面、同期声，伴随同期声的体态语言等非语言符号的有机结合，形成多种信息渠道，具有最大的单位时间的信息量。只有在这个意义上采集、制作的电视新闻才真正符合现代意义上的有

① 叶子. 电视新闻学 [M]. 北京：北京广播学院出版社，1997：90.

② 同①82.

③ 所谓同期声，是指伴随画面形象而存在的声音，对于电视新闻报道来说，同期声包括记者在现场报道、采访的语言，采访对象向记者反映、提供情况的语言，以及新闻现场人与物所发出的声音（这种声音习惯上被称为效果声）。记者和采访对象的声音在新闻报道中是准确传达信息的重要渠道，效果声也是再现现场真实的不可缺少的因素。参见：叶子. 电视新闻学 [M]. 北京：北京广播学院出版社，1997：65.

④ 袁正明. 语义信息量琐谈 [M] //叶家铮. 电视媒介研究. 北京：北京广播学院出版社，1997：123－124.

电视特性的电视新闻。"① 正是具有电视特性的电视新闻，能够直接将新闻事实的原生态、完整性，将正在发生的事实变动状态、过程，也即新闻事实的真实面目，呈现在人们的面前。

第二，与广播可以实时传播一样，电视也能够实时传播或现场直播。并且，在它特有的全能符号系统的支持下，电视新闻在展现新闻的真实性方面具有更大的优势和魅力。"新闻现场直播是最能发挥、展现电视传播优势的一种最迅速、最直接的新闻报道与传播方式。"② 如果说人们对延时播放（录播）的电视新闻的真实性还存在某种怀疑的话（他们可能会怀疑一些新闻在后期编辑中背离了事实的本来面目），那么，他们对现场直播的新闻的真实性，一般来说没有过多的戒备心理或信任上的心理防线，这是由现场直播这种报道新闻方式自身的特点决定的。现场直播"以完全纪实的手法把现场情景边摄录、边同步播出。记者的报道、电视台的播出和观众的接收都是在同一时间里进行的"③。现场直播呈现了新闻事实的直接现实性、真实性，使人们看到了新闻事实的自然真实或本真状态，具有了无可置疑的真实特点。因此，现场直播已经成为电视新闻展现事实真实性的"杀手锏"或第一手段。有专家指出："现场报道与直播相结合，是电视新闻传播的最好的方式和所追求的目标。"④

电视新闻的现场直播，可以形成成千上万人甚至几亿人或十几亿人对

---

① 叶子. 电视新闻学［M］. 北京：北京广播学院出版社，1997：81.

② 同①265.

③ 同①265.

④ 叶子. 电视新闻学［M］. 北京：北京广播学院出版社，1997：260. 注意，现场报道和现场直播并不是同一概念。"现场报道是电视记者在新闻事件现场，面向摄像机（观众），以采访记者、目击者或参与者身份做出图像的报道。""现场直播，是在现场把新闻事实的图像、声音及电视记者在事件现场的报道、采访等转换为电信号直接发射即时传播出去的方式。"参见：叶子. 电视新闻学［M］. 北京：北京广播学院出版社，1997：255，265. 对现场报道既可以直播，也可以录播，如果直播，就转变成了现场直播。

有些新闻报道（能够被选择以现场直播方式报道的新闻事实，通常都是比较重大的或重要的新闻事实）共时收受的壮观景象，营造出某种宏大的、难以想象的节日化的收受仪式，从而能够形成强大的传播效应，凸显电视新闻传播在真实性上所特有的直接性的巨大力量。电视可以第一时间再现一些新闻事件的真实面目。电视呈现的是新闻事实的现实画面，这是任何声音解说、文字叙述都无法做到的，这也正是电视新闻的力量所在。它不仅能够直接告知收受者事实是什么，而且能够让人无须经过过多的思虑就理解和相信。① 有位电视人曾说过这样的话："电视在急剧侵蚀现有政体的同时以其特有的本质和对事实真相的揭露为公众构筑了一个多元文化的民主。电视让我们可以真正以一个公民的姿态见证伟大的历史时刻和运动，不光是现在，更有无尽的未来。"②

　　第三，电视新闻的真实性不仅有利于人们的理解，也容易得到人们的认可，这也就意味着电视新闻的真实性比较容易实现（关于新闻真实实现的含义，可参阅第四章有关内容）。

　　如前所述，电视新闻是一种立体化的、全能语言传播的新闻，它的叙述语言（通常也被称为解说语言）所陈述的比较抽象的事实信息（所谓抽象，这里指无法用画面直接再现的信息），画面符号所呈现的事实情况、环境气氛、人物表情以及播报者的体态，同期声所传达的现场声音，字幕、特技手段的适度运用，等等，既提供了事实的间接信息，又再现了事实的直接信息，可以说，把新闻事实比较完整的面貌直接呈现给了观众，使视听者有了"在场"的感觉，达到了见之有形、闻之有声的状态。特别值得强调的是，图像与体态符号诉诸人们的直接观察，以"自然符号"的

---

①　可以回忆一些震撼人心的电视新闻报道："9·11"事件中被飞机撞击、燃烧、倒塌的大楼，2004 年年底东南亚大海啸，一些偷拍的新闻报道（我们暂时不考虑偷拍的合法性与合德性问题）。

②　莱斯特．视觉传播：形象载动信息［M］．霍文利，等译．北京：北京广播学院出版社，2003：387.

方式①，直接作用于人们的感官，"不需要经过如读书、看报或听广播那样的具象—抽象—具象的译码（代码还原）过程"②。再现新闻事实的这种直接性所带来的最大优势是，电视新闻更容易产生"眼见为实"的效应。英国学者汤姆·伯恩斯说："电视新闻和时事新闻节目既传递传播行为、动作、面部表情，以及举止、场景和行为者，也传播语言信息，所以，较报纸提供的任何新闻报道而言，它们似乎更完整，更令人满意。'目睹性'很容易构建'真实性'，因为广播员的任何介入在大部分情况下都看不见，通过影片或录像记录下来的事实具有强烈的戏剧性，其说服力和真实性的保证是言语无法企及的。"③ 顺便可以指出的是，电视新闻的这种直接性，不仅大大降低了新闻收受的智力要求，而且使电视新闻相对而言具有更强的大众性和普及性。这也正是电视媒介能够成为当今媒介世界中"第一媒介"的重要根源。

一些研究者经过长期的实证探索后认为，电视新闻易于激发人们的参与性，从而使电视新闻的真实性更易于被人们理解和相信。"电视新闻'面对面'地交流、传播信息，使观众有了由视觉产生的心理感受上的参与感。电视新闻的现场报道、现场采访，不仅展现记者与采访对象的面对面交流，而且把这一过程直接传播给观众，激发电视机前观众的参与感，甚至能调动起他们上电视接受采访，发表观点、见解的参与欲，使观众感到更平等、亲切。"④ 电视新闻观众在收看新闻过程中的这种参与感，增

① 欧阳明. 电视评论如何扬长避短：《东方时空·面对面》的启示 [J]. 中国广播电视学刊，1999 (5)：26.

② 胡妙德. 电视特性新探 [M] //叶家铮. 电视媒介研究. 北京：北京广播学院出版社，1997：72.

③ 埃尔德里奇. 获取信息：新闻、真相和权力 [M]. 张威，邓天颖，主译. 北京：新华出版社，2004：5.

④ 叶子. 电视新闻学 [M]. 北京：北京广播学院出版社，1997：74-75. 参与在传播中的一般含义，是指以传播者的所知、所见、所感引起收受者的"共鸣""共识"或"共见"，参与在传播中的进一步含义，是指收受者可以通过各种方式直接参与到一定的传播过程中。

强了他们对新闻真实性的信任，这自然有利于新闻真实的实现。赢得观众的信任，使他们相信真实，是真实传播得以实现的一个终结性的环节。

尽管电视新闻在再现新闻事实的真实性上有着特有的优势，但我们不能把电视新闻的优势"神话化"。事实上，电视新闻的真实性亦有它的局限性，它的真实性也是有限度的真实。镜头前的真实并不能代表所有的真相。"电视生产-传播系统是一个庞大的文化系统，它本身就是一种制度建置，以制度化的方式运营着，并且传播着主持运营者的意向，以这种意向影响着社会。即使是纯画面信息，也不是纯客观、无意向的，而是一种功能和建构性的有意向产物。电视摄像机不是客观世界的复印机，剪辑更不是无意图编码。电视作品无疑是一种选择化、功能化、价值化的文化产品，因此对观赏者必然有明示、暗示、劝说、诱导等一系列显性的和隐性的支配作用。"[1]

一件完整的事实中存在着大量镜头看不到、拍不到的事实细节或根本不可拍的东西，也许镜头事实的背后才是真正的新闻事实。尽管电视是通过流动的画面来直接呈现事实景象的，但人们是用眼睛和大脑一起接收信息的，"视觉传播既要依靠眼睛，也要借助大脑，是大脑使人接收的信息有了意义"[2]。事实是什么，并不是由眼睛独立判断的，而是由大脑判断的。新闻画面如果总是老一套，也便失去了电视新闻传播的意义。一些新闻并不是电视新闻，而是广播新闻，传播者"搭配"（编辑）进去的那些画面基本上是画蛇添足。画面与新闻事实没有直接的关系，需要观众费力联想，实在是背离了电视新闻的特点。这种为了实现电视新闻再现真实性特点的新闻有时叫人哭笑不得甚至讨厌。

---

① 崔文华. 全能语言的文化时代：电视文化研究［M］. 北京：北京师范大学出版社，1998：13.

② 莱斯特. 视觉传播：形象载动信息［M］. 霍文利，等译. 北京：北京广播学院出版社，2003：1.

给新闻配上音乐，是对电视新闻的糟蹋和侮辱，音乐本身是传播者情感和意见的表达，而不是事实本身的信息。其实，即使认可这种做法的正当性，它在新闻传播上也是"失谐"的。"电视节目把文字语言、口头语言、多重形象以及音乐组合在一起，实际上冒着一种风险，即观众很有可能不理解它所创造的视觉信息，因为所有这些元素在互相争夺注意力。"①

（四）网络新闻真实的特点

互联网"是一种把众多计算机网络联系在一起的国际性网络，它是计算机技术、信息技术与通信技术融合的产物"②。互联网是当代世界上规模最大的超远距离信息传送网络，"被人们视为自发明报刊以来的一项无与伦比的创举，信息生产、传播及交换领域的一场革命"③。网络新闻，从最宽泛的意义上说，就是通过网络媒介传播的新闻。从整体上看，直到目前，互联网的主要作用很难说是传播新闻，但它传播新闻的功能却是独特的，是传统媒介在许多方面无法相比的。但与传统新闻媒介一样，网络新闻真实的特点也是由网络媒介自身的技术特点以及它所运用的符号系统决定的。下面，我们主要结合当前情形下的网络新闻传播，分析网络新闻真实的一些特征。

第一，网络新闻真实的突出特点是，它可以提供关于报道对象的全景式的真实景象。网络媒介大容量、高速度、超文本、互动性、多媒体的特点，使得它在揭示新闻事实的真相的过程中具有传统媒体无法相比的优势。网络新闻可以用多媒体手段呈现新闻事实的真实面目，相应地，新闻

---

① 莱斯特. 视觉传播：形象载动信息［M］. 霍文利，等译. 北京：北京广播学院出版社，2003：73.

② 匡文波. 网络传播技术［M］. 北京：高等教育出版社，2003：1.

③ 佩利谢尔. 在电脑空间遨游［M］//张穗华. 媒介的变迁. 北京：中国对外翻译出版公司，2002：132.

的收受者可以多通道了解、把握事实对象的信息。网络新闻传播以超链接形成超文本、以多媒体形成超媒介的再现新闻事实的方式，可以展现各种视角中的新闻事实，使收受者可以在一定时间内打开所有的收受通道，立体化地了解和把握事实的全景真相。

第二，网络新闻真实不再是职业新闻传播者垄断的真实，不再是控制主体控制下的单一真实，它有可能使人们看到新闻事实更多的侧面。网络新闻提供的特有的"自由传收性"，以前所未有的方式扩大了人们的知情通道，也开启了人们向他人告知周围事实世界最新变动情况的欲望之门、现实通道。互联网相对传统媒体的突出优势之一是，它为人们提供了自由收发信息的技术基础，为"知情自由""表达自由"时代的真正到来提供了物质前提。[①] 网络新闻传播使新闻源主体、传播主体、收受主体、控制主体之间的关系发生了一些根本性的变化。在传统的新闻媒介中，人们收受到的新闻是经过职业化的新闻传播者加工处理的，人们很难与最初的信息源直接见面，但网络却使一些新闻不再经过传统新闻"守门人"的把关或过滤，而是直接与公众见面。新闻事实的当事人、知情者等可以冲破职业传播者的垄断，将自己了解的真实情况告知网络新闻的浏览者。这在客观上形成了两种最基本的效应：一是促使职业传播者不得不客观、全面地反映新闻事实，也就是说，由网络技术带来的网络新闻传播的自由性实现了普通大众对职业传播机构、传播者新闻报道的监督；二是普通的网络使用者在知情的前提下，可以为更多的人揭示新闻事实的真实面目。通过传统新闻媒介传播的新闻会受到控制主体的制约和影响，而网络特有的自由性使得一些控制无法实施，这样，也就使控制主体不想让人们知道的一些

---

① 网络传播更重要的一个贡献是，它为言论的自由表达提供了技术基础。但那种以为有了网络就有了言论自由，有了网络就有了民主的看法，显然是片面的和幼稚的。因为自由、民主需要的条件很多，不是有了某种技术上的保障就可以实现的。

事实真相有了公开的机会。当然，这种现象可能有利有弊，需要具体问题具体分析。但从总体上说，我以为利大于弊。网络媒介开辟了人们相互"知情"与"表情"的新时代，开辟了普通大众直接监督权力组织及权力拥有者的新通道。这必然有利于社会的良性运行、健康发展，有利于社会公共利益的维护。而这一切的根源在于，网络新闻传播使人们能够了解到他们通过传统媒介比较难了解的事实真相。正是网络新闻传播使人们在对一些事实的了解上克服了对传统媒体的依赖，突破了某种信息垄断。

第三，与上一点密切相关的是，网络新闻往往可以在宏观层面上弥补传统媒体呈现的新闻真实的不足。网络新闻是真正全球化的新闻，它凭借自己的技术优势，不仅为社会公众提供了自发自收的自由，而且提供了抵抗多种可能的收发限制的途径，这就使网络新闻能够在一些新闻事件、问题、人物、现象上，形成独特的信息通道。新闻传播的一个基本任务就是向人们提供事实世界最新变动的比较完整的真实信息，但人们在传统媒体上常常很难全面了解周围环境的最新变动，因为一些本来可以报道的事实信息（比如负面性的事实信息）会在各种力量的不当限制下被删除，而网络传播提供的自由性恰好可以弥补这种不足。因而，通过网络新闻与传统媒体新闻的互补，人们能比较准确、全面地了解周围的环境变化情况。这也可以看作网络新闻对新闻整体真实的独特贡献。即使在微观层面上，即针对一些具体的新闻事实来说，传统媒体也会由于受到种种限制而难以全面揭示事实的真相，而一些知情者就可以通过网络新闻的方式将事实的另一面或其他传统媒体没有报道的部分呈现在人们的面前。网络新闻对传统新闻真实性的这种补足功能其实是不正常的，因为传统媒体本来就可以做到这些。这种不正常的补足功能可以在一定程度上促使传统媒体改进报道的方式，更为重要的是，可以促进新闻管理体制、管理方式的改进和改革。

第四，网络新闻收受的高度自主性为收受者理解新闻真实、证实新闻真实提供了可能。网络新闻的自主"拉出"式视听方式保持了报纸新闻可以反复阅读的长处，克服了广播电视新闻难以超越时序的的短处，它"可以很方便地使声像图文并茂的信息'定格'"①，使受众可以用"打住"的方法对感兴趣的信息进行细看、细听、细琢磨，可以在自己方便的时间视听自己感兴趣的内容。同时，利用互联网接收新闻信息，还可以很方便地寻找和捡回初看、初听时所失落的声、像、图文。这就为网络新闻的视听者真切把握新闻事实的全面情况提供了现实的基础。同时，网络新闻的大容量、自由进入的特点，使它在报道同一事实时，可以提供多维视野中的观察、不同人的发现，这一方面可能使收受者有时难以辨别不同信源信息的真假，但从另一方面说，它又提供了互证信息真实性的可能。

第五，网络新闻的诸多优势，特别是传播收受上的技术优势，也给网络新闻真实的实现带来了诸多问题。这些问题集中表现在两个大的方面。也可以看作网络新闻真实性目前所具有的另外一些困扰人们的特点。

其一，网络新闻固有的一些特性，都具有两面性。大容量带来的海量信息、事无巨细，有时让收受者不知所措，被信息洪流淹没，被枝节末梢干扰。这样，反倒难以把握主要事实或新闻事实的主要方面。高速、及时甚至是实时的新闻报道，从传送角度看，无疑充分发挥了网络媒介的长处，但能否与收受行为合拍，即与收受者的收受时间节奏一致才是关键，一味追求快速并不都是必要的、有效的（但将快作为新闻传播的总原则是正确的）。超文本无疑可以促成收受者多通道的信息收受，但多通道的信息接收，往往会形成不同感觉通道之间的相互干扰，影响收受者对信息准确性的把握。由链接形成的网络收受的漫游性往往影响了人们对一定事件信息系统的准确的把握。漫游是个分心也即分散收受者注意力的过程。漫

---

① 丁柏铨. 新闻理论新探 [M]. 北京：新华出版社，1999：336.

游性表现为阅读的随意跳转，阅读的无序性、不确定性、漂移性的增多和强化，阅读更多的非连贯性和碎片化，这些对于完整准确理解一条新闻、认知新闻事实的原貌都有不利的影响。一些网络新闻的浏览者往往为各种链接所左右，深陷其中，失去了阅读的专一性和自主性，到头来不知道自己阅读的新闻到底是什么，主要事实信息是什么。传受互动同样不是只有好的一面，互动不仅可能影响传播者传送的正常进行，还可能影响其他收受者的关注焦点。

其二，按理说，网络新闻为人们了解事实世界、周围环境的真实变化提供了一个新的通道，但正是在真实性问题上，网络新闻面临着严峻的考验。我们看到，尽管上网浏览新闻信息的人越来越多，但网络新闻的可信度不仅没有提高，反而不断下降。现实的情况常常是，为了辨别网上的新闻是否真实，人们往往诉诸传统媒体。这实在是网络新闻传播的悲哀，也是网络新闻真实性面临的困境。网络传播的技术优势，给一些人提供了"作恶"的机会和平台，使新闻真实性面临严峻的挑战。

网络新闻的虚假、失实有其自身的一些特点。首先，虚假新闻往往源于传统媒体，特别是一些都市报、晚报的报道，具有转载的性质。当然，也有大量的虚假新闻源于网络自身，但很少出自网站编辑之手，而是来自一些上网的社会作者。网络虚假新闻也像传统媒体上的虚假新闻一样，大都属于社会新闻。① 其次，网络虚假新闻的成因较为复杂（关于虚假新闻产生的一般原因，本书在第五章会有专门的探讨）。网络传播技术的自由性，为个别"恶意"行为者提供了制造虚假新闻和散布各种虚假信息的机

---

① "近年来新闻界出现的虚假新闻，大多集中在社会新闻领域。"参见：陈玉申. 发挥党报社会新闻报道的示范和引导作用 [J]. 新闻战线，2003（5）：19. 关于社会新闻，国内新闻界并没有统一的认识，甘惜分先生主编的《新闻学大辞典》（甘惜分. 新闻学大辞典 [M]. 郑州：河南人民出版社，1993：162.）中是这样界定社会新闻的："反映社会生活中体现社会伦理道德的事件、社会风气、社会问题、风俗民情以及自然界和社会的奇闻异事的新闻。"

会。具体来说，技术的自由性，提供了匿名的可能性；而网络传播的匿名性，为造假者提供了机会。这是导致网络新闻中假新闻、失实新闻泛滥的一个重要原因。在人与技术的关系上，我认为，人始终应该是主动的，被技术异化从而成为网络的"奴隶"，正是网络新闻失实的深层原因，这是辩证理解网络新闻真实问题的一条重要结论。另外，专门从事和参与网络新闻传播的不少人，在相当程度上缺乏传播新闻必备的基本素养，不合新闻传播规范的编辑、粘贴、复制、下载等成了一些网站传播新闻的重要手段，这就难免不负责的粗制滥造，难免"垃圾"新闻的登场和失实现象的出现。还有，对遵循纯粹市场逻辑的商业手段与炒作方法的运用，也使一些网络新闻水分大增，泡沫浮游，虚虚实实，真假难辨。[1] 再次，以计算机技术为基本依托的网络传播，使造假变得异常容易，不仅文字造假易如反掌，图片、图像的造假也唾手可得，这对网络新闻的真实性构成了不小的威胁（传统媒体也同样可以利用计算机技术进行造假），一些媒体修改图片、加工处理图像并不是什么秘密。这里可怕的主要不是一些个人或媒体偶尔为之的对"原作"的扭曲，而是广大收受者对整个图像传播真实性的信任度在降低，这样，就使图像传播的优势和个性特点在人们的心目中大打折扣。"由于越来越多的人对图像的真实性表示怀疑，所以图像内在的真实性也越来越不可靠。"[2] "眼见为实"变成了一句天真的"俗话"。最后，虚假新闻的扩散速度异常迅速。与传统新闻媒介相比，网络是真正的全球化的媒介。真实的新闻可以得到迅速的全球化传播，虚假新闻同样

---

① 分析网络新闻"失实"的原因，是为了寻找实现"真实"的方法，这是辩证理解真实性的根本用意。消除"恶意"失实的现象，要依靠网络传播的法制建设和道德建设，实现"他律"与"自律"的统一；防止业务操作导致的失实，关键在于提高从业者的素质；减少新闻传播中的商业化炒作，核心在于必须按照新闻传播规律办事……一言以蔽之，确保网络新闻的真实性，是一个系统工程，需要多管齐下、共同努力。

② 莱斯特．视觉传播：形象载动信息［M］．霍文利，等译．北京：北京广播学院出版社，2003：419.

具有了迅速"全球化"的现实性。虚假新闻特有的新奇与"完美"素质，常常使它比一般的真实新闻传播得更快，影响更大。"真实新闻的影响同失实新闻的影响相比，是大不相同的。也许，真实新闻的影响可以按算术级数来计算，而失实新闻的影响恐怕应按几何级数计算。一条真实新闻，如果内容平常，其影响会很不明显。一条失实新闻，即使内容很平淡，也会产生很坏的影响。"① 可以说，伴随着网络新闻的勃兴，虚假新闻的危害已经进入了全球化的时代。在防治虚假新闻问题上，人类面临着新的任务、新的难题和新的考验。

由上面的分析可以看出，不同媒介在反映事实世界的真实性上各有特点、各有短长，并且具有一种互补关系。新闻传播要从整体上反映世界的真实面目，反映具体新闻事实的真实面目，从宏观层面说，依赖于不同性质、类别、层次的新闻媒介之间的合作，依赖于新闻媒介的有机运动。我们所处的时代，仍然是多种媒介的时代，只有不同种类媒介之间通力合作，才有可能揭示事实世界的真实面目。以某种单一媒介替代所有其他媒介的时代不大可能到来。

以上我们结合不同媒介的形态特征，简要阐释了新闻真实在不同媒介新闻中的个性特点，自然，这是以媒介形态的现实差异为基础的。但随着传播技术的迅猛发展，所有的传播媒介处于迅速的整合之中。尽管我们没有办法预见未来的新媒介会是什么样子②，但可以肯定的是，人类不会退

---

① 蒋亚平，官健文，林荣强．新闻失实论：上册 [M]．北京：中国新闻出版社，1986：5.

② 不少专家们都说过，展望未来计算机、网络技术或整个媒介的发展方向，是一件具有冒险精神的事情，人类的很多事情是不可预测的。对于未来，人类最好保持一种永远开放的心态。但大致可以肯定的是，人们今天看到的这些超乎寻常的技术成就，也会像人类过去的那些伟大发明一样，成为摆在博物馆中的文物。国际公认的电子出版预言家和先行者罗杰·菲德勒说："没有一个人完全为变革做好了准备或能够准确地预测结果，不过我们都可以通过学会认识变革的历史沿革和机制来观察未来的可能形态。"他还表示，"在今天不管有多少悲观的预测是多么司空见惯，我对于新闻和印刷媒介的未来展望还是乐观的"。参见：菲德勒．媒介形态变化：认识新媒介 [M]．明安香，译．北京：华夏出版社，2000：前言1，3.

回到计算机以前的时代，不会退回到网络传播以前的时代。从现有的传播技术整合水平看，由整合方式而生的新媒介，大多表现为多媒体或复合媒体[①]，在再现新闻事实的过程中，既可以包容不同媒介形态的优势，也难以彻底避免不同媒介的劣势，这恐怕永远是一种矛盾的状态。因为说到底，能否发挥不同媒介的优势，避免它们的劣势，不仅取决于媒介技术本身的发展，也取决于人性的改良状态。人类自己创造的任何工具与人类的智慧一样，永远都是双刃剑。人类只有能够逃脱道德困境，才有可能真正造出单刃的、致善的剑来。因此，说到底，新闻真实主要依赖的不是媒介的形态特征，而是人自身的素养，人的道德与智慧。对此，我们将在"新闻真实的实现"部分再做讨论。

需要特别指出的一点是：人们已经发现，伴随着信息传播技术的发展和进步，人类越来越具有真实反映事实对象真实面目的能力，但同时人类造假的水平也越来越高。可以说，越是依赖先进技术的新闻传播，越容易造假；越是依赖先进技术的造假，越难以识破。但正因如此，人们一旦发现传播者利用先进的信息传播技术故意造假，就会由个别及一般，形成一种连锁反应或效应，很难或不再相信该传播者的其他报道。这恐怕也是现在的人们对新闻媒体的信任度不断降低的一个重要原因。

---

① 多媒体，也称作复合媒体，通常是指将两种或更多种的传播形式集合为一个整体的任何媒体。参阅：菲德勒. 媒介形态变化：认识新媒介 [M]. 明安香，译. 北京：华夏出版社，2000：22.

第四章　新闻真实的实现（上）

在社会现象领域，没有哪种方法比胡乱抽出一些个别事实和玩弄实例更普遍、更站不住脚的了。挑选任何例子是毫不费劲的，但这没有任何意义，或者有纯粹消极的意义，因为问题完全在于，每一个别情况都有其具体的历史环境。如果从事实的整体上、从它们的联系中去掌握事实，那么，事实不仅是"顽强的东西"，而且是绝对确凿的证据。如果不是从整体上、不是从联系中去掌握事实，如果事实是零碎的和随意挑出来的，那么它们就只能是一种儿戏，或者连儿戏也不如。

——列宁

无论在何处，对于事实的客观态度都是进行这一切活动（指新闻活动——引者注）的基础；也就是说，要把观察者和被观察者、思想意识和客观世界、理想和现实区别开来。

——贝尔纳·瓦耶纳

对于所有文本来说，只有在理解过程中才能实现由无生气的意义痕迹向有生气的意义的转换。

——伽达默尔

研究新闻真实问题，最终目的是实现新闻的真实传播和收受。可以说，新闻真实论就是从理论角度为实现新闻真实"出谋划策"，提供路径和方法。因此，新闻真实实现论必然是，也应该是新闻真实论的主要内容、核心内容。正因如此，新闻真实实现论涉及的问题不仅比较多，而且比较复杂，需要深入细致的探讨。所以，我将用两章的篇幅来阐释新闻真实的实现问题。本章重点分析实现新闻真实的内在要求、实现新闻真实的基本过程、实现新闻真实必须坚持的基本原则，以及实现新闻真实的流程。

一、实现新闻真实的实质

实现新闻真实，是新闻传播最基本的目标。讨论新闻真实的实现，应该着眼于新闻传播的系统性和完整的过程性，因而实现新闻真实与实现真实报道不能完全等同。但实现新闻真实，无论从传统习惯来看，还是从实际的新闻传播来看，都着重于新闻传播者对新闻事实的再现真实或报道真实。因而，我们的讨论，将更侧重于报道真实这个环节，但也不会完全忽视对其他环节的考虑。

（一）实现新闻真实的基本含义

新闻传播达到了怎样一种状态，才算实现了新闻真实？这并不是一个很好回答的问题。一时一事的新闻真实（具体真实）是容易实现的，也是比较好理解的，而整体真实的实现不仅比较困难，也不大好理解。但要阐释新闻真实实现的完整含义，两种层面的真实都必须被考虑到。新闻真实作为一个新闻认识论概念，其实现当然是认识论范围的事情。这些都是我们理解实现新闻真实含义的基本前提。在这样的前提下，可以对实现新闻真实的含义做出如下解释。

实现新闻真实，首先是指新闻传播者实现了真实报道，即新闻媒体传播出去的新闻本身是真实的，是与报道对象（新闻事实）相符合的。实现真实报道（或叫再现真实），是实现新闻真实的基础。如果报道环节中出现了虚假新闻，就失去了谈论实现新闻真实的基点。因此，实现新闻真实首先是新闻传播者的职责和使命，这也是人们每每讨论新闻真实问题时，都将注意力集中在传播者身上的原因。

实现新闻真实，其次是指真实新闻被新闻收受者准确理解。新闻真实是在收受者的理解中最终得到实现的，是在收受者对新闻文本符号包含的信息的想象中实现的。记述、再现新闻事实的文本符号，内含着新闻事实的发生、展开过程，内含着新闻事实的形象变动过程和结果，这一切都需要收受者在视听新闻文本时，凭借想象去还原客观事实的面目；新闻文本中那些相对概括、抽象的事实陈述（如数字、概括性的事实等），则需要收受者通过理性的分析、推理等去理解。"任何人，在任何情况下，如果不能将符号还原成图像或形象，或找出同义关系，则说明其不能理解符号"①，而不能理解再现新闻事实的符号，新闻的真实性当然就不能在收受者那里得到实现，也就意味着新闻真实没有得到实现，因为任何一种传播都是以收受者为归宿的。如果收受者通过想象、猜测、推理，将记述、再现新闻事实信息的符号②还原成或清晰或模糊的事实变动形象，就基本达到了对事实的把握，也就为新闻真实的实现奠定了新的基础。

实现新闻真实，最后是指真实新闻被新闻收受者认可或相信，即收受

---

① 董小英. 叙事学［M］. 北京：社会科学文献出版社，2001：31.
② 这里的符号是指文字、声音、图像或者它们的统一体。对文字、声音符号的理解需要较强的想象能力，但图像符号免去或减少了理解过程中的想象之劳。

者相信新闻是真实的。真实是相信的基础，但只有人们愿意相信新闻是真实的，它在人们心目中才能成为真实的新闻。"除非某人相信某个事情是如此这般，否则他不可能认识到这个事情是如此这般。"① 当收受者认识到并且相信新闻是真实的时，我们就可以说，新闻对收受者来说已经成了一种真知或知识②，这时新闻真实也就实现了，产生了真实的效果。尽管新闻报道一旦成为现实，新闻本身的真实与否便不依赖于任何人的相信与否，即新闻真实变成了客观事实，但如果收受者不相信新闻的真实性，那么即使他或她准确理解了新闻，新闻也不会以真实新闻的方式在其身上发挥作用。这样，新闻真实就没有得到实现，收受者不会把新闻作为正确的、可靠的、有用的信息来对待或运用。收受者是否相信一则新闻的真实性，是否相信一家新闻媒体传播的新闻，是否相信一个国家新闻媒体传播的新闻，取决于很多条件，我们在后面还会讨论。但需要特别强调的是，收受者愿意相信新闻是真实的，永远是新闻真实得以实现的重要条件。因而，塑造具有公信力的形象，是所有新闻媒体永恒的追求——如果媒体想永恒的话。

由上面的论述可以看出，完整的新闻真实实现是由新闻传播活动中的双重主体（传播主体和收受主体）共同完成的，是由真实报道和理解真实、相信真实共同构筑的。"一种陈述状态的真实性取决于它的对象，真实效果不是通过客体，而是通过信息传播过程的传播者和接受者双方之间的关系来实现的。"③ 这是新闻真实实现的基本含义。因此，我们可以这

① 陈嘉明．知识与确证：当代知识论引论［M］．上海：上海人民出版社，2003：32.

② 在西方传统知识论中，"知识被看作一种确证了的、真实的信念，也就是说，知识是由信念、真实和确证这三个要素组成的：（1）命题P是真的；（2）S相信P；（3）S的信念P是确证了的"。参阅：陈嘉明．知识与确证：当代知识论引论［M］．上海：上海人民出版社，2003：31-32. 我以为西方传统知识论对真知的这一认识，对我们理解新闻真实的实现具有一定的方法论意义，故录注于此。

③ 陈卫星．传播的观念［M］．北京：人民出版社，2004：184.

样来总结：所谓实现新闻真实，是指在传播者真实再现新闻事实的前提下，收受者准确理解了新闻，并相信新闻是真实的。

（二）实现新闻真实的内在要求

新闻真实的实现，是一种传播的结果、传播的效果。根据上面对实现新闻真实含义的简要分析，我们已经看到，实现新闻真实有一些内在的要求。由于实现新闻真实既依赖于传播者对新闻事实的真实再现，又依赖于收受者对新闻真实的理解和相信，因而这种内在的要求主要指向传播者和收受者。我们将这种内在要求明晰地分析于下，以便大家更好地理解新闻真实的实现。

1. 真实再现的实现

这是对新闻传播者的要求，也是实现新闻真实的基础和初级目标。再现真实的实现是实现新闻真实的主要诉求，也是人们对实现新闻真实的基本理解和主要期待。传播者如何反映事实世界，才算达到了新闻真实，才算实现了真实再现，是与新闻传播者拥有的新闻观、新闻真实观密切相关的。不同的新闻观、新闻真实观对新闻真实有着不同的理解和诉求（参阅第一章相关内容）。根据我国学者对真实再现的普遍理解[①]，可以大致把真实再现应该达到的状态描述如下。

第一，真实再现不仅要实现新闻报道的具体真实，而且要努力达到整体真实的境界。任何一家新闻媒体，首先要确保每篇具体新闻报道的真实性，进而要在一定的时空范围内，对本媒体确立的目标报道领域的整体状况做出比较全面、客观的反映，为人们准确了解和把握一定领域的整体状况奠定基础。如果所有的新闻媒体，或至少是绝大多数媒体，都能达到这

---

① 可参阅"新闻真实的构成"一章中的相关内容。这种普遍理解可以说就是我国新闻学者普遍具有的新闻真实观下的理解。

样的状态，那么，新闻报道所形成的组合效应或整体效应，便能对一定时空范围内整体的事实世界做出比较真实的反映。① 具体真实是新闻真实的碎片，属于微观真实，整体真实是新闻真实的板块，属于新闻真实的中观层面和宏观层面（参阅第二章相关内容）。传播者既要向人们提供五彩斑斓的真实碎片，也要向人们塑造拼贴画式的真实板块。实现具体真实是实现真实再现的现实的、可行的要求，实现整体真实是实现再现真实的理想的、应该追求的境界。当下中国的新闻传播和新闻真实观，要求新闻真实努力达到具体真实与整体真实的统一，并且把整体真实看得更为重要。

第二，就具体的新闻报道（它是人们实实在在、每时每刻面对的新闻）而言，传播者不仅要根据新闻传播的内在要求，及时反映新闻事实的现象变动层面的状况，还要在条件允许的情况下，努力反映新闻事实的内在本质。传播者应该承担识破假象的义务，具有透过现象看本质的专业素养和品质，而不应该停留在"有闻必录"的、纯粹客观主义的镜像式报道层面。② 简单的闻录意义上的真实、现象层面的真实，是实现新闻真实最低层次的要求，因为"即使新闻事件的时间、地点、人物、事情及其原因全部符合客观事实，也未必能真正揭示事件的真相；即使传媒上的每一篇新闻报道都合乎客观事实，人们从全部新闻报道中看到的也未必就是一幅现实社会的真实图景"③。全面的真实、实在意义上的真实、本质层面的真实，是实现新闻再现真实高层次的要求。当下中国的新闻传播和新闻真

---

① 注意：这种整体真实仍然是新闻传播范围内的真实、一定传播制度下的真实、一定新闻传播价值观下的整体真实，是有限度的真实，是新闻意义上的真实。可参阅第二章相关内容。

② 我国著名新闻学者宁树藩先生在一篇文章中指出："所谓'有闻必录'，乃是当时（指19世纪后期——引者注）报纸处理新闻真实性问题的一种原则，它的含义可概括如下：只要是有人讲过的事实，报纸就可以报道，至于真伪如何，报馆不负责任。"并且，"'有闻必录'是中国的'土产'，是由主持中文报纸编务的中国人提出来的"。参见：宁树藩. "有闻必录"考 [J]. 新闻研究资料，1986（1）：98.

③ 姚福申. 学海泛舟二十年：对新闻学与编辑学的探索 [M]. 香港：香港语丝出版社，2001：72-80.

实观，要求新闻真实努力达到现象真实与本质真实的统一，并且把本质真实看得更为重要。

第三，以再现真实为己任的新闻传播者，要想方设法使收受者相信再现真实的真实性。不管是具体真实，还是整体真实，不管是现象层面的真实（包括真相与假象），还是本质层面的真实，不管是闻录性真实，还是实在性真实，都不是简单的可以拒绝传播者主观影响的真实，而是在传播者一定的新闻观、新闻真实观下建构的真实。因此，使收受者相信新闻的真实性，也是再现真实的内在要求。"记者的工作不仅限于让人知道新闻，还要让人相信新闻的真实性。新闻的本义是认知的传播，只能以陈述的方式出现。它的结果仅仅是新闻发送者和接受者之间的认知平衡。要尽量达到信息发送者'使别人相信'和信息接受者'能够相信'之间的平衡。"[①]要使收受者相信新闻是真实的，不仅需要坚守新闻传播的专业性原则，诸如客观、全面、公正、及时、公开等（下文将要论述），还要通过一些直接的方法与技巧让人相信，比如证实新闻是可靠的、可信的（参见第六章"新闻真实的证实"）。再现新闻事实的过程，也是传播者向收受者不断证实新闻真实性的过程。相信真实，才能达到实现真实，从这一意义上说，使收受者相信新闻的真实性是至关重要的事情。

2. 理解与相信

这是新闻真实实现过程中对新闻收受者的期待，也是实现新闻真实的标志和高级目标。如前所述，只有被理解、被相信了的真实，才会使新闻真实产生好的传播效果，使再现真实得到实现。因而，理解与相信再现真实，是新闻真实得以实现的核心心理机制，也是新闻真实实现的内在要求。只有达到理解与相信再现真实这一环节，我们才能说完整的新闻真实

---

① 陈卫星. 传播的观念［M］. 北京：人民出版社，2004：212.

实现了。

　　理解新闻的前提是收受者具有基本的媒介素养，"媒介内容对人有何种影响，受众本身的特征是重要的决定因素"①。能够把新闻当作新闻（如果把新闻当作文学作品、理论研究等，就会出现理解上的根本错位），能够按新闻的本质来理解新闻，能够把真实新闻当作真实新闻，是收受新闻时应该具备的基本素质，这样的新闻收受才是自觉的，对新闻的相信才是理性的，而不是盲目的。如今，随着人们文化水平、媒介素养的不断提高，随着媒介通道的不断增加，收受者对新闻的真实与虚假有了基本的鉴别能力，对新闻媒体表现出来的真诚持有越来越多的怀疑，对新闻的相信变得越来越犹豫。尽管人们对新闻媒体作为"社会公器"的力量和影响看得越来越清楚，但收受者对新闻媒体基于各种利益制造、策划新闻的手段也越来越熟悉，新闻媒体那种无私的、公正的神圣面纱已经被揭开，人们已经比较充分地认识到了任何新闻媒体都属于某种利益集团，不可能真正代表所有人的利益。因此，在今天这样的世界里，"不可能会有人全盘相信新闻"②，媒体赢得人们信任的难度也越来越大。这也意味着新闻真实的实现并不是变得容易了，而是变得困难了。

　　理解的过程是收受者与新闻文本（作品）进行交流的过程、对话的过程，是收受者运用自己既有的"所知"图式和方式解读新闻文本的过程，是收受者在一定的媒介语境和社会语境中解读新闻的过程，也是向收受者展开新闻文本信息中蕴含的各种意义的过程。"对于所有文本来说，只有在理解过程中才能实现由无生气的意义痕迹向有生气的意义的转换"③，

---

　　① 刘晓红，卜卫．大众传播心理研究 [M]．北京：中国广播电视出版社，2001：5．

　　② 莫斯．电视新闻人物和可信度：对转换中新闻的反思 [M] //王逢振，等．电视与权力．天津：天津社会科学院出版社，2000：139．

　　③ 伽达默尔．真理与方法：哲学诠释学的基本特征 [M]．洪汉鼎，译．上海：上海译文出版社，1999：215．

可见，理解者始终是理解关系中最重要的一方，因此，作为新闻收受者的理解者的素质制约着理解的景象。一般而言，制约和影响收受者理解新闻的因素有这样一些：收受者的世界观、思维方式、知识结构、认识能力等，将直接决定他能够从新闻文本中解读出什么样的信息、多大量的信息、多深层次的信息；收受者的价值取向、道德观念、政治信念、人生信仰等，既可能加深他对相关信息的理解，也可能使他轻视或无视文本中另一些信息的存在和意义；收受者的兴趣、爱好、情感、意志、欲望、理想等心理因素同样会像筛子一样，过滤掉文本中的一些信息，放大另一些信息，并对理解方向、侧重、层次等构成不同程度的影响；收受者的现实需要、利益观念、所处环境等更会直接影响到他对文本的理解。总之，收受者对新闻文本的理解不可能是中性的、无色的，他只能用他的理解图式去理解他所面对的对象，这是任何收受者都永远逃脱不了的客观逻辑。

理解的结果是收受者对新闻文本形成的判断和评价。收受者对一则新闻加以理解的结果，表现为两个基本的方面：一是对新闻的事实判断，即新闻在他的理解中再现了什么样的事实信息；二是对新闻的价值判断，即新闻在他的理解中有什么样的意义，满足了他自己什么样的需要（这种判断有可能是自觉的，也有可能是不知不觉的）等。收受者对新闻的理解，既可能与传播者的期望相符合，也可能与传播者的期望相背离，但在大多情况下则可能介乎其间。收受者对新闻的理解结果，也是再现真实在其观念中留下的痕迹。

理解新闻是收受者相信新闻的前提（不理解的相信是建立在他对媒体的信任的基础上的），而相信与否是对理解结果的态度。理解了新闻的内容，并不必然意味着相信新闻的内容、接受新闻的内容，"实验证明，受众并非不加选择地接受所有的新闻信息，媒体和受众都是更为广阔的文化和政治背景中的一部分，而文化和政治背景会促进或阻碍受众对报道的接受"①。只有充分认识到新闻是真实的，并且愿意相信新闻是真实的，收受者才有可能接受新闻信息。

相信新闻的真实性，在新闻真实的实现中有着至关重要的作用。研究证明，如果收受者相信一条新闻是真实的，那么不管它实际上是真的还是假的，它在收受者身上都会产生真实信息的效应。"如果人们把一种状况当作真实的，那么其结果也会是真实的。"② 因此，使收受者相信新闻是真实的，对于传播者来说，乃是永恒的责任。

二、实现新闻真实的基本过程

任何一则具体新闻的完整传播过程，都要经历三个基本阶段：一是新闻事实的发生阶段，这是本源形态的新闻，它的真实属于本真性的真实；二是传播者对新闻事实的再现阶段，形成的是传播态的新闻，它的真实属于主观再现性的真实；三是收受者对新闻文本（报道）收受的阶段，形成的是收受态的或理解态的新闻，它的真实属于主观理解性的真实。③ 无疑，新闻真实只能实现于新闻传收的过程之中。我们将根据这一过程对新闻真实的实现环节做如下简要的描述。

（一）真实再现新闻事实

从地位、作用上看，真实再现新闻事实，是新闻真实实现的起点或第一环节，它开启了新闻真实实现的大门。需要反复指出的是，再现真实只

---

① 埃尔德里奇.获取信息：新闻、真相和权力［M］.张威，邓天颖，主译.北京：新华出版社，2004：译者序13.

② 同①417.

③ 关于新闻的形态演变问题，有兴趣的读者可参阅杨保军《新闻理论教程（第四版）》；关于新闻真实的"三态"问题，可参阅本书第三章相关内容.杨保军.新闻理论教程［M］.4版.北京：中国人民大学出版社，2019：66-70.

是完整的新闻真实实现的开始，既不是结束，也不是全部。以往人们只在再现真实环节论述新闻的真实问题，这一做法是有缺陷的。再现真实只是实现了真实报道。而新闻媒体的真实报道只有产生了真实报道的效应，才能说新闻真实得到了完整的实现。真实再现是新闻真实实现的基础。如果传播者从一开始就对新闻事实做了虚假和失实的反映报道，收受者对新闻文本的准确理解便无从谈起，新闻真实的完整实现也就成了泡影。因此，真实报道或再现真实并不必然意味着实现了新闻真实，至多只能说在一定环节上实现了新闻真实。

从内部构成上看，真实再现新闻事实，在新闻媒体内部是一个系统的、复杂的过程，还包含着采写编发等多个既相互区别又紧密联系的具体环节，是在新闻工作人员的共同努力下实现的。对于新闻再现真实的实现来说，每一环节、每个人员都是不可忽视的。任何一个具体环节的失误或偏差，都会产生新闻的虚假和失实，都会导致新闻真实难以完整实现，新闻传播难以取得良好的效果。诚如我国著名新闻学者刘建明先生所说："一条信息从发生到记者、编辑，再到完成最后文本，要经历多级传递，每一个传递者都可能对信息产生不同的影响，如果出于制造虚假世界的需要，就会在每一个传递环节改变事实，影响新闻传播的最终效果。"① 关于再现真实的内部构成问题，我们在下文还要做进一步的专门论述。

从实现主体上看，再现新闻事实乃至整个事实世界最新变动的真实情况（对具体的新闻媒体来说，它们都有自己相对稳定的主要目标报道领域），是新闻传播者的直接责任、中心任务。传播者负有发现、挖掘新闻事实真相的责任和义务，他们的知识素养、道德水平、专业素质等都将直接影响再现真实的程度。如前所述，再现真实是实现新闻真实的前提，而

---

① 刘建明. 新闻学前沿：新闻学关注的 11 个焦点 [M]. 北京：清华大学出版社，2005：205.

这一前提是由新闻传播者建构的，因此人们通常认为传播者是实现新闻真实最根本的、唯一的主体，这在一般意义上是对的。

还需指出的一个问题是，真实再现总是对一定新闻事实的再现，新闻事实大多是人与物相互作用的统一体。这样，在大多数新闻报道中，记者都要同相关的当事人、知情者进行直接的交往（采访），因而，再现真实的实现，总是离不开这些当事人、知情者（也即新闻源主体）的诚实。如果新闻源主体提供的信息是虚假的、失实的，新闻报道就不可能真实。因此，严格说来，不管是在客观上还是理论逻辑上，在再现真实环节之前，还应该有一个信息源本身真实性的问题。我们之所以没有单列这一个环节，是因为人们普遍认为，确证新闻信息源的真实性，是新闻传播者的责任，再现真实的关键就是从新闻源那里发现、挖掘真相，不能把再现真实的责任推到新闻源主体的身上。

（二）准确理解新闻文本

准确理解新闻报道的真实性，是新闻真实在认识论意义上得以实现的最终标志，也是新闻真实实现得以完成的标志。新闻真实能否实现，还受非认识论因素的影响。因而，更全面地讲，只有收受者理解并相信了新闻报道的真实性，才能说新闻真实实现了。①

从新闻真实实现的过程性上看，准确理解新闻文本是新闻真实最终得以实现的重要保证，"理解"是新闻真实实现的内在心理机制。② 从收受

---

① 相信意义上的真实实现已经变得越来越难，并且是全球新闻界面临的尴尬局面。比如，2001年，复旦大学新闻学院在一次调查中发现：只有2.6％的人相信传媒完全真实地反映了客观世界，而97.4％的人对新闻的真实性（指对再现真实的真实性）产生了怀疑。参见：余丽丽. 社会转型与媒介的社会控制：透视中国传媒调控机制嬗变的动因、轨迹与逻辑 [D]. 上海：复旦大学，2003：112.

② 关于新闻理解的问题，上文中已经有所论述，有兴趣的读者还可参阅：杨保军. 新闻价值论 [M]. 北京：中国人民大学出版社，2003：305-309.

的内在构成来看，新闻真实的实现过程，正是收受者对新闻的接收、理解、接受过程。如果新闻收受者不能准确地、真实地理解新闻文本，那么，即使传播者真实再现了新闻事实，新闻实质上也没有发挥真实新闻的作用。这样的真实再现，对于完整的新闻传播过程来说，只能说是半途而废。因此，收受者准确理解新闻文本（新闻报道）是新闻真实得以实现的必不可少的环节。这一点再次说明，新闻传播者创制出易于被新闻收受者准确理解的新闻文本尤为重要。

既然准确理解新闻文本是新闻真实实现的必要保障和必然环节，那么，以怎样的解读态度、什么样的解读方法去对待新闻文本就是十分重要的问题。解读态度的核心是把一种文本当作什么样的文本，事实上就是对文本本质的看法，对文本职责、使命的看法。就新闻来说，它的本质是一种新鲜的事实信息，新闻文本的根本任务是揭示事实的真实面目。因此，解读新闻文本正确的、合理的态度必须是以求真为基本目的的科学态度，内在精神首先是一种科学精神。这也就是前文所说的把新闻当作新闻，而不能把新闻当作文学、当作理论或当成别的什么。解读方法实质上是获取文本信息的途径。针对不同类型的文本，读取文本信息的方法是有差别的，新闻文本是一种结构简单、语境低度、语义封闭、语言简明的事实信息文本，它所包含的信息就在直接的叙述文字、画面、声音及其组合之中，因而，解读者可以通过对文本符号含义的直接理解来把握新闻文本的内容。对于文学艺术文本来说，它的诸多含义、意义蕴含在字里行间，看不见、摸不着，其中的弦外之音、言（画）外之义等，丰富多彩、耐人寻味。因而，文学艺术文本的本质决定了人们可以根据各自的理解相对自由地想象，允许一千个读者读出一千个哈姆雷特。但一则新闻报道中的人物、事件、事实等，如果被收受者解读出了不同的形象，恐怕就很难说这则新闻报道是成功的。尽管任何传播者都无法限制人们如何理解新闻，但作为一种事实信息文本，其高质量的标志之一，就是人们对事实信息本身理解的一致性（人们可以对事实信息的意义、价值做出自由的解释），这是毫无疑问的。

但是，我们必须承认，在现实传播中，新闻真实的具体实现结果千差万别，难以一概而论。正如不同的记者会以不同的眼光观察同一事实、会以不同的视角叙述同一事实一样，不同的收受者也会以不同的眼光和视角审视同样的新闻报道。因而，同样的新闻报道、同一新闻文本，即使它们让人们获取的事实信息是基本相同的，但实现真实的效应可能是有差别的，甚至会完全不同。这是由新闻本身的相对性、收受者之间新闻信息需求的差异性等因素决定的。一则新闻一旦被报道出来，从本体上说，它所包含的事实信息是确定的，不同的读者都可以获取确定的事实信息，但不同的收受者会对确定的事实信息有不同的评价和反应，也就是说，收受者获取的事实信息可能基本相同，但真实的事实信息在他们那里产生的效应是不一样的。但不管是什么样的效应，都标志着新闻真实的实现。

（三）检验新闻信息真假

如果换个角度看，我们可以说，实现新闻真实的过程，也就是新闻传播者和收受者检验新闻信息真假的过程。在常态情况下，只有那些被认为、被相信是真实的新闻信息，才能得到传送和收受。因而，传送与收受的过程，就是排除虚假失实信息的过程或者说证实真实信息的过程。证明证实信息的真实性，贯穿渗透在整个新闻传播过程中，因此，我们把检验新闻信息之真假列为真实实现的第三个环节，主要是逻辑意义上的。

对于新闻传播者来说，选择、确定报道内容的过程，也就是不断证实新闻信息真实性的过程。在正常情况下，传播者报道出来的新闻信息，一定是经过他检验证实的信息，是他认为并相信真实可靠的信息。对于新闻的收受者来说，他们同样不会盲目地接受所有的新闻报道，在收受新闻的过程中，也会对新闻的真实性提出疑问或质疑，也会以自己的方式检验新闻报道的真假。这在人们的媒介素养日益提高的情况下，会变得更加普遍。因此，检验新闻信息的真假，是实现新闻真实必然具有的逻辑环节。[①]

证实或检验新闻的真实性，是实现新闻真实过程中一个非常重要的问题，我们将设专章进行论述（参阅第六章相关内容），这里就不再多言了。

（四）更正虚假新闻报道

新闻传播过程的各种主客观因素、环境因素等，从根本上决定了传播者不可能完全的、绝对地再现真实，虚假、失实新闻会时有出现。因此，及时更正虚假新闻、失实新闻就成为实现新闻真实的一个必要的、补救性的环节。更正虚假新闻报道，应该成为一种制度化的规范行为，我们将在后文做专门的讨论。

在更正虚假新闻报道的问题上，还有两种相反的传播现象值得注意。其一，在新闻传播实际中，人们不时发现这样的情况：尽管媒体的报道是真实的，但人们在某些特殊的传播环境条件下就是不相信，并且越是证实是真的，人们越是以为媒体在遮掩。这时，为了使真实报道真正发挥真实新闻的效应，需要媒体以新的方式重复真实的报道。其二，新闻媒体的一些报道确实是失实的，但收受者认定（认为并相信）它们是真实的，而且媒体越是纠正，受众越是认定先前的失实报道是真实的。在这种情况下，尽快使受众真正了解事实真相也是非常必要的。至

---

① 在新闻传受实践中，对新闻信息真实性的检验、证实，贯穿在整个新闻传受过程中，与再现新闻事实和理解新闻文本阶段交织在一起，因此，这里把"检验新闻信息真假"作为新闻真实实现的第三个阶段，只是一种逻辑上的顺序。

于如何报道，没有统一的规则，需要具体问题具体对待。但有一条原则是必须始终坚持的：针对人们的疑虑，让事实说话，让相关的当事人说话，让权威部门、权威人士说话。如何使这样的"说话"有效，相关的技巧与艺术需要专门的研究。

三、实现新闻真实的基本原则[①]

真实是新闻专业、新闻报道的基石。实现新闻真实，是新闻传播主体的天职。若要实现新闻真实，传播主体就必须按照新闻传播的内在要求，即按照新闻传播的特点、规律进行传播。新闻传播的规律性要求[②]反映在新闻传播中，体现为一些基本的原则，这些原则也就是实现真实新闻传播的原则，可以概括为以下三条。

（一）求实为本的事实原则

如第三章所述，新闻真实的首要特征是事实性真实，追求的是与客观事实的符合，因而实现真实传播的第一原则就是事实原则。其实，真实为本也就是事实为本。事实原则的目标就是将新闻事实的真实面目揭示、呈现出来。为了达到新闻意义上的求实、求是目标，最重要的理念与方法是客观与全面。

1. 客观理念与客观方法

客观原理是人类新闻传播发展史上的一笔财富，是新闻传播中最引人注目的一条原则。客观报道理念、方法是 19 世纪 30 年代之后的产物，

---

①　本部分主要根据拙著《新闻理论教程（第四版）》第六章中的第一节改写而成，该节也可看作本课题的部分前期成果。

②　关于新闻传播规律问题，可参阅：杨保军. 试论新闻传播规律［J］. 国际新闻界，2005（1）：59－65.

"在美国和英国广泛地被赞为 20 世纪前二十五年中对于新闻学的独特贡献"①。尽管从它被提出的时候起，人们就以各种方式对它进行批评、发难，对它进行修正、改造，然而，"客观报道的理想并未被取而代之，相反，每经过一次痛苦的洗礼，它的权威就更坚定"②。到今天，它已经基本成为世界新闻传播界普遍认同的一种新闻传播理念，一条被普遍运用的、最重要的确保新闻真实性实现的报道方法。③

客观本身就是一个极其复杂的概念，它在日常用语和学术研究中具有不同的含义，但这些含义又彼此相关：客观是相对于主体的客观，其实质意义是把一定主体之外存在的一切事物都称为客观事物，这是把主体等同于主观；客观是相对于主观的客观，其实质意义是把人的精神、意识之外的所有事物都称为客观事物；客观的就是存在的，其实质意义是把一切存在的东西，不管是物质的还是精神的，都称为是客观的，这时客观被等同于存在或有，对应的范畴是不存在或无。

新闻传播中所讲的客观，从直接性上来看，是指相对传播主体而言的客观，即存在于传播主体之外的一切事物对于传播主体而言都是客观的。因而，所谓新闻报道的客观性，就是指传播主体在报道自身之外的对象时，不能用自己的意识、意志、情感等改变对象的本来面目，即不改变对象自身的内容。这种客观性的具体内涵包括两个大的方面。

一是作为新闻精神的客观理念，也可以称之为客观精神。贝尔纳·

① 施拉姆，等. 报刊的四种理论 [M]. 中国人民大学新闻系，译. 北京：新华出版社，1980：70.

② 舒德森. 探索新闻：美国报业社会史 [M]. 何颖怡，译. 台北：远流出版事业股份有限公司，1993：12-13.

③ 客观报道理念与方法的产生，具有丰富的根源。首先，它是新闻传播业伴随社会政治、经济、文化、科学等同步发展的产物；其次，它的产生与发展还有一个自由主义的哲学基础；再次，便士报（the penny press）是客观原则发育的肥沃土壤；最后，通讯社特别是美联社（成立于 1848 年）的诞生与发展，是客观报道原则得以确立的重要动力。对此有兴趣的读者，可参阅：杨保军. 新闻理论教程 [M]. 4 版. 北京：中国人民大学出版社，2019：109-113.

瓦耶纳说："无论在何处，对于事实的客观态度都是进行这一切活动（指新闻活动——引者注）的基础；也就是说，要把观察者和被观察者、思想意识和客观世界、理想和现实区别开来。"[①] 显而易见，客观精神要求传播主体必须始终具有明确的自我意识和对象意识，在新闻报道中能够自觉地将对象与自身加以区分；进而要求传播主体在报道新闻事实时，一定要超越自己的爱好和兴趣，特别是要超越自己的利益需要，将新闻事实的实际面目反映出来。有学者指出：客观性的本质在于传播者的超然性，即"新闻工作者摒弃个人好恶，主观世界服务客观世界，而'没有权利从一群事实中，摒弃不符合我们的立场和观点的新闻'，力争以最充分的事实展现客观世界的完整面貌"[②]。可见，客观原则作为一种新闻精神，作为一种职业（专业）理念，不仅是"事实第一"的"求实"性要求，它背后更深层的要求是一种价值追求，即追求新闻报道的公正性，"客观性要求新闻工作者尽可能地、全身心地投入新闻工作中，并且以所了解之事实与自己的看法互相印证。简言之，作为主观性的反义词，客观性就是不断地努力摆脱自我，寻求他人，宁可坚定不移地尊重事实，也决不随心所欲地屈从人意"[③]。

二是作为新闻报道操作规范的客观方法。在操作层次上，客观原则的核心是把事实与意见分开。客观原则作为一种再现新闻事实的方式，其最典型的特征是"以一种公正、超然以及不含成见的态度来报道新闻；反对在新闻中夹叙夹议，不能参与个人见解，只要把事实发生的时间、地点、人物、情况、原因交代清楚就行了"[④]。施拉姆等人认为，它的基本原则

---

① 瓦耶纳. 当代新闻学［M］. 丁雪英，连燕堂，译. 北京：新华出版社，1986：34.

② 埃默里M，埃默里E，罗伯茨. 美国新闻史：大众传播媒介解释史：第8版［M］. 展江，殷文，主译. 北京：新华出版社，2001：866.

③ 同①36.

④ 吴飞. 西方新闻报道方式变革的内在动力［J］. 现代传播，1999（2）：6.

是："新闻是单纯的纪事；意见必须与新闻明确地区分开。"① "所谓客观性，就是依据事物的是非曲直如实报道事实。"② 具体来说，客观报道在操作上有这样的规范：（1）以倒金字塔方式在第一段简述基本事实；（2）以五个 W 报道；（3）以第三人称报道；（4）引述当事人的话；（5）强调可以证实的事实；（6）不采取立场；（7）至少表达新闻事实的两面。③

在客观精神与客观报道方法的关系上，只有具备客观精神，才能进行客观报道，对此，清华大学的郭镇之教授有一句非常精到的话，"没有客观性的思想，就没有客观报道的方法"④。客观性是指对象不以人的意志为转移的特性，不为人的意志、情感所左右的特性，新闻传播主体只有把事实固有的这些特性反映出来，才算达到了客观，如果从态度上试图借用新闻事实来表达传播者自己的意见、追求自己的利益，便与客观原则的内在精神相去甚远。

坚持客观原则，对新闻传播有着特别重要的意义。简要概括，有这么几条：第一，客观原则是实现新闻真实的基本途径。客观首先是以超然的实录方式将事实的本来面目记录下来，这是实现新闻真实的基础。尽管我们不赞成新闻报道中的"有闻必录"和"客观主义"⑤，但新闻中包含的信息必须是对客观事实的反映，必须有客观的依据，如此，才能证实新闻的真实性。第二，客观原则是确保新闻报道可信和公正的核心手段。"在

---

① 施拉姆，等. 报刊的四种理论 [M]. 中国人民大学新闻系，译. 北京：新华出版社，1980：71.

② 阿特休尔. 权力的媒介：新闻媒介在人类事务中的作用 [M]. 黄煜，裘志康，译. 北京：华夏出版社，1989：148.

③ 埃默里 M，埃默里 E，罗伯茨. 美国新闻史：大众传播媒介解释史：第 8 版 [M]. 展江，殷文，主译. 北京：新华出版社，2001：865.

④ 郭镇之. "客观新闻学" [J]. 新闻与传播研究，1998（4）：65.

⑤ 客观主义，指不分主次、不分本质与现象，把一大堆各不相属的现实加以罗列，以示其客观性。客观主义又被称为"自然主义""纯客观"。参见：甘惜分. 新闻学大辞典 [M]. 郑州：河南人民出版社，1993：28.

世界任何一个角落，报纸是靠金钱办的，但归根结底，报纸是靠信任生存的。没有了信任，新闻业将无法存在。"① 而"新闻事业的客观性是通向'合法'和'可信'的途径"②。客观原则以超越自我（传播主体）的态度和方式面对世界、面对事实，这种价值无涉的姿态和做法，是可信的基础、公正的保证。"客观性已经成为一种公认的语汇和普遍的模式。它代表了现代社会对新闻媒介的常识、期望，是人们构思、定义、安排、评价新闻文本、新闻实践和新闻机构的标准。"③ 人们为什么不大信赖经过策划形成的新闻报道，为什么特别不信赖媒体对自己单独创造的事实、与他人"合谋"创造的事实的报道，其中最主要的原因就是这种报道方式极易背离客观报道的原则，这种报道方式在很大程度上失去了程序上的"合法性"、身份上的独立性。第三，客观原则是充分实现收受主体知情权的保证。客观原则排除传播主体对客观事实的主观干涉，不以传播主体的私利隐瞒或遮蔽事实信息，而以自觉的意识、最大限度的公开和透明，力求把事实信息的原本状态呈现在收受者的面前，把判断、评价事实的机会和权利还给收受主体。如果提升到人类生活的整体层面，那么可以说，客观原则的价值在于它"通过扫除偏见而扩大精神交往的空间，通过公开的报道、公正的呈现而使人拥有民主、自由、平等的理想和探求真相的理性精神，维持主体的社会性道德意识网"④。

在我看来，客观报道是可能的，但客观报道也是有限度的。新闻报道的客观性问题，要害是新闻传播主体在报道新闻事实时能否达到对新闻事实的客观反映，即能否反映出新闻事实那些不以人们的主观意志为转移的属性和内容。依据马克思主义的认识论原理，客观再现新闻事实是可能

---

①　程晓鸿.36篇假新闻使《纽约时报》蒙羞［N］.珠海特区报，2003-05-25.

②　郭镇之."客观新闻学"［J］.新闻与传播研究，1998（4）：59.

③　同②64.

④　单波.重建新闻客观性原理［J］.现代传播（北京广播学院学报），1999（1）：34.

的。人类的认识实践史表明，世界是可知的，存在、发生在这个世界中的事物、事实、事件也是可知的，人类具有认识世界的能力。新闻传播活动，从认识论的角度看，就是以新闻方式认识世界的活动，因而它可以以自己的方式达到对认识对象的客观反映。不能因为认识离不开主体对客观对象的主观性把握，便说达到客观真理是不可能的，同样，不能因为再现新闻事实离不开传播主体的主观意识，就说传播主体不可能客观再现对象的本来面目，否则必然导致新闻认识上的怀疑论和不可知论。事实上，人们只有通过在实践基础上形成的能动的主观性才能达到对新闻事实的客观反映。正因为人们具有明确的主观意识和对象意识，才能在思维中将客体和主体区别开来，才有可能将不属于对象自身的东西排除在报道之外，从而达到客观再现。"客观性是一切认识活动追求的目标……客观性是一切认识活动的根本要求……客观性是判别一切认识的真假的根本依据"①，"当我们深刻察觉自己的主观，我们便产生了追求客观方法的狂热"②，新闻传播作为一种特殊的认识活动，自不例外。不能因为在新闻传播实践中，一些新闻报道没有达到对新闻事实的客观反映，就否定客观原则本身，或否认客观报道的可能性；同样，也不能因为一些新闻媒体、一些新闻传播者在客观原则的幌子下，做了一些有悖客观原则的报道，就把"罪恶"的根源归结到客观原则上。

但是，承认客观报道的可能性，并不等于说新闻报道可以与新闻事实达到天衣无缝、绝对符合的地步。有人从抽象的理想性出发，把客观性绝对化，认为新闻之中可以不包含丝毫的主观因素，即新闻报道可以与新闻事实的客观面目绝对符合，这显然带有神话、空想的性质。列宁曾经说

---

① 周文彰. 狡黠的心灵：主体认识图式概论［M］. 北京：中国人民大学出版社，1991：252-253.

② 舒德森. 探索新闻：美国报业社会史［M］. 何颖怡，译. 台北：远流出版事业股份有限公司，1993：153.

过，认识是思维对客体的永远的、没有止境的接近。任何认识与客观对象的符合都不是绝对的，认识的客观性是历史的、具体的、相对的[①]，新闻传播作为一种认识活动，当然也要遵循这一普遍的认识规律。确立客观的有限性观念，是一种实事求是的态度，是一种科学的、符合新闻传播实际的态度。

需要特别指出的是，不能离开主观性来理解客观性，实际上，新闻报道中的客观性始终是相对主观性的客观性，是传播主体把握到的客观性，是传播主体认识水平范围内的客观性，是通过主观性实现的客观性，这正是客观性之有限性的主体根源，那种"把客观报道规定为科学的、精确的、非人性的、不带个人意见的描写，恰好是违反理性的"[②]，是不可理解的客观性。传播主体对新闻事实的认识不是大脑对新闻事实的机械复制或镜子式的反映，也不是新闻事实单独作用于传播主体大脑后留下的印记或印象，而是传播主体与新闻事实在一定认识环境中相互作用的结果，是经过一系列复杂的感觉、观察、思维、理解的结果，在这种结果中，必然融进了传播主体的解释或理解，必然或强或弱地渗透着传播主体的情感和意志的影响。"记者是客观报道者，但并不是冷酷的旁观者"[③]，记者是"冷眼热心"的人，他们会用心灵去感受、去领会人们的爱恶，去触及芸芸众生的脉搏。他们是以自己能动的主观性去反映客观事实的客观性的，如果没有这种主观性的参与，那么客观性本身也是不可理解的。正是因为主观性的介入和干预，才有了报道中的客观性问题，也才使本体论意义的绝对客观性转化成了认识论意义的有限客观性。正是因为传播主体已经自觉到客观性的有限性，同时又意识到接近客观性的可能性，才会坚持客观

① 周文彰. 狡黠的心灵：主体认识图式概论 [M]. 北京：中国人民大学出版社，1991：263.
② 单波. 重建新闻客观性原理 [J]. 现代传播（北京广播学院学报），1999（1）：30.
③ 江瑞熙. 爱·激情·严谨：一个新闻工作者的随想 [M] // 张维义. 当代"老新闻". 北京：中国广播电视出版社，1994：128.

原则的精神要求，去努力实现新闻传播的客观性。当然，主观能动性有积极与消极之分、肯定与否定的差别，积极的、肯定的主观能动性能够促进对对象的准确把握，相反，消极的、否定的主动性可能会干扰人们对对象的客观把握，甚至歪曲、捏造事实。

从新闻传播的实际出发，客观原则的限度，就是达到客观报道的规范要求（如前文所列诸条），即如果一则新闻报道达到了专业标准或规范，就会被认为是客观的。专业标准和规范是专业领域的共识，是公有性的，而非私人性的，是对历史经验的总结和概括，必然是一定认识水平的表现，是主观限度内的客观标准。无疑，客观报道的规范与标准也会随着新闻传播本身的发展而变化。

承认客观性的有限性，不是要放弃客观性原则，也不是要降低客观原则的要求，它的目的是科学理解客观性，充分认识达到客观性的艰难。放弃新闻传播的客观原则，对于现代新闻业来说，无异于放弃新闻传播本身。动摇新闻传播的客观原则，就等于动摇了新闻传播存在的根据，必将损害新闻精神，导致新闻失实，使新闻传播失去特有的客观力量和社会影响力，也难以真正满足收受主体的新闻信息需求，更不利于新闻传播媒体作为社会公共平台之形象的树立。因此，我们基本赞成这样一种说法："虽然，到现在我们仍找不到一个可以成功挑战客观报道的新理念，但是我们可以找到一个新希望，那就是不以客观新闻为满足。"[1]

2. 全面的理念与方法

全面是相对片面而言的一个概念，既是新闻报道的一种观念，也是新闻报道的基本方法。新闻传播的全面性，就是向社会公众提供全面的而不是片面的、整体的而不是零星的、正确的而不是歪曲的事实、情况和意

---

[1] 舒德森．探索新闻：美国报业社会史［M］．何颖怡，译．台北：远流出版事业股份有限公司，1993：195.

见。从一般意义上说，所谓全面就是从历时和共时两个向度上，"提供各方面的事实、情况、意见，不片面报道和隐匿事实"①。具体来说包含以下几个要点。

从新闻事实的构成角度看，全面大致有三个方面的含义或要求：一是针对个体事实报道的全面性；二是针对同类事实报道的全面性；三是针对一定时空范围内所有事实报道的全面性。第一种全面性能够落实在每一具体的新闻报道之中，是传播主体易于把握和相对比较容易做到的。后两种全面性首先是对新闻报道观念的要求，实质上就是要求以全面（整体）真实的新闻真实观指导和约束新闻报道活动，去对待同类事实和一定时空范围内的所有事实，不能以点代面，以局部代全部，以微观代宏观。对于某一领域甚至社会的整体面貌的全面再现，关键在于呈现"实事"的总体结构，媒体对各方面情况反映的量度比例要与实际相符合，即全面再现的关键在于为收受者提供健全的而非片面的、整体的而非零碎的信息。因而在新闻报道过程中，所选择的报道对象、确定的报道内容，要力求反映同类事实或一定时空范围内所有事实的整体情况，而不能以片面、孤立的方法去玩弄个别事实或现象。对此，列宁有过非常经典的论述，他说："在社会现象领域，没有哪种方法比胡乱抽出**一些个别**事实和玩弄实例更普遍、更站不住脚的了。挑选任何例子是毫不费劲的，但这没有任何意义，或者有纯粹消极的意义，因为问题完全在于，每一个别情况都有其具体的历史环境。如果从事实的**整体**上、从它们的**联系**中去掌握事实，那么，事实不仅是'顽强的东西'，而且是绝对确凿的证据。如果不是从整体上、不是从联系中去掌握事实，如果事实是零碎的和随意挑出来的，那么它们就只能是一种儿戏，或者连儿戏也不如。"② 胡耀邦则说得更具体："我们这样

---

① 童兵.理论新闻传播学导论［M］. 2 版. 北京：中国人民大学出版社，2011：78-79.
② 列宁.列宁全集：第 28 卷［M］. 2 版（增订版）. 北京：人民出版社，2017：364-365.

的大国，今天如果有谁专门搜集阴暗面，每天在报上登一百条，容易得很！如果把这一百条集中到一张报纸上，可以整整覆盖四个版面，搞成一幅彻头彻尾的阴暗图画。虽然其中每一条可能都是真实的，但如果谁要说这就是代表今天中国社会主义社会的整个画面，那就不真实了。当然，如果反过来硬说我们今天的社会，到处都是光明面，实在好得不得了，一点阴暗面也没有，一条缺点也没有，那也不真实。"① 看来，全面并不是容易做到的事情，新闻传播主体不仅要确保每一具体报道的全面性，还要努力做到使所有报道形成的总体报道能够反映客观世界一定领域、一定时空范围的全面景象，达到个别全面与整体全面的统一，这才是理想状态的全面性。

从新闻报道的时间性上看，全面性包含即时全面和历史全面两个基本方面。所有具体新闻报道的内在要求是及时快速，因而所谓即时全面，就是指具体新闻报道要反映事实在截稿时刻或某一确定报道时间点为止的整体面貌；历史全面的核心含义是指新闻报道要反映新闻事实历时变化的全面性和完整性，新闻报道的对象从原则上说，都是过程性的存在，它的完整的、全面的面貌体现在整个过程之中，因此，新闻报道的全面性只能在对事实的历时反映过程中实现，人们只能在历时的事实变化和相应的历时报道过程中了解把握对象的整体面貌，对于那些相对比较复杂的新闻事实来说，这一点表现得尤为明显。

针对实际的新闻传播情况，全面性有两个需要特别强调的方面：一是全面必须是包含对负面新闻事实的报道的全面，"报喜不报忧"或"报忧不报喜"在全面原则面前都是不对的；二是对于那些有争议的问题——集中表现在揭露性、批评性报道中——传播主体要特别注意顾及各方的情况

---

① 胡耀邦. 关于党的新闻工作 [J]. 新闻记者，1985 (5)：7.

和意见，要主动运用均衡或平衡报道的手法，把事实的整体状况再现出来。

全面性原则还要求全面不能停留在对事实表面现象的全面罗列上，应力求在条件允许的情况下揭示事实的本质，达到一定的深度，使人们对新闻事实本质的多面性和多层次性达到全面的认识和了解。一些重大的新闻事件、重要的新闻事实呈现出来的现象本身就是极其复杂的，要全面描述它的现实景象并不容易，透过现象层面的东西，全面反映或揭示它的本质就更加艰难了。因此，对新闻事件、事实本质的全面揭示和报道，是对传播主体高层次的要求，也是收受主体对传播主体的一种期望。因为处在信息社会的人们获取现象信息的渠道是比较充分的，但要对现象信息背后的东西、现象信息所蕴含的各种意义做出比较全面的解释和理解，还是很困难的事情。这就需要传播主体充分利用自己先知先觉的优势，对现象信息做出全面的分析，在新闻的基础上为人们提供进一步的意见。当然，意见不能和新闻搅和在一起。对此，刘少奇曾有过精辟的论述，他说，"不深刻不会全面，提不到理论高度，是不会全面的，那只能是零碎的、现象的、无系统的。全面，就要综合，要总结，要提到政策、理论的高度。提不到理论高度，就不能认识事物的本质。理论的东西就是要'透'，不是光说明现象、皮毛，而且能说明内部的联系"①。

全面报道的理念与方法对于新闻传播具有特殊的意义和价值。首先，全面提升了新闻传播的层次和境界，强化了新闻传播的理性精神，提高了对新闻媒体和新闻传播主体的要求。新闻传播要达到一点、一面、一事层次的真实、客观是比较容易的，但要实现全部、全局、全体的真实和客观是艰难的。全面报道的理念与方法，要求传播主体不能停留

---

① 刘少奇.对华北记者团的谈话 [J].新闻战线，1982 (1)：5.

在低层次的真实、客观上，而要"从事物总体、社会的总体联系中来考察、评判事实"①，不仅达到"一时一事"的具体真实，而且要努力反映"全时全事"的整体状况，这显然是一种高层次的要求。全面作为新闻传播的理念和方法，要求传播主体必须自觉超越自己的利益需要、情感偏爱，克服偏狭、孤立、固执、极端的思维取向，以实事求是的态度，科学求实的精神，辩证思维、系统思维的方法，宽阔的胸怀和开放的眼界，去对待每一个报道对象，对待整个事实世界。其次，全面是实现真实、客观、公正的必然理念和方法。"要做到真实，就要全面，缺一面就不是真理。"② 片面的真实也是真实，但那是低层次的真实，相对事实整体来说是"残缺"的真实、局部的真实，这种真实极有可能误导人们片面理解某一事实，甚至片面对待整个事实世界。只有在全面理念支配下的全面报道，才有可能达到全面的真实，实现新闻真实的最高境界。最后，全面报道理念是一条确保为社会和人们提供比较健全的新闻信息服务的理念。只有全面，才能为收受主体提供健全的新闻信息，只有健全的新闻信息，才能使人们真正了解某一新闻事实的整体面貌，了解生存、发展的环境变化，把握自然、社会的最新变动情况，从而有效调整自己的行为。进而言之，只有全面，才能确保达到新闻的事实真实（个体真实）和整体可信。孙旭培先生在其《新闻学新论》中写道，"新闻报道做到既真实，又全面，就能实现具体真实和整体可信的统一"③，而只有真实可信的信息，才会被人们真正作为决策的参考或依据，新闻传播的效果也才能得到真正的实现。

与客观报道一样，实现新闻报道的全面是可能的，但也是有限度的。

① 黄旦. 新闻传播学：修订版［M］. 2版. 杭州：杭州大学出版社，1997：253.

② 刘少奇. 对华北记者团的谈话［J］. 新闻战线，1982（1）：4.

③ 孙旭培. 新闻学新论［M］. 北京：社科文献出版社，1993：218.

首先，新闻报道的全面性是新闻眼光下的全面性，是全面报道理念和全面报道方法下的全面性，不是有闻必录、事无巨细的大杂烩式的全面性。新闻传播媒体对整个新闻事实世界的描述，对个别新闻事实的描述，都不可能达到与对象的绝对符合，总有一定的遗漏，"我们试图用我们的网把世界的一切扑捉干净，但总会有从网眼中遗漏的"①。新闻传播是有选择的传播，对于具体事实，它要选取有新闻价值的部分和侧面进行报道，而不是对所有的部分或侧面都进行报道。全面理念在这里的要旨在于，以全面的态度和方法对待报道对象，避免形成不符合事实面目的片面报道；对于整个新闻报道来说，全面性的有限性是显而易见的，任何新闻传播媒体都不可能发现所有的新闻事实，也不可能把发现的新闻事实信息在有限的版面或时段中全部传播出去。因而，对于每一家具体的新闻传播媒体来说，它的全面性必然是有限的，是不可超越的界限。由不同新闻传播媒体在自觉或不自觉的合作与竞争中形成的全部报道，在整体上能够提高对某一新闻事实或整个新闻事实世界报道的全面性，这种信念既基于以往新闻实践经验的判断，也是新闻传播有机运动的可能。其次，即使所有新闻传播媒体、传播主体主观上愿意实现新闻报道的全面性，即把全面真实作为自己的追求目标，传播主体认识能力的有限性、客观事实本身构成或变化的复杂性、新闻传播环境限制或宽松的程度等，也会对传播主体全面把握新闻事实产生各种作用和影响。因而，全面只能是一种理想的状态，不可能是想当然的现实。

就现实的新闻传播来说，人们发现，在不少新闻报道活动中，甚至在整个新闻传播的价值取向上，一些新闻传播媒体本身就不愿意全面报道事实的真实面目，因而也不会去全面报道客观世界的最新变化。在这种态度

① 黄小寒.《自然之书》读解：科学诠释学［M］.上海：上海译文出版社，2002：197.

和价值取向支配下的新闻传播，不可能为人们提供健全的新闻信息，其全面性不仅是有限度的，而且失去了可能实现的主体根据。改变这种片面性的方法，从根本上说要依赖历史的进步，依赖新闻传播制度的改变，依赖真正的新闻传播全面观念的确立。由于主客观条件的限制，"我们永远也不会完全做到这一点（指'全面'——引者注），但是，全面性这一要求可以使我们防止犯错误和防止僵化"①。全面性的有限性，说明了实现全面性的艰难，但我们不能因为艰难而退缩，要明知不可为而为之。全面的新闻传播理念和方法，可以帮助新闻传播主体提高全面的程度，向全面性接近。

（二）公正至上的价值原则

任何新闻传播都有一定的价值追求，因而就实际的新闻传播活动来看，都要遵循一定的价值原则。新闻传播的现实告诉人们，传播主体不只是"让事实说话"，还会"用事实说话""为事实说话"，表达自己的意志意见，追求自己的新闻理想和其他传播目标。新闻传播的价值原则，就是新闻传播主体为实现一定利益需要（不只是传播主体自身的利益需要）而坚持的原则。但要实现新闻真实，应该坚守的只能是公正至上的价值原则。

公正报道新闻，是所有新闻媒体都在标榜的一条基本价值原则，是新闻传播主体理应具备的职业精神理念，也是人类新闻传播业必须追求的价值理想。新闻传播能够正大光明，以天下为公，也是千千万万民众的渴望，是新闻传播实现正面社会效应的基础。能否进行公正传播，因而也应该成为评价新闻传播合理与否的重要尺度之一。

---

① 列宁.列宁选集：第4卷［M］. 3版（修订版）. 北京：人民出版社，2012：419.

公正原则是相对事实原则的"应然之则"。公正原则的核心在于通过真实报道实现"新闻正义"或者"媒介正义"，承担新闻媒体应尽的社会职责，即通过真实的新闻报道实现和维护人们应该享有的最基本的新闻自由权利。童兵先生在他的《理论新闻传播学导论（第二版）》中写道，新闻传播公正性的科学含义主要包括："传播工作者负有社会责任和职业道义，保障公民享有平等地从媒介获得资讯、发表意见、进行申辩和反对他人观点的权利与机会，传播工作者不享有传播自己个人意见与片面事实，并以个人意见与片面事实压制他人意见与其他事实公开传播的特权与自由。"① 这一表述反映了公正原则的基本内容。

公正原则在宏观层面上，要求作为社会公器的新闻媒体、作为守望者的新闻传播主体，拒绝向任何权力和金钱做出不正当的倾斜。英国著名报人约翰·德莱恩曾充满激情地指出："新闻事业应以独立的精神执行其任务，以社会利益为前提，不与政治人物勾结，更不可牺牲其永恒的利益，而向任何政权低头。"② 公正原则要求新闻传播媒体、新闻传播主体尽力消除传播中的歧视行为，树立为所有民众服务、为整个社会服务的新闻职业道义和精神，不能把传播仅仅指向社会的强势群体、富裕地区和发达领域，而无视弱势群体的利益和需要，无视贫困地区和欠发展的领域。可见，公正原则是实现整体真实的方向性的原则。公正原则内在地要求新闻报道必须达到全面。

将公正原则落实到具体的、微观的新闻报道活动中，最典型的体现是要求传播主体在再现新闻事实时，必须以"平等"的态度和方式对待新闻事实的各方当事人。对新闻传播来说，只有为构成新闻事实的事件各方，特别是为争议各方提供平等利用媒介的机会，才能从手段上、形式上保证

---

① 童兵. 理论新闻传播学导论［M］. 2版. 北京：中国人民大学出版社，2011：76.
② 童兵. 比较新闻传播学［M］. 北京：中国人民大学出版社，2002：86.

再现事实的全面性、客观性和公正性。如果传播者不能以公正的态度和方式对待新闻事实各方当事人，那么不仅不道德，也是对新闻自由权利的滥用。公正对待新闻事实当事人的依据在于：不同的当事人拥有同等的道德权利和道德尊严，更实际一点讲，他们在法律面前是平等的。其实，新闻正义在很大程度上正是通过公正报道实现的，公正报道就是不伤害并维护公民新闻自由的报道，就是确保公民平等利用新闻媒介的报道，就是确保公民独立性不受新闻传播不当干涉的报道。只有这样的报道，才能实现新闻的真实，让人们有机会了解事实的全面情况。

公正作为再现新闻事实的基本原则，其实现的程度如何，关键取决于传播媒体坚持什么样的传播方针，取决于为谁服务。在私人资本控制下的新闻媒体，在本质上是难以实现新闻公正的，是难以在再现新闻事实时坚守公正原则的。即便是人民当家作主的新闻媒体，尽管从理论逻辑上说可以实现新闻公正，但面对传播现实，人们不难看到，公正的天平也会无意中倾斜。而一旦出现这种现象，新闻真实的实现也就受到了根本的威胁。因而，为了实现新闻真实，公正至上的大旗必须高高举起。

公正原则对新闻传播主体自身提出的直接要求是：不能利用职业之便随意表达自己的情感和意见，不能将非新闻的东西当作新闻来报道，不能有意进行失实的、片面的、歧视的报道以实现自己的私利，更不能以虚假的、有偿的报道来误导收受者、欺骗社会。新闻传播者应当"以历史学家的公正态度记述事实"[1]。公正原则对新闻传播主体提出的更高的要求是：在"让事实说话"的基础上，敢于坚持社会正义，以新闻方式"为事实说话"，即敢于将应该公开的事实、信息，迅速及时地公之于众，而不怕任何权力的压制；敢于揭露社会的各种丑恶，特别是权力阶层的

---

① 马克思，恩格斯. 马克思恩格斯选集：第1卷 [M]. 3版. 北京：人民出版社，2012：628.

丑恶；敢于为社会中的弱势群体呐喊，维护他们的权利和利益。新闻公正原则的最终目的是为人民服务、为社会服务，以新闻方式维护社会的良性运行。

坚持公正至上的价值原则，对新闻传播来说，不只是为了实现新闻真实，还有着更特别的意义。第一，公正或正义，从古至今，都被人们看作"百德之总"，是"一种最高的价值观念"①。公正或正义同样是人类新闻传播事业追求的伟大理想。公正意味着透明、公开和公平，意味着民主、平等和自由。这种美好的景象、理想主义的东西，始终是人类追求的境界和目标。在当代社会，新闻传播业作为社会公器的地位与作用日益凸显。人们越来越期望通过新闻传播手段维护社会正义，实现社会公正，而这一切必须以新闻传播自身的公正为前提，以新闻传播主体自身的正义精神为支撑。第二，公正传播是实现新闻传播媒体社会责任的保证。作为新闻正义的内在要求，公正是新闻道德理念的核心，它要解决的是新闻传播的正当性和合理性的问题。对新闻传播者来说，公正"是绝对的命令"，是传播者应该做的事，也是必须做的事。只有通过公正的报道态度和公正的报道方式，才有可能获得公正的报道结果，实现新闻媒体的社会责任。第三，公正传播是实现有效传播的基础。对新闻传播来说，有效传播的根基性因素是真实、公正、及时、公开。真实是公正的事实基础，及时、公开是实现新闻公正的特殊途径，而"中立、公正是可信的思想交流形式，因而也是有效的新闻传播方式"②。灌注在公正原则中的灵魂，对于传播主体来说，就是排除自己的私利。当一家新闻媒体不出于自己的私利报道新闻时，其传播有效性的基础就建立起来了。公信是以公正为前提的。

传播主体是否在新闻传播中坚持了公正的原则，达到了新闻正义，是

---

① 严存生. 论法与正义 [M]. 西安：陕西人民出版社，1997：172-176.

② 郭镇之. "客观新闻学" [J]. 新闻与传播研究，1998（4）：65.

需要社会进行监督评判的，这既有利于新闻媒体的健康发展，也有利于新闻媒体社会功能的正当发挥。其一，新闻传播公正与否，不能由新闻媒体和传播者自己来评判，也不应该由官方（或新闻资产的控制者）或某种所谓的权威人士来评判（仅可作为参考意见）。作为"大众"传播的新闻传播，其公正性的评价主体天然地就应该是作为新闻收受者的"大众"，或者是某一新闻媒体的目标收受者。任何人，只有当他是某一新闻媒体的收受者时，才有资格去评价该媒体的公正性，这里最根本的原因是，目标收受者普遍拥有比较良好的、充分的进行公正性评价的信息基础。目标收受者之外的收受者不应该成为评判传播公正性的核心主体。其二，新闻收受主体评判新闻传播公正性的尺度，依赖于收受主体作为评价者的正义观念或公正观念。就实际情况来说，这种尺度通常有两大类：一是利益尺度，它具有伦理价值中的功利主义的性质，即看新闻传播是否维护了目标收受者中绝大多数人的利益，或扩展开来，看新闻传播是否有利于社会的普遍利益或绝大多数人的利益；二是平等或公平尺度，它具有伦理价值中的道义论的性质，即看新闻传播是否给收受者提供了平等利用新闻媒体的实质性机会，从新闻媒体的角度确保了实现新闻自由的可能。其三，在实际的新闻传收活动中，人们评判传播公正性的直接标准大致包括两个方面：一是规律性标准，即看被评判的新闻传播是否遵循了新闻传播的基本规律和要求；二是规范性标准，即主要看新闻传播从内容到方式，是否合乎现实社会对新闻传播提出的一系列规范性要求。合法性、合政策性是对公正性最基本的评判，合德性是对公正性进一步的评判。就某一具体的新闻报道来说，新闻事实的当事者能否平等地享有相关法律所规定的相关自由权利，是衡量新闻传播是否公正的重要尺度，也是传播者判断自己是否在新闻作品中公正再现了新闻事实的尺度。如果传播机构和传播者公正对待了新闻事实，公正对待了新闻事实的当事者，也就实现了对社会公众的公正。因为新闻传播维护了社会和公众普遍认可的正义观念、公正观念，合乎人们普遍认可的情理（道德伦理观念），满足了收受者获取新闻事实真相的知情权等，就是对收受者的一种公正对待。

（三）及时公开的方法原则

新闻真实是在新闻传播中实现的，因此，新闻真实的实现与新闻传播方式方法的特点必然密切相关。新闻传播的方式方法对新闻真实的实现具有内在的影响，新闻真实的实现一定会受到新闻传播方式方法的制约。只有以新闻传播方式方法实现的真实才是新闻真实。反过来说，为了实现新闻真实，必须坚持新闻传播的方式方法原则。新闻传播在方式方法上最突出的特征就是及时和公开。因此，我们主要从这两方面来讨论新闻传播方式方法对于实现新闻真实的作用。

1. 及时原则

及时是新闻传播的时间原则，是通过对时间的把握来获取良好新闻传播效果的原则。在所有能够公开传播的信息传播方式中，及时传播可以说是新闻报道最突出的特征，也是新闻传播规律的内在要求。如果说真实是新闻的第一生命，那就完全可以说及时是新闻的第二生命。蔡元培先生在为徐宝璜所著的《新闻学》写的序中说："史所记不嫌其旧；而新闻所记，则愈新愈善。"[①] 及时是新闻传播最突出的方法原则之一。新闻真实就实现于及时的报道过程中。

及时最基本、最重要的含义就是"快"，就是要在第一时间[②]内将新闻事实信息反映出来，传播出去。从新闻传播的总体要求上说，对新闻事

---

① 徐宝璜. 新闻学 [M] //松本君平，休曼，徐宝璜，等. 新闻文存. 北京：中国新闻出版社，1987：275.

② 所谓"第一时间"，是指"在事件刚一发生，人们对事件还来不及做出判断时，就立即给予报道"，参见：刘建明. 当代新闻学原理 [M]. 北京：清华大学出版社，2003：147.

实的再现越及时越好。及时的程度是以新闻事实从发生、被发现到实现传播间的"时距"来衡量的，因此从新闻事实发生、被发现到得到反映报道的"时距"越短，新闻就越及时。在广播、电视、互联网等的现场直播中，这种"时距"对视听者而言几乎为零，即一种实时性的传播，它把新闻事实的符号化阶段、产品化阶段"压缩"在了同一时间，几乎没有做什么"包装"，即将原生态的新闻事实信息传播给收受者，充分显示了新闻真实的特点。

在"快"的原则下，及时的时间效果还可能通过时机、时宜的方式来实现。及时并不是绝对的快，"时机""时宜"问题也是及时原则不可少的、重要的内涵。时机、时宜的本质在于通过对报道时间的把握，求得传播者预期的传播效果。既讲快速，又讲效果，是及时传播原则需要把握的又一基本精神。因此，快闻（新闻）、慢闻（旧闻）常常成为新闻传播的时间艺术。在这种时间艺术中，要把握的其实就是事实的变化、传收环境的变化，而最根本的东西则是人们对新闻报道的反应，即新闻真实实现方式的变化。同样一条真实的新闻，对其报道时间的驾驭不同，其真实的实现效果也会有所改变。

及时原则对于新闻真实的实现有着特别的意义。首先，从新闻传播者的角度来看，只有在及时中把握到的真实才是新闻性的真实。只有及时才能完成新闻人观察世界、监测环境的基本使命。新闻报道的主要对象是自然、社会的最新变动情况。这种变动随时随地、层出不穷，客观上要求新闻传播者必须以及时的方式去反映、报道这种变化，如果不能及时报道，作为新闻传播的传播也就失去了存在的价值和意义。恩格斯曾说，"……丧失时机对这类文章（指报刊文章，特别是新闻报道——引者注）来说是致命的"①，

---

① 马克思，恩格斯. 马克思恩格斯全集：第33卷 [M]. 北京：人民出版社，1973：15-16.

因此，"除非特别，一分钟也不能多耽搁"①。马克思认为，对这些传播来说，"时间就是一切"②。其次，从新闻收受者的角度来看，只有及时获得的真实才是具有新闻效应的真实。及时传播以最快的信息流通方式，为人们提供用于尽快调适自己言行的真实信息，从而使新闻真实的实现具有了特殊的意义。只有及时或同步了解、把握自己生存与发展环境的最新变动情况，才能有效调整自己适应或改造环境的行为。时过境迁式的新闻报道，对收受主体来说是"马后炮"，是雨后送伞，是明日黄花，既不能满足他们的新闻需要，也极有可能失去"有用"和"有趣"的基本价值。再次，从新闻媒体的生存与发展角度来看，及时性的真实报道（不只是及时的报道）是最有力的竞争手段。如今，不同媒介形态间的竞争、不同新闻媒体机构间的竞争愈演愈烈，优胜劣汰的传媒生态已经形成。在这样的传播环境下，能否赢得新闻市场直接关系到每个媒体能否继续生存与发展，而新闻媒体之间进行竞争的直接手段或第一手段就是"新"闻，竞争力的集中表现则是看谁的新闻发现力强，谁能更准确、更迅速地发现收受者的新闻信息需求，谁能以最快的速度传播出具有吸引力的新闻，谁能用有吸引力的新闻吸引收受者的注意力，从而塑造出广泛的社会影响力。但所有这些东西的根基都是"真实"。如果快中出错，如果快中弄虚作假，那么一旦被人们揭露出来，一切都将化为泡影。最后，从及时原则对其他新闻传播原则的影响看，新闻传播的真实、客观、全面、公正等要求，都以及时传播为前提，如果没有了及时性的要求，传播所实现的真实、客观、全面、公正等就不再是新闻性的。因此，及时传播原则既是"事实原则"的要求，也是"价值原则"的需要，可以说，它是有效实现"事实原则"和"价值原则"的"方法原则"。它给新闻真实"贴"上了特色标签。

---

① 马克思，恩格斯．马克思恩格斯全集：第 49 卷［M］．2 版．北京：人民出版社，2016：146．

② 马克思，恩格斯．马克思恩格斯全集：第 29 卷［M］．北京：人民出版社，1972：383．

2. 公开原则

与新闻传播的及时性原则一样，公开传播是新闻传播在传播方式上最显著的特点之一，也是新闻传播的重要精神内涵。公开性使新闻传播成为阳光下的传播。这就意味着，新闻真实，必须以公开的方式来实现[①]：以公开的方式挖掘事实的真相，以公开的方式告知事实的真相，以公开的方式实现真实报道的影响。

其一，新闻传播的公开性，首先是指新闻传播的大众性和社会性。这意味着新闻传播是面向整个社会的传播、面向所有人的传播，意味着传播新闻、收受新闻不论在实质上还是在形式上，都不是某些人的特权，而是人们应该拥有的一种普遍权利。从新闻真实论的角度看，新闻真实的实现，客观上与所有社会成员相关。其二，公开性意味着新闻传播是一种无空间界限的传播、无信息壁垒的传播、无歧视性的传播，而从最本质的意义上说，新闻传播应该是一种自由的传播。新闻自由是公开原则的内核和根本精神。新闻传播，应该超越一切人为障碍。所有新闻媒体的新闻传播，都应该成为全球化新闻传播的有机组成部分。因而，从原则上说，真实本身应该是自由的、不受限制的，真实是不应该被虚假的意识形态扭曲的。只有在自由的传播中，新闻真实才有可能得到真正的实现。其三，公开性要求新闻传播主体不能隐瞒或遮蔽新闻事实的本来面目，在每一个传播环节上，都能够以公开的方式处理新闻信息，这是赢得社会公众信任的有效途径。新闻传播过程本身的公开，是新闻传播公开原则的实质性内容，是新闻媒体能够成为"社会公共平台"的基本条件之一。一些新闻传播在第一环节——采访——的非公开性（隐性采访），引起了人们的极大关注，引发了各种各样的讨论。从新闻传播的公开原则出发，任何情况下的隐性采访

---

① 这是一条总的原则，并不否认一些采访在必要的时候可以运用隐蔽的方式或手段。

方式都是应该被努力避免的，"除非信息对公众利益意义重大，而以传统的开放方式又无法获得，否则不要暗中探听，不要用鬼鬼祟祟的方法收集信息。如果使用了这种方法，就应在报道中予以解释"[①]。而新闻传播在其他环节上的公开性还远未受到人们的足够重视。新闻内容是怎么选择的、怎样确定的，传播方法是如何确立的，等等，都应该是公开的、透明的，新闻信息的收受者有权利知道这些具体的新闻操作过程。一句话，传播者有义务说明新闻为什么是真实的，收受者有权利知道新闻是否是真实的。其四，公开性同样要求一定的组织、团体或个人，按照有关法律或相关规定的要求，履行应尽的义务，通过新闻传播媒体及时向社会和公众告知与社会公共事务相关的新闻信息。公开性的这一含义，具有极为重要的作用，它是新闻传播公开性获得价值和意义的基础。只有与社会公共利益相关的信息源是公开的，新闻传播的公开性才能得到保证，新闻真实才可能是有意义的真实。从原则上说，凡属公众知情权范围的信息，任何形式的拥有者，特别是政府机构，都有告知公众的义务。如果因未履行告知义务而导致不良后果，信息拥有者就应该承担必要的法律责任和道德责任。因而，新闻真实的实现，并不只是新闻传播者的责任，而且是所有新闻活动主体的责任。其五，公开性原则要求新闻传播主体在非特殊情况下，应该向社会和收受者公开新闻信息的来源。说明新闻信息的确切来源，不仅是新闻报道简单的技术性要求，而且是新闻传播公开原则的内在要求，是确保新闻可信、真实的要求，也是新闻传播向社会负责、向收受者负责的基本要求。

公开性的上述内涵，意味着它对新闻传播本身与社会都有重要的意义。它是公民知情权得以普遍实现的通道和基本保障。公开意味着透明和平等，意味着民主和自由。"没有公开性而谈民主制是很可笑的。"[②] 新闻

---

① 史密斯．新闻道德评价［M］．李青藜，译．北京：新华出版社，2001：37.

② 列宁．列宁选集：第1卷［M］．3版（修订版）．北京：人民出版社，2012：417.

传播的公开性特点，恰好使人们能够以相对比较自由、主动、平等的方式去了解世界的变化，把握自己生存、发展环境的变动情况，从而能够及时发表意见、表达看法，以舆论或其他方式参与重要事务的决策，实现自己的民主权利。公开是新闻传播的力量源泉之一。新闻的力量基于真实，这是新闻生命的力量。但是，真实的力量要通过公开的传播方式来实现。新闻传播的社会吸引力和影响力，只有通过公开传播的方式才能得到规模化的有效实现。新闻传播媒体作为"准"政治实体、经济实体、文化实体等的社会力量，无不源于真实、及时和公开的传播原则与方式。新闻媒体作为社会舆论机构的力量，同样在于信息传播的公开性，只有公开性的传播，才能有效反映、代表、扩散、放大、强化、影响、引导一定的公众舆论，塑造某种舆论环境，形成某种舆论压力，促成一些问题的解决。新闻媒体所有社会功能的发挥，大而化之地讲，它对社会物质文明、精神文明、政治文明的影响和作用，不管是正面的还是负面的，都与新闻传播的公开力量息息相关；从小处说，新闻传播告知效应的大小、意见交流成效的高低、舆论监督力量的强弱、舆论引导结果的优劣等，从根本上看，都取决于新闻传播的公开性。

需要我们注意的是，新闻传播的公开性是有规范的公开性，是有限度的公开性。公开有度，才能公开有效。"经验告诉我们，讲透明要有个'度'，不能超出这个度，讲公开也不能凡事都完全公开，要注意新闻传播的社会效果。"① 但更需注意的是，对公开性做出限制的规范，必须是合理的制度性规范。而且，不管是什么类型的规范（法律、政策、纪律、道德等），都必须是良性的规范，即必须是从根本上对社会发展和人民有利的规范。一切恶性的规范都将对新闻传播公开性形成恶性的限制，也必将

---

① 郑保卫. 当代新闻理论 [M]. 北京：新华出版社，2003：54.

损害社会和大众的根本利益。因此，虽然对新闻传播的公开性的限制是必要的，但"对限制本身应当有所限制"①，即要把限制本身限制在合理的范围内，要在制度上追究不合理限制的各种责任，以保障新闻传播公开性的正常运行。如此，新闻真实才能得到合理的实现。

四、实现新闻真实的程（序）规（则）

实现新闻真实，在新闻传播实践中是具体的，不是抽象的，不仅需要遵循新闻传播的基本原则，贯彻新闻传播的基本理念，遵守新闻传播的法律规范，履行新闻职业的道德准则，更需要通过一系列可操作、可控制的专业规范和专业方法去保障。这里，我们根据新闻传播的实际运作情况，以传播者的采写编发等活动为主要对象，即以真实传播或再现真实环节为核心（不讨论收受者对新闻的正确理解问题），简要阐述一下实现新闻真实的基本程序和规则。

（一）构建合理有序的传播流程

在制度化、组织化的新闻传播事业中，传播新闻是个系统工程，需要新闻媒体机构通过比较严格的流水作业来完成。② 将一件新闻事实转换成

---

① 杨宇冠. 人权法：《公民权利和政治权利国际公约》研究［M］. 北京：中国人民公安大学出版社，2003：351.

② 但我们也应该注意到新闻传播的一种新趋势，即在网络传播时代到来的大背景下，每个拥有可以上网的电脑的个人，都可以向全球发布新闻。这意味着每一个体都是潜在的新闻传播者，是新闻传播的直接把关者，这一趋势打破了制度化、组织化新闻媒体的传播程序。这种个人化的新闻传播方式，也许随着网络传播的不断发展会成为越来越重要的新闻传播途径，但我以为它很难成为主导性的新闻传播方式，因为任何个人的传播能力都是极其有限的，只能传播报道偶然碰到的新闻，这与制度化、组织化的新闻传播机构的规模化的新闻传播相比实在是无足轻重的，最多是"偶尔露峥嵘"。至于制度化、组织化的新闻网站或非新闻网站的新闻传播业务，在程序上与传统的新闻媒体并没有本质的区别。

能与广大收受者见面的新闻，要经过复杂的流程，通过一道道关口或环节。因此，能否实现真实传播，与系统中的每个要素相关，与流水线上的每道程序相关。针对新闻传播的实际运作过程，构建有序的、合理的传播流程，是确保新闻真实实现最基本的操作层面、技术层面的要求。

所有的新闻报道，不管是简单的消息，还是复杂的深度报道，在新闻传播的流程上都是相同的，都要经过相同的环节，"不管是报道一场大学篮球赛、撰写一篇讣闻，还是报道总统的国情咨文，新闻记者都要遵循同样的基本程序"①，编辑也要遵循同样的基本程序。只有严格按照一定的程序采写编发新闻，真实性才有可能得到保证。根据新闻传播的实际运作程序，我们可以对新闻传播的流程做出这样的描述。

第一，采访环节。不管是从理论逻辑还是从客观实际出发，采访都是每次报道的开始。② 没有采访，就没有新闻，当然也就没有新闻写作。采访无疑是确保新闻真实最为重要的起始环节。诚如有人指出的那样，"不言而喻，采访是防止新闻失实的第一道防线，也是最重要的防线。如果这道防线留有缺口，新闻真实性就没有可靠的保障"③。如果新闻信息在源头上受到污染，后面的信息流就难以清洁。

第二，写作环节。写作是再现事实真实状态的第二个环节，也是特别关键的一个环节。写作处于采访与编辑之间。采访的成果要体现在写作之中，写作的结果（稿件）要呈现在编辑面前。写作是一个取舍通过采访获

---

① 门彻. 新闻报道与写作：第9版 [M]. 展江，主译. 北京：华夏出版社，2003：序言6.
② 有人认为，一些新闻报道始于策划，而策划属于编辑范畴，因而一些新闻报道始于编辑。这是宏观编辑学被引入编辑学之后生发的问题。我认为"报道始于编辑"的看法是一种错误的观念。新闻报道是对既有事实的报道。事实在先，新闻在后。如果编辑策划的是如何报道一件事实，那么逻辑上必须以对事实的知为前提，即以采访为前提。如果编辑要策划、创造一件新闻事实出来，然后再进行报道，那么确实是编辑在先，编辑先于采访。但我以为这种模式的策划，已经不是新闻策划，而是公关策划，新闻已经变成了传播者实现非新闻目的的手段。
③ 蒋亚平，官健文，林荣强. 新闻失实论：上册 [M]. 北京：中国新闻出版社，1986：323.

取的信息的过程，是一个按照一定报道主题建构、安排信息单元的过程，是一个用一定符号再现事实真实面目的过程。"写作"是什么，"新闻"就将是什么。写作既凝结了采访的成果，也建构了事实的面目。写作一旦宣告结束，采访对它的影响也就结束了。而稿件完成后，"如果有错误，编辑是不容易改正的，因为他既不了解事实，也不可能全部核对"①。

在实际工作中，采访、写作是新闻传播流程中的两个不同的环节，但又是高度统一、相互融合的两个环节，并且按照新闻工作的效率原则、方便原则，这两个环节通常是由同一主体完成的。所以，采写中的矛盾是比较容易解决的。一般说来，只要通过采访获取的信息是全面的、真实的，就可以保证写作的全面和真实。

第三，编辑环节。编辑是实现再现真实的另一关键环节。编辑环节是整个新闻传播流程中细小环节繁杂、具体关口最多的一个大环节。从一般编辑到部门主任编辑，从部门主任编辑到主管不同部门的副总编辑，从日班编辑到夜班编辑，从版面编辑到校对编辑，从校对编辑到作为第一读者的检察员，各个环节，道道关口，都有各自的特殊任务。但不同环节、不同关口最重要、最基本的一个共同任务就是：通过不同编辑的眼睛，通过不同细小环节的工作方式，发现各种可能的错误或纰漏，以确保新闻真实的实现。如果用一句口号性的语言来表达，那么我们可以说，所有的编辑环节，都有一个共同的目标，那就是为实现真实报道而奋斗。

第四，刊播环节。从新闻媒体角度看，刊播是新闻传播的最后一个环节。对报纸来说，是印刷出版环节；对广播电视来说，是播出环节。人们通常把这一环节归属到编辑环节，因而，编辑环节往往成为新闻传播流程

---

① 蒋亚平，官健文，林荣强.新闻失实论：上册［M］.北京：中国新闻出版社，1986：342.

的最后一环。比如，有人这样写道："鉴别、核实稿件的真实性，是编辑的主要任务之一。一篇报道，从采访到发表，需要经过许多关卡，其中最后一道也是重要的一道，就是编辑关。"① 我以为这是不恰当的，特别是对广播电视新闻报道来说，最后环节的播报异常重要、非同小可。即使前面各个环节准确无误，如果播报者看错了、读错了（随着新闻的直播化，出现这种错误的概率越来越大），又没有得到实时的更正，那么其影响也是相当大的。定音的最后一锤如果敲错了，尽管不能说前功尽弃，但对新闻真实的实际影响确实是巨大的。

这里需要说明的一点是，我们上述关于新闻传播流程的描述，针对的是新闻传播的常态运作。在传播实践中，有些特别的新闻往往会跳过中间的一些编辑环节，从采写环节直达刊播环节。但跳过或略去一些编辑环节，不等于没有编辑环节。任何新闻，在其与收受者见面之前，都要经过以上四个大的环节，缺一不可。即使是广播电视新闻、网络新闻的现场直播，也是有编辑环节的，并且是高度紧张的编辑。正常的新闻传播程序一旦断裂，或出现了缺环，新闻的真实性就失去了程序上的保障。正像没有司法程序就没有司法正义一样，没有正常程序、流程保证的新闻报道，其正当性、真实性也是可疑的。

（二）严守采写编的基本（原则）规范

新闻真实的实现，特别是再现环节真实的实现，说一千道一万，最终还是要落实在记者、编辑、新闻播报者的具体工作中。因此，记者、编辑等主要新闻报道人员能否严格遵守相关工作（原则）规范，直接决定着新闻真实能否实现。显而易见，什么样的采写编发（原则）规范才是合理

---

① 蒋亚平，官健文，林荣强. 新闻失实论：上册［M］. 北京：中国新闻出版社，1986：352.

的、有效的，是必须讨论的重要问题。保证新闻真实现实的（原则）规范大致包括两个层面：一是一般的（原则）规范，诸如遵守新闻传播的基本原则（参见上文），恪守新闻职业道德，严守国家相关法律规范、国家的新闻政策，以及政党媒体的新闻纪律等；二是新闻界在长期的新闻传播实践中形成的具体的工作（原则）规范，即一些具体的"怎么做"的（原则）规范，这些（原则）规范直接指导和制约着记者、编辑的新闻行为，直接影响着具体新闻的真实性。因此，在这里，我们主要从后一个层面，即主要从采访、写作和编辑三个环节来说明为实现新闻真实而必须严守的一些基本原则或规范。①

1. 确保真实的采访原则和要求

如上所述，采访是新闻报道的起始环节。采访是成功报道的基础和保证，同样也是真实报道的基础和保证。在新闻采访过程中坚守什么样的原则和要求，才能确保所获信息的真实性，坚守什么样的原则和规范，才能确保对报道对象（一定的新闻事实）的了解是真实的、客观的、全面的，这是十分复杂的问题，可以说，整个新闻采访学的核心就是这些问题。我们这里的讨论，着重点是原则性，而不是技巧性。

新闻采访的对象是客观存在的新闻事实，新闻采访是一种对新闻事实的调查研究活动（本质上是一种认识活动）。不同于一般的采访工作，它是"记者为采访新闻所进行的特殊工作"②。及时获取新闻信息，及时获取真实的、全面的、准确的新闻信息，为后继的新闻报道做好充分的准备，是采访的根本目的。一般来说，新闻采访包括两个大的方面：一是对作为新闻信息源的事物的各种观察和研究；二是对新闻事实、事件的当事

---

① 广播电视新闻的播报环节、报纸新闻的印刷环节，相对于其他三个环节来说，出错、失实的可能性是比较小的，所以此处就不加以专门阐释了。

② 蓝鸿文. 新闻采访学［M］. 2 版. 北京：中国人民大学出版社，2001：1 版前言 I.

人、目击者、知情者（当事人、目击者、知情者就是新闻源，就是新闻源主体）的采访。这两个方面在实际中大多是密切联系在一起的。因此，在讨论确保新闻真实的新闻采访原则时没有多少必要将这两个方面分而述之。

美国哥伦比亚大学新闻学院研究生院名誉教授梅尔文·门彻先生在他的《新闻报道与写作（第九版）》中提出了成功采访的四大原则[①]：（1）细心准备，让自己熟悉尽可能多的背景；（2）与消息来源建立起有利于获得信息的关系；（3）提与消息来源相关的问题，引导消息来源开口讲话；（4）认真倾听并观察。[②] 我以为，成功的采访原则，自然是实现真实报道的采访原则，因为真实报道是成功报道的第一标志。

中国人民大学新闻学院教授蓝鸿文先生，结合中国新闻传播实际，提出了新闻采访的原则、方式和方法。如果做一个概括，大致包括：做好采前准备，如明确采访目的、熟悉采访对象、学习有关政策、充实必要的知识、准备一些问题、设计采访方案等，并做好必要的物质准备；注意访谈规程，如分清访问类型、选准采访对象、研究采访对象的心理、遵守时间、讲究礼貌、信守诺言、营造融洽的谈话氛围、掌握良好的提问技巧等；善于细致观察，如善于观察采访对象的体态表现、环境情况，在观察过程中，要敏锐，视角要独特，眼光要准确，能够抓住采访对象的要害、特点等。[③] 看得出，蓝先生所说的基本内容实质上与梅尔文·门彻先生的没有多少区别。

新闻采访事实上是一个要求很高的专业性的调查研究工作，能够严格

---

① 梅尔文·门彻先生的这部著作，初版于 1977 年。截至 2000 年，这部著作已经累计印刷近 30 万册，被美国 300 多所大学作为教材使用。门彻. 新闻报道与写作：第 9 版 [M]. 展江，主译. 北京：华夏出版社，2003：前言 4.

② 门彻. 新闻报道与写作：第 9 版 [M]. 展江，主译. 北京：华夏出版社，2003：360.

③ 参见：蓝鸿文. 新闻采访学 [M]. 2 版. 北京：中国人民大学出版社，2001.

按照上述诸多原则、要求进行采访是一个相当费心费力的过程。但只有按照这些基本原则和要求实施采访，才能确保所获新闻信息的真实性和准确性，才能为后继新闻报道的真实性奠定坚实的基础。

2. 确保真实的写作原则和方法

新闻写作有自身的特殊要求。只有用新闻观念写新闻，用新闻写作的方法写新闻，用新闻语言写新闻，才能保证写出来的是新闻作品，反映出来的真实是新闻真实。新闻写作是个内涵十分丰富的问题，包括不同媒介形态新闻的写作，比如报纸新闻的写作、广播电视新闻的写作、网络新闻的写作；不同报道领域的新闻写作（通常称为分类写作），比如科技新闻的写作、犯罪新闻的写作、灾难新闻的写作、体育新闻的写作等；不同新闻体裁的新闻写作，比如消息的写作、特稿的写作（在中国则通常分为消息的写作和通讯的写作）等。本书不是专门研究新闻写作的著作，不可能分门别类地讨论确保新闻真实的写作原则和方法。而且，我也不准备花太多工夫探讨确保新闻真实的基本写作原则和方法。倒不是我想偷懒，而是我不想班门弄斧。下面，我主要根据美国新闻学者梅尔文·门彻和中国学者高钢先生的有关著作，对确保新闻真实的写作原则和方法做一些概括性的论述。[①]

梅尔文·门彻先生在《新闻报道与写作（第九版）》中提出了十项新闻写作原则：（1）先理解事件，然后再写；（2）知道自己想说什么时再写；（3）要展现，不要讲述；（4）把好的引语和具有人情味的内容放在报道的显要之处；（5）把相关的说明或有趣的故事放在报道的显要之处；

---

① 我之所以以这两位学者的成果为主要参照，是因为他们的著作，他们的有关论述和阐释，在我看来是十分精到的。梅尔文·门彻先生的《新闻报道与写作》是美国新闻学的经典教材，被美国300多所大学选用（见前面的注释）。高钢先生则先后在北京大学中文系新闻专业、中国人民大学新闻系、美国亚利桑那大学新闻系学习和研修，更为重要的是，他拥有25年之久的新闻工作经历，他的《新闻写作精要》一书令人耳目一新，在中国国内的同类著作中难得一见。

（6）使用具体的名词和生动的行为动词；（7）避免滥用形容词，避免用大量副词修饰动词；（8）避免在报道中做判断和推论，让事实说话；（9）不要在文章中提出你无法回答的问题；（10）质朴、诚实并迅速地写作。[①] 我认为，这十项原则，既是写作好报道的原则，也是确保新闻真实的原则，符合上文所说的按照新闻观念写新闻、按照新闻方法写新闻、按照新闻语言写新闻的原则。其实，梅尔文·门彻先生还专门提出了确保新闻真实的写作要求，他认为，一篇准确、完整和可信的新闻报道，必须具备以下要素。第一，报道中要包含：（1）通过个人观察或物的消息来源获得的事实性材料，这些要通过细节、详情来体现；（2）用作附加信息的权威的、灵通的人的消息来源；（3）重要而完整的背景信息。第二，写作中要包含：（1）质朴的语言；（2）展开导语的佐证、例子和引语；（3）人情味；（4）适当的风格。[②]

中国学者高钢先生在其所著的《新闻写作精要》中提出了八条新闻写作的基本原则：追求真实，保证准确，交代来源，谨慎验证，保持公正，坚守客观，力求简洁和确保完整。[③] 如同梅尔文·门彻提出的原则一样，这些原则是新闻写作的总原则，是写好新闻稿件的原则，而不仅仅是确保真实的具体原则。如果从新闻真实论的视角看，第一条其实是一条总原则，剩下的七条是保证第一条得以实现的原则，因为在新闻写作中，只有准确叙述，交代来源，全面验证，保持完整、公正、客观，才能真正揭示新闻事实的真相。事实上，高钢先生也提出了保证新闻真实性的具体写作原则和方法：（1）坚持以事实说话；（2）注意观察的全面性；（3）严禁主观想象；（4）坚守核实原则；（5）标注新闻来源。[④]

---

① 门彻. 新闻报道与写作：第9版 [M]. 展江，主译. 北京：华夏出版社，2003：178－179.
② 同①192.
③ 高钢. 新闻写作精要 [M]. 北京：首都经济贸易大学出版社，2005：62－87.
④ 同③68－70.

3. 确保真实的编辑原则

编辑对于新闻真实的实现有着特别的、不可替代的作用。编辑在新闻传播流程中所处的地位，决定了编辑既要对具体报道的真实负责，还要特别为整体真实负责。因而，为了确保媒体新闻报道的真实，编辑必须从宏观、微观两个层面及其相互关系中把握自己的工作原则和规范。

在宏观编辑理念的视野中，编辑在实现新闻真实的过程中所起的作用，主要针对的不再是个别的、具体的新闻报道的真实，而是宏观的、整体的真实。"新闻报道是全面、准确地反映了整个现实世界，成为现实生活的缩影，还是片面地、歪曲地反映了现实世界，以现实世界的一隅代替整个现实世界，最终决定权在编辑手里。"① 编辑对于一家新闻媒体新闻传播的整体真实的实现，特别是关于目标报道领域的整体真实的实现，担负着主要责任。与个体记者在点上或狭小的面上工作不同，编辑把握着媒体一定目标报道领域的全局和整体情况。② 一家新闻媒体如何报道目标报道领域的整体景象，主要取决于编辑方针所确立的基本原则，取决于编辑对目标报道领域不同性质、不同类型、不同层次新闻稿件的选择和配置，取决于编辑对这些稿件的统一衡量和编排，取决于编辑与相关记者的配合与协调。③ 编辑站在媒体高度做出的统筹和安排，将直接影响甚至决定新闻收受者对媒体目标报道领域整体情况的把握。我们可以毫不夸张地说，媒体的新闻框架主要是由编辑来塑造的，目标报道领域的整体面目，也可以说是由编辑来塑造的。媒体自身的刻板模式以及它对报道对象的"刻板"主要是由编辑来操纵的。当然，记者永远是建构媒体新闻报道框架的

---

① 蒋亚平，官健文，林荣强. 新闻失实论：上册 [M]. 北京：中国新闻出版社，1986：162.

② 当然，这是从应该的角度讲的，并不是说在实际中所有的相关编辑人员都能够做到这一点。

③ 在现行的新闻传播运作中，编辑的地位越来越重要，编辑把握着新闻报道的整体运作方式。这在西方新闻媒体中表现得尤为突出。在中国，随着责任编辑制的实行，编辑的实际地位与名誉地位都在上升。

搬运工、建筑工，离开了他们的工作，作为设计师的编辑是无用的。这里只是从编辑的角度讲得多一些而已。

编辑对于微观层面具体稿件真实性的影响像记者一样，也是直接的、具体的。在微观编辑学的视野中，编辑可以通过对具体稿件内容的分析、核对甚至调查，确保新闻报道的真实性和准确性。编辑可以修正记者的错误，但没有权利修改事实的本来面目。综合考虑宏观、微观及其相互关系，编辑在确保新闻真实的实现上，应该把握好以下几条基本原则。

第一，稿件配置上的整体平衡原则。在宏观层面上，编辑需要组织、把握媒体目标报道领域不同新闻稿件的总体配置，以求符合目标报道领域的整体实际情况。如果一家媒体坚持具体真实与整体真实相统一的新闻真实观，那么，编辑在稿件配置上就要注意不同性质、类别稿件之间的关系，不仅要确保每篇具体稿件的真实，还要使整体报道能够基本反映目标报道领域的实际情况。如果只注重某一方面或某个侧面的稿件，比如，报喜不报忧或者报忧不报喜，报西不报东或者报东不报西，等等，就会误导收受者对一定目标报道领域的整体认识。"片面，就封锁了自己，蒙蔽了自己。人也是容易被蒙蔽的，'一叶障目'，'一叶弥天'。要和蒙蔽做斗争，就要全面。"[①] 但全面不等于事无巨细，不等于不分主次[②]，编辑应该根据目标报道领域的主次情况来配置稿件的主次关系、数量关系。这对编辑提出了非常高的要求：比较熟悉目标报道领域的整体状况、发展趋势。只有这样，配置稿件才能做到心中有数，基本恰当。

---

① 胡乔木. 记者的工作方法 [M] //中共中央宣传部新闻局，中国社会科学院新闻研究所. 真实：新闻的生命. 北京：中国新闻出版社，1986：104.

② 胡乔木说过一句很有方法论意义的话，他说："全面并不是大全，我们不能把地球整个搬到报纸上面，也不需要。"参见：胡乔木. 记者的工作方法 [M] //中共中央宣传部新闻局，中国社会科学院新闻研究所. 真实：新闻的生命. 北京：中国新闻出版社，1986：104.

　　第二，版面编排上的恰当原则。版面编辑表面看来似乎与新闻真实的实现无关，但事实并非如此。版面的编排本身，就在表达着编辑部的传播意图。如果把本来重要的新闻置于并不重要的版位，而对一些鸡毛蒜皮的新闻进行"轰轰烈烈"的处理，那么这显然是失当的。版面编排不当（包括电子新闻编排的时序不当），就会引导人们误读和误解新闻，从而影响新闻真实的最终实现。几百年来的报纸版面编排历史，八九十年来的电子新闻编排演变，已经形成了一些惯例和规则，人们对新闻的理解大都是按照版面编排的秩序、结构去把握的。版面已经成为新闻的导读结构图。比如，就现在的报纸来说，其稳定的编排结构，就像比较成熟的消息叙事方式一样，是典型的倒金字塔结构。通常，最重要的新闻会被编发在最前面的版面单元中；在一个单元中，最重要的新闻总是被编排在版序最先的版面上；在一个版面上，最重要的新闻总是被编排在最强势的版位上。这种稳定的结构造就了稳定的阅读期待或阅读心理——在重要的位置找重要的新闻。如果版面编辑不按习惯、规则编排稿件，造成稿件与版面编排的各种错位，就会搅乱人们的阅读期待，搅乱他们对新闻的理解，也就等于搅乱他们对客观世界的理解，对媒体目标报道领域事实状态的理解。因此，按照版面编排习惯、规则，恰当编排新闻稿件，使所有稿件适得其所或适得其时（序），是确保新闻真实实现的不可缺少的重要条件。

　　第三，具体稿件编辑的精准原则。任何具体的新闻稿件，都只有经过编辑才能进入媒介通道，才能与收受者最终见面。根据编辑业务的实际展开情况，要确保一篇具体报道的真实，必须把好两道基本关口：一是严格按照编辑流程处理新闻稿件[①]；二是每一具体编辑环节必须完成自己的核

---

　　① 以我国的日报为例，一篇新闻稿件在编辑流水线上通常要经过这样的程序：一般编辑对稿件的全面处理—部门主任编辑的初步审查—主管副主编的进一步审查—夜班值班总编（还有版面编辑、校对编辑）对稿件的再审查。

心任务。① 在这里，我们主要针对稿件编辑（包括文字、图片、图像等不同的新闻稿件）说明"精准原则"的基本要求，因为按照工作流程及其惯例，稿件编辑对新闻稿件的真实性担负着更多的责任。

编辑在编辑处理稿件时，要完成许多具体的工作，但从新闻真实论的角度看，最重要的是对事实的订正。只有事实达到精准，新闻的真实性才能得到保证。一般来说，"订正事实包括订正事实的内容和表述两个方面"，总的要求是：真实、准确、科学、统一、清楚。所谓真实，是指稿件内容与报道对象的符合性；所谓准确，是指构成事实成分的名称、时间、地点、数字、引语等要完全正确无误；所谓科学，是指稿件所陈述的内容，不能与自然科学、社会科学的真理相背离；所谓统一，是指稿件中关于事实的表述应该统一，即稿件中的某些表述方式要和权威规定或通用方式相统一，一篇稿件或一组稿件中的译名、计量单位、数字的写法等要前后一致；所谓清楚，是指对于稿件中的事实，不仅要写得准确，符合事实的本来面貌，而且要写得清楚，便于阅读理解、查找证明。② 在这些要求中，真实是一个总的、基本的要求，其他要求则是为了保证真实或进一步提高新闻稿件的质量。新闻稿件中常见的不真实表现，主要包括虚构、添加、拼凑、夸张、偏颇、孤证、回避、幻影、假象、导演等。③ 中国著名报纸编辑研究专家、中国人民大学新闻学院教授郑兴东先生认为："稿件中极大多数不真实的错误都是比较隐蔽的，并不是轻而易举就能发现的。因此，识别事实的真伪，订正事实，是一件很复杂、很细致的工作。"④

① 不同环节的编辑完成的主要任务是不一样的，日班编辑（又称稿件编辑）的工作对象主要是具体的稿件，版面编辑的主要任务是统筹稿件和组版，校对编辑则进一步订正各种错误，特别是编辑稿与原稿之间的差错问题。

② 郑兴东，陈仁风，蔡雯.报纸编辑学教程［M］.北京：中国人民大学出版社，2001：80-85.

③ 关于这些表现的具体含义，请参见：郑兴东，陈仁风，蔡雯.报纸编辑学教程［M］.北京：中国人民大学出版社，2001：81-82.

④ 同②82.

因而，我们提出具体稿件编辑要坚守精准的原则，达到精准的水平，就是要求编辑以认真的工作态度和高超熟练的编辑技巧，发现、修正、消除这些可能的虚假失实表现。

（三）建立有效的答辩更正制度①

世界上既没有不出错的行业，也没有不出错的人。新闻媒体及其从业者不可能在新闻报道中不犯错误。新闻职业作为一种与时间赛跑、与新事物打交道的职业，可以说是更容易犯错误的一个职业。新闻传播的公开性、大众化往往使新闻中的错误产生巨大影响。在当代知识社会、信息社会，新闻错误造成的后果，会比在任何其他时代都严重。但我们同时也应该知道，世界上没有哪个行业、没有哪种人比新闻行业、新闻人更有条件、更容易、更及时地公开纠正错误。因此，一旦新闻传播出现错误，尽快更正错误就是新闻媒体及其从业者应尽的职责或义务。如何才能及时、有效地更正错误？我以为核心有两个方面。

第一，新闻媒体及其从业者要充分认识更正的必要性和重要性，树立主动更正观念，自觉自愿更正所有错误。主动更正是媒体的一种良好品质和风度。不要等到相关当事人抗议、起诉等才想到更正。更正应该出于自觉自愿，而不是迫于社会舆论或其他方面的压力（比如法院判决要求媒体进行更正）。一般来说，任何错误，一经发现，就要在最短的时间内更正，这既有利于及时有效地消除错误报道的可能影响，也有利于树立媒体诚实

---

① "答辩""更正"是两个有差别的概念。如果新闻报道所涉及的当事人认为报道中的事实或观点与其了解或所持有的观点有出入或表达得不全面，就可以要求媒体为其提供版面或时间段，刊播其陈述作品，这就是通常意义上的答辩。如果新闻媒体自身发现新闻报道有虚假失实之处，或新闻报道涉及的当事人证实（媒体也相信这种证实）新闻报道有虚假失实之处，或经过法院判决认定新闻报道内容有虚假失实之处，媒体随后对虚假失实报道做了更正性的报道，这就是通常意义上的更正。可见，答辩针对的原报道不一定属于虚假失实的报道，更正针对的原报道则一定是虚假失实或至少包含虚假失实内容的报道。我们在这里将二者放在一起讨论，但主要针对更正问题进行相关的阐释。

的品格形象。具体来说，有以下几点：

首先，新闻媒体及其从业者要充分认识到，更正错误是媒体的责任和义务，也是进一步发现真实和保证实现真实的重要弥补措施。能否及时更正自己的错误，直接影响到媒体的公信力和影响力。美国一家报纸的主编曾讲过这样的话："如果一家报纸想要建立态度真诚的声誉——不真诚它就会丧失所有影响力——它就必须谨慎对待出现在栏目中的错误的更正问题。"[1] 美国报纸主编协会在其1923年制定的新闻规约中写道："无论错误的根源是什么，报纸有责任，也有义务迅速、完全地修正自己犯下的严重的事实和评论错误。"[2] 事实上，从客观效果上看，及时、准确地更正错误，有利于维护新闻媒体的良好形象，有利于赢得收受者的进一步信赖。

其次，更正虚假失实报道，不仅是维护相关当事人正当权利的补救措施[3]，也是维护受众知情权的要求，更正错误有利于维护受众的正当权益，有利于媒体更好地为社会、为公众提供新闻信息服务。现实地看，如今的新闻传播社会影响力巨大，社会影响面广泛。不仅正面影响大，负面影响也大。媒体的新闻报道一旦出现错误，就会直接对有关的当事人或集体机构造成损害。有些事关全局的新闻报道如果出现错误，就可能造成全局性的误导，对整个社会都有可能带来负面效应，这样的事件在现实中并不少见。错误报道引起的损害、后果有时是致命的，即使媒体做了及时的修正报道，仍然无法挽回。因此，每当媒体的报道出现错误，人们就会生

---

① 弗林特. 报纸的良知：新闻事业的原则和问题案例讲义 [M]. 萧严，译. 北京：中国人民大学出版社，2005：151.

② 同①365.

③ 从法律上讲，这种权利叫作"答辩权"或"要求更正权"。答辩权又称"申辩权""反驳的权利"，是指被报道的当事人认为自己受到不公正的报道或诽谤时，有要求更正或公开答辩的权利。参见：陈绚. 新闻道德与法规：对媒介行为规范的思考 [M]. 北京：中国大百科全书出版社，2005：217. 当然，对于新闻媒体来说，更正的范围要大于相关当事人提出的要求，因为有些新闻报道中的错误，只有媒体自己才能发现，不会有人提出更正要求。

发出疑问，质询媒体，甚至强烈要求媒体迅速刊播更正报道。这既是维护知情权的需要，也是维护其他正当权益的需要。反过来说，新闻媒体如果寻找种种借口，不愿意更正错误报道，那么不仅对当事人不公正，对新闻的收受者不公正，也对整个社会不公正，因为新闻媒体最自豪的一点就是宣称自己是为整个社会利益服务的"公器"。我们可以断言，不愿修正报道错误的媒体，最终会因为傲慢和固执而自损形象甚至自毁前程。

再次，从原则上说，媒体要更正所有的错误。[①] 媒体在新闻报道中会出现各种各样的、五花八门的错误。错误有大有小，有严重的、一般的、轻微的。到底哪些错误能够纠正、必须纠正，哪些错误无法纠正、没有必要纠正，需要具体错误具体对待。但从原则上说，更正的对象，应该包括所有的错误。一切假新闻、失实新闻都必须被更正，其他一些可能影响收受者准确理解新闻的错误也必须及时得到更正。对新闻媒体及其从业者来说，要确立的观念是：错误无大小，所有的错误都是错误，都是必须修改、更正的对象。

实事求是地讲，新闻媒体是现实社会中的强势机构或组织，新闻职业是各种社会职业中具有相对优势的职业，遭到错误报道的个体、集体等往往是相对媒体而言的"弱势"者，他们没有足够的力量与媒体抗衡。当媒体缺失正义，对错误的报道不加更正时，一些遭遇错误报道的对象往往无能为力、无可奈何，只能忍气吞声，难以改变报道的结果。正是这种实际现象的存在，要求媒体必须建立更正答辩制度，把及时更正错误制度化、规范化，接受社会的监督，以确保新闻真实报道的最终实现。

最后，所有个体的记者、编辑应该正确看待所犯的错误，勇于修正新

---

① 当然，我们这里讨论的主要是具体的新闻报道或新闻作品中的错误，不包括版面编排、广播电视新闻栏目编排或者网页编排本身的错误。

闻报道中的错误。尽管谁也不愿意犯错误，但记者也像其他人一样，不是神，难免犯错。错误常常让人颜面扫地、尴尬丢脸，但却必须面对。记者会犯错误，但重要的是要从错误中学到东西，吸取经验教训。不要因为犯了错误就垂头丧气、一蹶不振。一些记者、编辑一旦出了错、受了批评，便在后继的工作中缩手缩脚、谨小慎微，影响了新闻传播的正常进行。梅尔文·门彻说："不要为犯错误而提心吊胆；那会限制你的发挥空间。尽你所能去做。那就是所有人对你的要求。"① 但也不要因为可以更正，就以为出点错误无所谓。一家媒体或一个记者、编辑，天天出错，天天都刊登出一大篇更正错误的稿件，并不是什么光彩的、值得张扬的事情。更正必定是不得已的补救措施。不出错才是理想境界。

第二，建立有效的答辩更正制度，确保答辩更正的规范及时进行。毫无疑问，更正错误不能停留在观念范围内，不能停留在口头上，而必须落实在更正的规范上，落实在更正的行动上，这样才能发挥更正的实际效果。"一套缺点提醒机制，甚至是罚款，可被成功运用。规定刊登更正启事的严格政策有助于大家认清违反真实的严重性。"② 其实，许多国家的新闻法明确规定，报道了虚假失实新闻的媒体必须按照一定的规范进行更正。③ 我们不可能在这里为所有的新闻机构制定具体的更正制度，但可以为如何制定这样的制度提供一些原则性的设想和建议。

---

① 门彻. 新闻报道与写作：第9版 [M]. 展江，主译. 北京：华夏出版社，2003：41.

② 弗林特. 报纸的良知：新闻事业的原则和问题案例讲义 [M]. 萧严，译. 北京：中国人民大学出版社，2005：15.

③ 比如，埃及的新闻法规定："主编或责任编辑应当根据当事人的要求，更正其在报纸上提及的事实或已发表的声明。更正必须在接到反馈的三天以内，并且不超过三天，以和被更正的文章原来发表时相同的版面和字号，在最近的一期报纸上发表。"类似的规定还出现在其他国家的新闻法中。联合国人道与文化委员会通过的《国际新闻自由公约草案》包含三个公约，第二个公约就是《国际新闻错误更正权公约草案》，其对在什么情况下需要更正、如何更正、不更正如何处理，都有详细规定。参阅：蒋亚平，官健文，林荣强. 新闻失实论：上册 [M]. 北京：中国新闻出版社，1986：434 - 435.

首先，新闻媒体应该成立专门的负责答辩更正事宜的组织机构。[①] 现代新闻传播属于制度化、组织化、规模化的传播，依赖严格的组织制度、人事制度、生产制度等实现新闻信息的采集、加工、制作和传递。答辩更正作为确保新闻真实传播的重要补救环节和必要环节，也需要有组织制度和人事上的保证。答辩更正机构（或部门，甚至是总编室中的一个专门工作小组）的责任就是处理各种答辩更正事宜，它是更正制度化的实体保证。

其次，确立基本的答辩更正原则。答辩更正是非常严肃的事情，答辩更正什么、怎样答辩更正，需要遵循一定的原则，不能随意而为。根据国内外既有的实际经验，我们认为以下几条基本原则是必须遵守的。

其一，公正原则。公正原则应该是建立更正制度的首要原则。"尊重报道对象答辩的权利、坚持有错必纠也是坚持公正原则的一个重要方面。新闻媒介和新闻从业人员一旦发现报道有误，应及时更正，主动履行法律上的义务。"[②] 错误报道或含有错误的报道的直接后果就是对报道对象产生了不公正的效应。公正原则的具体体现主要有这样几点。一是答辩更正的及时性。及时性最根本的要求就是尽快更正（下面将作为专门的一条原则进行讨论），以避免由于延时导致的更正的实际上的无效性。二是答辩更正的平等性。平等是公正性最基本的内涵。答辩更正的平等性，主要是指新闻媒体在处理答辩更正问题时要对相关的当事人一视同仁，按照统一的原则、规定、措施办理，按照统一的制度化的程序实施答辩或更正。三是答辩更正的对等性。答辩更正的对等性主要针对比较严重的错误报道或争议比较大的报道。所谓对等性，是指答辩报道、更正报道与原发报

---

① 为了确保新闻的真实性、准确性，使报纸上的错误得到及时的更正，普利策领导的《纽约世界报》于1913年成立了一个"准确和公平竞争部"。

② 陈绚. 新闻道德与法规：对媒介行为规范的思考 ［M］. 北京：中国大百科全书出版社，2005：217.

道的对等性，主要有这样几点具体要求：报纸版面或广播电视时段的同一性，即原发报道在哪个版面、哪个时段刊播，答辩或更正报道也应该在同一版面或同一时段刊播；空间位置或时段的同一性，即答辩或更正报道应与原发报道出现在基本相同的版面空间位置或广播电视的相同时序位置；篇幅的同一性，即答辩更正报道与原发报道在稿件篇幅上大致相同。

其二，及时原则。新闻报道的基本原则之一是及时，与此相适应，实施答辩更正也应该遵循新闻传播的规律，及时快速地进行，这样的答辩更正才能叫作新闻性的答辩更正，才能产生相应的效果。新闻传播是日日常新甚至是时时常新的传播，如果不及时更正有关错误报道，留在人们大脑中的信息就有可能是错误的信息。如果不及时更正，就会对相关当事者造成更大的伤害。从传播效果上看，及时更正是降低伤害、减少负面效应的唯一途径。

其三，稳定原则。制度化的答辩更正必须是稳定的。稳定性主要体现在这样几个方面：（1）刊播答辩更正报道的时间周期是稳定的。在原则上尽快刊播答辩更正报道的前提下，还应该规定具体的答辩更正报道时间限度。所有的答辩更正报道都必须在更正制度规定的时间限度内完成。（2）刊播答辩更正报道的方式是稳定的。比如，对答辩性稿件的处理，对严重失实报道的处理，原则上应该按照对等性的原则办事（参见上文）；对一般性错误的更正，应该刊播于相对比较固定的版面位置或时段。（3）对错误程度大致相同的报道，其更正报道的方式也应该是大致相同的，这也可以看作平等原则的一个侧面。

其四，惩戒原则。实践一再证明，赏罚分明是促使人类做好有关事务的有效手段。对于在新闻报道中犯错误的记者、编辑或其他工作人员，必须进行适度的惩戒。惩戒不能是一般的批评，而要制定可行的、可操作的具体措施。① 惩戒的前提是必须调查清楚错误的责任所在、错误的严重程度。惩戒是强化责任心的重要方法。

其五，致歉原则。刊播更正报道时，应该向相关的当事人即媒体的受众道歉，以示媒体的歉意以及对广大受众的负责和忠诚。所有错误的报道，不管是什么原因导致的，不管错误的程度如何，都会对相关的当事人造成伤害，都会对受众的知情权的实现造成一定的负面效应。因此，承担直接责任的首先是媒体。媒体可以在更正错误时以恰当的方式说明造成错误的原因，但必须向受害者致歉，这是最基本的道义上的要求。中国著名新闻学者刘建明先生说："媒体由于不慎报道了假新闻，在知道真情后应立即做出更正，根据情节对直接责任人做出处理，并公布这一处理，同时向受众道歉。"② 媒体及其从业者必须明白：尽管新闻源主体从道义上应该坚持真实性的原则，应该保证自己给媒体提供的信息是真实的、客观的甚至是全面的，但"如公民作为新闻来源向媒介提供情况，若内容不实造成侵权（或不造成侵权——引者注），法律（或道义上——引者注）更多的是追究新闻记者和新闻媒介的责任，因为新闻记者的职业要求其对事实真伪做出判断，而新闻媒介是消息的传播者，理所应当承担责任"③。对错误报道或有误报道的更正，是媒体做出的更正，而不是媒体代替他人做出的更正。做出更正报道就意味着媒体承认了错误，担负了错误的责任。

---

① 早在 20 世纪初，普利策领导的《纽约世界报》就制定了十分详细的处罚错误文章责任人的具体措施：（1）故意欺诈，应被开除。（2）严重疏忽或严重不公，或两者都有，初犯处以 10 天到 30 天停职；二次再犯，处以 30 天到 60 天停职或开除。（3）疏忽或不公，或两者都有，初犯处以小惩戒或警告，或停职 2 天到 10 天；二次再犯，处以 10 天到 30 天停职；第三次，处以 30 天到 60 天停职或开除。（4）写错地址或拼错人名，初犯处以警告；二次再犯，停职 2 天；第三次，停职 3 天；以后依此类推。每次处罚都将在布告栏中张榜公告，并附上投诉内容提要。参见：弗林特. 报纸的良知：新闻事业的原则和问题案例讲义 [M]. 萧严，译. 北京：中国人民大学出版社，2005：29.

② 刘建明. 新闻学前沿：新闻学关注的 11 个焦点 [M]. 北京：清华大学出版社，2005：234.

③ 陈绚. 新闻道德与法规：对媒介行为规范的思考 [M]. 北京：中国大百科全书出版社，2005：217.

　　最后，制定具体的答辩更正办法（措施）。答辩更正最终要落实在具体的版面上、具体的播出时段中。如何刊播答辩和更正稿件？对于新闻媒体来说，除了遵守国家的法律法规之外，还要有媒体自身的统一规定和具体操作办法。也就是说，上述的诸多原则要变成一些具体的、可行的、可操作的条文。答辩更正作为一项制度，不仅要有必要的机构或部门设置、人员配备、工作机制，还要制定出规范的实施答辩更正的工作条例（或者叫作规范、措施或办法）。

　　作为社会公共平台的新闻传媒，一旦建立起答辩更正制度，制定出答辩更正的具体工作条例，就应该向社会公布，以接受受众和社会的监督。只有这样，答辩更正制度才能得到有效的实施，为新闻真实的实现发挥实际的作用。

第五章　新闻真实的实现（下）

新闻事业的最高准则莫过于阐明真相而使魔鬼感到羞愧。

——李普曼

新闻场与政治场和经济场一样，远比科学场甚至司法场更受制于市场的裁决，始终经受着市场的考验。

——皮埃尔·布尔迪厄

任何新闻（报业）制度，均为政治制度之一环。换言之，一个社会的政治哲学决定它的新闻哲学；而新闻哲学又直接决定它的新闻政策、新闻制度与新闻观念价值的标准。所以任何国家的新闻事业，必须服务它所依附的政治制度及其生存社会的价值标准，此乃一项必然的逻辑。

——李瞻

上一章我们主要从新闻传播系统内部出发，重点论述了新闻真实实现的内在要求、实现新闻真实必须坚持的基本原则，以及实现新闻真实的主要途径。本章我们将重点讨论制约新闻真实实现的诸多因素问题，并主要从新闻传播系统与传播环境的关系出发，阐释实现真实报道过程中应该把握好的几个界限问题。我们还要特别关注虚假新闻现象，因为，实现新闻的真实报道，从另一方面说就是防治虚假新闻的传播。新闻真实的实现，是一个系统工程，是各种力量聚合的结果，它既需要良好的新闻传播与收受环境，更需要所有参与新闻活动者的共同努力。

一、制约实现新闻真实的因素

新闻真实问题从原则上说贯穿在新闻传播的整个过程中，新闻源的真实性、主观再现的真实性、收受理解的真实性等，都会影响到新闻真实的实现。并且，由于新闻传播始终都存在、发生于一定的社会环境之中，因而，新闻真实性的实现还必然受到各种环境因素的制约和影响。因此，只有系统考察制约实现新闻真实的诸多要素，才能比较完整地把握新闻真实实现过程中的各种问题与困境。

（一）新闻传播主体因素

在实际进行的新闻传播活动中，参与主体（人）并不只是我们平常比较注重的传播主体和收受主体，还有充当新闻信息资源拥有者的源主体，以及存在于新闻传播系统之外的、以各种方式影响和控制新闻传播行为的控制主体。所有这些主体（传播主体、收受主体、源主体、控制主体）在（参与）新闻活动中的行为，都会制约或影响新闻真实的实现。但如前所述，新闻传播者是实现新闻真实过程中最重要的角色，因此，此处我们主要以传播主体（本位主体为主）为对象，讨论制约新闻真实实现的主体因素。

制约和影响传播主体实现再现真实的因素，其实也就是制约和影响传播主体新闻传播活动的因素，具体的因素可能很多，但大致可以概括为这样几个方面：良好的新闻品德和品行，正确合理的新闻价值观，足以支撑并能不断更新的知识素养，充分利用一切新闻传播技术工具（或者说是职业工具）的能力，以及良好的身体素质，等等。一个好的身体是保障一切新闻工作正常进行的基础，这是小儿科般的常识，我们没有必要多费笔墨；关于新闻价值观问题，我出版过专门的著作，也在前文做过一些简要的说明，此处不再专论了[①]；关于技术和工具使用的能力问题，其中的道理是显而易见的，一个不能比较自由地、熟练地运用职业工具的职业传播者，在今天这样的传播环境里是很难正常开展工作的，职业工具当然也是实现新闻真实的一种重要保障，但对它的阐释更多的是实证操作层面的问题，我们没有必要故弄玄虚地理论一番。因而这里重点讨论道德品行与知识素养对实现再现真实的制约，这也是最为关键的两个因素。

1. 保证新闻真实的道德品质

美国新闻学者梅尔文·门彻认为，一个好记者的基本素质是：坚持不懈、公正、知识面广、有进取心、勇敢、富有同情心。他说，"记者生活在一个混乱无序、纷繁复杂的世界里"，但他们要"努力地通过进取心、机智、精力和智慧接近事实的真相，把他们的认识用所有人都能理解的语言和形式表达出来"[②]。看得出，他所描述的好记者的素质是以能接近事实真相为基本标准的，而达到这一标准的素质保证有两个方面：品质与知识。这其实也是中外新闻学界、业界的共同看法。

在我看来，对一个职业传播者来说，能否保证新闻的真实性，最为重

---

① 请参阅本书第一章、第三章的相关论述。有兴趣的读者可参阅拙著《新闻价值伦》。杨保军. 新闻价值论 [M]. 北京：中国人民大学出版社，2003.

② 门彻. 新闻报道与写作：第9版 [M]. 展江，主译. 北京：华夏出版社，2003：40-41.

要的因素乃是他的职业道德品质的高低，良好的道德品质是新闻真实得以实现的人性或德性保证，也是新闻真实得以实现的最后底线。仅就真实性而言，冲破道德防线的新闻，不可能是真实的新闻。"新闻业是一项讲究道德的事业，是在可证实的真相和紧促的时间限制下，依靠诚实和勤奋工作的行业。"① 一个把言行正当性完全交给他律的新闻从业者，不大可能实现真实的报道。只有那些在道德上愿意接受他律但更倚重自律的人，才能自觉保证新闻的真实性。实现新闻真实应该遵守的具体道德规范可以用不同的名目罗列，但我以为对于传播者来说，最为重要的是具备以下几种素质或品德。②

第一，职业责任感。职业责任感是从业者对所从事的职业的一种总的认识和体悟，其中最为重要的是从业者对所从事的职业的社会意义与社会价值的认知，它是一个人自觉做好某项事业的前提条件之一。只有深深理解自己从事的职业的社会使命，才有可能努力做好所从事的职业。对当代社会科学和社会思想做出巨大贡献的德国学者马克斯·韦伯在其著名的讲演《以政治为业》中说，有资格把手放在历史舵轮上的人，必须具备三种决定性的素质：激情、责任感和恰如其分的判断力。当一个人对自己所从事的职业有了敬畏感、神圣感、自豪感，有了一种不怕困难、勇往直前、实现职业要求的稳定意愿，其职业感就确立了。可见，责任感实质上是一种从业的、工作的态度，是对自己从事的职业怀有的一种信念。

责任实质上是一种应该完成的任务、应尽的义务。完成了自己应该完成的任务才算尽到了责任。责任感是看不见、摸不着的一种精神状态、主观态度，但它可以体现在工作过程之中，可以凝结在工作结果之中。马克

---

① 门彻.新闻报道与写作：第9版［M］.展江，主译.北京：华夏出版社，2003：69.

② 关于新闻职业道德根据、原则、标准、规范、评价等一系列问题的系统论述，需要专门的新闻道德论。我们这里只针对新闻真实的实现问题，讨论新闻传播者应该具备的最重要的、必需的几种道德品质。

斯·韦伯曾经指出，一个人的职业责任，是社会伦理的特有本质，是个人应当感知到的职业活动的内容和任务。① 因而，总的来说，职业责任感主要是由职业使命感、职业荣誉感构成的。从事同一种职业的人们，对职业的认知可能是有差别的，但一种职业有着最基本的要求，所有的从业者都应该按照基本的要求进行实际的活动，应该具备共同的职业责任感。

职业责任感所产生的力量，是一种观念的力量，是一种精神的动力，它只有落实到职业行为之中才能发挥实际的作用，放射出闪亮的光芒。新闻媒体所承担的社会责任，是要通过从业者来实现的。从业者的使命、荣誉是在职业行为中实现、铸就的。"新闻工作者的职业荣誉在于深刻地关注和记录社会上正在发生和形成的历史，正是基于这种关注和记录，新闻工作者的职业成果才能有效地融入影响社会发展进程的力量潮流中去。"②

新闻传播业是一种社会事业，新闻工作是一种特殊的社会职业，新闻工作者承担着特殊的社会责任，"新闻工作者需要具备的是非同一般的强烈的社会责任感"③。美国新闻史上的伟大报人普利策讲过一段被人们无数次引用的话："倘若一个国家是一条航行在大海上的船，新闻记者就是船头的瞭望者。他要在一望无际的海面上观察一切，审视海上的不测风云和浅滩暗礁，及时发出警告。"新闻传播者在社会大系统中承担着为人们提供信息服务特别是新闻信息服务的任务。"记者是新闻人，更是公共信息负责任的传播者，必须努力揭示事物的真相、坚定地维护人民的利益，勇敢地揭露利己主义者制造的种种假象，彻底尽到新闻工作者的社会责任。"④

---

① 韦伯. 文明的历史脚步：韦伯文集［M］. 黄宪起，张晓玲，译. 上海：上海三联书店，1988：139.

② 喻国明. 解析传媒变局：来自中国传媒业第一现场的报告［M］. 广州：南方日报出版社，2002：61.

③ 高钢. 新闻写作精要［M］. 北京：首都经济贸易大学出版社，2005：8.

④ 刘建明. 新闻学前沿：新闻学关注的11个焦点［M］. 北京：清华大学出版社，2005：244.

新闻职业是一种为社会提供公共服务的职业，《泰晤士报》主编亨利·维克汉姆·斯蒂德说："严格意义上的新闻记者乃是非官方的公仆，其宗旨是服务社会。"① 因而，它呼唤记者道德上的崇高，呼唤记者道德上的大公无私。童兵先生曾在一篇文章中写下一段充满激情的话语，他说："新闻传播者对人民负有的崇高责任感和敬业精神，是其必备的重要素质。一个传播者对于人民的命运、疾苦、欢乐是不是时刻铭记在心，对于人民的事业进退、兴衰、成败是不是激动感奋，对于危害人民利益的坏人坏事坏作风坏行径能不能拍案而起大声疾呼，对于人民嘱托的任务能不能千方百计排除万难按时优质完成，总之，能不能在任何情况下做到'先天下之忧而忧，后天下之乐而乐'，无不显现一个传播者有无人文精神以及人文精神的强弱多寡。"② 高钢先生在自己的书中也写道："坚持真理、维护正义是新闻工作者的职业责任。在真理和正义面临威胁的时候，记者只能挺身而出，因为他们责无旁贷。"③

新闻传播媒体作为社会沟通的中介、桥梁，作为意见交流的平台，新闻传播者作为大众的公仆，作为服务社会的守望者，承担着许多具体的社会责任事项。从原则上说，新闻传播具有的所有功能属性，能够实现的所有社会作用，都是新闻媒体及其从业者应该承担的责任。但从新闻真实论的角度看，报道新闻，传播信息，特别是报道真实的、有意义的新闻，乃是当今所有新闻媒体、新闻从业者已达成高度共识的第一位的社会责任。④ 新闻职业首先是让事实说话，把世界的真相告知人们。

---

① 高钢. 新闻写作精要 [M]. 北京：首都经济贸易大学出版社，2005：8.

② 童兵. 科学和人文的新闻观 [M] //王文章，侯样祥. 中国学者心中的科学·人文：科学人文关系卷. 昆明：云南教育出版社，2002：548.

③ 同①.

④ 当然，不同性质、不同类型的新闻传播业对新闻传播、新闻从业者有不同的要求和期待。不同历史时代的新闻媒体、新闻从业者，承担的现实的社会责任也有一定的差别。不同时代、不同时期的新闻从业者，其责任感本身也是有所不同的。

"报纸能提供的最伟大的服务就是刊登真相，把所有的真相准确而完整地摊在读者面前，供他们对当天发生的事情做出判断。"① 美国著名报人、专栏作家李普曼更是一语中的，他说："新闻事业的最高准则莫过于阐明真相而使魔鬼感到羞愧。"②《联合国国际新闻信条》第一条是这样规定的："报业及所有其他新闻媒介的工作人员，应尽一切努力，确保公众所接受的消息绝对正确，他们就该尽可能查证所有信息的内容，不能任意歪曲事实，也不可以故意删除任何重要的事实。"③ "不管怎样，报纸的责任和任务是获得新闻和出版新闻。如果这些新闻并不真实的话，它的任务就不能算很好地完成了，它对公众服务的责任也等于没有尽到。"④ "为公民提供高质量的新闻服务，这是一种不能逃避的总体性的社会责任。"⑤ 日本新闻学家小野秀雄说："新闻是人们在创造未来生活过程中的一种强有力的杠杆……它促使读者主动地判断问题。正因为它有这种职能，所以绝对不能错误地引导读者，报道的内容一定要根据事实真相去编写。"⑥ 如果我们翻开中国学者们的新闻学著作，同样可以看到极为相似的表述。我们举几个具有代表性的例子。中国新闻学的开山祖徐宝璜先生概括了报纸的六项职责"供给新闻、代表舆论、创造舆论、灌输知识、提倡道德、振兴商业"，并指出前三者"尤为重要"，其中报道新闻列在第一位。⑦ 童兵先生认为："报道新闻是新闻传播事业的基本功能……新闻传播事业的最主要的功能，就是组织广泛而精干的新闻传播队伍，以高度

---

① 弗林特. 报纸的良知：新闻事业的原则和问题案例讲义［M］. 萧严，译. 北京：中国人民大学出版社，2005：64.

② 高钢. 新闻写作精要［M］. 北京：首都经济贸易大学出版社，2005：10.

③ 李良荣. 新闻学概论：修订本［M］. 福州：福建人民出版社，1995：157.

④ 童兵. 比较新闻传播学［M］. 北京：中国人民大学出版社，2002：86.

⑤ 新闻自由委员会. 一个自由而负责的新闻界［M］. 展江，王征，王涛，译. 北京：中国人民大学出版社，2004：74.

⑥ 同④88.

⑦ 徐宝璜. 新闻学［M］. 北京：中国人民大学出版社，1994：4-9.

的新闻敏感，扑捉事实变动的信息，及时迅速地向社会做出真实、全面、负责的报道。"① 李良荣先生说："人们接触新闻媒介，第一个目的是获得有用的信息，了解客观世界的变动。……新闻媒介是依赖'沟通情况、提供信息'而生存的。不给社会提供有用的信息，新闻媒介就没有存在的理由。"② 郑保卫先生在他的《当代新闻理论》中写道："人们之所以需要新闻事业，最主要的目的是从中获得各种与自己利益相关的新闻信息。"③

第二，诚实。新闻是对客观事实的真实反映，是对事实信息的真实陈述。这一新闻传播的基本使命、基本前提，决定了新闻从业者的基本品质就是忠实地再现新闻事实，客观、全面地叙述事实信息。因而，不具备诚实品质的新闻从业者，就不可能完成其职业使命，也就不配享有新闻记者这一职业称呼。《中国新闻工作者职业道德准则》的第四条规定："新闻工作者要坚持发扬实事求是的作风，深入基层、深入实际、深入群众，加强调查研究，报实情、讲真话，不得弄虚作假，不得为追求轰动效应而捏造、歪曲事实。"④ 美国报纸主编协会在其制定的新闻规范中写道："对读者诚实是所有配称为新闻事业的事业的柱石……从所有真诚的角度出发，报纸必须诚实。"⑤ 事实上，世界各国、各个新闻机构制定的职业活动准则，毫无例外地要求从业者真实地报道新闻。这也就是说，任何新闻从业者，都毫无例外地应该具备"诚实"的道德品质，它是支撑真实报道的人性基础。

诚实，可以说是新闻从业者最重要的职业道德品质，或者说，真实报

---

① 童兵. 理论新闻传播学导论 [M]. 2 版. 北京：中国人民大学出版社，2011：121 - 122.

② 李良荣. 新闻学概论 [M]. 2 版. 上海：复旦大学出版社，2003：115.

③ 郑保卫. 当代新闻理论 [M]. 北京：新华出版社，2003：208.

④ 蓝鸿文. 新闻伦理学简明教程 [M]. 北京：中国人民大学出版社，2001：226.

⑤ 弗林特. 报纸的良知：新闻事业的原则和问题案例讲义 [M]. 萧严，译. 北京：中国人民大学出版社，2005：364.

道所要求的最重要的道德品质就是诚实。约瑟夫·普利策的长子拉尔夫·普利策在一篇论述假新闻的文章中说，变得完全不负责任、胆大妄为和玩世不恭的记者的最后一步是诋毁诚实的人格。他认为，不诚实的记者，甚至不配去舔杀人犯的靴子，因为有些杀人犯比造假的记者更诚实。从最通俗的意义上说，诚实就是说真话，不说假话。诚实对于新闻报道者来说，首先是新闻报道动机的真诚性，其次是新闻报道结果的可信性。尽管一个动机真诚的记者不一定能够每一次都为公众提供真实的报道（要使真诚的动机达到良好的目的——实现真实报道，还需要其他素质、品性的辅助），但一个报道动机不真诚的新闻从业者，不可能为公众提供真实的新闻。诚实的记者也可能上当受骗，也可能信假为真，从而可能为公众提供虚假不实的报道，但衡量一个记者是否诚实，主要是看其动机是否真诚。"是诚实还是欺骗并不取决于所传达的信息客观实际之真假，而取决于所传达的信息在传达者的主观动机中之真假。"① 但作为新闻记者，要努力追求真诚动机与真实报道的统一，这才是诚实的最高境界。

第三，勇敢。社会变迁、人生经验都反复告诉人们，不管什么样的主体，大到一个民族和国家，小至一个团体和个人，如果要生存、发展，就必须面对各种艰难险阻，必须拥有战胜各种困难的毅力和勇气。"一个人要想有所作为，则不论是做学问还是干事业抑或求德行，其一生便注定充满艰难困苦伤害危险，如果没有勇敢精神，是决不会成功的。"②

新闻传播者，特别是记者，是时时刻刻与一个新的世界、新的事物打交道的人。新，意味着新鲜，但也意味着陌生；新，充满了吸引力，但也潜藏着不测；新，蕴含着成功的机会，但也面临着失败的危险……与任何新事物打交道，都需要勇气。新闻职业是一个需要勇敢品质的职业。曾有

---

① 王海明. 伦理学原理 [M]. 北京：北京大学出版社，2001：274.
② 同①301.

25 年新闻记者经历、现为中国人民大学新闻学院教授的高钢先生说："新闻工作是勇敢者从事的职业，而不是怯懦者从事的职业。记者需要具有采访消息的不可动摇的信心！随时准备遭遇拒绝、遭遇冷遇、遭遇嘲弄、遭遇无礼、遭遇恫吓、遭遇威胁。记者要随时准备牺牲自己的时间、自己的财富，包括自己的自尊心和生命。"① 这已经不是温文尔雅的学术论述，而是震撼人心的记者宣言。

最通俗地讲，勇敢就是不害怕。东方圣哲孔子说：勇者不惧。西方圣哲亚里士多德说：勇敢就是无畏地面对高尚的死亡，或生命的危险。勇敢，是相对胆怯或怯懦而言的一种心理或行为能力。中国著名伦理学者王海明说："勇敢是不畏惧可怕事物的行为；怯懦是畏惧可怕事物的行为。"②

作为优秀道德品质的勇敢，是一种有度的勇敢。在新闻传播活动中，人们并不是希望记者鲁莽、蛮干，而是要英勇、智勇，用合乎法律规范、道德规范的手段，勇敢揭露那些损害大众利益、公共利益的丑恶行为，以力之可及、能之可达的方式，反映事实，报道新闻；对于那些值得报道的新闻事件，敢于冒着生命危险去发现真相、报道真相。毫无疑问，在激烈的新闻竞争中，也像在竞技场上甚至战场上一样，两强（多强）相遇勇者胜。但社会和大众需要的新闻职业勇敢是一种"义勇""智勇"。"义勇就是合乎道义的勇敢，是符合道德原则的勇敢，主要是有利于社会和他人的勇敢。"③ 智勇"是合乎智慧的而在其指导下的勇敢，是得胜于失的勇敢"④，是一种英勇。

除了我们上面论及的一些品质之外，一个好的记者，一个能够和敢于

---

① 高钢. 新闻写作精要［M］. 北京：首都经济贸易大学出版社，2005：12.

② 王海明. 伦理学原理［M］. 北京：北京大学出版社，2001：298.

③ 同②299.

④ 同②299－300.

报道真实新闻的记者，还需要其他的品质，比如知识和智慧（下面会做专门的论述）、坚毅和忍耐。在挖掘事实真相的过程中，只有诚实、勇敢是不够的，还特别需要坚持和耐心。坚持不懈对于获得真实的信息来说至关重要，坚持不懈的调查、坚持不懈的提问、坚持不懈的验证，都是记者应有的基本品质和工作作风。强烈的责任感，同样需要知识和智慧的支持，这样责任感才能现实化，才能变成为社会服务的真实能量，不然只能是空有满腔热情，心有余而力不足。

2. 确保新闻真实的知识素养

我们在前文（参阅第三章中的相关论述）中已经指出，知识储备的有限性、认知能力的有限性、认知机会的有限性，是导致新闻真实有限性的认知性根源，这也就从另一方面说明，要实现比较完整、全面的新闻真实，新闻传播者必须具有良好的智力和知识素养。信息时代、知识社会的到来，无疑对于站在社会信息前沿阵地的新闻传播者的知识素养及其提升知识素养的能力提出了更高的要求。以往人们特别强调既有知识素养（通过学历、学位以及各种考试、测试去衡量、检验）对于新闻报道的重要性，这当然是对的，但我以为在知识更新越来越快的大背景下，现在更应该重视的是不断提升知识素养的能力。新闻传播者像其他知识群体的一样，是依赖新知完成职业使命的人。因此，我认为，确保新闻真实的知识素养包括两个大的方面：一是既有的知识资本或知识素养，也就是从事新闻职业的基本知识素养；二是不断获取新知的素养或能力，也就是不断学习的能力。

（1）基本知识素养。

新闻传播者到底应该具备怎样的知识素养，才算是具有良好的知识素养？这其实是一个并不好回答的问题。但根据新闻实践的要求，我以为大致可以分为两个方面。

第一，比较宽广的普通知识素养。"宽广""普通"都是比较模糊的概念，但人们可以大致把握它们的内涵——常识层次的知识。宽广、普通，就是要求传播者具有他所处时代基本知识领域的一般知识，包括自然、社会、人文以及生活常识领域的一般知识。美国新闻教育者门彻在他的《新闻报道与写作（第九版）》中说："人们认为，新闻记者应该全知全能，犯下一个错误、错过一个事实或出现一个解释错误，会令人无法原谅。这个要求似乎有些过分，但这正是这种职业所固有的永恒不变的要求。"① 有位出色的新闻主编在回答怎样成为一个优秀的记者时说："他无所不知。他知道的不仅仅是今天世界上发生了什么，而且他的头脑是一个储藏了多年智慧的宝库。"② 美国著名记者杰克·海顿说："新闻专业的学生应该像哲学家培根一样，把一切知识都当作自己的领域。""新闻记者应该是具有各方面知识的通才。"③ 记得马克思说过这样的话，只有音乐才能激起人的音乐感，但对没有音乐感的耳朵来说，最美的音乐也变得毫无意义。④我们可以想象，一件事实再有新闻价值，如果碰上一双不能发现它的眼睛，它的潜在的新闻价值就难以转换成现实的新闻价值。有位艺术家说过，这个世界不缺乏美，缺乏的是发现美的眼睛。同样，这个世界不缺乏新闻事实，缺乏的是发现新闻事实的眼睛。而支持能够发现新闻的眼睛的是一个人的知识和智慧——丰富的知识和高超的智慧。美国新闻自由委员会早在大约 60 年前就明确表达了这样的观点，他们在《一个自由而负责的新闻界》中写道："我们进一步建议：现有的新闻学院（要）利用其所在大学的全部资源，使它们的学生接受最广博、内容最丰富的训练。""在

---

① 门彻. 新闻报道与写作：第 9 版 [M]. 展江，主译. 北京：华夏出版社，2003：324.

② 同①35 - 36.

③ 高钢. 新闻写作精要 [M]. 北京：首都经济贸易大学出版社，2005：17.

④ 马克思，恩格斯. 马克思恩格斯全集：第 42 卷 [M]. 北京：人民出版社，1979：125 - 126. 马克思，恩格斯. 马克思恩格斯全集：第 3 卷 [M]. 2 版. 北京：人民出版社，2002：305.

我们看来，为新闻工作进行的准备需要最好的通才教育。重要的是，对于进入新闻学院的学生们，不应该因为他们已经决定要从事新闻工作，就剥夺他们接受文理兼备的教育的权利。"① 然而，在今天这样知识无限丰富、更新速度不断加快的时代背景下，任何人，无论如何学习、训练，都难以成为"百科全书"，更不可能成为当前事务的"万事通""百事精"。因此，对于一个合格的新闻从业者而言，具备丰富的知识尽管相当重要，但更为重要的是应该具备查询、使用各种知识的能力。在采访、写作、编辑中遇到相关的知识问题时，要知道通过什么样的途径去获取解决问题的办法。

普通知识的"普通性"是相对的、历史的，对于当下时代的记者来说属于普通知识的东西，对于上一个时代的记者来说可能是非常专业化的知识。因此，对于任何一个新闻从业者来说，即使是常识层次的知识，也需要不断积累、不断学习、不断更新。对于日常采访来说，常识层次的知识更为重要，它是运用机会更多、运用领域更广的知识。只有依赖普通知识解决不了的问题，传播者才会诉诸专业领域的知识。新闻从业者被称为"杂家"，主要体现在他们对各个知识领域、生活领域基本知识的把握上。

第二，较高水平的专业知识素养。这里的"较高水平"，主要包括三个方面的要求：第一是"系统"，即对相关专业或社会知识领域有比较全面、系统的学习和把握；第二是"深入"，即对相关专业或社会知识领域有比较深刻的认知，且有一定专门性的研究；第三是一定的"前沿"性，即对相关领域的最新发展状况具有实质性的了解和研究，其基本标志是记者或编辑对一定专业领域和社会领域的发展变化相当熟悉，甚至被看作是相关专业领域或社会领域的专家或学者，也就是人们平常所说的"专家型"或"学者型"的记者、编辑。专业知识包括两个大的方面：一是新闻

---

① 新闻自由委员会. 一个自由而负责的新闻界［M］. 展江，王征，王涛，译. 北京：中国人民大学出版社，2004：59-60.

专业知识；二是一定社会领域、学科领域的专业知识。下面，我们分而述之。

首先，新闻从业者，特别是从事新闻业务的工作者，不管是否经过新闻学的专业教育和训练，都应该具备必要的新闻专业知识，并转化为自身的素养。这种专业知识和素养包括三个最基本的层面：其一，对新闻传播业宏观层面的认知。比如对新闻传播业历史演变与发展过程的认知，对新闻传播业性质特征与功能作用的认知，对新闻传播业与社会大系统以及各主要社会子系统相互作用关系的认知，对新闻自由与控制、新闻传播的环境、新闻符号世界与事实世界总体关系的认知，等等。认知这些问题，直接的意义在于理解新闻传播业的根源、存在的社会根据和具有的社会功能，根本的意义则是理解新闻传播业特有的价值，从而坚定从事新闻工作的信心。其二，对中观层面的新闻传播基本原则、基本要求的认知。比如对新闻的本质、特征、功能、新闻价值的认知，对新闻传播基本结构、基本矛盾、基本模式的认知，对新闻传播基本原则与方法的认知，对新闻媒体本质、特征的认知，对新闻收受行为的认知，对新闻传播基本规律的认知，对新闻职业精神、专业精神的认知，等等。认知这些问题，不仅对理解新闻传播本身至关重要，也是确立正确新闻传播理念的关键所在。一个不知新闻传播基本原则所是、根本精神所在的人，是不可能成为一个合格的从业者的。其三，对微观层面即直接从事新闻业务工作的技巧、方法的把握。合格的新闻工作者，自然应该具备采、写、编、评、摄等实际的工作能力，掌握展开具体业务工作的方法和技巧，这是最基本的专业知识素养。前述两个层面的知识素养，只有贯彻落实到这一层面，才能对新闻传播工作发挥实际的作用。

其次，要具备其他专业领域或社会领域的知识素养。新闻实践告诉人们，作为新闻记者（编辑），揭示一件事实的真实是比较容易的，但揭示一种现象的真实是艰难的；达到具体真实是容易的，但要实现整体真实是艰难的；做到现象真实是容易的，但要揭示事实的真相和本质是艰难的；对普通的社会事实进行一般报道是容易的，但对专业领域、社会领域的深度报道是艰难的。因此，对于今天的新闻传播者来说，仅仅具备新闻专业知识和其他领域的常识，恐怕只能完成一般性的报道任务。如果要完成有关专业领域、社会领域的报道任务，特别是具有一定深度的报道任务，就必须成为专业型的甚至是专家型的记者或编辑，这当然是对新闻工作者的认知能力、知识素养提出的更高要求。美国的一位新闻记者曾经写下过这样的话："一个没有多少知识的人去报道每日的新闻，他终其一生也理解不了值得报道的新闻——你可以肯定，这种人缺乏真正的自我尊重，正如他缺乏好奇心一样。荣誉不会与愚蠢相伴。"① 要想把新闻事实的真相有意义地揭示出来，仅仅凭借新闻敏感、工作热情是不够的，必须有不断更新的专门知识作为支撑。这一点，在当前这样的时代背景下，显得尤为突出。

我们所处的时代，既是知识高度综合化的时代，又是知识领域迅速分化和专业化的时代。我们所处的时代，又被人们称为传播的时代，信息传播在社会发展中发挥着前所未有的重要作用，新闻传播对社会发展、大众生活的影响已经无孔不入，人们对媒体的依赖程度越来越高。在这样的背景下，信息传播、新闻传播的内容既在综合化、同质化、平面化、通俗化，也在专业化、异质化、细分化。前一种现象要求新闻传播者成为更大、更广的"杂家"，以适应大众各种各样、丰富多彩的一般性的新闻信息需求；后一种趋势要求传播者成为真正的"专家"或学者型的新闻人才，以适应大众社会不同人群和相同人群不同层次的新闻需求。就专家

---

① 门彻. 新闻报道与写作：第 9 版 [M]. 展江，主译. 北京：华夏出版社，2003：326.

型、学者型的新闻人才来说，显著标志之一就是要求新闻传播者拥有相关社会领域、专业领域的系统的、深入的并且具有一定前沿性的知识（素养）。

新闻传播业的迅猛发展，带来了一系列新的变化和新的景象。人们看到，新闻传播一方面是越来越强烈的大众化，另一方面则是不断提升的精英化。大众化使生活类的媒体（比如都市报、晚报等）得到快速的扩张和发展，精英化则使专业化的媒体如雨后春笋，不断破土而出，形成媒体演变的新风景。但不管是大众化还是精英化，都要求媒体能够为目标受众提供不断增长的专门化的新闻信息服务，这自然需要具有专业知识素养的新闻人才。人们发现，新闻传播市场的细分，带来了报道内容的精耕细作；新闻传播的小众化、分众化的加速，加快了新闻传播者知识素养专业化的进程。在现实中最典型的表现就是：一些新闻媒体在选用人才时并不特别青睐新闻专业出身的学生，反倒对非新闻专业的毕业生表现出强烈的兴趣。人们常常把如今的社会描述为信息爆炸、知识爆炸的社会，新闻传播者对目标报道领域的反映，显然不能再停留在告知基本事实信息的水平上，还必须承担选择信息、整理信息、管理信息的责任。[①] 而要做好这样的工作，依靠一般的知识素养是难以办到的，必须具有一定领域专业的眼光和判断水平。

专业化的知识素养，不仅要求传播者具有相关领域比较扎实、深厚的专业基础知识，而且要求传播者能够了解一定领域的最新发展状态和趋势，并且能够运用专业知识进行分析，最终还能够以新闻认识的方式将专业水平的认识"翻译"给自己的收受者。这是一种非常高的要求，没有

---

① 传播学界有一种"洗菜论"。这种理论认为，在信息激增的条件下，媒体的使命与其说是提供信息，不如说是筛选、整理和解释信息，使信息有序化，并赋予信息以意义。喻国明．传媒影响力：传媒产业本质与竞争优势 [M]．广州：南方日报出版社，2003：25.

"深入浅出"的大家本领、专家水平是难以做到的。①

（2）提升知识素养的能力（素养）。

表面上看，新闻认识是一种相对比较简单的认识，只要知其（新闻事实）然，没有必要知其所以然，因而记者似乎无须具有多么高的认识水平。然而，这是对新闻认识的误会。新闻传播业发展到今天这样的规模和水平，人们对它的期待早已超出了简单反映事实信息的层次，他们更期望新闻传播者能够以新闻的方式告知社会，事实为什么会这样，会给未来的发展带来什么样的影响。因此，一个记者的认识能力、认识水平仅仅停留在一般的观察层次上，显然已经无法应对社会对新闻传播的要求了。梅尔文·门彻在其《新闻报道与写作（第九版）》中文版前言中就说过："一个负责任的记者应懂得把事件放在特定的社会背景中来思考、来发现其原因和结果的重要性。这意味着，记者不仅要不断发展采访报道的技巧，还要扩展对人的理解，对记者所处的文化和社会的理解。"② 对记者认识能力、知识素养的这些要求，恰好说明做一个好记者的艰难、进行真实报道的艰苦。今天，对传播者的要求不仅是具有基本的知识素养，而且是有足够的新闻智慧，即充分地进行新闻认知的能力。③ 而新闻传播者的知识素养不可能一劳永逸地获得，而必须不断获取、不断更新，这是一个终身的过程，"活到老学到老"的过程。美国著名作家马克·吐温曾说，记者的知

---

① 我国著名新闻学者喻国明指出："要做到传播的资讯使读者能够消化，一是要提供背景参照，二是要注意数字的形象化转变。对关键性事实要进行解释，媒介工作者实际上是一个翻译的角色，要善于将官方语言和学术语言等'翻译'成老百姓能懂得的语言。"参见：喻国明. 解析传媒变局：来自中国传媒业第一现场的报告 [M]. 广州：南方日报出版社，2002：32.

② 门彻. 新闻报道与写作：第9版 [M]. 展江，主译. 北京：华夏出版社，2003：前言 1.

③ 所谓智慧，"就是指思考事物、分析事物、理解事物的能力"。参见：福泽渝吉. 文明论概略 [M]. 北京编译社，译. 北京：商务印书馆，1995：73. "智慧是相对完善的认知能力，更通俗地说，是相对完善的精神活动能力，是相对完善的思想活动能力。"参见：王海明. 伦理学原理 [M]. 北京：北京大学出版社，2001：288. 因而，所谓新闻智慧，就是指一个人具有比较完备的发现新闻、认知新闻、评价新闻的能力，它既包括一个人的新闻敏感性，也包括一个人对新闻资源进行充分发掘的能力。

识库应该堆得满满的，并且要经常更新。因此，对新闻传播者来说，具有不断追求新知、不断提高知识水平的素养本身就是更为重要的素养，具有提升知识素养的能力就是更为重要的能力。

"人的'力量'，最为重要的是'智力'。"① 这对主要依赖脑力而非体力的精神生产者来说，更是如此。新闻传播者能否充分运用自己的智力，即能否充分运用自己的观察能力、思维能力、想象能力、直觉能力和记忆能力，是能否做好新闻工作、真实报道新闻的关键。所有这些能力只有少部分来自天资，绝大部分来自后天的学习和实践。因此，只有通过后天持续的学习和实践，先天的潜质才能转变成不断丰富、不断升华的能力和素养。如今的时代是学习的时代，如今的社会是学习的社会，如今的组织必须是学习的组织，如今的个人必须是学习的个人。缺乏学习能力、缺乏学习毅力的组织和个人，都将被历史淘汰，这就是当今人类面对的现实。对于天天都在和新事物、新事实、新人物、新现象打交道的新闻工作者来说，具备不断提升知识素养的能力显得尤为重要。

对于一名追求成长，追求成熟，追求为社会、为大众提供良好新闻信息服务的新闻工作者来说，怎样才能算是具有提升知识素养的能力呢？我以为以下几点是十分必要的：第一，不满现状、不断求索的精神态度。有句俗语说，人们能否把想做的事情做成功，关键要看态度，所谓"态度决定一切"。一名记者、编辑能否不断提高自己的知识素养，关键要看他或她是否具有不断追求、勇于上进的精神态度。新闻职业的自身特点②，为从业者的学习提供了广阔的天地，只要不耻下问、处处留心，就可以说时时事事都有提高知识素养的机会。除了专门的书本学习，每一次采访、每

---

① 孙正聿. 超越意识 [M]. 长春：吉林教育出版社，2001：45.

② 比如，与社会各个领域最新变化接触的紧密性，与各种社会成员联系的广泛性，处于信息前沿阵地、优势地位的敏感性，特有的政治性和公共性，等等。关于新闻职业的一般特征，有兴趣的读者可参阅：郑保卫. 当代新闻理论 [M]. 北京：新华出版社，2003：583-585.

一次写作、每一次编辑等，都是获取新知识、新经验、新能力的机会。第二，脚踏实地，积极运用新方法、新知识的习惯或作风。新闻职业是一个实践性极强的职业。新闻实践过程不仅是出真知的过程，也是新闻工作者运用真知的过程。正是在出真知、用真知的过程中，记者、编辑才能提高自己实际的工作能力和知识素养。只有形成积极运用新知识、新方法的习惯，才能创造出实践与学习良性互动的美好境界。第三，开阔的眼界和高瞻远瞩的胸怀。当今世界是一个开放的世界，一个一体化、全球化的世界，信息传播正是造就这样一个新世界的重要力量，其本身也处于全球交流的开启状态。在这样一个世界里从事新闻工作，我以为从业者必须具有开阔的视野，能够以宽阔的胸怀学习、吸收不同国家、民族创造的新闻文化成果，这不是谁与谁接轨的问题，而是相互学习的问题。第四，对于新闻从业者而言，具有提升自身知识素养的能力或素养，还特别表现为能够积极学习当代科学特别是人文社会科学的最新成果。新闻学必定是一门年轻的学科，新闻从业者需要更多地向其他学科学习知识和方法。

（二）新闻媒体自身因素的影响

新闻媒体大都是由多重身份构成的复杂实体和组织机构。所有新闻媒体都有自己比较稳定的媒体方针和编辑方针，都有自己的新闻传播理念与价值追求。所有比较成熟的新闻媒体，都有自己明确的新闻真实观。新闻媒体生存发展于社会系统之中，都持有自身的意识形态观念、政治信念和一定的社会理想，也有自己的各种利益追求。如此等等因素，都会直接或者间接影响媒体新闻报道的真实性。如果加以简要的概括，那么新闻媒体自身诸多因素对新闻真实实现的影响和制约，通常表现在以下几个方面。

其一，新闻媒体所持有的新闻观、新闻真实观，将从深层价值态度上决定新闻真实实现的方式。我们以具体真实观与整体真实观的差异说明这一问题。坚持具体真实观的新闻媒体，它所追求的、实现的新闻真实，只能是具体层面的真实，整体真实并不在它的视野之中，它甚至怀疑或否认整体真实实现的可能性。而坚持具体真实与整体真实相统一的真实观的新闻媒体，则把追求整体真实看作新闻真实更高的目标和境界。它相信具体真实与整体真实不仅可以达到理论上的统一，也可以在新闻报道中达到实践上的统一。因此，它会自觉调整不同报道内容之间的量度比例关系。

就实际来看，综合性媒体，即报道领域比较广泛且对每一领域平均用力的媒体，或者说没有专注性目标报道领域的综合性媒体，比如晚报、都市报，通常在实际中坚持的是具体真实观（不管它在理论中或对外的宣称中如何表达）。而那些行业性的、专业性的新闻媒体，比如行业报纸（如《中国石化报》《中国航空报》等）、专业报纸（如《中国医药报》《中国质量报》等）通常在实际中坚持的是具体真实与整体真实相统一的真实观。

其二，新闻媒体的目标报道领域将决定其新闻真实的实现范围和层次。现实世界中存在的千千万万家媒体，有着不同的受众定位、内容定位、风格定位和水准定位，每家新闻媒体的新闻报道都会有自己的主要目标报道领域（当然，许多媒体会拥有大致相同的目标报道领域）。一般来说，新闻媒体对自己确定的目标报道领域，都会努力追求具体真实与整体真实的统一，即既追求具体报道的真实，也追求具体报道的整合效应，以反映目标报道领域的整体状况；而在非目标报道领域中，它追求的只是具体真实。如果我们把具体真实描述为（仅仅是描述为）低层次的真实，把整体真实描述为高层次的真实，那就可以说，新闻媒体确立的目标报道领域将决定其新闻真实实现的范围和层次。

其三，新闻媒体拥有的意识形态观念、政治立场，以及新闻媒体的实际利益追求，将决定或影响其新闻报道关注的重点，从而影响其新闻真实实现的指向、新闻真实实现的程度。"新闻媒体本身就是意识形态机构，很明显，它的立场会不由自主地体现出意识形态倾向。"① 新闻媒体也是"重要的经济实体""舆论机构""文化组织"②。新闻媒体作为多重身份的统一体，必然会以多种眼光审视事实世界的最新变动。从根本上说，一家新闻媒体，总是按照它所持有的立场观照世界，总是从它的根本利益或它所代表的社会群体的根本利益出发审视事实世界。因此，它所报道出来的世界，一定是它眼光中的世界，是它愿意看到的世界，也是它想告知公众的世界。它所再现出来的新闻真实，一定是经过它"筛选""过滤"的真实。"新闻不等于事实，只是事实的影像，在事实和受众之间，并不是一块透明的玻璃，而是一块透镜，或是一块意识的滤光镜。直接进行过滤的，是新闻的报道者。人们在媒体上看到的周围世界，是记者描述的世界。作为特定社会中的个人，记者是某种社会意识形态的倡导者，同时更是意识形态的传播者。"③ 一般来说，记者首先是其所在媒体的意识形态的倡导者，不然，他或她不会被其所在的媒体接纳。比如，中国在西方媒体中的形象，一定是西方媒体按照自己的价值观、新闻观、利益观塑造出来的；中国在中国媒体中的形象，一定是中国媒体按照自己的价值观、新闻观、利益观塑造出来的。西方媒体不可能对中国实行"以正面宣传（报道）"为主的方针，同样，中国新闻媒体也不可能实行"以负面报道"为主的方针。但无论如何，任何新闻媒体实现的新闻真实，都是它媒体方针、编辑方针下的真实。

其四，新闻媒体的品质与格调，将决定其新闻真实实现的社会意义的大小。新闻传播是具有巨大社会影响力的传播，新闻真实是具有社会意义

---

① 刘建明．新闻学前沿：新闻学关注的 11 个焦点 [M]．北京：清华大学出版社，2005：127．
② 杨保军．新闻理论教程 [M]．北京：中国人民大学出版社，2005：271-272．
③ 同①127-128．

的真实。在成千上万的新闻媒体中，为什么有些媒体重如泰山，有些媒体轻如鸿毛；有些媒体的报道举足轻重，有些媒体的报道无足轻重。这与一家媒体的性质、地位、历史、传统、规模等因素都有关系，也与不同媒体的品质、格调密切相关。同样类型的或大致相似的新闻媒体，为公众提供的具体新闻可能都是真实的报道，但有些媒体选择的报道内容与其目标受众的合理新闻需求相适应，而有些媒体选择的报道内容则与其目标受众不大合理的信息需求相适应，它们在表面上都能够得到目标受众的认可，但实质上却有巨大的差距。

在现实中，在日常的新闻报道中，一些新闻媒体热衷于犯罪新闻、娱乐新闻、怪事奇闻、绯闻丑闻、鸡毛蒜皮式的新闻，它们报道这类新闻的目的在于刺激眼球，追求卖点。有些媒体或传播者报道新闻只是为了追求轰动效应，至于这种效应到底会引起什么样的实际后果，它们并不在乎。美国新闻史上有位报人对这种不负责任的传播行为有个精妙的比喻，他说："有的主编就像拥有大炮的小男孩，打炮的目的只是为了听响，全不考虑这样做的后果。"① 专攻"下三路"的新闻媒体，在整体上不道德的媒体，只会误导收受者对环境的认知，污染收受者的心灵，败坏社会的道德风尚。因此，媒体之间是有好坏之分的，并不是所有的新闻媒体都能够充当社会公器，都能够维护社会的公共利益。只有那些真正服务大众，公正地、真实地和客观地报道社会事件的媒体，才能实现良好的真实传播，促进社会的健康发展。

当然，不同的新闻媒体担负着不同的社会责任，发挥着不同的社会作用，它们报道的目标报道领域、涉及的报道范围会有一定的差别。正是在差别中，它们形成了一种互补，共同为人们反映世界的最新变动情况。但

---

① 弗林特. 报纸的良知：新闻事业的原则和问题案例讲义 [M]. 萧严，译. 北京：中国人民大学出版社，2005：227.

说到底，我们必须承认，媒体之间确实存在着格调的高低、品质的优劣。一些媒体提供的真实是无意义的或者意义不大的真实，一些媒体反映的真实是意义较大的真实。

（三）传播环境因素

迪尔凯姆说："只有通过社会环境才能真正解释社会现象及其变化的实际情况，才可以避免个人主观的臆断。"[1] 新闻传播业是社会大系统中的一个子系统，它的生存与发展必然要受到由各个社会主要子系统构成的社会环境的作用和影响（当然其他社会系统的运行也会受到新闻业的作用和影响），各种政治力量、经济力量、文化力量等都会以不同的方式介入、干涉、控制、影响新闻传播的进行。新闻媒体也常常会主动向各种社会力量"靠拢""献媚"或与它们"合谋"。[2] 因此，新闻传播实现的真实性，必然是各种社会力量制约下的真实性、一定传播环境中的真实性。新闻传播环境是由媒介环境（内环境）与社会环境（外环境）共同构筑的。[3] 在这里，我们只讨论构成社会环境的主要要素对新闻真实实现的影响。

1. 政治力量的制约

新闻传播与政治的关系一直是新闻学关注的重要问题，这是因为自从新闻传播业诞生以来，在整个社会系统运行中，政治与新闻的关系都非常紧密，新闻传播往往成为政治活动的一部分或政治活动的前沿阵地。尽管

---

[1]　迪尔凯姆. 社会学方法的规则 [M]. 2版. 胡伟，译. 北京：华夏出版社，1999：97.

[2]　如今，在世界范围内，一些媒体集团的力量变得越来越强大，但媒体的独立性却变得越来越弱。人们看到，媒体集团与社会政治力量、经济力量，越来越纠缠在一起，谁也离不开谁。反倒是一些中小媒体，保持着一定的独立性。这是一种很值得研究的现象。

[3]　从广义上说，传播环境也是收受环境，二者本质上是一个环境。但从狭义上说，传播（传送）环境是由媒介环境与社会环境构成的，而收受环境一般只指社会环境。新闻真实是由传播主体和收受主体共同实现的，因此，我们这里重点讨论社会环境对新闻真实实现的影响。对新闻传播环境问题有兴趣的读者，可参阅杨保军《新闻理论教程（第四版）》第十二章的有关内容。杨保军. 新闻理论教程 [M]. 4版. 北京：中国人民大学出版社，2019：257-270.

在不同社会形态、社会制度下，在不同的历史时代、时期中，政治与新闻传播关系的具体表现有所不同，但二者之间的相互作用、相互影响却是始终存在的。政治力量对新闻传播最突出的制约方式就是通过各种手段控制新闻传播的内容，使新闻传播呈现的真实成为政治力量愿意看到的真实，对政治势力有利、有益的真实。

就现实社会来说，最重要的政治力量就是政府的力量，以及执政党的力量。因此，我们主要讨论政府对新闻传播真实实现的制约和影响。政府对新闻真实实现的景象，主要有以下几个方面的作用。

第一，政府所确立的政治制度将决定新闻真实的整体实现方式。政治制度决定新闻制度，或者说新闻制度是政治制度的一部分。美国学者阿特休尔在其所著的《权力的媒介：新闻媒介在人类事务中的作用》中说，"在所有的新闻体系中，新闻媒介都是掌握着政治和经济权力者的代言人"[①]，"不论过去和现在，新闻媒介都没有展现独立行动的图景，而是为那些所有者和经营者的利益服务"[②]，媒体一贯都是某些权势的"吹鼓手"。学者李瞻先生在其《新闻学：新闻原理与制度之批评研究》中写道："任何新闻（报业）制度，均为政治制度之一环。换言之，一个社会的政治哲学决定它的新闻哲学；而新闻哲学又直接决定它的新闻政策、新闻制度与新闻观念价值的标准。所以任何国家的新闻事业，必须服务它所依附的政治制度，及其生存社会的价值标准，此乃一项必然的逻辑。"[③] 正是这样的逻辑，使人们相信，集权主义制度下的新闻真实不同于自由主义制度下的新闻真实；资本主义制度下的新闻真实不同于社会主义制度下的新闻真实。这也正是人们看到的实际情况。在西方资本主义民主政治制度下

---

① 阿特休尔. 权力的媒介：新闻媒介在人类事务中的作用 [M]. 黄煜，裘志康，译. 北京：华夏出版社，1989：336.

② 同①39.

③ 李瞻. 新闻学：新闻原理与制度之批评研究 [M]. 台北：三民书局，1983：自序4.

的新闻传播①，是一种自由主义理念下的新闻传播，它所呈现的新闻真实在总体上是一种自由主义新闻理念下的真实，常常被标榜为所谓的独立于政府控制的真实，独立于社会公众影响的真实，是新闻媒体按照独立眼光发现的真实。而在社会主义民主政治制度下的新闻传播②，是一种执政党、政府和人民耳目喉舌相统一的新闻理念下的新闻传播（比如在中国），它所呈现的新闻真实是在"为人民服务、为社会主义服务"方针指导下的真实，是在以正面宣传（报道）为主方针指导下的真实。

在现代社会中，新闻媒体是重要的意识形态机构或组织，新闻传播具有或强或弱的政治意识形态属性。有人经过研究认为："在美国，媒体是政治运作的一部分。……总结美国媒体与政治的关系，我们不难看出，媒体也是为政治服务的。虽然政府不直接控制媒体，但由于美国的政治经济制度，媒体是由一小部分与政府关系密切的人和组织所控制的，其报道内容、价值取向，都受到政治经济制度的影响。总之，美国媒体是为美国的资本主义制度，为美国在世界的强权地位服务的。"③ 在社会主义中国，政府和政党把新闻业作为自己的耳目喉舌，作为有力的"新闻宣传"工具④，为自己代表人民利益的政治统治服务。试想，在这样的新闻传播中，所实现的新闻真实能不受到政治力量的制约吗？后现代主义者有一种

---

① 资本主义民主政治制度的显著特点是，以民主制代替专制独裁制，以公民选举产生的政府代替君主世袭制政府。从具体的政治制度类型来看，有议会制君主立宪制、二元君主立宪制、议会共和制、总统共和制、委员共和制等。参见：石永义. 现代政治学原理［M］. 北京：中国人民大学出版社，2000：49-51.

② 社会主义民主政治制度的特点是，建立在以公有制为主体的经济基础之上的、人民当家作主的民主共和制。它以多数人的统治代替了少数人的统治，以人民的统治代替了剥削阶级的统治，以民主共和制代替了封建君主制。参见：石永义. 现代政治学原理［M］. 北京：中国人民大学出版社，2000：51.

③ 俞燕敏，鄢利群. 无冕之王与金钱：美国媒体与美国社会［M］. 北京：中国社会科学出版社，2000：85.

④ 新闻宣传，是作为政治家的江泽民从1989年开始使用的一个概念，不是指新闻传播和宣传，而是指通过新闻传播媒体进行的宣传工作。参阅：陈力丹. 马克思主义新闻思想概论［M］. 上海：复旦大学出版社，2003：327.

看法：所有占优势地位的意识形态都企图以科学和真理之名来约束控制大众，真实与真理不过是包藏着权力意志的话语。① 这句话不免极端，但如果我们借用过来，则可以说它确实揭示了政治力量控制下的新闻真实到底是什么样的真实。

政治统治的扭曲、变态，往往使新闻真实跟着扭曲、变态，出现怪诞的表现，制造出整体的幻象或虚假的景象。当德国法西斯登上历史舞台后，他们塑造的德国是一个随时将被周边国家"吃掉"的国家，德国民族是世界上最优秀的民族。法西斯主义者认为，"真实如泥团，只要'党和国家需要'，可以任人揉捏"②。当麦卡锡主义猖獗于美国政坛时，媒体中的共产主义俨然成了立刻就要湮没整个美国的洪水猛兽。当1958年前后"大跃进"的政治幼稚与迷狂占据中国政治的主导地位时，整个中国的媒体都进入了造假运动的亢奋状态，"到处放高产卫星，到处插跃进红旗，全国几乎都沉入一片'乌托邦'的梦幻之中"③；当中国的政权在"文化大革命"期间实质上被极"左"路线控制时，"新闻报道更是明目张胆地信口雌黄，假话、大话、空话、套话充斥报纸版面"，"新闻报道黑白颠倒，是非混淆"④，"党和人民的新闻事业受到严重破坏和摧残，声誉扫地"⑤。

第二，政治力量会制约新闻真实实现的整体范围和程度。随着人类政治文明的进步，政治的公开性、透明性都在不断增强，新闻自由的程度越来越高，政府对新闻报道的限制越来越少。这就意味着新闻报道的领域变得越来越广，范围越来越大。但就目前世界各国的实际情况来看，政府会

① 阿普尔比，亨特，雅各布. 历史的真相 [M]. 刘北成，薛绚，译. 北京：中央编译出版社，1999：189－198.

② 童兵. 比较新闻传播学 [M]. 北京：中国人民大学出版社，2002：88.

③ 项德生，郑保卫. 新闻学概论 [M]. 武汉：武汉大学出版社，2000：183.

④ 同④.

⑤ 方汉奇. 中国新闻事业通史：3卷 [M]. 北京：中国人民大学出版社，1999：406.

以各种方式限制新闻报道的范围、涉入的层次。在人类还远没有实现大同社会的今天，国家安全、政治秘密、商业秘密、科学技术秘密等，还具有极强的国家利益特征，任何一个政府都会通过法律的、行政的手段为新闻报道设限，将新闻自由控制在一定的范围之内。严格地说，新闻报道的真实只能是有关法律规定范围内的真实，是政府新闻政策范围内的真实（我们在下文还将有专门的论述），甚至是一些临时规定范围内的真实。

新闻传播会受到政府的调控，这也就意味着新闻真实实现的图景必然是政府因素影响下甚至是政府力量调控下的景象。政府可以通过法律、政策等（政党还可以通过党的有关纪律约束）具体规范限制新闻传播的自由度。如果想让新闻界为人们提供一幅比较真实的社会变动景象，就应该赋予新闻一定的自由权利。因此，政府在限制新闻自由时应该对限制本身做出必要的限制，不能使自己的限制成为随意的行为。不然，新闻界就很难反映现实社会变动的最新图景，也很难把人们最新的看法及时地反映出来。正如美国新闻自由委员会在其报告中所说的那样："如果新闻自由是为了反映现实，那么政府就必须自设界限，其干涉、管束与压制新闻界的声音的范围和操纵公众判断赖以形成的数据的范围就不得是无边无际的。"①

第三，在具体操作层面上，政府会严格控制有关重大新闻特别是政治新闻的报道。② 政治内容（主要表现为政治新闻）始终是大多数媒体，尤

---

① 新闻自由委员会. 一个自由而负责的新闻界［M］. 展江，王征，王涛，译. 北京：中国人民大学出版社，2004：69.

② 对于政治与新闻的真实关系，有些人认为新闻真实不能被其左右，应该是独立的。但有些人认为，在新闻真实背后，应该有左右它的政治力量。有人甚至认为，为了政治利益，可以改变事实的本来面目，"没有的可以加上去"（林彪）。持这种看法的并不限于一些政客或政治家，即使是一些学者也认为，为了国家的某种利益，可以改变或"妙用"新闻的真实性。比如，日本新闻学鼻祖小野秀雄在他的《新闻学原理》中就说："新闻的作用若是真正为国家，为国民整体的利益着想，那么这作用可以说是妥当的。在这种情况下，消息报道中剔除、歪曲和夸张某些事实，应被认为是合理的。"（参见：童兵. 比较新闻传播学［M］. 北京：中国人民大学出版社，2002：88.）我个人认为，新闻真实不可能不受到政治利益的影响，但为了政治利益而改变事实的本来面貌，这是一种背离新闻专业要求的可耻行为。这种行为只能解释为"政治艺术"，不能认为是正常的新闻传播。

其是主流媒体新闻报道的核心部分。"在大众传媒报道的内容上，政治是大众传媒重要的消息来源和报道内容，由于会对人们的生活和社会发展带来巨大影响，大众传媒特别是综合性的有影响的大众传媒必须对政治领域的状况进行报道。"① 也许正是出于这样的原因，比起其他新闻来，政治新闻往往会受到政府的严格控制。人们看到，当报道涉及国家利益的重大新闻事件时（常常表现为政治事件或与政治密切相关的事件），新闻媒体、记者能够涉入的程度，其报道的具体内容、方式等，都会受到或明或暗的限制。人们常说的"学术有自由，宣传（报道）有纪律"正是这种限制的反映。显而易见，一些新闻的真实性，只能是政府允许的真实，真实的范围和程度不是由媒体或记者决定的，而是由政府决定的。

政治新闻的真实还常常是政治压力下的真实，即"只能如此，不能如彼"的真实。新闻报道完全演变成了宣传，失去了新闻真实的本性。美国著名新闻记者丹·拉瑟在 1993 年对电视从业人员的一次讲话中说，所有的电视台都在奉行小心行事、唯客户意志是从的新闻报道哲学。他说："太长的一段时间里，我们太多次对自己、对观众交了最糟而不是最好的答卷。看在老天的份上，看在收视率的份上，别惹任何人，当然了，是任何你正在报道的人。尤其是市长、州长、参议员、总统或其他什么位高权重的人。关键是息事宁人，而不是做新闻。这已经成了我们尊奉的最新真言。"② 在这样一些考虑（实质是政治力量的压力）下，可想而知，新闻即使做了，还能完整揭示某一事实的真相吗？美国一些政治学者也认为，政治变成了电视灯光下的政治，"只要有足够的钱，候选人在实质上可以通过电视买到官职"③。新闻媒体已经成为展现政治活动的舞台，"政治权

---

① 刘华蓉. 大众传媒与政治 [M]. 北京：北京大学出版社，2001：41.

② 莱斯特. 视觉传播：形象载动信息 [M]. 霍文利，等译. 北京：北京广播学院出版社，2003：96.

③ 罗斯金. 政治学：第 6 版 [M]. 林震，等译. 北京：华夏出版社，2002：136.

力的行使愈来愈多地发生在一个可视的世界舞台上"①。政治新闻的真实已经在很大程度上变成了政治表演的真实。利用手中的政治权力，直接对新闻传播、新闻真实性进行影响和制约。地方保护主义者对新闻报道的干涉，一些权力拥有者对媒体及其记者报道的指手画脚等，无不说明政治力量对新闻真实的扭曲。

由以上分析我们可以看出，在政治力量控制、制约下的新闻真实，只能是有限的真实，甚至是虚假的真实。政治上的不当制约是产生虚假新闻重要的社会原因之一。我们有一种信念，那就是随着人类文明的发展进步，政治对新闻传播的不当干涉将会越来越少，正当干预将会增强，政治力量将会成为主要用来确保新闻真实的力量。事实上，即使是现在，新闻自由也主要是通过政治力量来保证的。问题是我们要使政治力量越来越成为民主政治的力量，只有这样，新闻传播才会给人们提供越来越接近事实本来面目的真实。

2. 经济力量的制约

新闻传播业与社会的经济活动、经济系统有着深刻关系、不解之缘。新闻传播业的发展过程，不可能离开经济系统的支持，它本身在根本上也不得不按照其他一般产业的方式运作，不得不遵守经济运作的基本规律。这一切决定了新闻传播必然要受到经济力量的制约，新闻真实的实现自然也会受到经济力量的影响和制约。

首先，就近现代新闻业的整体发展状况来说（包括当代即改革开放以来的中国新闻业），市场经济所提供的经济自由，为政治自由，同时为新闻自由奠定了根基，从而为新闻的自由报道奠定了根基，也为真实报道奠定了根基。新闻传播发展史表明，正是近代早期资本主义市场经济的发

---

① 史蒂文森. 认识媒介文化：社会理论与大众传播［M］. 王文斌，译. 北京：商务印书馆，2001：218.

展，从根本上促成了近代新闻业的诞生。从此之后，不管在什么时间，也不管在什么地方，人们都发现了一个基本的普遍现象，那就是只要市场经济得到了发展，新闻业就会得到发展，市场经济的步伐放慢、停滞、扭曲，新闻业的发展就会放慢、停滞、扭曲（离开它传播新闻的本性）。市场经济始终是新闻业发展的基本动力源泉，"它顽强地为现代新闻传播业的发展开辟着道路"①，也为新闻的真实报道开辟着道路。我以为这是社会经济与新闻真实报道之间最根本的关系。

其次，就不同的经济制度来看，经济制度决定着新闻业的主导资产所有制形式（私有制、公有制或其他所有制形式），而新闻资产的所有制形式直接影响着新闻传播的价值追求（比如，私有媒体在一般情况下，总是把追求经济利益置于最重要的地位，而公有媒体则总是把追求社会效益置于最重要的地位），从而影响着新闻传播整体上的真实追求。私有制下的媒体，更注重满足人们的新闻需求，因而更注重追求"新闻事实"的真实，注重具体的真实，以吸引人们的注意力。更突出的是，私有媒体的独立性相对比较强一些，它以国家法律为最高活动准则，只要在法律许可的范围内，那么原则上什么样的新闻事实都可以报道。公有制下的媒体，更注重对人们的教育和引导，因而更注重追求整体的真实，顾及方方面面的平衡。

再次，就目前的现实来说，新闻传播业越来越受到经济逻辑的支配，这种现象一方面给新闻业带来了高速发展的基础和力量，但另一方面也使新闻传播的职业理念受到了重大的冲击，新闻精神受到了剧烈的扭曲，新闻报道出现了一些学者所谓的"经济性失实"，即"金钱等经济利益对新闻报道发生强烈作用时所造成的新闻失实"②。显然，经济原因导致的新

① 陈力丹. 世界新闻传播史 [M]. 上海：上海交通大学出版社，2002：18.
② 刘明华，徐泓，张征. 新闻写作教程 [M]. 北京：中国人民大学出版社，2002：23.

闻失实是一种故意性的失实。在市场逻辑支配下，一些媒体贪图一时的经济利益，以夸张、缩小、隐瞒等不当手段处理报道一些新闻，造成不同程度的新闻失实。① 国际新闻记者联合会秘书长艾丹·怀特指出："媒体的大联合和媒体内容的商业化使新闻工作的水准下降，思想和文化内涵减少。就连媒体界内部的一些著名人士也抱怨说，媒体越来越自我、庸俗、偏狭、恶毒。报纸电视从未如此唯利是图，新闻报道的攻击性太强，不求准确，空洞无物，夸大事实，传播来源不明的信息。"② 无疑，新闻真实性以及有意义的真实受到了严重的冲击。悲观一点说，新闻真实很可能成为各种经济力量"同意"或者"允许"的真实性。或者说，经济逻辑对新闻传播的制约甚至支配，使新闻真实变成了经济势力的代表们愿意看到的真实，可以称之为商业化的新闻真实。我们虽然不能说这种真实就是虚假的，但可以肯定的是，经济逻辑或商业逻辑制约下的新闻真实必然是有限的真实。法国著名社会学家皮埃尔·布尔迪厄说："新闻场与政治场和经济场一样，远比科学场甚至司法场更受制于市场的裁决，始终经受着市场的考验。"③

又次，从操作层面看，经济力量来制约新闻传播的通常手段，可以归结为两种：一是硬性的或者叫作刚性的手段；另一种是软性的或者叫作柔性的手段。

所谓硬性手段就是直接的经济控制，最为核心的招数就是广告。自从真正的大众传播诞生以来，广告就成了媒体正常运转的主要经济命脉。媒体的生存与发展过程对广告的依赖必然使广告商，特别是拥有大宗广告资

---

① 这里有一个问题需要特别注意，当我们说经济原因是导致新闻失实的原因之一时，并不是说在市场经济体制下运作的新闻媒体必然会产生失实的新闻报道，这其中的关系到底是什么，需要深入研究。

② 怀特.新媒体，新问题［M］//张穗华.媒介的变迁.北京：中国对外翻译出版公司，2002：129.

③ 布尔迪厄.关于电视［M］.许钧，译.沈阳：辽宁教育出版社，2000：87.

金的广告商，成为影响媒体传播行为的重要力量，这当然会影响到新闻传播的真实性，造成所谓的"销售与事实真相之争"。"媒介内容主要受到扩大消费群体这种需要的驱动，而不是受到传播我们这个世界的真相或表达深层的思想和情感的渴望的驱动。"① 人们发现，广告商在媒体的新闻报道面前往往具有较大的自由度，它不仅可以选择媒体，选择版面、时段，有时甚至可以选择刊播的具体方式。收受者有时可以看到、听到新闻与广告充满讽刺而又麻木不仁地结合在一起。一些广告商常以撤走广告相威胁，要求媒体撤换有关新闻报道，对媒体的新闻活动进行直接的干涉。这些并不是什么秘密。

所谓软性手段就是间接制约和影响新闻传播的方法，包括诸多具体的花招和技艺，但最明目张胆的、冠冕堂皇的、典型的就是公共关系手段。几乎所有经济单位都有自己的公关部门②，其中有一部分人员专门针对新闻媒体开展工作。有人甚至认为，经济单位公关部门"大部分公关活动都是为了吸引媒介的注意力"③。客观地讲，公关手段早已成为各种经济组织、团体、单位用来设计和维护自己形象、利益的高超技艺。如果我们不考虑那些明显属于道德败坏甚至违法犯罪的所谓"公关手段"，那么公关人员通常用来吸引或分配媒体新闻注意力的具体方法有两种：其一，精心策划，投媒体所好，制造准新闻事件或"假事件"④。有人不无讽刺地说，

---

① 门彻. 新闻报道与写作：第9版 [M]. 展江，主译. 北京：华夏出版社，2003：90.

② 经济单位指营利组织，此处不讨论非营利组织的公关活动。营利组织公关活动最突出的特点是：以经济效益为基本导向，与市场营销密切配合，想方设法提升组织的竞争能力。在这里，我们不讨论公共关系的必要性、重要性、合理性和正当性，只从公关活动对新闻真实的负面影响做必要的阐释。

③ 莱斯特. 视觉传播：形象载动信息 [M]. 霍文利，等译. 北京：北京广播学院出版社，2003：92.

④ 社会历史学家丹尼尔·J. 布尔斯廷认为，假事件具有这样的特征："它不是自发的，而是因为有人进行了策划、安排、煽动才发生……策划它的直接目的主要（但不总是专）是使它被报道或被模仿。因此，它的发生被安排为方便从事报道的媒体……它与隐藏起来的相关情形的联系是模糊不清的。"参见：门彻. 新闻报道与写作：第9版 [M]. 展江，主译. 北京：华夏出版社，2003：277.

公关人员是新闻工作者最"忠实"的朋友，他们不辞劳苦，帮助新闻媒体确定报道对象。说严重点，记者甚至整个新闻媒体，有时会变成公关人员的傀儡，往往会在公关人员的绳线扯拉中不知不觉地进行各种怪异的表演。美国媒介伦理学家约翰·麦瑞尔称，在印刷媒体和广播媒体的所有新闻报道活动中，有50％（指在美国——引者注）很可能是由公关部门首先启动的。遗憾的是，这一行业中有些不道德的人一心想着如何避实就虚、蒙蔽受众，借新闻报道之名，行少花钱或不花钱做广告之实。① 其二，直接创制新闻作品，为新闻媒体"送货上门"。公关人员会有意以有趣味的、生动的、能吸引公众注意力的方式撰写新闻稿件、录制广播新闻、拍摄新闻节目②，并恰到好处地将其送达新闻媒体。这些东西由于可以省去记者、编辑许多麻烦，使他们可以坐享其成，因而大多可以在不大不小的修正下与公众见面。然而，人所共知，公关人员向新闻媒体提供的新闻稿件，总是从自己代表的经济单位的利益出发的，他们可能并不在新闻中讲假话，但他们说的真话大都是一面之词，他们报道的真实大都是片面的真实。这样，收受者通过媒体对所谓的新闻事实的了解，不过是公关人员描绘的、剪裁的，甚至是创造的美丽故事。舆论学创始人李普曼就曾指出："负责公司形象推广的人员实际上是'新闻检查官，是宣传员。他只对雇主负责，只对符合雇主利益标准的全部事实负责'。""记者们只能知道公司提供的事实，而不是关于某项产品、某种情况或某个问题的全部事实。"③

　　最后，经济力量的制约不仅是一种外在的制约，也是一种内在的制

---

① 莱斯特．视觉传播：形象载动信息［M］．霍文利，等译．北京：北京广播学院出版社，2003：88‐89.

② 对于网络新闻的自由性，我们不在这里讨论。当然，公关人员经常会通过网络传播手段吸引传统媒体的新闻注意力。

③ 同①92.

约。媒体为了自己的经济利益，不需要他人强迫，就会将自己打磨得没有棱角，不痛不痒。在政治力量、经济力量面前，一些媒体会主动自我设限，为自己划定雷区的范围，为自己制定地雷引爆后的强度评价指标。法国社会学家布尔迪厄说："我们都熟知这条规律：任何一个新闻机构甚或一种表达方式，越是希望触及广大的受众（何止是广大的受众——引者注），就越要磨去棱角，摒弃一切具有分化力、排斥性的内容。"① 可以想象，在此情况下实现的所谓的新闻真实，只能是表面化的、现象层面的真实，不可能揭露有关事实的真相。更为可悲的可能是，一些真正事关公众利益的新闻事实没有机会和公众见面。

人们知道，媒体作为经济实体、作为企业，在运作中必须考虑到新闻报道的经济成本，"如果一条新闻需要投入太多的时间和金钱，我们宁可把它放弃"②。在一些传媒掌控者的眼里，"只有为投资者赢得越多的利润，才越能说明企业的成功。在这种逻辑的驱使下，新闻的作用是吸引适合的受众，从而赢得巨额的利益"③。因而，有意义的真实可能会变得越来越少，无意义的报道会越来越多。

还有，为了确保自己的经济利益，媒体间会展开激烈的竞争。有些竞争是良性的，有些竞争是恶性的。恶性竞争不仅会破坏整个产业的健康发展，也会导致虚假新闻不断出现。一些媒体为了赢得竞争机会，往往会采取不正当的、制造虚假新闻的手段，以使自己的新闻引起社会公众的关注。如今，新闻传播的激烈竞争更使"抢新闻"成为普遍现象，越来越短的新闻传播周期使一些新闻成为"热蒸现卖"的作品，这无疑会在一定程

---

① 布尔迪厄．关于电视 [M]．许钧，译．沈阳：辽宁教育出版社，2000：51.
② 班尼特．新闻：政治的幻象 [M]．杨晓红，王家全，译．北京：当代中国出版社，2005：99. 本书第9版中译本已于2018年由中国人民大学出版社出版，书名 News: The Politics of Illusion 改为《新闻：幻象的政治》。
③ 班尼特．新闻：政治的幻象 [M]．杨晓红，王家全，译．北京：当代中国出版社，2005：99.

度上影响新闻真实的实现。

竞争性失实是一个很悖逆的现象。按正常的道理来说，媒体间展开竞争，目的在于更好地传播新闻，高质量地报道新闻；可不正当的竞争、违背新闻传播规律的竞争一旦出现，就会把媒体的新闻传播引向歧途。

3. 文化力量的制约

文化是一个极其繁杂的概念，具有各种各样的含义，据统计，有一定影响的概念就有 200 多个。广义上的文化包括物质文化和精神文化。在这种意义上，社会就是一个文化系统，人类就是文化动物。我们这里所说的文化是狭义的文化，即指精神文化，"主要包括哲学、科学、技术、宗教、文学、艺术、伦理道德和价值观念等，并可归为科学文化与人文文化"①。精神文化，特别是其中的人文文化，是人类赖以生存、发展的精神家园。人类的所有活动都在一定的精神文化环境中展开，不可能超越精神文化的影响和作用。新闻传播本身作为人类之间的一种关于新近事实信息的交流活动，延伸意义上的精神交往活动，实质上就是人类精神文化活动的有机构成部分（可称之为新闻文化活动）。如果我们在思维中将社会整体的精神文化与新闻传播加以分离，并且从新闻真实论的角度考虑二者的关系，精神文化对新闻真实的实现就具有以下一些主要的制约作用。

首先，存在于一定文化环境中的新闻传播，其最基本的传播观念、传播价值追求，会受到该文化环境的熏染和塑造。精神文化的核心是其包含的价值观念，它决定着人们评价和判断事物的标准。一种文化的价值观念会在人们的心目中形成比较稳定的文化价值规范，"它告诉本文化的成员

---

① 李喜先．论精神文化［M］//王文章，侯样祥．中国学者心中的科学·人文：科学人文关系卷．昆明：云南教育出版社，2002：282.

什么是好的和坏的，什么是对的和错的，什么是真的和假的，什么是积极的和消极的……"①，从而指导和约束人们的思想与行为。文化对新闻传播的影响表面看来是无形的，但却是深层的，会渗透到传播主体、收受主体、控制主体的灵魂深处。它为新闻活动提供了一种文化选择的视野。仅对传播者来说，对于什么是不应该报道的，什么是应该报道的，什么是应该重点报道的，以及应该如何报道，等等，精神文化都会以各种方式产生影响，它会把传播者引导或限制到一种文化价值体系可以接受或允许的范围内。② 比如，体现精神文化精髓的道德文化，时刻都会提醒传播者选择报道内容、报道方式的道德界限。即使是真实的报道，也不能超越道德规范的限定。

一种精神文化的总体特点与风格，一定会渗透到活动于其中的新闻文化中，对新闻传播形成一些直接的影响。每个国家的新闻传播业，都会有本国文化的特色。③ 因而，每个国家新闻传播呈现的真实景象，也会烙上本国文化视野的烙印。

其次，精神文化的历史演变，会强烈影响新闻传播关注的重点和走向，从而制约新闻真实实现的具体景象。尽管一种精神文化的基本内核是比较稳定的，但文化也是不断发展变化的事物。最能及时反映和感染文化历史性、变动性的亚文化形式莫过于媒介文化，因为媒介文化是文化的文化，是精神文化的重要载体。新闻文化作为媒介文化的一部分，更是以新

---

① 乐黛云．跨文化之桥［M］．北京：北京大学出版社，2002：41.

② 我国著名文化学者金开诚先生认为："文化主要对人的精神世界有影响，包括对人的指导思想、价值观念、思维方法、品格素质、情感活动都起到教化、驱动与制约作用，然后才有相应的行为。"参见：金开诚．我与中国传统文化［M］//张世林．学林春秋：三编上册．北京：朝华出版社，1999：155.

③ 一个地方、一个国家或一个民族的传统文化精神，会转化成为"文化基因"，在其成员的身上代代相传。参见：金开诚．我与中国传统文化［M］//张世林．学林春秋：三编上册．北京：朝华出版社，1999：157.

闻传播特有的敏感、快速和公开，呈现出文化的最新变动情况。美国人马丁·沃克说过一句比较准确而精练的话："一家报纸就是一个国家的文化的一部日记。"① 体现物质文化成果的最新器物变化，反映社会经济、政治等体制变革的制度文化，都会呈现在新闻报道中，成为新闻真实反映社会变化的主要内容，在它们背后，最为深刻的变化，乃是精神文化的变化。② 因此，我们可以粗略地说，精神文化的变动规定着新闻记录的宏观景象。新闻报道记录下的物质变化、制度变化景象，正好反映了生存于一定精神文化系统中的人们的心灵变化景象。

再次，与上面两点具有内在关联的是，精神文化及其变化也会影响新闻真实呈现的方式、实现的方式。"新闻文化的主要标志是新闻作品"③，它既是真实再现事实的结果，也是新闻真实进一步实现社会效应、个人效应的基础。新闻作品总是在一定的价值观念、思维方式、写作传统中通过一定的符号系统呈现的，不同的精神文化特别是人文文化具有的差异很多④，因此，对于同样一件新闻事实，如何再现它的真实面目，有时确实不只是个事实问题，也难以用纯粹科学的方式描述，其中蕴含着不同文化的特色。比如，同样一件事实发生了，不同文化背景、"出身"的人们观察它的视角就有可能不同，关注的重点也会有所不同（这里不讲对事实的看法和意见），再现新闻事实的语言文字也不同（语言文字本身就是精神文化的表现，其表达方式更体现着不同文化的意蕴和特点），这些诸多的

---

① 沃克. 报纸的力量：世界十二家大报 [M]. 苏潼均，诠申，译. 北京：新华出版社，1987：33.

② 在物质文化与精神文化的互动中，一般来说，物质文化是精神文化变化的根源，而精神文化则是物质文化变动的先导。

③ 童兵. 理论新闻传播学导论 [M]. 2 版. 北京：中国人民大学出版社，2011：104.

④ 季羡林先生在一篇文章中就曾这样写道："对东西文化的差异处，我仿佛害了'差异狂'，越看越多。没有办法，事实告诉我是这样，我只有这样相信。"参见：季羡林. 我与东方文化研究 [M] //张世林. 学林春秋：初编上册. 北京：朝华出版社，1999：256.

不同，在最终的新闻作品中都会被呈现出来。当然，对于新闻事实本身的再现，"全球化"的客观、全面、公正观念是一个正确的大方向，我们不能因为文化的差异而改变事实的面貌，我们的差异只能出现在观察事实、反映事实的角度上，没有人能360度无死角地观察、反映事实，因而不同的角度互补互助，也许能使我们把一件事实看得更清楚，把整个事实世界的最新变化看得更清楚、更全面。

精神文化的变迁是通过不同历史时代、历史时期一系列具体的文化样式展现的，新闻文化便是展现方式之一。一个时代文化变化的特点，往往会被淋漓尽致地呈现在新闻报道中。政治文化盛行时，新闻报道中会充满政治话语的喧嚣；经济文化勃兴时，媒体似乎变成了经济学教科书；消费休闲文化繁荣时，娱乐新闻、体育新闻、时尚新闻等迅速膨胀……这是文化背景下的内容变迁。变迁的文化牵引着新闻的目光，制约了它关注的事实中心。在新闻呈现方式上，同样可以看到类似的情景。当精英文化盛行、严肃文化当道时，新闻报道的风格、语言往往呆板、矜持，但也严谨、准确；当大众文化火爆、商业文化疯狂时，新闻报道的风格不仅走向了通俗化、平民化，也有一些落入了娱乐化的境地。变迁的文化样式与风格，影响着新闻传播再现事实世界真实面目的方式与特色。

在上述所有制约新闻传播，从而制约新闻真实实现的各种力量中，政治力量、经济力量是最重要的两种力量，也就是说，一个社会中掌握政治权力、经济权力的群体，也就是该社会中的强势群体，实质上控制着、制约着新闻真实能够实现的图景。强势群体通过大众传播媒体塑造着自己的美好形象，同时他们通过媒体塑造着弱势群体的形象。"强势文化群体，即在社会结构中权力最大、影响力最大（媒介控制力也最大）的群体，支配着人们所能看到的形象。他们制造其他群体的模式化形象，往往是为了维护本群体的利益，以保证他们的统治地位。"① 我们可以毫不夸张地说，新闻媒体在很大程度上不过是社会中强势群体的工具。这是事实，不是理论；这是现实，不是想象。我们有很多美好的理想，但实现理想的过程是艰难的。全球范围内的精英主义新闻传播观念其实并不是新闻人追求的，但又不得不追求，因为没有这样的观念，它的生存与发展就没有了希望。这也是新闻传播面对的一大困境，实质上也是人类几乎在所有的事业上面对的困境。它不是通过"应该"如何就能解决的，只能通过历史的方式得到解决，只是在我们意识到这样的问题后，可能会解决得快一点、好一点。

除了上面讨论的政治、经济、文化力量对新闻真实实现的制约外，还有一种十分重要的制约新闻真实实现的力量，那就是传播技术。伴随着传播技术的进步，人类传送、收受新闻的方式也在不断更新。报纸新闻、广播新闻、电视新闻、网络新闻等，不仅历时而来，而且在当代共时性地呈现在人们面前。每种媒介形态的新闻样式，依托着不同的传播技术基础和不同的主导性的符号系统，使得它们在再现新闻事实的真实性上表现出一定的差异，具有各自的个性，对此，我们已经在第三章做过讨论，这里不再重复。

二、实现真实报道的内容界限

众所周知，新闻自由是有限制的自由，新闻传播是有限制的传播。新闻报道，即使是真实的报道，也不能随心所欲、任意而为。这就决定了真实报道也是有界限的报道。新闻报道的内容、获取真相信息的手段、写作刊播真实信息的方法，都有一些不允许随意逾越的界限。尽管有些界限确实很难画得那么清楚，令所有人都信服、接受，但界限是必然有、应该有

---

① 莱斯特. 视觉传播：形象载动信息［M］. 霍文利，等译. 北京：北京广播学院出版社，2003：104.

的，把握这些必要的报道界限，是实现良性真实新闻报道所必需的。在所有的界限中，对内容的限制无疑是最重要的，因此，我们主要阐释实现真实报道的内容界限问题。在具体论述中，如果涉及手段的界限或内容表述的界限问题，我们将一并加以简要的说明。

新闻能够报道什么，不能报道什么，并不是完全由传播者决定的，并不是所有具有新闻价值的事实，都可以作为新闻内容加以真实报道。在宏观层次上，新闻可以报道什么，不可以报道什么，应该报道什么，不应该报道什么，实质上是由一定社会所提供的新闻传播环境决定的。这种环境的主要构成因素是：法律环境、道德环境和新闻政策环境。因此，内容选择的界限主要有法律界限、道德界限和政策界限。即能够真实报道的内容，必须是法律允许报道的内容、道德上应该报道的内容、政策上可以报道的内容。

（一）真实报道的法律界限

所谓法律界限，就是新闻报道的内容必须是法律规范允许报道的内容，也就是说，报道的内容必须具有合法性。合法性，就是合乎法律精神和法律规范的要求，具体是指新闻传播主体选择的新闻事实、确定的报道内容，必须是法律规范允许传播的内容、允许报道的事实。法律规范对新闻传播在内容的选择上有一些硬性规定，限制对一些事实进行报道，这是法律规范从源头上对新闻传播的一种控制方式，新闻传播主体不能随意冲破这样的约束和限制，不能以合规律性的标准（合乎新闻价值标准）超越合法性的标准。对新闻传播来说，合法性要求包括的内容很多，不仅不能选择法律禁载的东西，而且获取新闻信息资源的手段要合法，报道的方式、方法也要合法，等等，但对于这些内容我们不加讨论。

合法之法，必须是"良法"、正义之法。如果法律规范本身是"恶"

的或不合理的，那么，从原则上说，作为社会舆论工具的新闻媒体不但不能在选择新闻事实时在精神上受它的约束，而且在行动上要时刻准备冲破这种约束，通过新闻批评的方式提出各种建议和意见，使不合理的法律规范尽早得到修正。① 如果法律规范本身是合理的、正义的，那么，传播者就应自觉遵循法律规定，并将其作为确定新闻传播内容的规范性标准。传播者如果置合理的、正义的法律规范于不顾，只从自己的需要或目的出发，或从不合实际的新闻理念出发，选择法律禁载的事实信息进行报道，就必须承担可能的法律责任和后果。

根据新闻传播的实际情况，即使事实是真实的、客观的，是具有新闻价值的②，以下类别的事实也是不能报道的。

第一，事关国家安全的事实信息（国家秘密）不能报道。"任何国家都把维护自身的安全作为自己的首要任务，都通过立法严格保障国家安全，禁止任何危害国家安全的行为。"③ 在新闻传播活动中，可能对国家安全造成危害的方式有两种：一是传播煽动性的言论；一是泄露、非法获取、向境外非法提供国家秘密。④ 后一种情况极有可能以"新闻"报道的方式出现。因此，不少国家对新闻媒体保守国家秘密有专门的法律、法规，对新闻媒体的报道活动实施法律约束，禁止媒体刊播有关信息。⑤ 众

---

① 关于法的"良""恶"的标准，大致有四条：第一，看它是否反映社会的客观需要，是否有利于生产力的发展；第二，看它是否调动社会各阶级的政治积极性和生产积极性；第三，看它在权利义务规定上能否为社会所接受；第四，看它是否有利于社会安定和使人们的生命财产得到切实保障。参阅：王子琳. 法律社会学 [M]. 长春：吉林大学出版社，1991：287-294.

② 在通常情况下，越是法律规定不允许报道的事实，往往越是人们想知道的事实，也常常越是有新闻价值的事实。

③ 魏永征. 新闻传播法教程 [M]. 北京：中国人民大学出版社，2002：71.

④ 所谓国家秘密，《中华人民共和国保守国家秘密法》第二条规定："国家秘密是关系国家的安全和利益，依照法定程序确定，在一定时间内只限一定范围的人员知悉的事项。"

⑤ 《中华人民共和国保守国家秘密法》第二十七条规定："报刊、图书、音像制品、电子出版物的编辑、出版、印制、发行，广播节目、电视节目、电影的制作和播放，互联网、移动通信网等公共信息网络及其他传媒的信息编辑、发布，应当遵守有关保密规定。"

所周知，属于国家秘密的事项往往具有很高的新闻价值和公众兴趣，从而成为媒体、记者追逐的报道对象，"新闻记者为了获取独家新闻，有时不惜以身试法，不择手段地窃取、刺探、收买国家秘密，在传媒披露，制造轰动效应，有许多国家秘密正是通过大众传媒泄露出去的"①。可见，确立国家安全意识、保密意识，是新闻从业者的责任。任何人都不能以报道真实新闻的名义违背国家的有关法律、法规。

第二，对一些特殊新闻和信息不能以真实报道为名随意报道。什么是特殊新闻、什么是特殊信息，有些是由国际惯例认定的，有些是由各国根据自己的实际情况规定的（有些是法律规定的，有些是通过行政法规、政策或纪律规定的）。根据中国的实际情况，重要的政务新闻、有关党和国家领导人的新闻、证券信息和新闻、气象预报、汛情、疫情、震情等通常被列为特殊新闻和信息。②这些特殊新闻和信息，通常由国家指定的部门统一发布，新闻媒体不得擅自报道。对这些特殊新闻和信息要通过有关部门统一发布，并不是为了限制公众的知情权③，而是为了保障公众所获得的新闻和信息是真实、准确、全面、可靠的。我国著名媒介法学者魏永征先生，结合中国实际，指出这种做法的出发点"主要是鉴于有关新闻关系重大，为了保证新闻的准确无误，避免不实传闻影响共产党和政府的威信，或者造成社会惊扰，给公众带来有些不应有的损失"④。

第三，对能够造成侵犯公民、法人人格权的事实信息不能报道。"人格权是法律赋予自然人和法人所固有的维护自己的生存和尊严所必须具备

---

① 魏永征. 新闻传播法教程［M］. 北京：中国人民大学出版社，2002：80.

② 参阅魏永征《新闻传播法教程》第六章相关内容. 魏永征. 新闻传播法教程［M］. 北京：中国人民大学出版社，2002：198－213.

③ 这些特殊新闻和信息都是与公共利益高度相关的新闻和信息，是公众应该和有权全面、真实获知的信息。

④ 同①198.

的人身权利。"中国宪法和法律所确认的"人格尊严、人身自由和生命、身体、健康、名誉、隐私、肖像、姓名等方面的权利，都属于人格权的范畴"①。日常新闻报道造成的新闻侵权行为大多是由报道内容选择不当造成的（另外一些侵权行为则是由获取信息的手段不当造成的）。因此，媒体在新闻采集与报道过程中，必须有强烈的法律意识，在涉及公民及法人的有关事实报道中，把握好法律界限。并不是说真实的就是可以报道的。

第四，对国家法律、法规规定的其他禁载内容不能报道。除了以上三个方面的事实信息不能随意报道外，还有一系列的内容都是法律、法规规定不能报道的内容，我们在此无法一一展开说明。比如，对报道对象中的色情、淫秽内容等要适当处理，不能随意展现。对涉及宗教信仰的内容要慎重对待。在法制新闻报道中，新闻媒体及其记者首先要依法报道，不能造成媒体审判现象②；在有关案例报道中，要避免"黄""暴"情节，不得过分细致地描写犯罪过程和手段等。

（二）真实报道的道德界限

人是德性的人，人的社会是德性的社会。人与社会的德性本质上是通过道德规范或伦理规范来反映的。新闻传播是德性社会中的传播，它的传播内容、获取内容的方式手段、表现内容的形式等，都必须遵守德性社会的道德约束。社会的道德规范正是新闻选择的内容界限。真实的新闻报道

---

① 魏永征. 新闻传播法教程 ［M］. 北京：中国人民大学出版社，2002：122.

② "媒体审判"，又叫"新闻审判"，最初是西方新闻传播法中的一个概念，指新闻报道超越法律规定，干预、影响审判独立和公正的现象。魏永征先生认为，"新闻审判"是违反法律的行为，它通常发生于案件审理过程之中，其最主要的特征是：超越司法程序抢先对案情做出判断，对涉案人员做出定性、定罪、定量刑以及胜诉或败诉的结论。"新闻审判"的报道在事实方面往往是片面的、夸张的甚至失实的。它的语言往往是煽情式的，力图激起公众对当事人憎恨或同情之类的情绪。它有时会采取"炒作"的方式，即由诸多媒体联手对案件做单向度的宣传，有意无意地压制相反的意见。它的主要后果是形成了一种足以影响法庭独立审判的舆论氛围，从而使审判在不同程度上失去了应有的公正性。参见：魏永征. 新闻传播法教程 ［M］. 北京：中国人民大学出版社，2002：113-115.

同样不能超越这样的界限。这就是内容选择上的"合德性"。

"合德性"，是指新闻传播主体所选择的作为公开报道对象的新闻事实，以及构成新闻事实的所有要素、细节、部分和事项，应该是社会公认的道德规范、道德观念认可、允许和能够接受的东西，应该是媒介伦理道德允许的东西。道德"是人类社会生活中所特有的、由经济关系决定的、依靠人们内心信念和特殊社会手段维系的，并以善恶进行评价的原则规范、心理意识和行为的总和"①。它是一种精神，一种特殊的社会意识，一种特殊的价值，也是一种调节人们社会生活的规范。"它是被个人、群体或文化确认了的价值和生活准则。它寻求指导人们的行为：什么是好的，什么是坏的；什么是正确的，什么是错误的"②。尽管道德规范"是一种非制度化的规范"，"一种内化的规范"，"不像法律规范那样以强制性手段"③ 约束人们的行为，而是诉诸人们的良心、情感和自觉，但一旦某种道德规范得到了社会大众的普遍认可，那么，任何社会成员都"应该"遵守，不然，德性社会就会失去道德秩序，以德为本的人将失去作为人的生存根基。

新闻传播，作为一种影响迅速、广泛的信息传播活动，在选择将什么样的新闻事实信息广布于社会公众的时候，必须考虑和顾及它在道德方面的可能效应。对报道对象的选择，必须符合社会道德规范的要求，能为人们普遍具有的道德观念所接纳。在新闻传播实际中，新闻选择稍有不慎，就有可能给一些人造成终身的困扰。在新闻报道中，真实，有时确实像美国作家马克·吐温所说的那样，是最宝贵的东西，我们应该节省着用。要在真实的新闻报道中体现出充分的道德精神、人文关怀，不像我们前面讨

---

① 罗国杰. 马克思主义伦理学 [M]. 北京：人民出版社，1982：4.

② 马少华. 新闻评论 [M]. 长沙：中南大学出版社，2005：159 - 160。另外，这段译文中"正确的"和"错误的"似应译作"正当的"和"不当的（失当的）"。

③ 姚新中. 道德活动论 [M]. 北京：中国人民大学出版社，1990：11.

论的法律界限那样有着比较明确的规定，可以一条一条地对照遵守，而是需要在把握一般道德原则、道德规范的前提下，具体问题具体分析，具体对待，根据一定的境遇进行道德性的选择。然而不管多么困难，总的原则应该是明确的，即新闻媒体在进行真实的新闻报道时，应该考虑到新闻传播可能产生的各种效应。对于报道什么，怎样报道，应该有道德的考虑，应该在公众利益、报道对象的个人利益之间求得某种恰当的平衡。

真实报道的道德限度是个极其复杂的问题，落实在具体的报道活动、内容选择中，也是一个比较难把握的问题。但有度、有限制是必然的。这个度，就是关于任何新闻事实的真实报道，都要在总体上有利于社会的良性发展，有利于收受者的心灵健康和人性完善。对那些超出人们道德宽容限度的内容、传统习惯所不容的内容，需要慎重对待，最好不要撞击道德底线。童兵先生就曾这样写道："新闻传播的真实性，在新闻实践中，还必须以人类的道德规范加以考量"，"凶杀案件、交通意外，把血淋淋的镜头或照片公之于众，发表在报纸上，播映于屏幕中，那是百分之百真实的，但以道德标准考量，是不允许的。一些关系到地震、灾害、疫情的新闻事实，发布之后可能会造成人心慌乱等不必要的损失，也应有所节制"①。还有，一些新闻事实中可能涉及情色内容、个人隐私等，如果加以所谓的真实报道，不仅是不道德的，还可能造成新闻侵权。道德界限在新闻内容的选择中尽管比较难把握，但在新闻传播实践中，也并不像想象的那么困难，对于一些媒介伦理学一时难以论说清楚的问题，传播者只要真诚地推己及人、设身处地，就可以实际地解决。道德有时就是一种体验，一种经验，它更多的是一种实践的智慧。

必须指出的是，与法有良恶之分一样，道德规范本身也有历史、现实

---

① 童兵. 理论新闻传播学导论［M］. 2版. 北京：中国人民大学出版社，2011：72.

的合理性问题，特别是在社会变革、转型时期，传统的、既有的一些道德规范、道德观念即使是社会普遍认可的，也需要根据社会的发展进行逐步的更新。在这种情况下，作为领风气之先的新闻传播媒体理应恰当选择一些新的事实进行适度报道，以有利于社会的发展和进步，这就需要传播者把握好选择的分寸和尺度。

（三）真实报道的政策界限

"新闻政策，是指国家、政党及其地方或分支机关、组织在一定时期为所控制的新闻机构制定的行动准则。"[①] 显然，新闻政策标示着国家、政党对新闻传播的期望，可以说，新闻政策本质上是由国家、政党制定的一种新闻活动规范。这种规范从宏观上制导着新闻传播的价值取向必须与国家、社会发展的总体方向相一致，必须为国家和社会发展的总体目标服务。为了达到这样的目的，在新闻传播内容的选择上，一定的新闻政策往往会有明确的要求，规定或限制新闻报道的范围。这就为真实报道划定了边界。

"新闻政策直接影响新闻报道者的新闻价值观念，它在事实成为新闻的过程中起着重要作用。"[②]"合政策性"作为选择新闻报道内容的一条标准，要求新闻传播主体在一些内容的选择上，不能擅自决定。新闻政策是政党和政府管理、调控新闻传播领域的重要手段，集中反映了政党、政府对其所属新闻机构及其从业者的态度和要求，具体体现在关于新闻传播活动一系列行为（诸如新闻报道范围与方式、新闻媒体的经营与管理等）的准则与规范中。有些新闻政策是稳定的、长期的，对新闻传播媒体应该报道什么、不应该报道什么，多报道什么、少报道什么，都有原则性的甚至是具体性的规定；有些新闻政策是变动的、暂时的，常常会根据自然、社

---

① 刘建明. 宣传舆论学大辞典 ［M］. 北京：经济日报出版社，1993：1469.
② 成美，童兵. 新闻理论教程 ［M］. 北京：中国人民大学出版社，1993：46.

会中的一些最新的重大变动，对新闻传播媒体的报道内容做出硬性规定，比如在战争时期、在国家遇到特殊灾难的时期，常常会出台一些暂时性的新闻政策，对新闻媒体的报道范围、报道方式做出严格的规定。

一般来说，新闻传播主体只有沿着新闻政策引领的方向进行新闻传播，才能被政策制定者看作是合理的、正确的，在现实操作上也才能行得通。这一点在中外新闻传播的历史与现实中没有什么根本的差异，只是具体表现样式有所不同罢了。与法律、道德规范一样，政策本身也有自己的合理性问题，一种政策如果是不合理的，从理论上说当然就应该成为新闻传播要冲破的樊篱。新闻政策具有很大的灵活性，它对真实报道的制约性很大，因而，政策的合理性比起法律、道德的合理性在实践中可以说更加重要。记得列宁曾经讲过这样的话：不管现实如何令人痛心，必须正视现实。不符合这一条件的政策是自取灭亡的政策。因而，实事求是，永远是制定良好政策的根本思路。

对政党媒体来说，真实报道还会有一条政党的纪律界限[1]，它可以被看作对一定政党新闻政策的一种补充，或者说是更进一步的严格要求。我们可以称之为"真实报道的纪律界限"。

纪律一词的普遍意义是"政党、机关、部队、团体、企业等为了维护集体利益并保证工作的正常进行而制定的要求每个成员遵守的规章、条文"[2]。显然，纪律是一种明确的规范，目的在于维护一定团体的整体利益。新闻业在中国的性质是党、政府和人民的喉舌，所以它必须按照党的纪律行

---

[1]　政党所属的媒体，自然要遵守政党的纪律，这是合乎逻辑的要求。政党媒体和倾向于某一政党的媒体不是一回事。倾向于某一政党的媒体并不受政党的纪律约束。媒体具有党性和媒体属于某个政党也不是一回事。政党所属的媒体必然具有明确的党性，但非党派的媒体，其党性即使有，也是隐蔽的，其公开宣称的是独立性，而非党性。

[2]　中国社会科学院语言研究所词典编辑室. 现代汉语词典［M］. 7版. 北京：商务印书馆，2016：616.

事，特别是党的机关报，必须坚定地宣传、贯彻党的理论、路线、方针、政策，不得利用手中的媒介，宣传同中央决定相违背的东西。其实，不管中外，即使是那些企业性质或以企业方式进行管理的新闻传播媒体，也都有用来维护集体利益的有关规章制度，要求它的成员必须遵守，这些规章制度实质上也是一种纪律，所以，纪律规范的存在也是普遍的。纪律作为约束媒体成员的一种规范，主要是禁止性的条文，这就给传播主体指出了明确的报道界限（包括内容和方式两个方面），也就是人们平常所说的"禁区"。同样，纪律规范本身也存在合理性的问题。合理的纪律规范，有利于新闻传播的正常展开；相反，则会限制人们正常新闻需要的满足。

三、虚假新闻及其防治

真实新闻的对立面就是虚假新闻，因而如何实现新闻真实，特别是如何保证再现环节的真实性，在一定意义上就是如何防治虚假新闻。虚假新闻泛滥所造成的各种社会危害，对新闻媒体、新闻传播者自身形象的损害，以及对整个新闻传播业的侵蚀，使虚假新闻成为新闻研究者和新闻业界始终共同关注的重要问题，也构成了新闻真实论的重要组成部分。尽管虚假新闻不可能彻底消除，但实践经验也证明，只要人们努力，虚假新闻总是可以减少的。[①]

（一）对虚假新闻的界定

人们尽管对虚假新闻深恶痛绝，但对什么是虚假新闻还缺乏足够清晰

---

① 需要说明的是，这里关于虚假新闻的讨论，针对的主要是具体新闻，关于整体新闻报道的虚假问题，我们只做简要的相关论述。具体真实，整体不真实，不属于虚假新闻的范畴，而属于一定新闻观、新闻真实观下的真实问题，可参阅第一、二章中的相关内容。

的认识。理论研究和新闻实践中对假新闻和失实新闻的不加区分，就能在一定程度上说明这种认识上的模糊性。[①] 防治虚假新闻，首先需要人们认清什么是假新闻、什么是失实新闻。只有在性质上、程度上对虚假新闻识别清楚，揭示出它的实质内涵，才有助于人们设计有效的防治虚假新闻的措施。

1. 假新闻

假新闻在人们看来，似乎是一个矛盾的概念，因为既然是"假新闻"，就不能归属于"新闻"的范畴，作为新闻的一个类别。[②] 因而，这里首先需要澄清一个基本问题：假新闻并不是在新闻前提下对新闻的分类。比如，我们可以在新闻的前提下，按照媒介形态把新闻分为报纸新闻、广播新闻、电视新闻、网络新闻等；但我们不能在新闻的前提下，按照媒介形态把报纸新闻分为报纸真新闻、报纸假新闻等。假新闻是在性质上相对（真实）新闻存在的一个概念，描述的是在形式上、姿态上完全具备新闻的特征，但在实质上没有新闻本质特性（真实性）的"新闻"。因而，"假新闻"这一概念是一个"真概念"，而不是一个"假概念"，人们是用它来反映现实新闻传播中客观存在的一种现象。[③]

---

① 比如，一些媒体每年"评选"出的"十大假新闻"，其实并不都是"假"新闻，有些新闻的性质属于失实或严重失实的范畴。

② 美国学者约斯特有过一段关于假新闻不是新闻的精彩论述。他说："真实性就是判别真正新闻的准绳。""新闻是对所发生的事情的一种报告，或者是对某种存在状态的一种报告，如果这件事根本就没有发生过，或者这种状态根本就不存在，那么这个报告就是伪造的；它既然是伪造的，就不能算是新闻。有些虚构的、捏造的、假的事情，可能以新闻的姿态出现，但它总不失为一种欺蒙，这种欺蒙有时出于故意，有时出于被骗和误解，但不管怎样，这些完全荒谬的产品，我们尽可以用各种名称叫它，而不能称它为新闻。"参见：童兵. 比较新闻传播学 [M]. 北京：中国人民大学出版社，2002：85.

③ "真概念"通常被称为"真实概念"，指正确反映现实事物的特有属性特别是本质属性的概念；"假概念"是指歪曲反映现实事物或主观虚构的概念。参见：冯契. 哲学大辞典：修订本 [M]. 上海辞书出版社，2001：617，1936. 在我看来，"假新闻"这一概念准确反映了现实新闻传播中的一种现象。

假新闻是没有任何客观事实根源的"新闻"，即假新闻依据的"新闻事实"是想象、臆造、捏造的产物，是通过想象思维虚构的"事实"。"在其'纯粹'的形式中，假新闻完全不包括一点事实。"① 因此，假新闻的根本特性是新闻事实源的虚假性。可以简单地说，以虚构出的新闻事实为本源的"新闻"就是假新闻。如果我们上升到哲学层面，可以做出这样的分析：假新闻的反映对象——"新闻事实"，在本体论意义上是"虚"或"无"，而对本体论意义上是"虚"或"无"的所谓"新闻事实"的反映报道，必然在认识论意义上为"假"。这就是假新闻的本质。②

从新闻本源论的角度看，虚构出来的新闻事实必然是主观故意的产物，所以，虚构新闻事实者，不管是什么人或什么组织、团体，都具有自觉的造假意图，是自觉的说谎者、造假者（当然，我们不排除个别媒介素质、新闻素养极低的人，会把想象的、虚构的产物当作新闻事实）。一般来说，制造虚假新闻事实者通常都是恶意的造假者。③ "捏造是为了达到某种不可告人的目的而故意歪曲事实，提供使人受骗上当的虚假信息。假统计资料、假报告、假材料等，都是捏造的产物。一切污蔑不实之词，莫须有的罪名，诬告与谣言，浮夸之风，都是凭借捏造而兴风作浪的。"④ 因而，不论是按一般的社会道德规则衡量，还是按新闻职业道德规范评价，虚构新闻事实者都是不道德的，都背离了"居于道德规则体系之首"⑤ 的诚

---

① 弗林特. 报纸的良知：新闻事业的原则和问题案例讲义 [M]. 萧严，译. 北京：中国人民大学出版社，2005：33.

② 记得加拿大哲学家马里奥·本格说过这样一句话："如果一个理论与任何一个物理体系都无关，那它算不上是一种物理理论。"我们可以套用这句话说："如果一则新闻与任何一件客观事实都无关，那它算不上是一则新闻。"如果有这种"新闻"，那必然是"假新闻"。

③ "当虚假与善的功利结合时，就产生善意的虚假；当虚假与恶的功利交媾时，就产生恶意的虚假。"参见：高帆. 虚假论：真实背后的理性沉思 [M]. 沈阳：辽宁人民出版社，1994：3.

④ 文援朝. 超越错误：医错哲学及其应用研究 [M]. 长沙：中南工业大学出版社，1995：32-33.

⑤ 王海明. 伦理学原理 [M]. 北京：北京大学出版社，2001：274.

实原则。因此，就新闻传播本身来说，道德上不允许以新闻名义发表任何虚假新闻。至于一些新闻媒体，出于宣传目的或其他利益追求，以新闻名义报道的假新闻，我以为不能归类于新闻传播，而属于宣传或其他类别的传播。

从新闻报道角度看，报道虚构新闻事实的人（不管是职业新闻工作者还是其他一般社会成员），如果与虚构新闻事实者不是同一主体，就不一定是故意制造假新闻的人。我们可以从报道者的主观动机出发，将假新闻一分为二：故意性假新闻和非故意性假新闻。所谓故意性假新闻，就是指报道者明知"新闻事实"是捏造的，但仍然加以报道而形成的假新闻；所谓非故意性假新闻，就是指报道者在不知情的情况下，把虚假"新闻事实"当作真的新闻事实加以报道而形成的假新闻。一般来说，故意报道虚假新闻事实者通常也是恶意造假者，而非故意报道（不知情下的报道）虚假新闻事实者则不是恶意造假者。因而，我们也可以把故意性假新闻称为恶意假新闻，把非故意性假新闻称为非恶意假新闻。进一步说，恶意假新闻的报道者，是缺乏基本社会道德和新闻职业道德的主体（可能是一个具体的新闻传播者，也可能是一个新闻媒体）；而非恶意假新闻的报道者，主要不是道德品质问题，而是真假识别能力的问题。因此，对这两类造成假新闻得以传播的主体，应该采取不同的处理办法。

从新闻传播的结果上看，不管是由什么动机造成的假新闻，首先都是假新闻，都是对社会和新闻收受者的蒙蔽或欺骗。不能因为动机的差异而改变假新闻的性质和结果，当然也不能因为动机的非故意性而不承担造成假新闻的责任。在一般情况下，新闻媒体、新闻从业者都不会故意制造假新闻①，特别是在新闻专业精神日益成型的当代。但社会中的一些个人、

---

① 但有例外，国内外新闻史上、现实中，都有典型的案例。有兴趣的读者可参阅有关的新闻史著作，也可上网查阅近几年出现的造成恶劣影响的假新闻。另外，新闻竞争的激烈，使一些新闻媒体把发布假新闻当作竞争的手段。对此，我们将在下文讨论。

利益集团，往往会出于各种各样的目的，有意制造虚假新闻，并将其传送给新闻媒体。能在新闻媒体上特别是传统新闻媒体上得到传播的假新闻，绝大多数属于媒体编发的来自社会作者的"新闻"稿件。① 因此，我们根据实际情况可以做出这样的基本判断：得到新闻媒体传播的假新闻，本质上都是故意制造的假新闻。

也正是虚假新闻事实虚构动机、虚构过程的主观故意性，往往使被塑造出来的"新闻事实"具有很高的潜在"新闻价值"，对人们和媒体能够形成极强的吸引力。因而，这样的"新闻事实"一旦被报道，转换成为假新闻，就常常能够迅速造成"爆炸"、扩散、联动、规模传播效应，成为新闻媒体争先恐后转载、转播的对象，成为人们街谈巷议的热门话题或谈资。可见，假新闻是有强烈传播效应的"新闻"。正因为这样，人们可以出于不同的目的来利用假新闻。但我们必须明白，假新闻本质上是非新闻的东西，它不是对客观存在的、有新闻价值的事实的报道。因此，假新闻的传播效应，本质上不能被定性为新闻传播效应，而应根据具体情况被定性为宣传效应、流言效应或其他什么效应。同样，正是因为假新闻能够激发起人们特别的好奇心和收受兴趣，所以，一旦假新闻的真面目被揭露，收受者的受欺骗心理也会得到特别的激发，他们中的一些人会痛斥有关的新闻媒体（当然也有人会一笑了之），这对不管出于什么原因传播了假新闻的媒体来说，都是一件可怕的事情，轻则媒体形象受损，重则可能大伤元气。

2. 失实新闻

相对假新闻而言，失实新闻在性质上还属于新闻范畴，是对一定新闻事实的"残缺""偏离""片面"报道。正像"次品"相对"正品"那样，

---

① 网络媒体的自由进入性，使那些有意编造假新闻的人，更易于将假新闻置入传播通道。但我们也注意到一个现象，那些有影响的假新闻，最初大多来源于传统新闻媒体，但一经网络转载传播，就会迅速形成一种规模化的传播效应。

失实新闻是不同程度的"劣质"新闻，但不是"假"新闻。因而，简要地说，失实新闻，是指具有新闻事实根据，但却没有全面、正确、恰当报道新闻事实的新闻。因此，失实新闻不能与假新闻完全等同，它是虚假新闻中的一类。

如果要对假新闻和失实新闻做一比较细致的区分，我们可以这样描述它们的区别与联系：如果报道者在新闻中忽视了、遗漏了一些本来必不可少的、需要报道的事实部分、侧面或事项等的信息，因而在一定程度上损害了新闻真实的完整性、准确性，这样的新闻就可以归类为失实新闻。联合国教科文组织国际交流问题研究委员会认为："从严格的措辞意义上说，新闻失实就是用不准确和不真实的报道代替确凿的事实；或是通过使用一些具有轻蔑意义的形容词和千篇一律的陈词滥调，将带有偏见的解释编入新闻报道之中。"[①] 如果新闻中的主要事实是捏造的，只有一些次要的事实细节是真实的，这样的新闻就可以归类为假新闻。如果一篇新闻中的所有事实都是捏造的、想象的，那毫无疑问只能归类为假新闻。可以说，假新闻是失实新闻的极端表现。但有一种现象比较难以界定，这就是：新闻中的主要事实是真实的，但一些细节事实是想象的、虚构的，甚至一些次要的事实片段、事项也是想象的、虚构的，这种在一定程度上虚假的新闻到底该如何归类？我个人的看法是可以放在失实新闻类别中，因为毕竟主要事实是真实的，如果收受者接受了这样的新闻，也不至于受到大的误导。有人比较恰当地指出："假新闻都是失实新闻，可是，失实新闻却不能一概被称为假新闻，只有完全失实和基本失实即失实占主导地位的新闻才是假新闻。鉴别假新闻的唯一标准，就是要看失实的成分是否已经占据

---

① 麦克布赖德，等. 多种声音，一个世界 [M]. 中国对外翻译出版公司第二翻译室，译. 北京：中国对外翻译出版公司，1981：218.

决定全局的主导地位，既要从量上考察，更要从质上分析。"① 可见，在假新闻与失实新闻之间有一个相对模糊的交叉地带，需要我们具体问题具体分析。也许正是基于这样的原因，不少人认为，没有必要将假新闻和失实新闻分而论之，笼而统之将它们一并当作虚假新闻就可以了，这也正是目前绝大多数理论新闻学著作（主要是新闻理论教材）中的做法。我自己觉得将二者加以区分更好一点，理由在前面已经说过了。

根据失实的程度差别，即在新闻中被遗漏的事实片段、侧面、事项等对整个新闻完整性、准确性影响的程度，我们可以把失实新闻在失实范围内大致分为一般性失实新闻（可简称为"一般失实"）和严重性失实新闻（可简称为"严重失实"）。一般失实，是指新闻报道中应该被包含在其中却被遗漏的事实片段、侧面、事项等的信息，还不足以造成人们难以把握新闻事实的大致真实面目。严重失实，是指新闻中遗漏了决定某事实之所以是某事实的关键片段、侧面、事项等的信息②，使人们难以通过新闻报道来把握新闻事实的大致面貌。这样的失实新闻已近乎假新闻。

与对假新闻的分类一样，我们也可以根据造成失实新闻的主观动机（这里指新闻报道者的动机），把失实新闻分为故意失实新闻和非故意失实新闻两大类别。故意失实新闻，就是由报道者故意实行其失实报道动机而造成的失实新闻。其典型表现是：对一件完整事实的某些片段、侧面、事项等加以不恰当的重点报道，而将在新闻传播视野中应该被报道的事实片段、侧面、事项等故意加以遮蔽，使新闻的收受者难以实际把握新闻事实的真实的、完整的面目。也就是说，故意失实通常属于严重失实。非故意

---

① 叶德本，解守阵．中外假新闻大曝光［M］．北京：中国国际广播出版社，1992：9.

② 门彻认为："当关键信息缺失时，报道是不完整的"，"如果忽略了具有关键价值或意义的事实，那么报道就是不公正的。"参见：门彻．新闻报道与写作：第9版［M］．展江，主译．北京：华夏出版社，2003：60-61. 在我看来，不完整、不公正的报道，必然属于失实的报道，因为新闻真实追求的是全面的、正确的真实，而不是支离破碎的真实。参阅本书第三章相关内容。

失实新闻，是指由其他原因而非新闻报道者主观故意造成的失实新闻。它既可能是严重失实，也可能是一般失实，但就普遍情况来说，一般失实更多一些。但不管是故意造成的还是非故意造成的，失实新闻就是失实新闻，不会因为主观动机不同而改变其性质。并且，作为失实新闻，它们的传播效应都是不良的，不会由于动机的不同而在传播效应上有什么质的不同。当然，故意失实新闻的主观恶意性，使得这类新闻的失实原因一旦被公众获知，就必然会引起对新闻媒体和相关责任人的激烈批评，也必然严重损害媒体、相关个人乃至整个新闻传播业的形象和信誉。社会公众，无论多么理性和宽容，都不大可能原谅那些故意撒谎者和欺骗者（假新闻的制造者）；同样，社会公众也很难原谅那些故意隐瞒真情者，或者就轻避重者（故意制造失实新闻者）。因为任何出于恶意的传播行为，在结果上都可能对收受者造成伤害，人们很难原谅那些故意害人者。

报道者的主观故意性，说明故意失实新闻的主要产生原因，从新闻传播内部来说，乃是新闻职业道德的失落或败坏；而非故意失实新闻的主观非故意性，说明它的主要产生原因可能在于报道者的知识素养不够、工作作风不良。但如上所说，失实新闻不管是什么具体原因造成的，结果是一样的，对收受者的影响基本上也是一样的。因此，新闻媒体甚至整个社会，可以对由不同动机造成的失实新闻采取不同的处理措施，但更应重视那些由于报道者知识素养不够、工作作风不良而产生的失实新闻。因为，在我看来，对于专业新闻机构和职业新闻工作者来说，失实新闻主要不是故意造就的，而是出于后一种原因。

就失实新闻与假新闻在整个虚假新闻现象中的"地位"和"影响"来看，失实新闻占有绝对的"主导地位"。人们看到，纯粹的假新闻在新闻传播中毕竟是少数，网络媒介提供的自由传播机会，也没有动摇这一基本态势。对于专业的新闻工作者来说，故意制造虚假新闻事实、传播假新闻的情况与巨量的新闻报道相比也是极其个别的。但失实新闻现象却是相当普遍的，可以说司空见惯、不足为奇。绝大多数记者可以信誓旦旦地说"我从来没有报道过假新闻"，或至少会说"我从来没有故意报道过假新闻"。但可以肯定的是，没有几个记者敢底气十足地说"我从来没有报道过失实新闻"。而且，比起假新闻来，失实新闻往往不易被人们觉察，甚至报道新闻的记者也不易发现新闻的失实所在，因而失实新闻更容易在悄无声息中侵害新闻传播自身的肌体，污染整个社会传播、交流的环境。

（二）虚假新闻的表现

虚假新闻的表现形式千变万化，可以说令人眼花缭乱。人们根据虚假新闻的特征，归纳出数种具体的表现形式，比如郑保卫先生在他人研究的基础之上，就将虚假新闻的表现形式系统地概括为十种：政治需要，公开造假；与己不利，隐匿真情；宣传典型，任意拔高；屈从压力，写昧心稿；唯利是图，编造新闻；粗枝大叶，调查不实；道听途说，捕风捉影；知识贫乏，不懂装懂；合理想象，添枝加叶；偷梁换柱，移花接木。① 这些归纳概括已经比较全面、充分。但这种归纳主要针对的是具体报道中出现的虚假新闻，属于微观层面的一种概括，显然对新闻传播的整体失实表现没有做出足够的说明。因此，我们这里将从另一个角度，即主要从新闻传播的不同层面上对虚假新闻的表现形式做出分析。

1. 宏观层面的表现

所谓宏观层面的新闻虚假，是指一个国家的新闻传播，在一定的历史时空范围内，对这个国家的反映报道在整体上是虚假的，至少是大面积失

---

① 郑保卫. 当代新闻理论［M］. 北京：新华出版社，2003：274－278.

实的；也就是说（显然，我们是以整体真实观念作为分析解释框架的），在一定的历史时期，一个国家的新闻传媒在整体上没有反映出国家的本来的、基本的、主导的面目。比如，社会秩序本来是比较混乱，新闻报道却说成秩序井然；经济状况本来是走向崩溃的边缘，新闻报道却描写成蒸蒸日上；政治生活本来是万马齐喑，新闻报道却说成民主自由；人民的生活本来是艰难困苦，新闻报道却说成丰衣足食；文学艺术本来是单调乏味，新闻报道却说成百花齐放……如此种种，新闻传播已经在整体上背离了新闻传播的内在要求，塑造了一个虚假的世界。即使在新闻传播范围内，具有新闻价值的事实的真实面目也没有被呈现出来。人们无法通过新闻报道了解新闻事实世界和整个事实世界的真实面目。在 20 世纪 50 年代后期的"大跃进"运动期间，以及 60 年代中期到 70 年代中期的"文化大革命"期间，中国的新闻报道在整体上正是这样，可以说"睁着眼睛说瞎话"，没有反映出国家的真实面目。人们通过新闻报道看到的是"祖国山河一片红""到处莺歌燕舞"，但实际状况是到处蛮干浮夸、弄虚作假，到处"文攻武卫"、你批我斗。

宏观层面的整体虚假失实，是从新闻报道整体传播效应出发的一种判断和评价，而不是针对每条具体报道而言的。因此，宏观层面的整体虚假失实，并不意味着所有的具体报道都是虚假失实的。如我们在前面所说，新闻的整体真实与具体真实之间，并不存在必然的逻辑推理关系。同样，即使在宏观层面整体虚假失实的情况下，个别媒体的新闻报道也可能在整体上是真实的，或关于某一领域的报道在整体上是真实的（这种假想是极为罕见的）。"众人皆醉我独醒"虽然难得，但其可能性也是存在的。

宏观层面的虚假是一种制度性的虚假。我的意思是说，一定历史时期新闻传播宏观层面的虚假失实，主要是在一定新闻制度、政策导向下的虚假失实，是在一定政治权力扭曲、变形、干涉、支配下的失实。在这种情形下，新闻制度、政策，仅仅是名义上的、符号上的新闻制度和政策，实质上违反了新闻传播自身的规律性要求。可以想象，在一种并不符合新闻传播本性的制度的支配下，新闻传播能够实现真实吗？因此，要想让一个国家的新闻媒体以新闻方式真实反映该国的整体真实面目，该国所建立的新闻制度（包括法律层面、政策层面）首先必须合乎新闻传播的规律，否则不可能实现宏观层面的新闻真实。

就新闻传播内部来说，宏观层面的虚假是一种新闻传播观念的虚假。也就是说，它是在一种虚假的新闻传播观念指导下的虚假失实。其中的实质意义是，新闻传播已经改变了它本身的性质。它已经不再是新闻传播，脱离了新闻传播的正常轨道。它不再以反映最新的事实变动本身为己任，而是以反映事实变动为由头去张扬某种政治观念或其他观念。新闻不再是新闻，而是纯粹的宣传或其他什么货色的东西。马克思曾经说过："**不真实的**思想必然地、不由自主地要捏造**不真实的**事实，即歪曲真相、制造谎言。"① 可以想象，在非新闻传播理念支配下的新闻传播中，要想实现新闻传播的真实，显然是荒唐可笑的。因此，要想让一个国家的新闻媒体以新闻方式真实反映该国的整体真实面目，该国用来指导新闻传播的观念，就必须是符合新闻传播本性的观念。

但多少带有一些反讽意味的是，这种宏观层面的虚假失实，却以历史记忆的方式反映了一个国家在一定历史时代、时期新闻传播的真实面目——造假不实、背离新闻传播规律的真实面目，甚至是整个国家大致的真实面目——虚夸吹牛、混乱不堪的真实面目。新闻本身虽然没有反映出当时客观实际的情况，但新闻传播行为（进行虚假报道的行为）本身却反映了自己的真实的历史面目。并且，新闻记录下了当时的现象真实。人们

---

① 马克思，恩格斯. 马克思恩格斯全集：第1卷［M］.2版. 北京：人民出版社，1995：415.

在他们所处的时代，也许由于"身在庐山不识庐山"的认知局限，无法透过现象看到自己时代的本质，很难甚至无法判断他们看到的现象到底是真相还是假象，但他们将真相、假象一并作为真相记录下来，对今天的人们而言显得异常的珍贵。现在看来属于假象的东西（没有反映当年实际的真实情况）又恰好反映了当年的时代真相（反映了当年造假不实的真实情况）。当后世的人们以历史的眼光去审视当年的新闻报道时，它们成了历史事实，记录着当年的荒唐。可见，只有经过历史的冲刷，一定时代的真实面目才能裸露在人们的面前。这也再次说明，新闻真实的宏观过程性，应该将历史真实包含在内（参阅第三章有关内容）；同时也提醒人们，新闻真实总是历史性的真实，新闻真实总是有限的真实，新闻传播不可避免地具有一定的虚拟性，这是任何一个时代的新闻传播都逃脱不了的，差别只在于不同时代新闻报道在这些特性上的表现强烈程度有所不同罢了。对于新闻传播的真实性，我们尽管不能走向虚无主义，什么都不相信，但也要时时警惕，充分认识到新闻真实的局限性，以免陷入盲信新闻传播的境地。

2. 中观层面的表现

所谓中观层面的新闻虚假，是指个体媒体新闻报道造成的整体性虚假，表现为两种可能：一是个体媒体对自己设定的目标报道领域的报道在一定时期内整体上是失实的；二是个体媒体的所有新闻报道在一定时期内整体上是失实的（参阅第二章相关内容）。结合新闻传播实际来看，中观层面的整体失实主要是指前一种情况，因为任何个体媒体，都会设定比较稳定的一个或几个目标报道领域（即通常所说的内容定位），收受者关注的也主要是它在目标报道领域的报道情况。事实上，对于非目标报道领域，媒体本身也不会把整体真实作为自己的目标。

这里我们用来衡量个体媒体新闻报道是否虚假失实的基本标准，是整体真实观者所坚持的标准，即新闻报道不仅要反映具体新闻事实的真实面貌，也要反映目标报道领域的整体真实情况。对于坚持具体新闻真实观的人来说，根本就不存在我们这里讨论的整体失实问题。个体媒体的整体失实，表现在新闻传播实际中，就是它所设定的目标收受者和其他收受者总体上不相信它所做的新闻报道（当然，我们必须指出，新闻本身真实与否，并不依赖于人们相信与否），也就是说，媒体已经失去了传播的公信力。而最直接的表现则是，收受者会采取实际行动，抵制、抗议一些新闻媒体的新闻报道。这在中外新闻传播史上、现实中，都曾发生过，也会继续发生。

进一步讲，个体媒体新闻报道的整体失实，在报道内容和方式上比较普遍的表现是：对自己设定的目标报道领域进行片面的反映。几乎所有新闻媒体都会毫无例外地宣称，它们要"真实、客观、公正、全面"地反映和报道它们自己设定的目标报道领域。但在实际的报道活动中，它们却往往在各种可能因素的制约下，偏离自己宣称的原则和信念，形成一些片面的、刻板化的固定报道模式。一些媒体把一些地区、一些人群、一些领域设定为自己长期报道的对象，但仅仅报道这些地区、人群、领域的一面或几面，就是不全面报道，其结果是人们难以真实了解这些地区、人群、领域的整体面目。这样的真实即使还是真实，也至多是片面的真实，另一种说法就是整体上的不真实。美国有位学者说："媒体报道固定模式的错误在于，要么就大肆宣扬，要么就充耳不闻。以某个特别的文化群体为例，媒体对其成员的报道不是同情他们的恶劣生存状况，就是赞扬他们的自强不息，更多情况下，则是指责他们的暴力罪行。而其他一些文化群体中那些勤勉、正派的成员却完全被媒体忽略了，对他们生活状况的描写根本就不被当作'新闻'。"① 这种固定报道模式下的对象形象不可能是全面的、

---

① 莱斯特. 视觉传播：形象载动信息 [M]. 霍文利，等译. 北京：北京广播学院出版社，2003：104.

真实的，而是媒体对报道对象的一种"刻板"印象。事实上，不同地区、人群、领域的形象，特别是欠发达地区、弱势群体、欠发展的领域的媒体（这里不仅指新闻媒体）形象，主要是由处于强势群体位置的"媒体人"及其背后的其他强势群体共同塑造的，而新闻媒体是塑造它们形象中最活跃、最有力的一支媒体力量。可想而知，如果新闻媒体关于它们的报道缺乏全面性和公正性，那么人们能形成关于它们的整体真实形象吗？第三世界国家的人们，常常抗议西方媒体的新闻报道"妖魔化"了第三世界国家及其人民的整体形象，其实抗议的是新闻媒体报道的片面性和不公正性，而不是具体报道的真实性。同样，国内一些人群、一些学者一再批评国内一些本地媒体对"外地人"进行了歧视性的报道，其实也是批评这些媒体没有全面地、公正地报道外地人的整体形象，而不是批评其具体报道的真实性。支持这类批评的新闻真实观就是整体真实观。[①]

　　人们看到，一些新闻媒体为了迎合人们的需要，总是针对他们的一些并不完全合理的需要来进行写作，为了获得更多人的青睐，就把新闻降到人人都有几分需要的低俗新闻、猎奇新闻上，更注重那些例外的非常态的事实，更注重那些鸡毛蒜皮的小事（诸如明星们的风流韵事、奇趣异事等）；而那些真正有意义的事实，与公众有着实质性利益关系的事情，却被放在不显著的位置或干脆不加报道。这样再现出来的事实世界，自然是不周全的，也没有以新闻方式反映世界的最新动态，很难说能够真实反映事实世界的新近变动景象。这也是一种严重的整体性的失实。

---

　　① 这种批评在情感上是可以理解的，但并不一定合理。因为一个媒体不可能把所有的领域都作为自己的目标报道领域，而关于非目标报道领域的报道，该媒体只能关注一些非常态的新闻事件。媒体应该注意的是，不能只关注那些负面的事件，而根本不关注正面的非常态的事件。

在新闻传播实际中，新闻媒体为了引起人们对它所设定的目标报道领域的关注，往往通过议程设置的方式、制造"媒体公关事件"①，吸引人们的注意力，但这里实质上存在着一种真实性上的冒险。如果议程设置不当，塑造的媒体事件、媒体公关事件脱离实际，媒体的新闻报道就会误导它的受众。我们不难发现，一些新闻媒体往往把并不重要的事件说成重要的事件，把只应该少量报道的事实搞成大规模的报道，这实质上就是一种整体性的失实。

3. 微观层面的表现

从上面的分析阐释可以看出，宏观层面、中观层面的虚假现象，实质是相对新闻报道的整体真实而言的，因而，所谓微观层面的新闻虚假，在逻辑上自然是相对具体真实来说的。实际上，人们通常主要是在微观层面上讨论虚假新闻问题的。

宏观层面和中观层面的新闻虚假现象必定是比较少见的、非常态的现象（在"具体真实观"指导下的新闻报道，不存在我们这里所说的宏观层面、中观层面的整体真实的问题），况且整体虚假主要是新闻传播在一定时期内的一种整体累积效应，相对来说比较宽泛、模糊，难以做出明确的判断，也难以做出立即的修正。而微观层面的具体失实不仅是常见的，也是易于识别的，一般情况下，是人们当下可以把握、修正的。

宏观层面、中观层面的虚假，是具体新闻传播在一定时期内造成的累积效应，整体虚假的结果可以说是由具体报道的内容和方式累积而成的。相对宏观层面、中观层面整体虚假的累积性而言，微观层面的虚假，其表

---

① 所谓"媒体公关事件"，是指由新闻媒体自导自演的事件，其目的不在于报道新闻，而在于塑造媒体自身的形象或追求自身的经济利益。有人参照美国历史学家丹尼尔·布尔斯廷对"假事件"的界定，把这样的事件称为"媒介假事件"——由媒体公开策划并作为新闻进行报道的公共关系活动（周俊. 媒介假事件的基本特征和规范 ［D］. 北京：中国人民大学，2005：5.），也有人把类似的事件称为"策划新闻"。

现方式具有具体性、直接性和即时性。具体性是说，微观层面的虚假针对的是具体的新闻报道，哪篇报道是真实的，哪篇报道是虚假不实的，有着一对一的明确对象，不像宏观层面、中观层面的整体虚假那样，找不到具体的虚假对象，而是一种整体的传播效应或结果。直接性是说，具体虚假会在一篇篇具体的新闻报道中直接表现出来，哪些陈述是真实的，哪些陈述是不准确的，哪些陈述是捏造的、虚构的，直接表现在具体的新闻作品之中，因而是确定的、清楚的，不像宏观层面、中观层面的整体虚假对象，是以混沌状态存在的。即时性是说，微观层面的虚假，相对宏观层面、中观层面的虚假来说，会很快在新闻传播过程中表现出来，那些虚假不实的所谓新闻一旦被媒体报道出来，很快就会露出狐狸的尾巴，但宏观层面、中观层面的整体性虚假，只有经过一定的时段甚至是一定的历史时期、时代，人们才能发现它的虚假面目。人们往往长期被蒙蔽在新闻媒体塑造的虚假的新闻符号环境之中。

如前所述，宏观层面、中观层面的整体虚假，重点不在于具体新闻报道的虚假，它的主要根源在于新闻制度，在于新闻媒体所持有的新闻真实观；而微观层面的虚假，就是具体报道的虚假，它的直接根源主要在于进行具体新闻采访、写作、报道的记者或编辑。由此也可以看出，纠正微观层面的虚假新闻从技术上说是比较容易的，但要纠正宏观层面的整体虚假是艰难的；微观层面的虚假问题在媒体内部就可以解决，而宏观层面的虚假问题，恐怕需要整个社会系统特别是政治系统的变革，需要新闻真实观念特别是新闻观念的更新，才能真正解决。

根据我们对微观层面虚假的分析，可以看出，宏观层面、中观层面的虚假是更为复杂的虚假现象，反过来说，实现新闻的整体真实，确实是相当艰难的事情。也许正因为如此，一些人认为，新闻传播只要达到具体真实就可以了。但新闻传播的历史告诉人们：从虚假新闻造成的可能影响来说，无论是对社会、对受众，还是对新闻媒体、新闻传播者自身，整体虚假的危害性更大、危害的时间更为长久，因此，实现新闻报道的整体真实，应该成为整个新闻传播业、每个具体的新闻媒体、每一位新闻工作者的追求目标。新闻传播需要确立具体真实与整体真实相统一的新闻真实观，需要确立全面报道目标报道领域的新闻观。新闻传播要实现整体真实是艰难的，但自觉追求整体真实是应该的，也是社会良性发展在事实上、实践上所要求的。至少，我们可以说，"坏事情才是好新闻"的新闻观，以及与此对应的新闻真实观，不符合中国的新闻传统，也不符合社会的普遍需求。其实，西方社会也并不赞赏这样的新闻观。

就目前的新闻传播实际情况来看，微观层面的虚假新闻在表现上还有这样一些特点：第一，数量越来越大，范围越来越广。娱乐新闻、社会新闻、体育新闻以及与日常生活关系比较密切的商业新闻、科技新闻仍然是虚假失实报道的主要领域，并且有泛滥的趋势。同时，值得注意的是，一些严肃的国际新闻、政治新闻、经济新闻也经常出现虚假报道的现象。第二，造假技巧越来越高，隐蔽性越来越强。一些假新闻制造者的造假手段变得越来越"高明"，造出的假新闻越来越像真新闻，新闻的要素齐全，叙述朴实，合乎逻辑，令人一时难以识破。第三，传播速度越来越快，媒介通道越来越多，人际扩散势不可当，以讹传讹疯狂猖獗。媒体之间的互动，大众传播与人际传播之间的互动，已经成为虚假新闻造成规模传播效应的主要原因。第四，造假的媒体越来越多，从大众媒体到精英媒体，从小媒体到大媒体都有造假的行为。一些所谓的主流媒体、权威媒体也有造假现象。更为严重的是，一些媒体的造假行为不只是个别记者或个别编辑不负责任的行为，而是媒体的一种组织行为。主流媒体、权威媒体的虚假新闻传播造成的实际影响是巨大的，引起了人们的高度关注。人们不仅会问，连这些主流的、权威性的媒体都在造假，其他媒体刊播的新闻到底还有多少是真实的。[①] 第五，一些虚假新闻来也匆匆，去也匆匆，源流往往难以辨别，使一些虚假新闻具有更大的迷惑性和欺骗性。当然，现代传媒技术、传播手段的发达，使得虚假新闻的"寿命"缩短了。媒体之间的激烈竞争，也成为虚假新闻能被迅速揭穿的重要动力。第六，导致虚假新闻不断滋生的原因越来越多，背景也越来越复杂（我们在下文还要专门讨论产生虚假新闻的各种原因）。这也就意味着防治虚假新闻的难度越来越大，任务越来越艰巨。

（三）虚假新闻的危害

人们对虚假新闻深恶痛绝，理由是它危害甚大。在如今这样各种信息极易传播扩散的信息社会中，虚假信息，特别是通过制度化、组织化的新闻媒体报道出来的虚假新闻，在公共性、权威性的外衣遮掩下，常常会给正常的社会生活带来难以预料的负面影响。虚假新闻的具体危害性实在太多，我们难以一一列举。这里，我们从三个大的方面分析虚假新闻的危害性：一是它对社会的危害性；二是它对新闻传播业自身的危害性；三是它对个人的危害性。

1. 虚假新闻的社会危害

分析虚假新闻的社会危害性，是把新闻传播业作为一个相对独立的社会子系统，看由它制造、传播出来的虚假新闻，对自身得以生存和发展的社会环境的负面作用和影响。新闻传播业本质上是一个社会认识系统、意识形态系统，也是一个信息生产、舆论系统，主要通过生产精神产品的方式或者说通过向社会环境不断输入新鲜信息的方式来影响社会的运行。因

---

① 比如，具有全球影响、百年历史的《纽约时报》，其记者布莱尔在伊拉克战争期间因虚构报道被辞退，最终其总编辑也不得不引咎辞职。在中国具有绝对权威地位的《人民日报》，在 2003 年的"非典"期间，不管因为什么原因，实际上也刊发了一些与客观事实相差甚远的新闻报道。参见：陈斌，贾亦凡. 2003 十大假新闻 [J]. 新闻记者，2004 (1)：21－27.

此，虚假新闻对社会造成的直接危害不是一种"硬伤"，而是一种"软伤"。"软伤"似乎看不见、摸不着，但它的效应却是比较长久的，它影响的是社会的精神，伤害的是人们的灵魂，总是让健康的社会机体隐隐作痛，让人们的心灵迷蒙不清、难以安宁。因此，当人类已经步入大众传媒影响越来越大的时代时，绝对不能小视一般虚假信息特别是虚假新闻的危害性。我们可以将虚假新闻已经造成的、表现出的各种社会危害概括为以下几点：

第一，虚假新闻影响正常的社会信息交流秩序。任何社会正常、良性的运行，都需要有效的信息交流秩序作为保障。要使调节、控制社会的各种观念体系、规范系统、具体措施等正常发挥作用，一个必需的条件是相关的信息沟通正常有序。因而，从社会控制论的角度看，任何一个社会都是信息系统支撑下的社会，如果社会的信息交流系统出现障碍，也就意味着社会的"神经系统"出了问题。如果神经系统不能正常运转，社会机体就难以协调运作，有可能瘫痪甚至破败。[①] 对于已经进入信息时代的人类来说，如果出现信息交流混乱、无序的状态，整个社会就会变成一团乱麻。

与任何其他信息相比，新闻信息具有特殊的地位和作用。新闻传播与社会变动同步进行。新闻信息即时反映着社会的脉搏跳动，呈现着社会的环境变化；新闻信息也是影响社会速度最快、范围最广、力量最强的信息

---

① 有位美国传播学者经过研究认为，罗马帝国之所以能够统治辽阔的疆域，至少有一部分原因是它有一个发达的，包括《每日纪闻》（世界上办得最早的一家官报。公元前27年，屋大维建立罗马帝国，公元前6年，他下令恢复被迫停刊的《每日纪闻》，内容主要是帝国政事、战争消息、参众两院议事情况、民事和刑事案件、宗教活动等。参阅：甘惜分. 新闻学大辞典 [M]. 郑州：河南人民出版社，1993：527.）在内的传播系统。而其灭亡，部分原因在于《每日纪闻》的停办，传播组织远远落后于军事、商业、行政等社会组织的发展，传播无法协调复杂的社会活动和管理活动（参见：郑超然，程曼丽，王泰玄. 外国新闻传播史 [M]. 北京：中国人民大学出版社，2000：9.）。今天，这样的道理已十分明了，信息秩序的作用是无法估量的。

（这是由新闻传播的种种特性——真实、及时、公开等所决定的）。如今，一定社会的上下沟通、左右交流、内外联系，对新闻报道的依赖程度越来越高。新闻传播不仅直接为社会信息沟通服务，而且为社会各个领域获取相关信息提供重要的通道。新闻传播每时每刻都在以自己的方式编织着一定社会的信息网络，塑造着一定社会的信息秩序。社会系统的每一有机构成部分，甚至社会中的每个成员，都是信息网络、信息秩序体系结构上的一个或大或小的节点或纽结。整个社会信息网络、信息秩序的维护和运转，已经不可能离开新闻传播的作用和贡献。在我们所处的传播时代里，如果所有的新闻传播媒体停止运转一两天，进入信息停滞、沉寂状态，那么，这个世界将会变成什么样子，真是难以想象。但如果做一点世俗设想，我以为它和一个千万人口的大城市停一两天水和电的情形会差不多。

新闻信息作为沟通、交流、联系手段的有效性，当然有赖于新闻信息的真实性。新闻信息一旦虚假，就会立即转变为危害沟通、交流、联系的"病毒性"信息。虚假新闻确实像病毒信息一样，具有迅速扩散蔓延、流毒万里的邪恶力量。虚假新闻报道是新闻信息中的噪声，异常刺耳，容易被人们注意到，但并不容易被人们短时识别。经验告诉人们，越是虚假新闻，往往越像新闻，因为越是危害大的虚假新闻，越是有意造出来的、包装精美的"新闻"。同时，人们也注意到，越是虚假新闻，传播的效应越强，影响力越大，诚如弗林特所说："不真实的恶果在报纸上往往会放大好几倍。"[1] 这正是虚假新闻的可怕之处，它不仅极易破坏新闻信息交流的正常秩序，也会影响其他信息交流的秩序[2]，以致破坏整个社会正常的信息交流秩序，影响整个社会的信息安全。

---

[1]　弗林特．报纸的良知：新闻事业的原则和问题案例讲义 [M]．萧严，译．北京：中国人民大学出版社，2005：6.

[2]　一则虚假军事新闻，可能会影响相关国家的正常军事信息交流关系；一则虚假政治新闻，可能会即刻影响股市信息的变化；等等。

新闻信息对于支撑、维护正常社会信息交流秩序的必要性和重要性，从另一面说明了虚假新闻报道的危害性。人们看到，事关重大的政治新闻、经济新闻或者其他与广大社会成员集体利益联系比较紧密的各种重要新闻一旦出现虚假失实，就会严重误导人们的言行。有些虚假新闻掩盖了人们生存环境的危机状态，导致人们身处险境而不自知，这当然是对人们知情权的严重侵犯；有些虚假新闻往往会制造出紧张的社会氛围、不安的社会情绪，影响社会的稳定和良性运行，甚至造成社会混乱，为社会发展带来巨大的危害。在一些国家的权力争夺、社会动荡中，人们经常发现，占领新闻媒体，制造虚假新闻，早已成为政客们的常用手段。制造虚假新闻，实质上就是试图改变既有的信息交流秩序，破坏既有的信息交流结构，实现新的意识形态目的。虚假新闻一旦是有意而为，超出纯粹的认识论的原因，与一定政治、经济利益集团或个人私利共谋，它所危害的就不仅是社会正常的信息秩序了，很有可能给社会带来灾难性的后果。

第二，虚假新闻极易损害有关社会组织、社会群体的形象，有时甚至会损害整个社会结构的和谐关系，进而影响整个社会的和谐发展。[①] 一个和谐的社会，是一个需要不断交流、对话的社会，是一个需要相互表达、相互理解的社会，是一个需要真诚、信任的社会。这一切，都需要一个真实的信息环境，需要以真实的信息为基础。其中，新闻信息发挥着重要的作用。

大众传媒有着强大的形象塑造能力。这种塑造既可能是正面的，也可能是负面的，既可能是真实的，也可能是虚假的。对一定社会群体、社会组织等的长期片面报道、歧视性报道、不平衡报道，表面上看似乎是真实

---

① 中国共产党和中国政府在 2005 年初提出要建设社会主义和谐社会，其基本含义是要建设一个民主法治、公平正义、诚信友爱、充满活力、安定有序、人与自然和谐相处的社会。

的，但属于片面真实、部分真实、碎片化的真实，难以使人们对报道对象有一个相对比较完整的了解，实质上是虚假失实的报道，会在人们心目中塑造出关于一些群体或组织的"刻板印象"，从而导致各种社会偏见的形成，造成不同社会组织、社会群体之间的冲突和矛盾。在实际的新闻传播中，人们不难发现，一些新闻媒体以自己的"成见"有意无意之间把一些人群塑造成追星族、时尚时髦族、"玩酷"族、"月光"族（每月都把挣的钱花光）、小资族等，把一些组织、人群甚至一些民族塑造成恐怖组织、恐怖人群、恐怖民族。这种片面化的新闻报道，严重误导了人们对一定人群的全面了解，作为新闻传播，不仅没有起到沟通不同组织、人群之间的作用，反倒使不同组织、人群之间的心理距离拉大，这显然是不利于社会和谐发展的。

事情的另一面是，一些新闻媒体通过正面报道方法，极力塑造一些群体的光辉形象，把部分当整体，把特殊当一般，通过典型报道，实现以点带面的传播效应。但由于与实际情况相差太远，人们并不完全认可、相信这样的报道。这种实质上的虚假失实报道，同样损害了社会不同组织、人群之间的和谐关系。在如此这般的虚假报道下，真正的社会问题被新闻报道遮蔽了、掩盖了，社会矛盾被新闻报道隐藏了、雪埋了，这等于给社会的未来发展种下了祸根。

虚假新闻不仅会损害一定组织、人群的形象和精神利益，有时还会直接损害一定组织（企事业单位）的物质利益。新闻传播的及时性和公开性，历史积淀形成的特有的权威性，使它具有广泛的社会影响力。任何一家企业、事业单位，只要进入新闻传播的"聚光灯"下，往往就会引起全社会的关注。实践经验反复告诉人们，负面性的虚假报道，会因为负面新闻本身特有的性质和吸引力，引发人们对一定组织既往公信力的怀疑，常常导致人们既有信任的迅速降低甚至彻底丧失。毫无疑问，这在市场经济条件下，对一些组织特别是企业组织具有致命的打击作用。正面性的虚假报道，总是要过度夸张报道对象的"光辉业绩"，这本身就会引起人们对新闻真实性的怀疑。① 而人们一旦识破虚假新闻报道，就会形成强烈的反弹效应，不仅失去对新闻媒体的信任，也会把被报道的对象看作新闻媒体的"合谋者"，一并从信任的名单上抹掉，这自然会影响报道对象的利益。

第三，虚假新闻助长不良社会风气，败坏社会道德风尚。新闻媒体被人们看作"社会公器"，是维护社会公共利益的信息组织、舆论机构。尽管它不是立法、司法、行政机构②，但却具有一种相对独立的特殊力量：通过真实的新闻报道，保障社会的信息安全，维护社会的基本正义。人们把新闻工作者看作环境变化的监测者、正义价值的维护者。新闻界把真实报道新闻看作自己的生命，新闻工作者也把"铁肩担道义，妙手著文章"看作自己的职责和使命。一言以蔽之，从社会道德角度看，不管是社会大众还是新闻工作者自己，都把新闻媒体、新闻工作者看作（至少是期待）社会道德规范的维护者和道德行为的楷模。正是这样一种基本的共识，赋予新闻媒体和新闻工作者一种特殊的道德责任，也就使得新闻媒体的新闻报道具有了特殊的道德意义。新闻传播不仅在报道事实的真实面目，也在维护着、传递着、培养着、创造着社会的道德价值观念。

众所周知，一些新闻工作者职业道德水平不高，是造成虚假新闻报道的一个非常重要的原因，甚至被看成最根本的原因。道德这根线是攥在自己手里的，松紧长短主要是由言行者自己把握的。透过新闻，人们看到的

---

① 所谓负面性的虚假报道，是指批评性、揭露性的虚假报道，它的实质是夸大了报道对象的缺点和错误，或者给报道对象捏造了一些缺点和错误；所谓正面性的虚假报道，是指赞扬性、表扬性的虚假报道，它的实质是夸大了报道对象的优点和成绩，或者给报道对象虚构了一些优点和成绩。

② 在西方，新闻界被看作"第四阶级""第四政府部门"，或者是对立法、司法、行政三权起制衡作用的"第四种权力"。在中国，新闻媒体是党、政府和人民的耳目喉舌，是思想宣传中心、意识形态机构。这样的性质和地位，使新闻媒体在人们的社会生活中发挥着更为重要的作用，具有特殊的权威性和影响力。

不只是新闻工作者的新闻智力和智慧，更为重要的是新闻工作者的职业道德品质、新闻媒体的道德风范。依据生活经验，在所有的信任之中，道德信任似乎是最重要的。这在以德为本的中国文化传统中尤为突出。人们一旦在道德上不信任一个人、一个集团、一个组织，可以说，这个人、这个集团、这个组织对人们的正面影响力，也就基本结束了。"道德，正如人们在世世代代流传更替中积淀为无意识的那样，是人之为人的内在规定。看一个人是否配做一个人，就在于看其是否有道德。"[①] 人们一旦认定一个人、一个集团、一个组织是不诚实的、不道德的，那么，即使他（它）说得比唱得都好听，即使他（它）确实讲了真话，改进并提升了道德水平，认知的惯性、道德评价的惯性，使得人们仍然不会立即相信他（它）。[②] 这一条，对新闻媒体及其从业者来说也毫不例外。虚假新闻的道德效应不是一时一事、一处一地的，而是既有长久性，又有扩散性。虚假新闻在人们心目中产生的负面效应不会在短期内消失，有些效应会在人们的心灵上留下永恒的印记。

新闻职业道德和社会一般道德是高度统一的[③]，是一种相互促进（或者相互促退）关系，良好的社会道德风气有利于新闻工作道德的形成，有利于塑造新闻工作者的道德品质。同样，良好的新闻职业道德，会伴随新闻传播一起，对社会道德风尚起到一种引领的作用。人们通过新闻报道不仅可以受到良好道德的熏陶，也可以领略新闻工作者为了揭露真相、为了维护公共利益，不怕艰难困苦甚至不惜流血牺牲的道德风采。然而，虚假

---

① 高兆明．伦理学理论与方法 [M]．北京：人民出版社，2005：14．

② 在中国，几乎妇孺皆知的"狼来了"的故事，充分说明了这一点。

③ 美国著名记者、现任美国斯坦福大学传播学院教授的吴惠连先生认为，其实没有什么专门的新闻伦理。新闻伦理，就是将生活中的伦理应用到新闻报道实践中。参见：李昕．新闻学的核心：采访！采访！核实！核实！：美国斯坦福大学吴惠连教授与清华学子对话录 [J]．新闻记者，2001（10）：22．

新闻被识破之后，它的负面道德效应常常是巨大的，新闻媒体及其从业者的道德影响力就会大大下降，人们不仅会对媒体及其从业者失去信任，也会在一定程度上对社会的道德建设失去信心。在普通大众心目中存在一个简单的推理逻辑：连最应该讲真话的媒体都敢公开地面对整个社会撒谎，那还有什么可信的东西；既然没有什么可信的东西，那我说几句假话又有多大关系。这种恶性循环效应，正是虚假新闻影响社会风气、败坏社会道德风尚的内在运行机制。①

新闻传播特有的社会影响力，新闻职业与社会、与广大普通社会成员的密切关系，都从客观上决定了媒体的行为、新闻工作者的行为，比起任何其他职业行为，对人们的言行影响更大、更为广泛。可以毫不夸张地说，新闻职业行为在道德上有着强烈的示范作用。具体虚假新闻确实是一个点、一个具体的报道，但在由点到面的大众传播模式下，它所产生的效应是不断扩散的面的效应、规模化的效应，一种"流行病""传染病"似的效应。虚假新闻特别是重大新闻的虚假报道，其产生的负面道德效应是"点式爆炸"效应、链式传递效应。新闻传播是一种公开的传播，它的真实是公开的，它的虚假失实同样是公开的。如果新闻是真实的，则真实的道德随它一并传播；如果新闻是虚假的，则虚假的道德随它一并流行。新闻工作者的道德表现永远与新闻传播的实际进行融合在一起。

虚假新闻对社会风气的毒害不只是即时快速的，也是慢性渗透的，同样会以"潜移默化"的方式进行，慢慢侵蚀社会机体。"吞食错误信息导致的病症也许不像食物中毒发作得那么快，但其造成的隐患却会影响整个社区，并一直持续许多年。"② 当媒体上的虚假新闻日复一日、屡见不鲜

---

① 虚假新闻影响社会风气、败坏社会道德风尚的内在运行机制，从另一侧面说明了人们道德权利的平等性。在道德问题上，任何人都没有特权。

② 弗林特. 报纸的良知：新闻事业的原则和问题案例讲义 [M]. 萧严，译. 北京：中国人民大学出版社，2005：10.

时，当人们对媒体上的虚假新闻不再大惊小怪、习以为常时，一个道德滑坡的社会便是现实。就当前来看，在世界范围内，虚假新闻越来越多，大有泛滥的趋势，对社会道德风尚已经形成了全面的侵害。① 美国一家报纸撰文指出："美国报纸的头版充斥着各种捏造、抄袭和虚假的报道"，"美国媒体的可信度已经降至历史最低点。盖洛普市场及民意调查公司最近公布的一份调查显示，只有44％的美国公众相信美国媒体。如果与20世纪80年代的美国媒体拥有的可信度相比，这一比例无疑是非常小的"②。几乎所有的人都懂得，真诚、诚信是社会赖以正常运转的基本道德保障。在塑造真诚品质、建构诚信风气中，媒体有着不可推卸的重要责任，正如有学者指出的那样，"新闻作为一种大众媒介，在全社会特别是民众道德养成教育方面，具有其他任何教育形式所不及的全面性和影响力"③。但这种影响不仅是正面的，也有负面的。虚假新闻报道影响的负面性不可低估，对良好社会风气形成的破坏力不可小视。

对不良社会风气的助长，对社会道德风尚的败坏，是虚假新闻最严重的社会危害。社会风气、社会道德是一个社会深层文化观念、价值观念的反映和体现，是一个社会赖以良好生存、和谐发展的精神根基。新闻报道在告知事实信息的过程中，传承着文化道德理念，张扬着社会良好风尚。而虚假新闻不仅损害社会的皮肤，更会损害社会的精神。

2. 虚假新闻对新闻传播业的危害

分析虚假新闻对新闻传播业自身的危害，是把虚假新闻作为考察的对象，看它对新闻传播业自身的生存与发展带来的负面作用和影响。真实是

---

① 当然，不良的社会风气也会对新闻职业道德造成负面影响，但我们这里主要讨论的是虚假新闻对社会风气的负面作用。

② 美国媒体诚信再创历史新低 [N]. 参考消息，2004-10-15.

③ 陈绚. 新闻道德与法规：对媒介行为规范的思考 [M]. 北京：中国大百科全书出版社，2005：6.

新闻的生命，是新闻存在的根据或条件，也是新闻特有的优势。传播实践一再证明，"只有如实地报道客观事实，真实地反映现实生活，充分满足人民群众获取各种真实新闻信息的需要，新闻媒体和新闻工作者才能得到人民的认可和欢迎，才能体现自己生存的价值和意义"①。虚假新闻与新闻传播的内在要求背道而驰，与社会大众对新闻传播的期望南辕北辙，因而必然会给自身的生存与发展造成直接的损害或者埋下久远的祸根。虚假新闻对新闻传播业自身的危害可以概括为以下几个主要方面。

第一，在宏观层面上，虚假新闻损害了整个新闻传播业自身生存、发展的根基。虚假新闻对整个新闻传播业健康生存、发展的影响主要表现在两个方面：首先，从新闻传播业与社会大众的关系上看，虚假新闻损害了新闻传播业得以生存、发展的信赖根基；其次，从新闻传播业内部来说，虚假新闻有可能损害新闻传播业自身的生存发展机制。

马克思早就说过，大众的信赖是报纸得以生存与发展的基础。陆定一说："新闻工作搞来搞去还是个真实问题。新闻学千头万绪，根本性的还是这个问题。有了这一条，就有信用了。有信用，报纸就有人看了。"②人们依据什么信赖媒体？当然是媒体的报道——真实、客观、全面、公正、及时、公开的报道。这样的报道永远是媒体赢得人们信赖的基础和保证。人类创造出新闻事业，赋予它的最基本的使命就是监测环境、守望社会，反映报道事实世界最新的真实的变化情况。因而，真实，不仅是新闻本身的生命，也是新闻传播业的生命。整个新闻传播业，只有珍视新闻的真实性，才能完成它的基本使命，才能满足人们的知情权，实现人们对它的期待，维护人们的公共利益，奠定自身生存、发展的信赖基础。这一

---

① 蓝鸿文. 新闻伦理学简明教程［M］. 北京：中国人民大学出版社，2001：73.
② 陆定一. 新闻必须完全真实：陆定一同志对本刊记者的谈话［J］. 新闻战线，1982（12）：2.

点，在市场经济条件下，显得更加突出。媒体的命运从本质上说掌握在作为新闻信息使用者的社会大众手里。因而，没有信赖，也就意味着没有受众，没有市场，没有注意力的支撑，没有社会影响力，没有生存发展的源头活水。

造成信赖失却、公信力降低的原因很多，但虚假报道是其中最为致命的根源。虚假新闻与新闻传播的内在要求背道而驰。虚假新闻伤害的不仅是新闻传播业的外在形象，更为严重的是新闻传播的根本理念——实事求是地反映世界的真实面目。虚假新闻以非新闻的方式玷污了新闻传播的价值追求——为公众利益服务。虚假新闻本质上是对真实世界的扭曲，因而对人们是一种误导，一种欺骗。试图通过撒谎的方式赢得人们的信任，实在是低估了人类的理智和基本的道德品性。面对虚假新闻的泛滥和猖獗，有学者大声疾呼："新闻必须真实，失去真实性就不是新闻，媒体就要变质，直至欺骗人民。"① 事实上，由于虚假新闻动摇了新闻传播业赖以生存发展的根基，因此，不管在什么样的社会形态、什么样的社会环境下，不管是什么性质、什么类型、什么层次的新闻媒体，背离真实、制造虚假最终只能是死路一条。虚假报道只能猖狂一时，不可能兴旺一世。一些造假媒体在物理形式上是存在的，但它的精神生命在大众的心目中已经死亡了。这样的媒体只能是行尸走肉。如果这样的媒体在整个新闻传播业中不停地繁衍滋长，虚假的传播不断兴风作浪，新闻传播业就必然遭遇信任危机，自身的生存发展同样会遭遇危机。网络新闻就是一个很好的例子，人们看到，尽管网络新闻传播凭借技术优势兴旺发达，但却得不到人们的高度信任。之所以如此，最根本的原因就是其信息的真实性得不到保证。在如此状态下，网络新闻本身的生存实质上遇到了挑战。

---

① 刘建明. 新闻学前沿：新闻学关注的 11 个焦点 [M]. 北京：清华大学出版社，2005：379.

新闻传播业是在资本主义市场经济的萌发孕育中诞生的，也是在资本主义市场经济的大潮中逐步成长起来的。在市场经济条件下，媒体之间的竞争是必然的，也是必要的，是媒体生存发展的基本法则。如今，这条法则已经超越了社会制度、政治意识形态和文化传统的限制，成为全球范围内的事实。竞争是新闻传播业得以发展的重要动力和主要方式。严格一点说，法治环境下的竞争，已经成为新闻传播业生存发展的基本机制。然而，这样的机制始终受到虚假新闻的威胁。

媒体之间的竞争是全方位的，但"新闻竞争"是媒体之间各种竞争中最根本的竞争，也是最为激烈的竞争领域。所有其他的竞争主要围绕新闻竞争而展开，为新闻竞争服务。无论在新闻史上还是在现实中，人们都发现，一些媒体为了赢得新闻竞争的一时领先，往往采用一种与新闻职业精神、专业性背道而驰的方法——制造虚假新闻，目的在于吸引眼球，追求轰动效应，制造社会影响力，从中获得利益。这种背离新闻精神的竞争方式，是一些媒体进行不当竞争的基本手段，并且在媒体之间常常形成恶性的效仿，严重破坏了竞争的公正、公平原则，败坏了整个新闻界的声誉，破坏着和破坏了合理竞争的机制，影响着和影响了新闻传播业的健康发展。

第二，在中观层面上，虚假新闻损害了具体新闻媒体的形象和声誉。虚假新闻的存在是具体的，总是由一定的具体媒体制造或传播出来的。因而，虚假新闻一旦曝光，人们首先抱怨、斥责的直接对象是播发虚假新闻的具体媒体。当一家媒体被人们看作造谣工厂、流言发源地、撒谎者，它的生命也就实质性地结束了。我们的时代是一个形象的时代、品牌的时代、公信至上的时代。媒体的生命力在于它良好的形象、优秀的品牌、高度的公信力。这些东西一旦受到损害，伤及的不只是媒体的形象和声誉，还有它的生命力。

真实、客观、全面、公正报道目标报道领域的情况，是任何一家媒体的神圣职责和基本使命。一家宣称为公共利益服务的媒体，如果在新闻报道中忘记安身立命之本，寻求通过不正当的途径获取声名，到头来必然自毁前程。实事求是地讲，并不是所有的假新闻、失实新闻都会导致媒体身败名裂，但有些虚假新闻对媒体的损害确实是致命的，至少会使其陷入一定时段的危机状态。虚假新闻，特别是比较严重的假新闻、失实新闻一旦被揭露出来，造假、出错这件事本身就会立即成为媒体环境内部和整个社会关注的重要新闻事实，它比一般的新闻事实具有更强的吸引力。俗语所说的"好事不出门，坏事传万里"的效应，很快会使造假、出错的新闻媒体成为其他媒体报道和人际传播的对象，成为人们眼中的"明星""丑角"。在这样的传收环境中，媒体的公众形象会迅速走向负面，声誉也会骤然下降。

　　虚假新闻对媒体的负面作用往往是长期的、深刻的，短期内难以消除。虚假新闻常常成为媒体脸上长久的污点或者伤疤，有些造假、失实表现甚至会在媒体的形象上留下永远抹不掉的污迹，确实是一失足成千古恨。有时，即使一家媒体消失了，人们也会记得它的丑行。"一朝遭蛇咬，十年怕井绳"的强刺激效应，使人类对坏事情的记忆能力超乎寻常。有时，即使一家媒体洗心革面、"重新做人"了，人们仍然会以"翻老帐"的方式，不放过它过去的错误。可见，建构一种良好的形象是艰难的，但毁坏一种美好形象易如反掌。虚假新闻是一把自杀的利刀，媒体要用它就会自断咽喉。

　　即使是非故意的虚假新闻，也会严重损害媒体的形象。人们不禁会认为，一家媒体连"如此这般"的虚假新闻都识破不了，足见其新闻认知能力、敏锐性、判断评价能力是令人怀疑的、不可靠的。在虚假新闻问题上屡改屡犯和屡犯不改的媒体，不仅会遭到公众的唾弃、舆论的谴责，也会受到同行的贬斥甚至法律的制裁。

　　任何新闻媒体都是媒介生态中的一个媒介生物，都占有一定的媒介生态位，因而它的盎然、茂盛，它的枯萎、腐烂，对整个新闻业态都会产生或大或小的影响。因此，每个媒体对自身形象、声誉的珍视，也是对整个新闻传播业形象、声誉的珍视。只有所有媒体的共同努力，才能营造出良好的媒介生态环境。

需要顺便指出的一个重要问题是，在新闻媒体成为政府、政党或者其他利益集团的耳目喉舌的情形下，媒体的虚假新闻报道行为不仅会损害媒体自身的形象，也会污损其背后的"老板"的形象。一个政府、政党所有或直接控制的媒体，如果在重大新闻事件的报道中弄虚作假，那么人们不仅会认定媒体是一个撒谎的媒体，也会认定其背后的政府、政党也是一个不诚实的政府、政党。在这一意义上，政府、政党或其他利益集团拥有的和直接控制的媒体，确实是政府、政党或其他利益集团真实面目的窗口，透露着其真实形象的一些侧面。进一步说，在民族国家存在的情况下，任何一个国家的新闻媒体，总是在一定程度上代表着本国民众形象的某一个侧面，反映着本国民众的整体素质和精神品格。如果某国媒体不时造假失实，让人觉得虚假新闻是其家常便饭，那么，其他国家的人们就有可能认定该国民众是不诚实的，是不可信的。这并不是危言耸听，而是国际新闻传播中特别重要的问题。新闻媒体不仅塑造着一个国家的形象，而且它本身就是一个国家形象的重要表现，并以信息传播的方式体现着一个国家的综合国力。在人类已经步入信息时代、知识社会的历史大背景下，媒体作为一种塑造社会"软力量"的重要机构①，发挥着重要的作用。只有依赖

---

① "软力量"是相对"硬力量"而存在的一个概念，通常应用在国际政治研究之中。"硬力量"主要是指一个国家有形的军事力量和经济力量；"软力量"主要是指一个国家具有的精神力量，主要体现为一个国家的文化力量、意识形态力量和制度力量。"软力量"有这样一些特点：从行为上看，"软力量"拥有者具有吸引他国的精神能力，能为他国设置议程，使他国成为自己精神上和行动上的追随者；从力量的来源上看，"软力量"主要依赖优良的制度、合理的意识形态观念体系、先进的文化等。我以为，"软力量"是一个可以泛化的概念，可以指称一个人、一个组织、一个国家所特有的那种精神吸引力和影响力。

真实、充足的信息，当然还要有良好的传播方法和手段，才能构建自己的吸引力和影响力，才能真正为自己的国家、民族的繁荣发达贡献力量。

第三，在微观层面上，虚假新闻损害了新闻工作者的形象和声誉。像任何一种职业形象都是由相关的从业者自己塑造的一样，新闻工作者的职业形象也是他们自己塑造的。医生通过治病救人塑造自己的形象，律师通过公正辩护塑造自己的形象，新闻工作者主要通过新闻报道塑造自己的形象。因而，人们不仅通过新闻报道了解新闻媒体，也通过新闻报道了解新闻工作者的整体形象，个体的记者、编辑形象同样是通过新闻报道形成的、传播的。可以说，有什么样的新闻报道，就有什么样的记者和编辑。

通过真实的新闻、公正的新闻，人们看到的是诚实的、正义的、勇敢的新闻工作者；同样，通过假新闻、失实新闻，人们看到的是虚伪的、不义的、怯懦的、不负责任的新闻工作者。人们常说，榜样的力量是无穷的，但千万不要忘记，好榜样如此，坏榜样有时也如此。可见，新闻的品质与新闻工作者的形象直接相关。但更为值得注意的问题是，人们易于在"坏事"上以点带面、由此及彼。俗语所说的"一颗老鼠屎坏了一锅汤"的效应，正是虚假新闻的效应。因而，人们透过虚假新闻，不仅看到了个别从业者的不良形象，也会推及整个新闻工作队伍的形象。人们由对个别记者、编辑的不信任，扩散到对其他记者、编辑的不信任，乃至对整个新闻界的不信任。特别是一些已经在人们心目中形成良好印象的记者、编辑，一旦出现造假行为，出现不道德的表现，甚至是可以原谅的错误报道，就会因为"名人效应"，对整个新闻工作者群体带来巨大的负面影响，损害整个新闻工作者群体的形象。因此，在新闻职业形象上，每个新闻工作者都是整个队伍的细胞，不可能游离出来而单独存在。如果有人做了"癌细胞"，那么即使采取"手术""化疗"，仍然可能扩散，如果这样的"细胞"多了，就会毁掉新闻工作者的"容颜"乃至"生命"。

在客观实际中，造成虚假新闻的原因是多种多样的（下文有专门的分析），但普通大众往往把虚假新闻与记者的道德品格联系在一起，使复杂的因果关系单一化。一种问题一旦和一个人的品质、人格联系在一起，那么对于这个人来说，不管他扮演什么样的社会角色，都是致命的。一个人一旦遇上道德信任危机，就往往处于最痛苦的状态。这也再次说明，在新闻的真实性问题上，永远没有小事。一个细节的虚构、失实，确实有可能造成一个新闻人职业生命的结束或使其前途黯淡。新闻工作者的职业生命是靠新闻报道滋养维护的，但首先必须是真实的报道，虚假新闻始终是宰杀职业生命的软刀子。

3. 虚假新闻对报道对象或新闻收受者的危害

如上所述，虚假新闻对社会和新闻媒体自身都有危害作用，但虚假新闻的直接受害者是新闻报道中涉及的有关当事人和广大的新闻收受者。虚假新闻对他们的负面作用是即时的，特别是对当事人的相关权益有时会带来直接的损害。下面，我们分而述之。

第一，虚假新闻的直接受害者是新闻事件中的当事人（注意，这里所说的当事人，有可能是自然人、法人，也有可能是非法人组织或死者）。新闻是对一定事实的反映和报道，大多数新闻事实都包含着当事人要素，都会涉及一些人的言行。因此，如何报道事实往往会直接关系到他们的各种利益。就内容而言，新闻对事实的报道可以粗略地分为两种情况：真实报道和虚假报道。真实报道新闻事实也可能伤害当事人的权益，比如报道内容选择不恰当（选择了法律禁止的、不合道德规范的或不合报道惯例的内容）或采访、报道方法不恰当（使用了非法的或不道德的采访方法等）等，从而对当事人造成不同程度的损害（最常见的是对当事人隐私权的损害）。而虚假失实报道，只要提及有关所谓的当事人，就一定会伤害当事人的权益，可能构成新闻侵权甚至新闻犯罪。那些对捏造出来的所谓新闻事实的报道、严重失实或基本失实的报道，无疑包含着错误和有害的陈述，都会比较严重地损害当事人的有关权益（最典型的就是名誉权），或对当事人构成诽谤，或对当事人构成侮辱。即使一些虚假失实报道对当事人的损害比较轻微，构不成法律意义上的新闻侵权，但大众传媒本身具有的公开的社会效应，也会给当事人带来诸多的麻烦和不便，总会在一定程度上影响其正常的工作、学习和生活。因此，对直接损害当事人权益的虚假新闻，新闻媒体必须承担相应的法律责任或者道义上的责任。

第二，虚假新闻更广泛的受害者是新闻信息的收受者。不少虚假新闻报道伤害的不只是某个具体的当事人，而且是收受新闻的所有人。一些虚假新闻报道没有涉及具体的当事人，而只是对某些事实的虚假报道。人们收受新闻的基本目的是获知新近事实世界特别是自己周围世界的客观变动信息，达到对事实世界的真实认知，以便有效调整自己的言行。虚假新闻显然背离了人们的期待，误导了人们的认知和行为。不管什么原因造成的虚假新闻，在客观上都对新闻的收受者构成了实质性的欺骗。因此，有学者一针见血地指出："虚假报道不只影响新闻工作者和新闻媒体的声誉及信誉，更重要的是它蒙蔽、阻碍民众对生存环境真实变动状况的认识和判断，干扰、误导着人们对于自身社会行为的选择和决策。""虚假报道不仅是新闻工作者的敌人，更是社会的敌人，民众的敌人。"[1]

从一般意义上说，虚假新闻最严重的危害就是对社会公众整体性的误导和欺骗。在虚假意识形态支配下的新闻报道，塑造出的新闻符号世界一定是一个虚假的世界，人们不可能通过这样的符号世界了解事实世界的真实情况，始终蒙在鼓里，生活在虚幻的世界之中。想一想"大跃进"，想一想"文化大革命"，在那样的时代里，中国的媒体把西方世界塑造成水

---

① 高钢．新闻写作精要［M］．北京：首都经济贸易大学出版社，2005：68．

深火热、灾难深重的世界，把我们自己的国家塑造成到处莺歌燕舞、祖国山河一片红的世界。这是一种整体性的虚假失实，实在是新闻界的耻辱。当人们从乌托邦式的梦幻中醒来之后，突然发觉新闻媒体原来是在说假话、大话、空话，在建天堂、造神话，信任的大厦顷刻坍塌。当新闻媒体在自身利益驱动下、外界压力迫使下或者认识能力及其他条件的约束下，出现具体性的虚假报道，对受众同样会造成误导和欺骗，使人们不可能了解到新闻事实的真实面目。

从公民权利角度看，对广大的新闻收受者来说，虚假新闻损害的主要不是他们的名誉权、隐私权，而是宪法赋予他们的知情权[1]。虚假新闻对广大收受者的危害，概括地说，是对社会公众知情权一定程度的否定。从新闻媒体角度看，对知情权的否定，主要有两种基本途径：一是以不告知的方式无视或忽视公民的知情权（假定有关信息源是公开的）；二是以虚假新闻报道的方式背离公民的知情权。一般地讲，知情权是指利用新闻媒体获取信息的权利，是公民了解公共事务及与个人利益相关的信息的权利。知情权的重要意义在于，它是民主政治、民主社会公民行使一切民主权利的基本前提。"没有知晓权（也即知情权——引者注），宪法中规定的公民的言论自由权、选举权、参政权等都是一句空话。"[2] 因此，对知情权的否定，实质上是对人民主权的否定。在当代这样的信息社会，由于社会公众获取公共事务信息的主要渠道是大众媒体，因此，新闻媒体的信息传播对于社会的政治民主具有十分重要的意义。宪法赋予媒体新闻自由权

---

① 《中华人民共和国宪法》第三十五条规定："中华人民共和国公民有言论、出版、集会、结社、游行、示威的自由。"我国学者普遍认为，该条规定逻辑性地包含着如下权利："公民有权通过新闻媒体获得和传播国内外信息，参与国家政治生活和社会生活；公民有权通过新闻媒体对国家的重大事务、国家工作人员实行监督；公民有权获取知识，参加娱乐，满足文化生活的需要。"参见：陈绚. 新闻道德与法规：对媒介行为规范的思考 [M]. 北京：中国大百科全书出版社，2005：209.

② 陈绚. 新闻道德与法规：对媒介行为规范的思考 [M]. 北京：中国大百科全书出版社，2005：205.

利，也就意味着新闻媒体承担着告知人们事实世界相关信息的义务。新闻媒体将不时刊播的假新闻、失实新闻提供给广大受众，显然是对新闻自由权利的滥用和误用，是对公民知情权的损害。

虚假新闻不单是对人们知情权的否定，也会伤害人们的情感、心理，引发人们对整个社会的不信任，引发人与人之间的不信任。这种危害有时是看不见的，但却是深重的，在人们心灵上投下的阴影很难消去。虚假新闻的内容往往与人们的生活十分贴近，形式也常常是人们喜闻乐见的。人们对这样的新闻防范意识比较弱，更容易"上当受骗"。这就决定了虚假新闻不仅易于造成人们认知上的混乱，也极易在被曝光后，使人们在失望中形成强烈的心理反弹。

（四）虚假新闻的根源

假新闻、失实新闻，表现为一种认识结果、传播结果，而一切结果都是由某种原因引起的、造成的，或者是某些原因的共同作用引起的、造成的，其中有的原因可能是主要的，有的原因可能是次要的。但不管导致、造成虚假新闻结果的原因是什么，我们只有找到它们，才有可能从根本上、源头上对症下药，设计出减少、消除虚假新闻现象的有效办法。因此，分析、探究虚假新闻产生的原因或根源，是讨论虚假新闻问题的主要内容之一，也是整个新闻真实论的重要内容。

产生虚假新闻的根源十分复杂，人们可以从不同的角度对产生虚假新闻的原因进行分析和归类。我们这里主要根据上面对虚假新闻表现的考察，从这样几个方面来分析虚假新闻产生的原因：一是从相对比较宏观的层面探究虚假新闻产生的一般社会原因；二是从新闻传播自身的一些特点出发，分析产生虚假新闻特别是失实新闻的难以避免的固有（专业）原因；三是以新闻传播的流程为基本参照，探析产生虚假新闻的组织管理原因；四是重点从传播主体各个方面的素质、素养出发，分析虚假新闻产生的主体原因。

1. 虚假新闻产生的社会原因

新闻传播是在一定的社会环境中进行的，传播内容的真实性必然会受到各种社会因素的影响和制约，政治因素、经济因素、社会道德水平的降低、社会心理的波动起伏等，都有可能导致虚假新闻传播现象的产生。我们在前文讨论社会环境因素对新闻真实实现的制约时，已经从政治、经济、文化等方面进行了阐释，那些制约新闻真实实现的因素有时也正是导致新闻失实虚假的因素，因此，我们不再重复。此处，我们将主要从社会道德、收受者社会心理需求变化两个方面说明虚假新闻产生的社会根源，对前面的论述形成必要的补充。

一是虚假新闻产生的社会道德根源。虚假新闻在道德上的直接主体根源就是品质上的不诚实，也就是说，虚假新闻是道德上不诚实的产物。提供新闻的人、报道新闻的人，以及报道新闻的媒体（集体主体，最终仍然要体现在个体身上），为什么会在道德上不诚实，其中一定会有许多原因。但从社会环境方面来说，社会整体道德水平的高低，道德风尚、社会风气的优劣良恶，一定是塑造人们是否诚实的一条重要原因，因为人的社会化、人的社会活动只能在社会环境中进行。因此，从社会道德角度探究虚假新闻产生的原因有着充分的根据。

世界范围内的人类道德水平是在提高还是在下降，我没有研究过，也没有看到足够的相关研究成果，不敢妄言。就中国而言，不管学者们做出怎样的解释，进行怎样的辩论①，人们的实际感受和基本判断是：我们的社

---

① 从 20 世纪 80 年代中期开始，学界就在不断争论中国社会整体道德状况。有些人说"爬坡"了，即道德水平提高了，有人说"滑坡"了，即道德水平降低了，还有人"辩证"一番，得出不痛不痒的既有"爬坡"又有"滑坡"的妙言。至今还没有什么定论。

会道德水平整体上在"滑坡"。人们对社会风气的总体评价是："世风日下"。我相信老百姓的判断，不仅相信他们的眼睛是雪亮的，相信他们的感觉是敏锐的，而且相信他们的理性是明智的。道德环境的质量如何，生活在其中的人们是可以感受到的。如果人们都能直接感受到道德环境质量在下降，你还在振振有词地说道德环境质量提高了，那只能说明你在痴人说梦。① 但这里需要注意的是，说道德水平在下降、社会风气在恶化，并不等于说社会不讲道德了，也不等于说主流的道德风尚、社会风气是恶劣的。就当前的中国社会来说，人们还是有一个基本的判断的：社会道德的主导状况是良好的，社会风气的主流是良性的。不然，这个社会就难以正常运转了。

如果上面的判断是基本正确的，那么，针对虚假新闻与社会道德之间的可能关系，我们就可以得出这样一个基本判断：社会道德水平的整体波动，是近些年来虚假新闻泛滥且屡禁不止的重要社会原因之一。新闻界的很多学者在探讨虚假新闻的社会原因时，常常将其主要归结为党风和社会风气的不正。② 这种风气不正的核心实质上就是社会道德水平的降低。可以设想，如果一个社会整体的诚实程度、诚信水平在降低，讲真话的氛围在淡化，就必然会对以"求实为本""真实为命"的新闻传播活动造成负面影响。③

---

① 当然，对科学研究来说，感觉有时是靠不住的，是会出错的。并且，我把自己的同意建立在"相信"的基础上，也是不科学的，理性的相信应该建立在真知基础上。所以，我在等待着有关专家的实证性研究结论。这里就算是一种"从众"。如果真的错了，我将来寻找机会修正有关的论述。

② 比如，郑保卫先生在他所著的《当代新闻理论》（郑保卫 . 当代新闻理论 [M]. 北京：新华出版社，2003：270.）中写道："新闻失实的社会原因，主要表现在党风和社会风气不正。"童兵先生在他的《理论新闻传播学导论（第二版）》（童兵 . 理论新闻传播学导论 [M]. 2 版 . 北京：中国人民大学出版社，2011：71.）中把遏制虚假新闻的希望寄托在整顿党风和加强社会主义精神文明建设上。他说："随着整顿党风的深入，社会主义精神文明建设的加强，做老实人、说老实话、办老实事的中华优秀道德传统的发扬，以及新闻改革的顺利发展，这种恶劣趋势必定会被遏制，真实报道的清新之风一定会重新吹遍中华大地。"

③ 但我们还要看到事情的另一面：社会道德水平的整体下降，也会引起人们的忧患和焦虑，从而呼吁并采取一定的措施遏制这种趋势，改变这种风气，这就是历史的辩证法。其中，新闻媒体及其从业者，也许会成为道德建设上的急先锋，不仅抵制不良道德的影响，而且努力通过自己的职业行为，成为社会道德建设的楷模。

新闻信息源存在于社会之中，大量的新闻信息要通过社会成员、党政组织机构、企业单位等来提供，试想，如果他们中不少人的道德水平下降了①，他们向新闻记者、新闻机构提供的新闻信息的真实性，可能就不那么可靠，这样，产生虚假新闻的可能性也就大了。有人早就做过这样的观察和论述："社会风气和党风不正给新闻报道带来的损害，主要表现为临时把关人——当事人、目击者、知情者，尤其是掌握一些权力的知情者，向记者提供不准确不真实的情况，或者依仗权势对记者施加压力，使之不能真实地报道事实。"② 同样，社会道德环境也会熏染记者、编辑，如果他们受到不良风气的影响，经过他们之手的新闻的真实性就会大打折扣。

二是虚假新闻产生的社会心理原因。虚假新闻会产生、会传播、会泛滥，我以为不只是造假者、传假者怀有恶意或怀有不可告人之目的所致，也不只是传播者或其他相关人员认识水平不高、道德素质较差所致，它还有一定的社会心理原因，有一定的需求心理方面的根源。如果没有某种社会心理一定程度上的支持，没有某种需求心理一定程度上的支持，那么虚假新闻现象是很难形成气候的，虚假新闻本身也是很难迅速传播扩散的。因此，从受众角度分析虚假新闻得以传播的原因，是必要的、有根据的。

在市场经济条件下，新闻传播业的总体形势已经发生了很大的变化，总体社会环境与以往相比具有很大的不同（而西方世界的媒体已经生存于成熟的市场经济环境中）。由此导致了一系列的变化：新闻媒体的传播价值取向在变，利益追求在变，生存发展方式在变，生存状态也在变。所有的变化归结在一点上，就是媒体要靠市场生存、发展。这也就是说，满足新闻收受者的需要已经成为新闻传播的根本动力，成为新闻传播的出发点

---

① 所谓社会整体道德水平下降了，就是指人们整体的、普遍的道德水平下降了，社会的道德水平高低、社会风气如何，最终都要体现在社会成员身上。

② 蒋亚平，官健文，林荣强. 新闻失实论：上册 [M]. 北京：中国新闻出版社，1986：167-168.

和归宿处。新闻报道能否得到广大受众的认可，直接影响、决定着媒体的当下状态和未来命运。因此，相对新闻媒体及其从业者而言，新闻收受者可以被看作一种影响和制约新闻传播的巨大社会力量。

新闻报道作为一种精神产品，直接满足的是人们的精神需要，即主要表现为认知需要和心理需要。这样，受众对新闻内容的追求和需要，他们的社会心理变化、需求心理变化，就会直接影响传播者对新闻报道内容、报道方式的选择。① 在一定社会历史时代、历史时期，针对一定事物的社会心理总有主流与支流之分。对于虚假新闻现象，经验事实告诉我们，绝大多数人持抵制、批评、拒斥的态度，这是社会心理的主流。也正因为这样，虚假新闻才不可能占据新闻传播的主流，也不可能湮没真实的新闻报道。这也是我们讨论虚假新闻与社会心理关系的一个前提。但认可虚假新闻的心理支流也是存在的，并且危害是极大的。有了这样的支流，才使虚假新闻有了存活传播的根据和时空。

收受者对待虚假新闻的心理态度和实际行为，会直接或间接影响虚假新闻的制造与传播。一些虚假新闻是由需求心理促生的，是传播者在收受者需要的压力下制造、生产的。一些虚假新闻的产生、出笼，是迎合受众心理需要的结果，是传播者以异化方式保持与受众亲密关系的产物。有学者指出："记者编辑选择新闻的标准不是其社会价值和现实意义，而仅仅为了满足受众的心理需求。随着受众兴趣逐渐转向社会新闻，即使记者编辑主观上有正确引导的意图，但往往经不住精彩'事实'的诱惑。"② 而当没有"精彩事实"不断出现时，造假的动机与行为便产生了，"特别当生活的深层意义被高密度、快节奏的物质性内容填平之时，以真实、现在

---

① 关于受众社会心理变化、需求心理变化的情况，需要从心理学、社会心理学角度进行实证研究。我们这里运用的只是这些研究得出的结论，并且是从与虚假新闻产生的关系角度来考虑和运用的。

② 陈力丹. 假新闻何以泛滥成灾？[J]. 新闻记者，2002（2）：22-23.

完成时态的面貌出现的有意思的虚假社会新闻，便为受众提供了一种精神上的刺激或松弛，赋予一种现实感很强的生活意义（无论是娱乐还是生活哲学）"①。当现实的生活不再那么精彩，虚构的景象便成为替代品。当现实的一些事物成为压力，虚构的小道便成了轻松的途径。激烈的市场竞争，使人们的生活压力、心理压力普遍明显增大，人们不想在仅有的少得可怜的空闲时间里，还去阅读思考严肃的新闻报道。"只要是轻松的，就是我需要的"，"是真是假，我不在乎"。如此的心理，一旦被一些"敏感"的记者嗅到，相应的"新闻"也就一篇一篇诞生了，这正是娱乐新闻、社会新闻、体育新闻中假新闻多的重要原因之一。

社会变革中出现的不健康心理、不合理需要成为制造、传播虚假新闻的重要心理基础。在社会变革中，人们的心理也在变化。物质环境、精神文化环境、社会生活环境变化了，人们的心理不可能不发生变化。在与社会环境的互动中，会不断产生新的心理和新的需要，然而，新的心理并不都是健康的，新的需求并不都是合理的。在一定社会历史时期的剧烈变革中，甚至会促生一些畸形的社会心理。社会心理尽管寓于主体内部，是对一定社会客体的精神反映，但它可以表现、外化出来，成为一定的社会现象。心理是不可见的，但现象是可见的。可见的现象就会直接或间接影响他人的行为，这正是社会心理的实质。② 在新闻传收活动中，不少人对虚假新闻，特别是对那些相对来说对社会生活影响较小的虚假社会新闻、娱乐新闻等，往往不以为然，认为无所谓，不过是娱乐消遣而已，何必当真。在实际生活中，人们不难发现，一些人有时明知是虚假新闻，也会津津有味、眉飞色舞地向他人传播。这种不反对甚至认可虚假新闻的心理态

---

① 陈力丹. 假新闻何以泛滥成灾？[J]. 新闻记者，2002（2）：22-23.

② 我国著名社会心理学家沙莲香认为："所谓社会心理，是人们在社会生活中自发产生，并互有影响的主体反应。""不是所有的心理活动都能成为社会心理，只有在社会成员间起影响作用的心理才是社会心理。"参见：沙莲香. 社会心理学 [M]. 北京：中国人民大学出版社，1987：34-35.

度及其行为，在客观上无疑会助长制造、报道传播虚假新闻的风气。收受者对待虚假新闻的心理态度和实际行为，必然会影响传播者的心理和行为，因为他们之间的关系是整个新闻传播活动中最紧密的一对关系，是一种持续不断的强互动关系，他们之间的矛盾是整个新闻传播活动中的基本矛盾、总矛盾。[①] 为了解决这对基本矛盾，使传受双方进行有效互动，传播者会采取积极的态度，通过正当的内容与手段满足和引导收受者的需求。然而，不可否认的是，一些媒体及其从业者会迎合一些受众不健康的心理，满足其不合理的需要，不仅出现了新闻传播中的媚俗现象，也促发了虚假新闻的泛滥。比如，一些生活小报甚至是个别生活大报，为什么会一而再、再而三地制造虚假新闻，其中一个重要的原因就是阅读这类报纸的人不在乎它们的真假。他们只把报纸上刊登的所谓新闻看作消遣的资料，并没有把它们当作什么严肃的事情。"不过如此，何必当真"的心理，在社会心理互动中强化了传播者的造假动机，助长了造假行为。

伴随着社会的变革发展、媒体技术的迅猛进步、传播影响的无孔不入，人们的一些生活观念、生活方式改变着，人们的社会心理和社会交往方式也在改变着。一方面，"人与人的关系在很大程度上直接表现为人与媒体的关系，这也就是说，人与社会环境的关系在很大程度上变成了人与信息环境的关系"[②]。然而另一方面，与此相伴的另一种看来比较矛盾的现象是，人们对新闻媒体、新闻报道的态度、看法已经发生了变化。他们已经不像过去那样，把新闻报道看得非常严肃神圣，看得那么了不起。过去普通百姓碰见一位记者，就像碰见一位不大不小的官员一样[③]，或者像碰见一位金发碧眼的外国人一样，既有几分敬畏，又有几分新奇。如今，

---

① 杨保军. 新闻理论教程［M］. 4 版. 北京：中国人民大学出版社，2019：56 - 61.
② 沙莲香. 社会心理学［M］. 北京：中国人民大学出版社，1987：19.
③ 中国具有典型的"官本位"传统，人们往往把能否"当官"看作一个人成功与否的标志。这种现象直到今天，也没有根本的改变。

这种心理、行为尽管还没有彻底消除，但那种敬畏神秘感已经没有多少了。与此相关的是，人们也不再认为报纸（媒体）上讲的就是真的，全球化的媒体信任度降低就是最好的说明。信任度的降低，意味着人们内心并不认可新闻报道的真实性。有了这样的心理，新闻的真假虚实在他们的心目中也就没有那么重的分量了。在这样一种社会心理面前，减少和消除虚假新闻确实面临巨大的困难。

2. 新闻传播的固有原因

所谓新闻传播的固有原因，就是从新闻传播业和新闻传播活动本身的特点出发，去探究导致新闻失实的原因。新闻传播自身的一些天然特点，往往是造成新闻失实不可避免的根源。认清这些根源，既有利于再现真实的实现，也有助于人们对新闻传播者的理解。由新闻传播固有特点造成的新闻失实原因，主要有以下几个方面。

一是由传播"及时性"造成的"合理失实"。人们普遍认为，新闻传播的及时性要求，是导致新闻失实最突出的一个固有原因。恩格斯早就讲过这样的话："……新闻事业使人浮光掠影，因为时间不足，就会习惯于匆忙地解决那些自己都知道还没有完全掌握的问题。"[①] 确实，在实际的新闻传播活动中，传播者经常要在极为有限的时间内完成一次具体的报道，难以对新闻事实进行全面、深入的认知。可想而知，在这种情形下所做的报道，其真实性必然是有限的，甚至会出现失实的现象。尽管传播者可以通过过程性的报道方式最终反映新闻事实的真实面目，但过程性的失实似乎难以避免。其实，"及时"与"真实"始终是新闻传播中的内在矛盾，传播者只能努力去解决，却永远不可避免或消除这对矛盾。因为"真实"是新闻存在的根据，是新闻的生命，是新闻的"第一"生命；而"及

---

① 马克思，恩格斯. 马克思恩格斯全集：第 37 卷 [M]. 北京：人民出版社，1971：319.

时"也是新闻存在的条件，也是"新"闻的生命，是新闻的"第二"甚至有时也是"第一"生命。事实上，"真实"与"快捷"对新闻传播来说，缺一不可。因此，由及时传播所造成的新闻失实现象，将会永远伴随新闻传播而存在。

新闻传播的及时性、实时性特征，使得新闻报道必然出现一些只能通过后续报道加以修正的错误和失实现象，这既是保证"及时性"必须付出的代价，也是新闻收受者应该"忍受"的一种错误或失实。因而，我把这样的失实大胆地称为"合理性的失实"，它是收受者必须和应该以宽容态度对待（传播者）的一种失实。同时，作为新闻的收受者，应该懂得新闻传播的这种特点，从而能够正确对待和理解一些在时间性上有着特殊要求的新闻报道。如果真正想通过新闻报道来了解把握一些事实的整体情况，就得连续不断地关注媒体对相关事实的报道。由及时性所造成的新闻失实现象，正如科学探索中总会出现的"合理错误"①，人们是愿意原谅报道者或科学研究者的。但对新闻传播者来说，则要把握好报道的时机，尽可能减少这类失实。新闻传播的实践经验告诉人们，并不是所有的新闻报道都是越快越好，而是该快则快，该缓则缓，快而有度。只求及时、不问真实的报道观念是不完全合理的。辩证理解和处理真实性与及时性的关系，是求得最佳报道效果的正确态度和方法。

二是由客观条件限制造成的必然失实。一些新闻事实客观上的复杂性、采访环境的艰难性，都会增加新闻真实实现的难度，也是新闻失实的一个内在原因。在尽可能短的时间内，在极其艰难的采写环境中，完全真实报道复杂的新闻事件，几乎是不可能的。有时，即使有充分的时间做保

---

①　所谓"合理错误"，是指在认识和实践中，由认识和实践本身的探索性和曲折性所决定的不可避免地要发生的错误。因而，合理错误具有尝试性、难免性和可原谅的特点。参见：文援朝. 超越错误：医错哲学及其应用研究［M］. 长沙：中南工业大学出版社，1995：70-72.

障，也难以全面揭示新闻事实的真实面目。有些事实要素、片段、事项及其相互关系，无论传播者做出多大的主观努力，都仍然可能是解不开的谜，只能留给他人、留给将来。真实只能在过程中实现，失实也只能在过程中不断地纠正。这种纠正报道过程中出现的错误，可能是一个较短的阶段或时期，也可能转换成长期的历史过程。但对新闻真实来说，不应过分强调客观对象的制约性。新闻必定不同于科学认识，不同于一般的理论认识。它的首要任务不在于直接揭示事物的本质，不在于形成普遍的抽象结论，不在于进行非常精确的运算，而在于报道事物最新变动的情况；它更多的是观照事物变动的现象层面，然后才是深挖事物变动的原因所在。

三是由采访方式造成的"干涉失实"。在新闻采访中很难完全避免的"霍桑效应"①，或采访行为本身对事实正常状态造成的可能"干扰""干涉"效应，是导致新闻失实的一个重要原因。

采访行为对被采访者正常表现的干扰性，是新闻采访中一种常见的、比较难以避免的现象。对此，我们的研究还没有给予足够的重视。新闻记者一旦进入采访，特别是对正在发生的事实、事件进行现场公开采访，就会影响甚至改变一些事实、事件的表现和进程。如果记者的采访行为受到被采访者的关注、意识和重视，被采访者就常常会改变他们的自然的、本来的行为状态，致使记者很难发现事实的真实面目或者本来面目。如果我们假设记者可以隐形于新闻现场，那么，他所看到的、听到的很可能与他显形于现场时看到的、听到的不大相同，甚至完全不同。在记者的采访面前，一些被采访者、被观察者常常会戴上面具，他们的言行在一定程度上具有了表演的性质。比如，在日常新闻报道中，有一种被称为集体访谈或

---

① 所谓霍桑效应，是指那些意识到自己正在被别人观察的个人具有改变自己行为的倾向。风笑天．社会学研究方法［M］．北京：中国人民大学出版社，2001：5，38．

集体采访的方式，即把要采访的对象集中起来，坐在会议室或什么地方同时进行的采访。这种方式当然省时省力，可以尽快地、比较全面地获得有关信息。① 但这种集体采访的方式，隐藏着导致新闻报道失实的多种可能性。接受集体采访的对象，往往不是记者选择的，而是有关人员安排的，因而接受采访的人更倾向于用安排他们的人的态度、思想来说话，而不是按事实的面目说话。这样，记者就难以获得真实的信息。在集体采访中，被采访者坐在一起，一些人往往不敢把自己了解的真实情况讲出来，对他人的戒备心理是自然而然的。另外，在集体采访中，很难避免一些人的"从众行为"，一些人可能很难克服"团体压力"，从而造成类似"沉默螺旋"的现象。因此，集体采访的方法，对新闻真实的实现来说，可以说是一种危险的方法。对于那些批评、揭露性报道，集体采访的方法更应该慎用。

因此，许多所谓的新闻事实，实质是记者采访行为促发的、干扰而成的事实，它与没有采访干扰的自发的、自然状态的事实有一定的差别。在现实中，人们更会看到，有些所谓的新闻事实就是为采访而准备，为采访而精心创造的。尽管我们不能说受到采访行为本身干扰的事实就是不真实的事实，但采访行为本身一定会改变事实的自发状态，这是不争的事实。对这种"干扰效应"的自觉，对新闻记者运用采访技巧以保证采访的有效性、获取信息的真实性，具有重要的提醒作用。人们看到，一些新闻采访往往大张旗鼓、轰轰烈烈，这实际上就是在制造对一定新闻事实的干扰效应。预先通报被采访者的行为，同样为获取真实信息制造了"干扰"障碍。

---

① 我国媒体作为党、政府和人民耳目喉舌的性质与功能，使得这种集体采访极为容易实现，只要给被采访单位的有关领导打一声招呼，就可以办到。被采访者往往把接受采访特别是高级别新闻媒体的采访，看作完成组织任务。

采访行为造成的"干扰效应"或者"霍桑效应"是难以彻底避免的，但为了确保新闻的真实、客观和公正，采访者必须自觉地去减少、降低这种干扰效应。记者要努力自觉成为李普曼所说的那只"墙上的苍蝇"，静贴在墙面上，不动声色地观察事件。这只"苍蝇"一旦飞下来，在事件周围嗡嗡作响，事件的自然状态可能就会改变，真实就会改变。门彻说："报道活动本身就有可能阻碍记者进行正确的观察。""即使是记者的铅笔和笔记本也可能干扰事件。"①

3. 虚假新闻产生的组织管理原因

所谓管理，"是对一定组织所拥有的资源进行有效整合以达成组织既定目标与履行责任的动态创造活动"②。新闻机构是一种严格的组织，有其自身的经济活动、行政活动、业务活动、人事活动等。如果组织、管理上不够严格，不按制度规范办事，就可能出各种各样的问题。由于新闻报道是新闻媒体当然的核心工作，因此，我们可以说，确保新闻报道的真实性、防止虚假新闻出现，就是新闻媒体的核心管理目标，其他方面的管理工作，都应该为正常的、高效的新闻传播工作服务。

就我们讨论的新闻真实问题而言，管理上最严重的过错和失误莫过于虚假新闻的出笼。如果管理出了漏洞，新闻的真实性就得不到保证，虚假新闻就有空可钻。那么，在通常情况下，管理上的哪些漏洞容易导致虚假新闻的出现呢？我们不大可能把所有的问题一一列出，但以下几种可能是最主要的。

第一，确保真实报道的组织结构不健全或者是"全"而不"健"。"设计合理的组织结构是管理的基础，也是管理的必要条件。"③ 具体来讲，

---

① 门彻. 新闻报道与写作：第9版 [M]. 展江，主译. 北京：华夏出版社，2003：311.

② 张中华. 管理学通论 [M]. 2版. 北京：北京大学出版社，2008：3.

③ 郑杭生. 社会学概论新修 [M]. 3版. 北京：中国人民大学出版社，2003：209.

为了保证新闻报道的真实性，新闻媒体必须建立完备的新闻传播组织流程，使新闻传播从采访到最后的刊播都有严格的组织程序保障。应该说，新闻传播业发展到今天，如何从组织结构上、传播程序流程上保证新闻的真实性这一基本问题已经解决了。人们可以看到，几乎所有的新闻机构，不管规模大小、历史长短、影响力如何，都有比较完整的新闻传播组织流程，都有专门的各种有机配合的组织设置。目前的主要问题是：一些新闻媒体的业务组织结构"全"而不"健"，不能发挥正常的作用；一些新闻传播的重要环节名存实亡，是瞎子的眼睛、聋子的耳朵。这样一来，新闻稿件表面上经过了道道组织关口的把关审查，但实质上只是在流水线上从头到尾"安然无恙"地跑了一趟，最后堂而皇之流向了社会公众。那些没有得到"治疗"的稿件，其真实性自然无法保障了。

第二，责任不明确。管理，本质上是对人的管理，人力资源是最重要的管理对象。[1] 管理说到底就是应用各种措施和办法把组织成员合理地组织起来，有机地配置起来，去共同完成一定的任务，实现一定的目标。因而，进入组织的每一个人，都必须承担明确的任务和责任，这样，他或她才能成为名副其实的组织成员。一些新闻媒体，为了实现新闻的真实报道，建立了比较合理的新闻传播流程，在流程的每一环节上也安排了不同的人员，但他们的具体任务是什么、责任是什么，并不十分明确。当岗位责任不明确时，就等于没有人为稿件的真实负责，哪一个环节责任不明确，哪一个环节就会出问题，而不管哪个环节上的哪个人出问题，最终都会影响新闻的真实性。

第三，人才使用不恰当。管理既是科学，也是艺术。管理者根据组织

---

① 管理的对象一般有"四流"——人流、物流、资金流和信息流。因而从管理学的原理层面上看，最主要的管理活动有人力资源管理、物力资源管理、财力资源管理和信息资源管理。参见：张中华. 管理学通论［M］. 2版. 北京：北京大学出版社，2008：359-470.

成员的不同能力、个性和特点，使其恰在其位，人尽其用，是实现管理目标、提高管理效率的根本所在。恰当的人在恰当的位置上才能产生恰当的结果。在中国的不少新闻媒体中，人们常常发现这样的人员安排方式（并不是全部）：不大愿意在外跑的人做编辑，新来的大学生上夜班（做版面编辑），各部门不太想要的人做校对……试想，这样的安排科学吗？合理吗？能够保证工作质量吗？能够保证新闻的真实性吗？事实上，已经有大量的事例说明，不恰当的人员安排是造成新闻失实的一个重要原因。

第四，赏罚不明。科学的管理依赖的是科学的、合理的制度规范。管理要有效，必须依赖一定的、具体的、可操作的奖励与惩罚措施。没有赏罚的管理措施是乏力的、空泛的。赏罚不明，容易导致组织成员懈怠，失去或淡化应有的责任感，对工作采取好坏都无所谓的态度。果真如此，经过这些人之手的稿件，其真实性就很难得到保证。

4. 虚假新闻的主体原因

尽管新闻传播业早已进入制度化、规模化、组织化、系统化的时代，但显而易见的事实是，新闻的采访、写作、编辑仍然是以个体性为主的精神劳动。因此，新闻失实的成因主要应从新闻活动主体特别是传播主体身上去寻找。"社会、新闻界双重环境对新闻失实的种种影响，最终要通过新闻工作者个人才能实现。""新闻工作者的职业道德、思想方法、采访作风、工作态度、知识水平、工作经验等，与新闻能否真实有密切关系。"[①]如果加以总结概括，可以把导致虚假新闻的主体原因归结为以下三个大的方面。

首先是新闻职业道德原因。新闻报道是新闻媒体的产品，是职业新闻

---

① 蒋亚平，官健文，林荣强. 新闻失实论：上册［M］. 北京：中国新闻出版社，1986：251.

工作者，即记者、编辑创制出来的产品。产品的质量如何，毫无疑问，首先依赖记者、编辑的"质量"（暂不考虑其他因素的影响）。记者、编辑是新闻传播过程中最重要的"把关人"。他们把关的宽紧松严，将直接决定新闻的真假虚实与质量高低。而决定他们能否严格按照新闻传播原则和相关规范进行把关、进行新闻生产的根本要素之一，就是是否具有良好的新闻职业道德素养。这一素养是记者、编辑所有素养中的本体要素，具有职业之"根"的地位与作用。"以德为本"的观念，是做一个合格职业新闻工作者的基本观念。如果一个记者、一个编辑在职业道德理念上出了问题，他或她作为职业新闻工作者的资格便从本质上消失了。正因如此，一些职业新闻工作者不遵守职业道德规范才成为虚假新闻产生、泛滥的根本原因。

新闻工作是一个通过报道世界最新变动信息的方式为社会提供公共服务的职业（当然，这是一种理想的境界）。因而，实事求是，揭示事实真相，报道有意义的新闻，应该是也必须是它最基本的职业精神；诚实则是职业新闻工作者应该具备的最基本的，也是最重要的品质（参见上一章相关内容）。任何一个职业新闻工作者，如果没有这种基本精神，不具备这一基本的职业道德品质，却还要从事新闻报道工作的话，就会在采访、写作、编辑等各种创制新闻作品的过程中，绞尽脑汁、挖空心思，"创造"出无数种令人防不胜防的方法和技巧，为自己谋名牟利，或者为他所代表的利益集团、为自己的媒体、为自己的亲朋好友等牟取不正当的利益。这样做的结果必然是：要么传播有偿新闻（新闻界出现的"有偿不闻"不过是"有偿新闻"的变种），要么制造虚假新闻、报道失实新闻。除此之外，没有其他可能。一句话，没有职业道德的记者、编辑，不可能报道真实的新闻，也不可能真实地报道新闻。自然，虚假新闻得以传播的原因不只是道德低下，还有其他的根源。因此，并不是说报道过虚假新闻的记者、编辑都是不讲新闻职业道德的新闻工作者。

其次是缺乏认真工作的态度和作风。新闻实践经验反反复复告诉人们，对于职业新闻工作者来说，造成虚假新闻报道的主要原因（第一位的原因）是一些记者、编辑缺乏认真的工作态度和扎实的工作作风。除了少数甚至极个别虚假新闻是故意制造的外，绝大多数新闻媒体刊播的虚假新闻都是由"粗心""忽视""以为""想来不会有错"之类的原因导致的。如果把这些东西概括、凝结成一个短语，就是："不认真"。

不认真，实质就是对自己的工作不负责任，就是缺乏应有的新闻职业精神。从这一意义上说，工作态度不认真、作风不扎实，就是缺乏职业责任感或职业道义的表现，至少是职业道德水平不高的表现。但这种表现必定不同于故意的德性不善或道德败坏，这也正是我们将其单列一点加以说明的原因。

在具体工作中，态度不认真、作风不扎实的表现五花八门、多种多样，我们难以一一仔细列出，只能做一个大致的概括。对记者来说，主要表现是：采访不深入；核对不细致；写作不准确；等等。对编辑来说，主要表现是：对可疑的事实不加订正；对文字叙述上的缺点或不足不加修正；对稿件进行随意删改；等等。这种工作态度和作风，本质上反映了记者、编辑对事实不负责任、对新闻收受者不负责任、对媒体不负责任、对自己不负责任。大量的假新闻，特别是失实新闻，就是在这种种不负责任中出笼的。

最后是认识能力问题。在新闻报道中，对于职业新闻工作者（不管是记者还是编辑）来说，造成新闻失实的另一主要原因是缺乏必要的知识素养和足够的认识能力。从认识论角度看，新闻工作本质上是一种认识活动。记者的直接认识对象主要是客观事实，编辑的直接认识对象主要是各种新闻作者提供的新闻稿件。在这里，我们以记者为例，简要说明认识能力对于新闻真实的重要性（关于这一问题，我们在全书不同地方都有涉及）。新闻是对新闻事实认识结果的反映和报道。任何记者都只能报道自己认识到的东西。因此，记者的认识能力、知识储备将直接决定其报道的全面性、准确性和正确性。如果对事实不能达到正确的认识、真实的把握，那么，无论如何妙笔生花，写成的新闻作品内容都不可能是真实的。对新闻事实的认知过程，从发现、到选择、到确定，再到符号化再现，每一环节都有可能由于认识能力的不足而失误、出错。记者的发现能力、选择能力、写作能力等，都会直接影响作品内容的真实性和准确性，每一种能力的欠缺，都有可能影响新闻的真实报道。比如，即使记者通过采访已经知道了一定新闻事实的真相，也并不意味着记者必然能够写出真实、全面、准确的新闻报道。因为，要将所获新闻信息准确叙述出来，需要的知识、能力、技巧等和采访有所不同。对新闻的真实实现来说，只有通过作品，收受者才能了解事实，真相需要正确的叙述，才会成为摆在收受者面前的真相。

对职业新闻工作者来说，以上所述是造成新闻失实的主要主体原因。如果说"职业道德、工作作风"问题按俗语所言属于"态度"问题，那"认知能力"就属于"水平"问题了。在新闻实践中，造成新闻失实的原因往往不是单一的，新闻失实是多种原因的共同产物。因此，对每一个新闻工作者来说，全面提高自身素质需要终身的自觉努力。

在我们对产生虚假新闻的原因做过上述（加上上一章中的相关论述）比较系统、细致、深入的分析之后，很有必要指出：在实际的新闻传播中，导致虚假新闻产生的原因往往不是某一类原因或者某一方面的原因，而常常是前述各种原因或其中几种原因的结合。社会原因、媒体自身的原因、新闻传播固有的原因、传播者个体的原因等往往搅和纠缠在一起，有时难以分得十分清楚。上面条分缕析的讨论主要是为了叙述的方便，当然，我以为，也有利于人们比较全面地认清虚假新闻的根源，有利于从不同方面着手，全面、综合治理虚假新闻现象。

（五）虚假新闻的防治

人们讨论虚假新闻的种种问题，目的在于减少它的出现，防治它对社会的危害，对新闻业的危害，对当事人和普通收受者的危害。然而，直到目前，虚假新闻在世界范围内愈演愈烈，就连一些高级媒体、具有全球性影响的新闻媒体，也因传播虚假新闻而蒙羞，受到人们的强烈谴责。这足以体现防治虚假新闻的艰难。但越是困难的、有意义的事情，才越需要人们想方设法、持之以恒地做好。减少和消除虚假新闻，是和传播报道真实新闻永远相伴随的一项任务。

上面的诸多分析已经说明，产生虚假新闻的原因十分复杂，这也就意味着防治虚假新闻并不是一件容易的事情。复杂问题就不能简单化，防治虚假新闻是一个系统工程，必须全面考虑。而且，防治虚假新闻主要不是理论问题，而是实践问题、操作问题；不只是思想观念问题、法律道德问题，更是具体的措施问题、实施问题。我们只有从新闻传播的实际出发，从既有的实践经验出发，针对产生虚假新闻的各种原因，才能有效解决虚假新闻问题。基于这样一些前提性的思考，我们将以系统思维的方法，从新闻传播系统内外两个角度，即从新闻业内部与新闻业所处的社会环境两个大的方面，提出一些主要的防治虚假新闻的建议和设想。① 需要预先说明的是，我们提出的建议与设想基本上还属于原则的层面，对于每一方面的具体实行措施还要深入实际做细致的研究。

---

① 其实，在前面的相关论述中，我们已经提到一些防治虚假新闻的观念和方法。对已经有过比较细致论述的问题，此处不再重复。

1. 营造良好的社会诚信环境

新闻传播总是发生在一定的媒介环境和社会环境之中①，因而，环境质量对新闻传播会有必然的影响。其中，社会的诚信环境对于以真实为生命的新闻传播来说，更是具有特别的意义和价值。

新闻媒体承载、传播的新闻，都有一定的来源。从直接性上看，所有的新闻稿件都是由新闻撰稿人提供的。② 一般来说，新闻撰稿人获取新闻信息的途径主要有两条：一是撰稿人自己亲身经历新闻事件，将自己的所见所闻再现陈述出来；二是依靠他人获得新闻信息。根据客观实际，在这两条途径中，后者是更为重要的、常态的途径。也就是说，新闻信息资源存在于社会之中、自然之中，新闻媒体、新闻记者发现新闻的能力、机会都是相当有限的，只有依赖一定的社会机构、社会成员作为新闻源的帮助，才能真正完成基本的新闻传播任务。可见，新闻传播活动仅仅依靠新闻机构、职业新闻工作者是难以高效运转的，新闻媒体作为一种信息平台、意见论坛，确实是公共事物、社会公器，需要全社会的爱护和支持。

如果我们确信媒体、记者（包括前文提到的其他采访、记录新闻的人，可以看作准记者角色）获取新闻信息的核心渠道、常态途径，是存在于社会中的各种各样的新闻资源拥有者（即新闻源主体），那么，这些新闻来源的素质（或者称为新闻源主体的素质），对于记者能够获取的新闻信息的质量就是至关重要的。新闻源主体以离散的方式广泛存在于、变动

---

① 我们把媒介环境看作新闻传播的内部要素，把社会环境看作新闻传播的外部要素。因而，这里讨论的实质问题是社会环境质量高低对于防治虚假新闻的作用和影响。关于新闻传播的环境问题，有兴趣的读者可参阅杨保军《新闻理论教程（第四版）》第十二章的内容。杨保军. 新闻理论教程 [M]. 4版. 北京：中国人民大学出版社，2019.

② 新闻撰稿人主要由职业化的记者、经过一定培训的通讯员、企事业单位的公关人员和宣传人员、一些自由撰稿人构成。对任何一家新闻媒体来说，其播发的新闻主要是由媒体自己的记者撰写的。但对于网站来说，到目前为止，它所编发的新闻，仍然主要来源于传统新闻媒体，但自主采发的新闻正在增多。

于社会环境之中，因而，尽管每一个体性的新闻源主体必然在认知能力、道德素养等方面存在着一定的差异，但从总体上说，一定社会环境的整体质量，特别是社会整体的诚信程度（也可以叫作一定社会的诚信品质），对于真实传播的实现有着整体的、普遍的、实质性的影响。

新闻报道的真假，与支配它的意识形态的真假有直接的联系。透过历史发展的轨迹，我们可以看到，一些政治制度以及由它所决定的新闻制度，把人们普遍塑造成战战兢兢的告知者、遮遮掩掩的表达者、滔滔不绝的多面人、地地道道的造假者，这既是一种制度的悲哀，也是整个社会的悲哀。在这样的社会环境中，设想新闻传播的真实是可笑的。在一个民主的社会里，人们才有普遍的讲真话、告实情的自由和勇气。在一个具有新闻自由的社会中，新闻媒体和记者才能够以新闻的原则和方式将一些事实的真实面目揭露、呈现在公众的面前。尽管自由、民主不能保证所有的社会主体讲真话，但一个社会具备这样的政治、社会条件，一定有利于建设诚信的社会环境，一定有利于虚假新闻报道的减少和消除。

一定社会的诚信，在直接现实上看，是政府的诚信、执政党（当然也包括非执政党）的诚信，是所有社会组织、机构、团体的诚信，是每个社会成员的诚信。只有构成社会环境的不同主体要素都诚信了，才有可能共同营造出一个诚信的社会环境。只有在这样诚信的社会环境中，构成社会环境的不同主体才会在面对新闻媒体、新闻记者的采访中讲真话，至少不讲假话或少讲假话。在污秽的环境中，讲卫生的人也会变得不讲卫生或很难讲卫生；在清洁的环境中，不大讲卫生的人也会讲起卫生来。这正是环境的作用。人在改造环境，环境也在改造人。环境是一种氛围、一种气息，它似乎看不见、摸不着，但人们时时都可以感受得到，它处处都在影响着人们的言行。

诚信的社会环境内含着诚实的信息环境，如上所说，它对于真实的新闻传播具有重要的作用。我们很难想象，一个空话、大话、套话、谎话、鬼话满天飞的社会，一个不讲诚信的社会，一个人与人之间缺乏基本信任的社会，会有良好的、真实的新闻传播存在。任何一个社会中都会有"出淤泥而不染"者，都有敢讲真话、不怕杀头的人，但同样有大量的人会被恶劣的环境污染，改变自己纯真的心灵和面目，讲假话却脸不红，讲谎话而自得意。防治虚假新闻需要人们普遍具有诚实品格，而不是只有个别的样板模范。因此，新闻界要和其他社会力量一起，共同营造、培养诚实的社会风气和环境，这对新闻的普遍真实有着规模化的、长远的影响。

实际上，从防治虚假新闻的角度看，诚信环境的建设与塑造，对整个社会和新闻界还提出了一个特别的要求：重视各种社会主体媒介素质的培养。认识媒介、理解媒介、接触媒介、运用媒介是传播时代社会主体应该具有的基本素质。就新闻传播而言，如果充当新闻源主体的社会主体懂得新闻传播的基本要求（比如真实、客观、全面、公正等原则），懂得信息真实对于整个新闻传播运作的重要性和必要性，懂得信息真实对于整个社会的意义和价值，明白真实新闻报道对于自己的意义和价值，那么，他们就有可能多一份责任感，有可能把向新闻记者讲真话，看成自己对社会、对媒体、对他人应尽的一份义务，看成对自己负责的一种方式。同样，他们也会把别人向新闻记者讲真话看作自己应该享有的一种道德权利。不同社会主体一旦形成这么一种"契约"式的规范或者良好的习惯，整个社会就会从新闻媒体上获取更加真实可靠的信息，而这对每个人都是有好处的。

2. 制定必要的法律规范

如今的社会，在很大程度上是由信息丝线织就的社会，它要求有良好的信息传递、交流秩序。真实的新闻传播，正是建构、维护社会正常信息秩序的需要。维护新闻信息秩序，需要社会建立一系列的制度规范，法律规范便是最重要的一种。新闻法律规范，一方面能够对新闻媒体及其从业者的合法行为予以支持、鼓励，调动媒体及其从业者的积极性；另一方面，对非法的、消极的新闻传播行为能够进行及时有效的纠正，维护新闻传播的正常秩序。

如前所述，虚假新闻会对社会、媒体、相关的当事人以及广大的收受者造成不同程度的负面影响，有些会造成比较严重的危害，甚至构成新闻违法和新闻犯罪行为。因此，采用法律措施防范虚假新闻、惩处严重的虚假新闻传播行为是十分必要的。诚如一些学者已经指出的："只有将对虚假新闻的治理纳入法律的范畴，让有关责任人承担相应的法律责任，才能从根本上解决防止虚假新闻的问题。"[①]

法律规范是人们必须遵守的规范，它的背后是国家机器。同样，作为法律的新闻法律规范，会以它特有的刚性约束力量，对限制和减少虚假新闻报道发挥不可替代的作用。世界上已有的新闻法中，都包括惩治虚假新闻的条款。没有新闻法的国家，也会在其他法律中规定一些相关条款，惩治那些构成违法犯罪的虚假失实报道。中国如果制定新闻法，也会包括防范、惩治虚假新闻的原则和条款，对那些故意制造、传播虚假新闻的媒体、个人（包括非职业新闻工作者，主要是向媒体提供信息的新闻源主体）会予以约束和惩罚。新闻法是保护新闻自由、保护真实报道的法律，反过来说，就是惩治滥用新闻自由、进行虚假失实报道的法律。

3. 充分发挥全社会的监督作用

进入信息社会以后，人们对大众传播媒体的依赖程度越来越高，接触媒体的行为越来越频繁，这也就意味着，如果虚假新闻泛滥，它的危害性就会越来越广泛，受害者也会越来越多。因此，从原则上说，所有的社会

---

① 蓝鸿文．新闻伦理学简明教程［M］．北京：中国人民大学出版社，2001：81．

成员，都应积极监督新闻媒体的传播行为，及时勇敢地批评、揭露媒体的虚假报道。新闻媒体是大众的耳目喉舌，是社会公共平台，每个社会成员都有接近、运用这一平台的权利，同时也负有监督这一平台正常发挥功能作用的责任和义务。美国一位新闻学者在多年前就讲过这样的话："从某种意义上说，报纸事关每一个人。对报界提出建设性的公正批评是每个人的责任。"①

首先，利用社会舆论力量，通过社会公众监督新闻媒体、新闻工作者的新闻传播行为是非常必要的。英国当代著名经济学家肯·宾默尔说过这样一句话："一个社会仅仅有了监督者是不够的，问题是谁来监督监督者，答案是我们必须彼此监督。也就是说，在一个健康的社会里，每个人的行为都必须是均衡的。"② 我们知道，作为公众耳目喉舌，新闻媒体所传播的内容、所具有的价值追求，既不是天然正确的，也不是天然公正的，会因为各种各样的原因在新闻报道中产生错误、制造错误。有些错误是它们故意为之的，有些错误则是不知不觉的。但不管哪类错误，都会给社会带来一定的负面作用，都需要修正，需要媒体或者新闻工作者承担必要的社会责任。因此，指出这些错误是必要的，而能够指出错误的最庞大、最有力、最实际的人群就是广大的社会公众——作为新闻收受者的社会公众。俗话说，"群众的眼睛是雪亮的"，这尽管是一句比喻性的话，但也足以说明广大群众（广大群众就是新闻的收受者或者说受众）发现问题的巨大力量。对任何一家新闻媒体的新闻传播来说，盯着它的雪亮的眼睛有千双万双。可以想象，如果这千双万双雪亮的眼睛，真正关注新闻报道的真实问

---

① 弗林特. 报纸的良知：新闻事业的原则和问题案例讲义 [M]. 萧严，译. 北京：中国人民大学出版社，2005：5.

② 宾默尔. 博弈论与社会契约：第1卷 [M]. 王小卫，钱勇，译. 上海：上海财经大学出版社，2003：46. 近些年来，在中国有一个非常流行同时也非常严肃、重要的口号"媒体监督社会，谁来监督媒体"，实质上寻问的就是谁来监督监督者的问题。

题，那就很难有什么虚假新闻能够成为漏网之鱼。新闻媒体、新闻工作者一旦强烈意识到有千双万双雪亮的眼睛在关注着自己的一举一动，那么除了多少有点"胆战心惊"外，我想更多的是不敢懈怠自己的职责，会认真对待每一次采访、每一篇稿件的写作和每一则新闻的编辑。这样，新闻造假、出错的可能性就会大大降低，新闻真实就会得到广泛的实现。因此，毫无疑问，通过社会监督防治虚假新闻既是必要的，也是有效的路径。

需要进一步指出的是，在现实社会中，所有的社会主体若想谋求生存和发展，就不得不在私利与公利中求得某种平衡。新闻媒体也不例外。每一家媒体都有自己的私利或者它所代表的利益集团的私利。既然如此，如果处理不好私利与公利的关系，新闻媒体的腐败、新闻工作者的腐败也就在所难免。就现实来看，在一系列的新闻腐败表现中，有意制造虚假新闻、报道失实新闻是最常见的手段。[①] 众所周知，不受监督的权力必然走向腐败，新闻权力也不例外。社会公众的一些新闻自由权利往往要通过新闻媒体、新闻工作者这个中介来实现，这实际上意味着新闻媒体、新闻工作者拥有一定的"特权"——特别方便的话语权。这样的权力要在新闻报道中被合理恰当地运用，除了媒体、新闻工作者的自律，有关法律、政策、纪律等规范的约束外，还必须受到广大公众的有效监督。媒体的纯洁，需要媒体的自爱，也需要公众的维护。只有公众才是媒体永远的明镜。公众在媒体中看到自身，媒体则在公众的眼睛里发现自己。

其次，社会公众监督媒体新闻报道的真假虚实是可行的。其理由或根据是这样的：第一，社会公众拥有监督媒体的法律权利和道德权利。对媒体的监督是公众民主权利、新闻自由权利的延伸。具体一点讲，知情权本身内含着公众监督媒体新闻传播和其他信息传播的权利。指出新闻报道中

---

① 新闻腐败在中国新闻界最典型的表现是"有偿新闻"或"有偿不闻"。

的错误，既是社会公众的权利，也应该成为社会公众的义务。一个发现错误报道却不指出错误报道的收受者，可以说对社会公共利益不负责任，应该受到道义上的谴责。第二，公开性是新闻传播的一个重要特征，公开就意味着新闻传播在原则上是可以被监督和能够被监督的社会行为。隐蔽的、不透明不公开的行为，人们是很难监督的。新闻报道的过程本质上是公开的，结果的真假虚实、正确错误也是公开的。因而，在常态情况下，社会公众可以在阳光之下识别、审视新闻报道的实际面目。[1] 第三，社会公众具有识别、判断真假新闻的基本能力。其一，新闻事实就发生在公众的身边或周围，总有人是新闻事实的创造者、当事人、知情者，充当着新闻来源（新闻源主体）的角色，这就从原则上决定了社会公众只要愿意，就有充分的根据去识别、判断媒体新闻报道的真假虚实。其二，以往的新闻传播与收受经验告诉人们，社会公众是有能力判断新闻真假的。比如，近些年来中外一些重大假新闻、失实新闻的发现者，主要不是媒体自身，而是普通社会公众。其三，随着社会的整体进步，社会公众的素质，包括媒介素质都在不断提高，对新闻传播的特征和运作机制的了解程度也在提高，自己运用媒介特别是网络媒介的能力也在迅速提高，等等。这一系列的"提高"，显然增强了公众判断新闻真假虚实的意识和能力，增加了发现和向社会揭露一些虚假新闻的机会。从以上几点可以看出：通过社会监督防治虚假新闻是一条有效的、可行的途径。

4. 实行行业及其媒体的自我管理与相互监督[2]

导致虚假新闻产生的原因尽管各种各样，但说到底，从直接性上看，

---

① 之所以说在常态情况下公众可以识别、审视新闻报道的真实性，是因为有些报道的真假，一般社会公众没有足够的条件和能力去判断。但随着信息传播技术的飞速发展，社会公众发现、传播真实信息的能力在提高，机会也在不断增加。

② 在我国，整个新闻行业宏观层面的自我管理，实质上就是政府的行政管理。政府通过一定的行业管理机构，制定有关的新闻政策、新闻规章制度及其规范，实现政府的管理意图和目标。对于政府来说，管理新闻行业的基本方法主要有两条：一是法律，二是行政。

内部原因是最根本的。大环境必须通过小环境才能最终影响具体的新闻报道活动。因此，就新闻界而言，应该主要从行业角度、媒体自身、新闻工作者自身出发寻求防治虚假新闻的办法。

（1）通过各种学习、教育手段，确立新闻必须真实的基本观念。

不管是从整个新闻业的范围，还是从具体新闻媒体的层面，抑或是从新闻工作者个体的角度，充分认识虚假新闻的各种危害（关于虚假新闻的危害，我们在前面已经做了细致的分析），确立新闻传播的专业理念，都是防治虚假新闻必须具有的前提。任何一条虚假失实新闻，总是经过确定的媒介通道、一定的从业者之手流向社会、流向收受者的，因而，从新闻业、新闻媒体特别是新闻工作者的角度来说，防治假新闻的首要工作是：充分认识虚假新闻的原因与危害，确立新闻报道的专业理念，坚持新闻报道的职业精神。新闻报道的专业理念、职业精神包括多方面的内容[①]，与防治虚假新闻直接相关的当然是真实报道新闻的理念，这也是最重要的专业理念。"新闻事业最高的理想是反映和坚持真理，报道事件的真相，为人民的利益而呐喊。"[②] 真实性是新闻报道的最高原则，是新闻报道的直接追求，虚假新闻危害社会、危害新闻业、危害民众，对此，我们在前文已经有过详细的论述，此处不再重复。但需要重申的是：整个新闻界要从新闻传播的规律层面认识到，没有真实，就没有新闻；要从新闻传播的伦理层面认识到，没有诚实，就没有新闻。前者是"是"的要求，后者是道德的"应该"。只有在真实问题上确立这样的基本观念，才能从内在精神

---

① 新闻专业理念与新闻职业精神在内涵上是统一的，追求的基本目标是一致的。我国学者刘建明认为，新闻专业理念或职业精神主要包括三个方面："一是，新闻传媒的使命和社会责任高于一切；二是，新闻记者的正义理性是报道行为的宗旨；三是，他律与自律是记者自我节制的动力。"职业新闻工作者应该以专业知识为力量，以全心全意服务大众为目标，以献身真理为崇高理想。参见：刘建明. 新闻学前沿：新闻学关注的 11 个焦点 [M]. 北京：清华大学出版社，2005：224.

② 刘建明. 新闻学前沿：新闻学关注的 11 个焦点 [M]. 北京：清华大学出版社，2005：226.

上确保新闻的真实。没有真实的观念，就不会有真实的新闻。

　　然而，直到今天，确实还有一些媒体及其从业者没有充分认识到虚假新闻的危害性，在思想观念上不重视虚假新闻问题。一些人虽然不敢明目张胆地宣称虚假新闻无害论，但在内心里对虚假新闻不以为然。一些人认为，社会新闻、娱乐新闻、趣味新闻等，假一点，错一点，想象一点，夸张一点，无伤大雅，一乐一笑的事情，何必那么一本正经、严肃认真；一些人认为，把好人、正面典型写得"高、大、全"一点，把坏人、负面典型写得比实际上更坏一点，不会有什么问题；还有一些人认为，国外的新闻写离奇一点，科技新闻写玄乎一点，法制新闻耸人听闻一点，热点新闻炒作一点，"卖点"就会更亮一点：如此种种，过去有，现在仍然有。只要类似"一点、一点"的观念存在，虚假新闻就有活动的"点点"时空；只要类似"一点、一点"的观念不断滋长，真实新闻报道就会在"点点"渗透中漏洞越来越多、越来越大。

　　（2）制定行业规范，实施相互监督。

　　虚假新闻是整个新闻业长期面对的困境之一，因此，从整个行业范围以及构成行业的基础组织——新闻媒体——出发，提出防范措施、进行相互监督，既是必要的，也是必须的。

　　第一，制定行业规范（实质上也是一种职业规范）。为了约束新闻传播活动中各种不正常的行为，确保新闻业的健康发展和新闻从业队伍的纯洁，几乎所有国家的新闻业，都根据本国新闻业的传统和实际，制定了不同范围、层级的职业（道德）规范。这些规范中，有专门性的规范，比如专门防治虚假新闻的规范、专门防治有偿新闻的规范等；有综合性的规范，比如针对新闻工作中各种不良现象制定的综合性的规范；有针对整个新闻业的道德规范，比如，由各国有关组织机构制定的全国性的新闻职业道德规范、守则等；有针对不同新闻媒介形态领域的道德规范，比如，由报业协会、广播电视协会、网络传播协会等类似组织制定的一些职业道德规范等；有由几家或数家新闻媒体联合制定的相关职业道德规范；有针对某一类新闻工作者的职业道德规范，比如，针对新闻播音员、新闻节目主持人等制定的具体的职业道德规范；等等。但不管什么样的规范，都会有一个基本精神，那就是真实报道新闻。我们可以说，新闻业制定的大大小小的无数规范，有一个稳定不变的总目标：实现真实报道。

第二，建立必要的行业内部组织。建立行业内部组织，监督和处理行业内部出现的一些问题，是世界各国新闻业普遍采用的一种行业自我管理方式。其中，应对虚假新闻现象是行业内部组织的重要任务之一。比如，流行于西方一些国家的新闻评议会，就是一种评价新闻媒体及其从业者职业行为的专门性的组织，它通常由新闻行业机构组织行业内相关人士组成。新闻评议会有许多职责，但从防治虚假新闻的角度看，它的主要职责是受理收受者关于虚假新闻、失实新闻的投诉问题，进而评议相关媒体及其从业者的新闻报道行为是否合理或恰当，形成一定的裁决意见或决议，要求并监督新闻媒体及其从业者执行裁决意见。新闻评议组织还可以拥有一定的处罚权，可以对造成虚假新闻结果的当事人进行诸如警告、记过、罚款、开除（指开除其职业资格）等处罚。

第三，展开媒体间的相互监督。行业内（新闻业内）的相互监督、相互批评、相互揭露是防治虚假新闻的一条有效措施。俗话说：外行看热闹，内行看门道。同行（内行）更容易判断新闻的真假虚实，更容易看出新闻真实问题的破绽或漏洞。因而同行的善意指正或批评往往一针见血，更令人信服。来自同行的批评意见，自然是具有权威性的"专家"性的意见，往往是最值得严肃对待的批评。实践一再证明，相互的、平等的监督是最有效的监督方式。不同的新闻媒体之间没有高低贵贱之分，所有的媒体都有可能报道虚假新闻。因此，所有媒体都应该虚心接受其他媒体的监督。相互监督不仅能够促使每个媒体严格约束自己，认真对待每一次报道，更为重要的是，它有利于整个新闻业良好风气的形成。如今，在世界范围内，新闻业已经成为高度竞争的行业。新闻媒体间的竞争，核心是新闻竞争。新闻竞争力集中体现在三个方面：一是新闻的真，二是新闻的快，三是新闻的独家性。尽管三者缺一不可，但其中最根本的是新闻的真实性。如果一家媒体不断在新闻的真实性上出现问题，那么即使它的新闻传播速度快、独家新闻多，它的竞争力也会受到严重影响，社会影响力会不断减弱。如上所言，在一般情况下，同行易于发现新闻的真假。而同行之间的竞争关系常常使监督、批评变得更加及时有效。事实同样一再证明，利益关系主体间的相互监督，是最有力、最有效的一种监督。竞争关系中的相互监督，在客观上提升了新闻传播的职业水准。如果媒体之间对虚假新闻报道置若罔闻，就只能导致恶性竞争，损害整个行业的声誉，降低整个职业的水准。"只要新闻单位造成的错误、欺诈和罪行在其他业内人士的沉默中得不到追究，其职业标准就不太可能形成。""如果新闻界是可问责的——如果它想保持自由就必须如此，那么其成员就必须以它们可用的唯一手段即公共批评，来互相约束。"① 新闻媒体之间的相互监督，是一种共赢的手段。当然，行业内部媒体间的相互监督，必须从善意出发，坚持以事实为根据。揭露、批评任何一家媒体的虚假新闻，其本身也是一种非常具有吸引力和影响力的新闻报道。因此，监督本身必须坚持新闻传播的真实性原则。否则，正当的监督可能会演变成不同新闻媒体之间的相互攻击，甚至导致法律纠纷，如此，最终伤害的不仅是个别的媒体，也是整个行业的健康发展。

---

① 新闻自由委员会. 一个自由而负责的新闻界 [M]. 展江，王征，王涛，译. 北京：中国人民大学出版社，2004：57.

（3）制定具体措施，防治虚假新闻。

从新闻媒体角度看，最重要的是制定并严格实施防治虚假新闻的规范或措施。行业制定的规范是对整个新闻界的一些一般性要求，相对来说比较宽泛，难以顾及不同媒介形态、不同类型媒体、不同层次媒体新闻传播的特殊性和个别性，因而规范或措施的原则性强一些，具体性、针对性相对弱一些。但一定的规范、措施要想真正发挥实际的、直接的作用，应该实在而具体。这也正是具体新闻媒体在制定防治虚假新闻的规范措施时应该把握的方向。

这里所说的规范或措施，指的不是一般的新闻道德规范、自律守则，而是具体媒体制定的防治虚假新闻的具体的规范或措施。无规矩不成方圆。规矩是标准，是尺度，它划定了一定的行为界限，对人们的言行既是一种约束，又是一种实实在在的、具体的指导。防治虚假新闻的措施必须具体实在，具有相对比较严格的针对性和可操作性。比如，媒体可以根据新闻传播的实际流程，针对每个环节、每道程序的特点，根据易于出现失实的各种问题，制定必须严格遵守的具体措施①，这样，经过环环相扣的严密防范，也许不能保证彻底消灭虚假新闻，但一定会降低虚假新闻产生的概率。如果每家新闻媒体都制定、执行符合自己实际情况的防治虚假新闻的规范，整个新闻业中的虚假新闻传播现象就会大大减少。

在这里，我们想特别强调一点：防治虚假新闻的规范或措施中，必须包括惩戒性的内容，并且在实际执行中不打折扣。也许我们无法完全说清为什么，但我们确实发现：一般情况下，没有人真正愿意自觉遵守没有惩戒措施的规范。当一种规范没有惩戒措施作为最后的保障时，它便是无力

---

① 比如，一些报社制定了比较严格的编辑规范或编辑手册，对如何处理在编辑过程中发现的一些问题，特别是真实性问题，有着详细的、具体的处理方法。

甚至是无效的规范。因此，要一个人自己约束自己，有时是非常可笑的事情。自我的良心惩戒使自律成为可能，但一定要懂得，经验事实一再告诉我们，有些人的良心是虚弱的，有些人甚至没有良心。因此，把所有希望寄托在自律上是不可靠的。只有既有鼓励又有惩戒的规范，只有在二者之间保持某种平衡的措施，才能对规约的对象、行为发挥比较好的作用。一种合理的规范，只有通过长期的、稳定的、严格的、一视同仁的执行，才有可能被人们从内心认可，在行为上接受，成为自觉的行为准则。这一过程需要耐心和毅力、坚持和勇气。制定措施是比较容易的，但要让措施发挥作用，需要的是严格的实施。虚假新闻报道之所以在一些媒体泛滥，得不到根本性的治理，主要的原因不在于没有规范，而在于不执行规范，不能持之以恒地执行规范。

5. 从业者的职业自律

我们前面已经指出，新闻传播的具体任务，最终总要落实到新闻工作者身上，因此，不管是外部的制度，还是内部的管理约束，都只有在记者、编辑的具体工作中才能得到实现。这就意味着，只有从业者真正能够自觉自愿地严格要求自己，真实报道才能真正实现，虚假新闻也才能得到有效防治。自觉自愿地按照各种规范约束自己的职业行为，就是"自律"，它是防治虚假新闻的根本途径之一。

自律的含义是用一定的规则来自我约束。新闻自律最基本的含义，是指新闻活动主体（主要是作为职业人的新闻传播者）用一定准则或规范约束自己的新闻传播活动的行为。新闻自律的规范由两部分组成：一是一般的社会道德规范（所谓公共道德），这是生活在一定社会中的任何一个人在从事社会性或公共性活动时都应该遵守的规范，他或她应该以这样的规范约束自己的言行；二是新闻职业特有的职业道德规范，这是真正用来规范一个新闻工作者的规范，也是一个新闻工作者用来自律的"工具"。①

新闻自律首先是为了使新闻传播者成为一个自律的人，也就是成为一个具有新闻道德素质或修养的从业者，这是新闻自律最直接的目的；其次，新闻自律只是一种手段，目的是让自律者能够做出符合新闻传播规律要求的新闻报道，比如，从新闻真实论的角度说，自律的目的就是让自己真实地报道新闻（真实报道新闻是新闻传播规律的内在要求）。新闻自律在其职业以外的目的一是在社会公众中塑造良好的新闻职业形象、新闻传播者的形象，从而为进一步实现传播主体的利益奠定坚实的基础；二是确保新闻传播正面社会功能的发挥，以促进社会的良性发展、公众的幸福生活，这才是新闻自律作为实现职业道德途径的更根本的目的，也可以说是终极性的目的。

真实报道是实现新闻报道其他追求的基础，因而，职业传播者通过自律使自己实现真实报道，也是自律的基础。实现新闻自律最直接的动力应该来自传播主体内部，其最基本的方法表现为相辅相成的两种：一是向内的规范内化法，即将新闻职业道德规范内化为自己的新闻道德观念，形成职业良心、职业荣誉心和职业品德（关于职业品德，我在上一章新闻真实实现的主体素质中已有论述）。二是向外的观念外化法，即用内化了的职业道德观念自觉地指导自己的新闻传播活动，就是用职业良心、职业荣誉心和职业品德支配自己的传播活动。停留在观念范围内的新闻道德还仅仅

① 用来自律的规范是道德规范，不是法律规范，也不是规律性的规范。法律和规律性的规范是必须遵守的，道德规范是应该遵守的，这是在区别意义上对它们的理解。法律规范是道德规范的底线，是部分道德法律化的产物，因此也属于宽泛意义上的道德规范，因而人们常常说应该守法，这是从道德层面上对法律的理解，也是道德与法的基本关系，这恐怕也是一些新闻职业道德规范把遵守宪法和法律列入的可能原因。规律属于事物自身的本性，因而它本质上与法律规范、道德规范无关，然而，主体一旦与其建立相互作用的关系，它便成为人们活动的基础，因此，无论制定什么样的人为规范，都不能违背规律的限制。参见杨保军《新闻理论教程（第四版）》第九章、第十一章相关内容。杨保军. 新闻理论教程［M］. 4 版. 北京：中国人民大学出版社，2019.

是传播者的职业品性，并不能实际地产生什么效用，只有这种内在的品质转化成支配客观传播行为的力量，自律才能得到最终的实现。

我们在不同的新闻道德公约、守则、规范中看到的最为核心的一条，就是真实报道新闻事实。① 职业传播者只有把这些规范及其内在的精神，作为指导、约束自己新闻行为的信念和戒条，才能成为一个报道真实新闻的人。

虚假新闻直接表现在新闻传播之中，但实际上它是一个十分复杂的社会现象。虚假新闻成因的复杂性，社会影响、危害的广泛性和严重性，决定了必须通过内外结合、软硬并用的方式等进行综合治理。这确实是一个系统工程。我们把防治虚假新闻的方法分列多条，只是为了讨论问题的方便。在新闻实践中，它们是紧密结合在一起的。只有多管齐下，虚假新闻泛滥的势头才能得到遏制。

---

① 联合国经济及社会理事会 1954 年拟定的《国际新闻道德规约》规定：（1）不得歪曲或隐瞒事实；（2）不得自私、攻讦、诽谤、抄袭，不得认谣言当作事实，凡记载不确而损失名誉者，必须立即更正；（3）不得为满足读者的好奇心而涉及私人秘密；（4）若报道一个国家的状况，必须对这个国家有充分的认识，才能达到公正的程度；（5）道德规约应由各国报人遵守，不是由各国政府执行。1923 年美国报纸主编人协会制定的《报业信条》（有些人译为《新闻规约》），主要内容有 7 条，摘其要者如下：（1）责任。每一个报纸工作人员都应该有责任感，一个新闻工作者如果利用他的权力来达到其自私的或其他卑鄙的目的，则有负于这一崇高职守。（2）新闻自由。要把新闻自由作为人类的一种极端重要的权利加以捍卫。（3）独立性。除忠实于公众利益外，报纸不承担任何义务，这一点至关重要。（4）真诚、真实、准确。对读者笃诚守信是一切新闻工作的基础。（5）公正无私。健全的做法是把新闻报道与表明意见的文章明确区分开，新闻报道中不应含有任何表明见解之词或任何偏见。（6）公平对待各方。报纸不应发表有损于一个人的声誉或道德品质的非官方指控而不给被控者进行辩解的机会。（7）作风正派。1991 年 1 月 19 日，中华全国新闻工作者协会第四届理事会第一次全体会议通过《中国新闻工作者职业道德准则》，1994 年 4 月和 1997 年 1 月做过两次修订，基本规范如下：（1）全心全意为人民服务；（2）坚持正确的舆论导向；（3）遵守宪法、法律和纪律；（4）维护新闻的真实性；（5）保持清正廉洁的作风；（6）发扬团结协作精神。

第六章　新闻真实的证实

要揭露谎言，就必须查找**确凿的**事实，对这些事实进行核对。

——列宁

"报纸有闻必录"，此吾国报纸之一极普通之口头禅，且常引为护身符者也，其实绝无意义。因若信一二人之传说，而不详加调查，证其确否，径视为事实而登载之，将致常以讹传讹之消息，且有时于不知不觉成为他人播谣之机械，此亦为以假乱真，又呜呼可？

——徐宝璜

验证原则把新闻与娱乐、宣传、小说、艺术区分开来……只有新闻最关注准确地记录发生了什么事……现在新闻中的断言泛滥成灾，破坏了古老的新闻验证，验证原则是解决这一问题的良药……

——门彻

收受者的信赖是一切媒体生存与发展的重要条件。① 收受者信赖新闻媒体的根本条件是其所传新闻的真实，而新闻只有在可检验的（即可证实或可证伪的）前提下才是真正有意义的，可证实才能赢得收受者的信服。在新闻传播实际中，尽管收受者不可能去检验每一条新闻的真实性，但对传播者来说，只有每时每刻自觉检验所传播的新闻的真实性，才能确保真实传播的实现，为实现新闻真实奠定基础。因此，确立正确的证实标准，寻求有效的证实方法，克服新闻真实证实中特有的困难，是新闻真实论必须关注的重要问题，也是实现新闻真实的要求。

一、新闻真实证实的实质

证实新闻的真实性，是为了实现新闻的真实传播。新闻真实的证实可以看作新闻真实实现的内在要求，证实论也可以看作新闻真实实现论的延伸或者有机组成部分，因而，它的重要性不言自明。探究新闻真实证实的实质，就是要回答证实活动的性质是什么，证实活动实际上在做什么，证实活动的基本范围是什么。

（一）新闻真实证实的含义

美国学者门彻曾经指出："验证原则把新闻与娱乐、宣传、小说、艺术区分开来……只有新闻最关注准确地记录发生了什么事……现在新闻中的断言泛滥成灾，破坏了古老的新闻验证，验证原则是解决这一问题的良药……"② 在我们讨论新闻真实证实的含义之前，我想这段话足以说明新

---

① 马克思曾说："民众的承认是报刊赖以生存的条件，没有这种条件，报刊就会无可挽救地陷入绝境。"马克思，恩格斯．马克思恩格斯全集：第1卷［M］．2版．人民出版社，1995：381.

② 门彻．新闻报道与写作：第9版［M］．展江，主译．北京：华夏出版社，2003：56.

闻真实证实（验证）的必要性和重要性。一句话，证实是新闻真实实现的重要保证。

证实新闻的真实性，就是运用一定的标准、手段和方法，证明证实"新闻"与其反映的客观对象（客观存在的新闻事实）的符合性、符合程度。这里之所以给新闻二字打上引号，是因为此处对新闻有比较特殊的解释和界定，它既指形成过程中的新闻，也指已经刊播出去的新闻。因此，对新闻真实性的证实便有狭义证实与广义证实之分。

狭义的新闻真实证实，仅指对"既成新闻"的证实。所谓既成新闻，是指已经被新闻媒体传播报道出去的新闻，处于传播状态的新闻。在报道出去的新闻中，通常只有那些被人们指出或怀疑是虚假新闻的新闻，才会成为被证实的对象、被更正的对象。

广义的新闻真实证实，则既包括对既成新闻的证实，还包括对刊播前的新闻信息、新闻稿件真实性的证实。我姑且把刊播前的、形成中的新闻称为"潜在新闻"或"未成新闻"①。在这里，我有意识地区分了"新闻信息"和"新闻稿件"两个术语。对新闻信息真实性的证实，是指对还未写入新闻稿件中的信息的证实；对新闻稿件或新闻陈述真实性的证实，是指对已经写入新闻稿件的相关内容的证实。这一用语区别上的主要用意，在于将记者与编辑证实的主要对象加以适当区分，记者证实的主要对象是自己通过采访获得的各种新闻信息，只有那些被记者证实了的信息、记者信以为真的信息，才会被当作真实的信息写入新闻稿件中；编辑证实的主要对象是自己编辑的新闻稿件，只有那些在编辑看来是真实的稿件、真实的记述或陈述，才能被传播出去（可参见上一章和本章随后的有关论述）。

---

① 关于"既成新闻""潜在新闻""未成新闻"的概念或说法，读者没有必要把它们看成严格的新闻学范畴或概念。它们只是我为了叙述方便和逻辑清晰而提出的操作性概念，能否作为普遍的新闻学概念使用，不仅需要进一步的讨论，还需要时间的检验。

依据新闻传播的实践逻辑和新闻真实论的理论逻辑，我们在真实传播的实现论中，对传播前的新闻证实问题已有一些讨论（参见上一章相关内容）。此处，我们将集中精力，以广义的新闻真实证实所指对象为范围，全面探讨新闻真实的证实问题。

（二）新闻真实证实的实质

新闻真实的基本含义是新闻与其反映的新闻事实相符合。因而，新闻真实证实的实质就是以一定的手段、方法为中介（关于方法问题，下文还要专门讨论），对比新闻作品与其反映的客观对象是否符合的过程。如果符合，就说新闻是真实的；如果不符合，就说新闻是失实的；如果根本不存在新闻中所记述的、描述的"事实"，就说新闻是假新闻。那么，怎样才能进行这种对比呢？只有对这一问题做出正确的、合理的回答，才能真正揭示新闻真实证实的实质。

传播者获得的新闻信息、写成的新闻稿件、报道出去的新闻，都可以说是传播者对新闻事实的认识结果，要证实它们的真实性，只能采取再认识的方式。因而，新闻真实性的证实活动本质上仍然是认识活动，它贯穿在新闻传播的整个过程中。在新闻采访、写作、编辑过程中，传播者通过证实方式，确保将要进入传播渠道的每一条新闻都是真实的，至少传播者自己相信是真实的[1]；在新闻传播之后，传播者通过证实方式，修正人们指出的或自己自觉到的虚假新闻，修正过程不过是对相关新闻事实再认识的过程。

新闻真实性的证实过程，也像证实任何一种认识的真实性、正确性一

---

[1]　在一般情况下，只有记者认为并相信是真实的事实，才会被写入新闻稿件中；只有编辑认为并相信是真实的新闻（稿件），才能打开所在的编辑闸门，让其传播流程继续。但在一些压力下，记者、编辑也会写作、编发自己并不相信的东西，这当然是极不正常的现象。

样，表现为在意识中比较不同认识结果的过程，即比较"原认识"与"再认识"的过程。从普遍意义上说，人们关于真假、虚实的区分，对于真理的证明，最终都是在自己的意识中进行的，人们对真假、虚实、真理等的确证和相信，最终也都是通过自己的意识得以完成的。"原认识"是待证实的认识，"再认识"是与"原认识"进行比较对照的认识，起着直接衡量"原认识"是否真实、正确之标准的作用。因此，正如我在《新闻事实论》中所说，"确证的过程是对先有的对新闻事实的'所知'（表现为新闻作品中对新闻事实的陈述）与重新对同一新闻事实的'所知'（形成一种新的陈述）进行比较"①。

比较前后对同一新闻事实"所知"的过程，实质上是寻找新的能够证明证实新闻真实性或虚假性的证据的过程，或者是对既有证据可靠性进行进一步确认的过程。所谓证据，就是能够证明有关陈述真实性的东西。"证据问题本身主要是一个有关'事实'的问题，是否'真实'的问题。"②"证据是记录了过去的事实所留存的真实信息，从而能够证明真实情况的事实。在法律上，只有有证据支持的事实才能确认为真实的事实。"③证实的关键就是要回答我们有什么根据认为自己获得的新闻信息是真实的，新闻中的记述、再现是真实的，或新闻中描述、陈述的事情是真实存在的。在新闻传播实践中，不管是为了报道的采访、写作、编辑，还是为了证实的采访、写作、编辑，都既是获取有关新闻事实信息的过程，也是证实所获信息真实性的过程，可以说是同一枚硬币的两面。证实"追求的全部目标就是获取真实的信息"，它"要求记者（还有编辑——引者注）运用一切手段，通过与最初得到信息的渠道不同的另外的一个甚至

① 杨保军. 新闻事实论［M］. 北京：新华出版社，2001：184.
② 陈嘉明. 知识与确证：当代知识论引论［M］. 上海：上海人民出版社，2003：235.
③ 陈绚. 新闻道德与法规：对媒介行为规范的思考［M］. 北京：中国大百科全书出版社，2005：277.

是几个信息渠道，对所获取信息的真实度进行验证"①。

如上所说，证实新闻真实性的过程，实质是用对新闻事实的"再认识"衡量对新闻事实的"原认识"的过程。这样，就出现了一个十分明显的、尖锐的问题：谁能保证"再认识"本身的正确性和真实性？即靠什么保证对新闻事实的再认识必然与新闻事实相符合？这确实是一个非常难以回答的问题，一直"折磨"和"考验"着哲学家们的毅力和智慧。② 同样，这也是新闻真实论中的一个难题。对此，我们以辩证唯物主义的认识论为指导，做出这样的初步解释：首先，认识结果的真实性是可证实的，即我们可以证实一种认识是否与实际相符合，但我们不可能把作为观念性质的认识与作为物理状态的客观对象进行直接的对比，"证明证实肯定表现为认识或观念之间的符合一致"③，即只能直接表现为"原认识"与"再认识"之间的对比。其次，证明证实了"原认识"与"再认识"之间的符合，也就可能证实了"原认识"与客观对象之间的符合（这里已经假定了"再认识"的真实性、正确性），"因为认识与现实之间是没有不可跨越的鸿沟的，而且不承认认识与现实的符合，认识之间的符合是不能得到证明证实的"④。最后，证实是一个过程性的认识活动。根据人类的认识经验，在通常情况下，我们对同一事物、事实的认识，总是越来越深入、越来越全面、越来越正确、越来越真实、越来越接近客观对象的实际面目。正因为如此，每一次"再认识"才可以成为相对它而存在的"原认识"正确与否、真实与否的直接衡量标准或尺度。但是，我们也必须注意到，"再认识"本身真实性、正确性的有限性，决定了新闻真实性在原则上是不可完全、绝对证明证实的。并且，由于"再认识"并不能保证自己

---

① 高钢. 新闻写作精要 [M]. 北京：首都经济贸易大学出版社，2005：76.

② 事实上，关于这一问题，直到目前，还没有形成令人信服的理论。

③ 郭继海. 真理符合论的困难及其解决 [M]. 北京：中国社会科学出版社，2003：236.

④ 同③.

的绝对真实性、正确性，因此，对"原认识"的衡量，很难避免出现"错上加错"或"对上加错"的可能性。

二、新闻真实证实的类型与对象

根据对新闻真实证实基本含义与实质的上述理解，我们可以进一步对真实性证实的主要类型做出概括和划分，并对真实性证实针对的具体对象做出比较细致的分析，从而使新闻真实证实理论具有较强的可操作性，能够为新闻传播实践中真实传播的实现起到一些直接的指导作用。

（一）新闻真实证实的类型

以新闻传播的实际展开过程为参照，我们可以把一般的新闻真实证实分为两大类型：其一是"前在证实"；其二是"后在证实"。[①] 前在证实属于常态型证实活动，伴随着新闻采写编的整个过程；后在证实属于非常态型证实活动，针对的是一些特殊的新闻——假新闻、失实新闻。由于这类新闻属于已经传播了的新闻、已经发生过不当传播效应的新闻，因而对它们的证实和更正性报道有着特别的意义。

1. 前在证实

所谓前在证实，就是在新闻刊播之前对"潜在新闻"（还没有处于传播状态的新闻）的证实活动。前在证实的对象，包括每一则可能刊播的新闻。也就是说，所有的新闻，其真实性都要在刊播之前得到证实。正因为

---

① 我在《新闻价值论》（杨保军. 新闻价值论 [M]. 北京：中国人民大学出版社，2003.）中，根据新闻传播过程分为"传送"与"收受"前后两个大的阶段，把传播主体称为"前在主体"，把传播主体面对的主要工作对象新闻事实称为"前在客体"，而把收受主体相应地称为"后在主体"，把收受主体面对的收受对象新闻作品或新闻文本称为"后在客体"。按照这一思维逻辑和概念建构模式，在此提出"前在证实"和"后在证实"的概念，用来描述新闻真实证实的基本类型。

如此，前在证实是一种常态性的证实活动，贯穿在记者、编辑的日常工作中，贯穿在记者、编辑的每一次采访活动中、每一篇稿件的写作中、每一篇稿件的编辑中。也正因为如此，证实意识，也就是对新闻真实性的检验意识，是新闻工作者必须具有的一种专业意识或专业精神状态。列宁就说过，我们的报纸工作者"必须学会**自己**来分析事实和核对事实"①。

新闻媒体、新闻传播者有责任向社会公众提供真实的新闻，这就意味着在原则上，传播者有义务在每一则新闻刊播之前证明它的真实性，至少在新闻刊播之前，传播者自己已经有足够的理由和根据相信将要向社会公众报道的新闻是真实可靠的。如果把真实性的证实主要放在新闻传播之后，新闻传播就变成了对"假设""假说"甚至是"传说""流言"的报道，"新闻"将失去它内在的本质规定性。因此，证实新闻真实性的主要任务在于"事前证实"或"前在证实"，"事后证实"或"后在证实"是一种挽救性的、弥补性的证实，是为了消除虚假新闻负面影响的证实，是不得已而为之的事情。"先报道出去再说"的新闻观念，是一种缺乏社会责任感的表现。

但我们也应该注意到，在新闻传播实际中，有些新闻在刊播之前，个别事实片段、事项、要素、细节等，甚至是一些重要的事实部分或事项，其真实性难以得到及时的证实，在这种情况下，是否进行报道确实是一个矛盾。报道了害怕失实，不报道害怕漏掉重要新闻。为了解决这种矛盾，媒体通常采取两种办法：一是宁可牺牲新闻报道的及时性，也不报道任何没有得到确证的消息；二是有条件报道没有得到完全核实的信息。② 对此，新闻界形成了一种报道惯例：在报道有把握的事实部分时，在新闻中

---

① 列宁. 列宁全集：第 23 卷 [M]. 2 版（增订版）. 北京：人民出版社，2017：100.

② 比如，《新闻失实论》的作者就认为，"宁可不报道，也不要传播不准确的消息。有的消息很重要，情况又不清，时间又很紧，就简略写自己确有把握的一部分，弄清事实后，再作详细报道"。参见：蒋亚平，官健文，林荣强. 新闻失实论：上册 [M]. 北京：中国新闻出版社，1986：343.

同时说明某某事实细节、片段、事项、要素等还没有得到证实。但对新闻界来说，不能滥用这样的惯例。只有在不得已的情况下，才能启用这样的方法。因为新闻一旦报道出去，就会产生影响。至于什么是"不得已而为之"的条件，我以为只能具体问题具体分析，很难规定统一的标准。如果就新闻的真实性与及时性的关系而言，真实性应该是第一位的。

2. 后在证实

后在证实，顾名思义，就是在新闻刊播之后对新闻进行的证实活动。后在证实的对象不是所有的新闻，而是被认为属于假新闻、失实新闻的新闻。因此，后在证实是一种比较特殊的证实。虚假新闻的危害性，要求新闻媒体在发现、认定虚假新闻之后，必须进行及时的更正，以降低虚假新闻的负面影响。

当人们指出一则新闻是失实新闻或假新闻时，必须有一定的证据，即必须提供能够证明新闻虚假性的事实。媒体或新闻工作者要维护和说明所做新闻报道的真实性，最基本的方法有两条：一是能够证实新闻，即寻找出新的证据证明证实新闻报道的真实性；二是能够证明"指出者"（指出新闻虚假者）提出的证据（证明新闻虚假或失实的证据）是虚假证据或者是无关证据。虚假证据，是指证据本身并不是事实，而是凭空捏造的东西；无关证据，是指提供的证据尽管是事实，但不能证明新闻是虚假的，是与新闻真实与否无关的事实。后在证实的实际运作过程大致就是这样。

然而，在新闻传播实践中，一些新闻报道出来后，人们"感觉"是虚假的，却提不出有关的具体证据。这时，收受者判断新闻真实性的标准，并不是新闻所报道的直接事实对象，而是他们拥有的常识、积累的知识、工作经验、生活经验等。比如，一些关于典型人物的报道所塑造的完美的"高大全"形象，并不能让人们相信；还有一些报道内容古怪离奇，叫人难以相信；等等。对于人们没有指出虚假所在但又感觉不大真实的新闻，媒体一定要高度重视。在这种情况下，媒体或者新闻工作者需要更正的恐怕主要不是某篇具体的报道，而是报道新闻的整体观念，因为人们"感觉虚假"体现的实质上是对媒体新闻报道的不信任，这自然比对某篇具体报道不信任要严重得多。如果人们不信任一家媒体，那么往往意味着，即使该媒体真实报道了新闻，仍然发挥不了真实新闻的效应。

（二）新闻真实证实的对象

要真正理解新闻真实证实的实质和具体含义，还需要进一步明确新闻真实证实的具体对象是什么。根据上面对新闻真实证实类型的划分，我们已经知道：前在证实针对的主要对象是还没有刊播出来的新闻信息，包括记者在采访中获取的新闻信息和编辑面对的稿件中的新闻信息；后在证实针对的对象主要是既成的虚假新闻（假新闻和失实新闻）。这里，我们想把二者统一起来，从一个新的角度对证实的对象加以阐释。

1. 新闻真实证实的直接对象

从最一般的意义上说，在认识论范围内（新闻真实是认识论范围的真实），人们是通过检验句子（判断）的真实性来检验具体认识的真实性的。"思想观念通过句子表达出来之后，我们通过讨论句子的真假来讨论思想观念的真假，讨论认识的真假就是十分方便的事了。所以句子的真假其实是认识的真假，思想观念的真假。"[1] 不管是前在证实针对的新闻信息，还是后在证实针对的新闻信息，首先都必然表现为一定的判断，可以通过一定的语句陈述出来。[2] 新闻证实就是要证实新闻信息的真假虚实，因此，新闻证实的直接对象就是已经形成的对新闻信息或新闻事实的判断。

---

① 郭继海. 真理符合论的困难及其解决 [M]. 北京：中国社会科学出版社，2003：52.

② 对于新闻事实或新闻信息的反映，形成或表现为一定的事实判断句。在新闻稿件或新闻作品中，这种事实判断句是直接存在的，构成新闻稿件或新闻作品的组成单元。在记者开展采访的过程中，这种判断句存在于记者的大脑之中，构成记者获取新闻的组成单元。

证实的过程就是为这些判断寻求确定的事实根据。

当然，前在证实面对的新闻信息与后在证实面对的新闻信息具有一定的差别。对前在证实来说，记者的证实对象是全面的，即他要证实所有获取信息的真实性；编辑的证实对象是部分性的，即主要把新闻稿件中有疑问的新闻信息作为进一步证实的对象。后在证实面对的是假新闻或失实新闻，因而，为了确证新闻的虚假性，需要对新闻作品中包含的所有信息单元的真实性一一加以验证。如果新闻作品不是由故意造假、故意失实造成的，那么，后在证实面对的新闻作品中一些新闻信息的真实性，可能已经经过相关记者、编辑在新闻刊播前的检验，只不过他们没有检验出相关信息的虚假性，因而，新闻刊播后的证实是一种重新的验证，在原则上具有二次证实、检验的特点。

2. 新闻真实证实的延伸对象

如上所言，真实证实的直接对象实质上就是传播者对新闻事实形成的判断。而判断依赖的是一定的事实（包括实在的事实和虚假新闻中捏造的事实），这样，如果我们做进一步的追问，就会发现：新闻真实证实的实质，是去证明一定的新闻事实是否真的存在（曾在或正在），是否真的如记者获取的新闻信息、编辑面对的新闻稿件以及新闻作品所反映的那样存在着。因此，新闻证实的间接对象或者延伸对象应该是新闻事实。也就是说，追根寻底，新闻真实证实工作最终要证明的是：新闻中将要报道的或已经被报道的内容是否具有事实根据。证实，正是寻求最终事实根据的过程。

这里需要特别说明的一点是：新闻真实证实的直接对象是相关的判断。但判断本身的真实性不依赖于证实活动。比如，一篇新闻一旦刊播，它的真假便是确定不变的，即它是真的、失实的或假的便是确定的。[①] 不

---

① 所谓确定的，是说新闻与报道对象的关系，符合或不符合、符合的程度等都是确定的、不变的。

管人们知道不知道，能否证明证实这些真假属性，它本身都是确定的。简单点说，一篇新闻一旦成为新闻，它的真实性便有了本体论的意义。自然，如果新闻的真实性得不到证实，人们就很难相信它的真实性。实际上，收受者通常是依据对传播者的信赖来相信新闻的真实性的（可参阅上一章的相关内容），而不是通过自己的证明去相信新闻的真实性的。

三、证实新闻真实性的途径

证实新闻真实性的核心必然是"如何"证实的问题。只有发现并确立了证实的手段或方法，才能施行和实现证实。我们以为这其中最重要的是两个问题：一是检验真实与否的标准问题，即衡量新闻真实（比如具体真实、整体真实）的尺度是什么；二是证实真实的具体手段，即人们可运用、可操作的证实新闻真实的方法是什么，通过什么样的途径将检验真实性的标准运用到证实活动中去。

（一）证实新闻真实性的标准

证实一种认识是真是假，最基本的问题乃是真假的标准问题，"离开了真假的标准就不能谈真假"[①]。标准就是衡量一定对象是否达到某种要求、规范、水平的一种或一组指标、一种尺度或某种参照物。在衡量认识的真假问题上，不同的真理观、真实观有不同的标准。我们坚持的是辩证唯物主义的真理论，因此，我们用来证实认识真假的标准只能是符合论意义上的标准，即客观存在的认识对象是衡量认识是真是假的唯一的、最终的标准或尺度。"真知的根本尺度只有一个，就是'实际'本身。这是说，

---

① 刘永富. 真假论纲 [M]. 北京：中国社会科学出版社，2002：30.

实际是一个认知被认定为真知的最基本的根据、最终的根据、最可靠的根据；是指用'客观事物及其固有的联系'本身作为衡量人们辩证反映它的认知是否正确、是否真实、是否真知的根本的尺度和依据。"①

如前所述（参见第一章），我们是在辩证唯物主义真理符合论的指导下展开关于新闻真实性的讨论的，因而，证实、检验一则新闻是否真实的唯一标准也只能是它所反映的对象——客观存在的新闻事实，不能有第二个标准。"衡量一定领域和范围内的事物的变化状态和程度，如果出现了两个可以依据的标准，就会得出两个不同的衡量判断结论，不会有一个统一的认识，会产生认识上的模糊。"② 在新闻传播实践中，人们看到每家媒体都会宣称自己的新闻报道是真实的，但衡量是否真实的标准，不能是任何一家媒体的标准，只能是事实标准。如果与新闻事实符合，这则新闻就是真实的，否则，就是虚假新闻。"新闻报道的真与假只有一个标准：是否符合客观实在。"③ 借用一句哲学话语说就是："谁真实，谁不真实，谁说了都不算，只有本体之物说了才算。"④ 标准一旦失去唯一性，就意味着没有标准。但需要注意的是，在新闻传播的操作层面上，这里所说的事实，也包括存在于传播者意识之外的精神性事实（参阅第二章相关内容）。

（二）证实新闻真实性的一般途径

新闻事实是衡量新闻是否真实的唯一标准，与事实符合的新闻就是真实的，否则，就是虚假的。那么，如何运用这一标准具体衡量新闻的真实

---

① 陈南荣. 认知论 [M]. 厦门：厦门大学出版社，2000：129.
② 聂暾. 两极论与中介论：修正版 [M]. 南昌：江西人民出版社，2001：221.
③ 李良荣. 新闻学导论 [M]. 北京：高等教育出版社，1999：129.
④ 余治平. 哲学的锁钥：源于本体论的形上之思 [M]. 成都：四川人民出版社，2002：166-167.

性？也就是说：我们通过什么样可行的、可操作的、有效的方法去实施证实活动？这才是新闻真实证实中的关键问题。按照马克思主义的实践唯物主义的认识论观点，检验（证实或证伪）认识正确性的唯一手段是实践。新闻，作为一种对认识结果的记述或再现，对它的真实性的检验，自然也不能例外。并且，证实新闻真实性的手段，从根本上说也是唯一的，即只能是实践手段。

然而，新闻认识有它自身的特殊性，与检验一般自然科学、人文社会科学认识的真理性的方法尽管在原则上应该是一致的，可在具体实行上、操作上还是应该有差别的。这里，我们先在普遍意义上分析证实新闻真实的几种主要的一般途径，然后，我们将结合新闻真实的具体证实过程，阐释证实新闻真实性的操作性方法。

1. 逻辑分析证实法

逻辑分析法是检验、证实认识真理性、真实性的通用方法之一，也是检验、证实新闻真实性惯用的方法之一。它是发现虚假信息、失实信息基本的、方便的手段。运用逻辑分析方法，记者、编辑无须亲赴新闻现场，无须对客观发生的新闻事实本身进行分析，只要按照一定的理论逻辑规则或人们通常的实践逻辑（言论逻辑、行为逻辑、生活逻辑等），对有待检验、证实的新闻资料、新闻信息或新闻稿件、新闻作品进行细致的分析就可以了。逻辑分析通常也是证实的"首先"方法，在后在证实中尤其如此。"当我们要检验一种认识的成立与否或认识内容的真假时，我们首先从事逻辑检验，即首先根据对认识的既定内容的分析来确定认识能否成立；如果仅凭对既定内容的分析，既无法确定成立，也无法确定不成立，那才需要通过对既定内容的实际确立来确定是否成立。"[①] 不管是记者还

---

① 刘永富. 真假论纲 [M]. 北京：中国社会科学出版社，2002：135. 引文中的楷体为原文所有。

是编辑，在对有关新闻信息真假的判断中，都在自觉不自觉地运用着逻辑分析法。记者在采访过程中总是不断通过逻辑分析清理自己获得的信息，对可疑的、难以断定准确性的信息加以重新采访；编辑对新闻稿件的编辑过程，本质上就是运用各种逻辑工具分析稿件的过程，正是通过逻辑分析，发现新闻中的各种可能差错。

逻辑分析方法，主要是通过对各种信息之间逻辑关系的分析进行的，基本目的在于寻找逻辑上的破绽和漏洞，发现可能的事实错误。就新闻实践而言，记者、编辑主要是通过叙述的逻辑、人们实践行为的一般逻辑来检验、证实有关新闻信息的真实性的。逻辑分析法的实质是把整体新闻（完整的新闻稿件、新闻作品或者是相对比较完整的新闻信息单元）分成不同的自然信息单元或要素，然后再看不同信息单元、要素之间的关系是否合乎逻辑——合乎叙事结构的逻辑（语法、语句结构的逻辑），合乎事物发展变化的一般逻辑，合乎人们实践行为的一般逻辑。如果不合逻辑、不合常理，其新闻的真实性便是可疑的，有必要进行验证。有人提出的通过新闻粒子结构检验新闻真实性的方法，其实就是对逻辑分析方法的具体运用。① 对于记者来说，分析的主要对象是自己在采访中获取的关于同一新闻事实的各种不同信息，特别是相互矛盾信息之间的逻辑关系，以及获取的每一相对独立的信息单元内部的信息要素之间的逻辑关系。对于编辑来说，分析的主要对象是新闻稿件，核心任务则是发现新闻叙事结构、叙事过程有无自相矛盾的地方，有无背离正常实践逻辑、生活逻辑的地方。

---

① 刘建明.新闻学前沿：新闻学关注的 11 个焦点 [M].北京：清华大学出版社，2005：11. 在该书第一章"新闻的'粒子'结构"中，刘先生提出："为了检验一条消息是否真实，可以运用新闻粒子结构的原理，把一条消息分解为若干个单一事实，然后对其中包含的事实节点和粒子素分别进行核对，保证新闻达到高度的真实。新闻粒子的准确度是新闻真实赖以真实的基础。"所谓新闻的粒子结构，是关于新闻结构的一种带有强烈比喻意味的理论，它"把新闻若干分解点的联系和离散状态，称为新闻的粒子结构"。

尽管逻辑分析手段是常用的、有效的发现新闻虚假信息的方法，但逻辑分析方法有其自身不能解决的问题，逻辑分析没有最终证实新闻真实性的能力。逻辑分析法只是对新闻内容各种可能逻辑关系的一种分析，是按照人们言行常理进行的一种分析，并没有把对新闻信息的叙述与新闻事实本身加以直接的对照，因而其结果的可靠性是有限的，是逻辑范围内的正确性。而逻辑上为真的判断，并不必然意味着事实的真实存在。一个新闻判断的真实性，最终是要通过事实来证明的。编造虚假新闻、有意制造失实新闻的高手，往往会把新闻故事编造得滴水不漏、合情合理，整个叙述过程也会天衣无缝，但其大前提——新闻事实本身是虚假的，如果不去实际考察事实如何，那么人们是难以发现狐狸尾巴的。

还有，在使用逻辑分析方法时，传播者需要注意新闻本身的特点。众所周知，新闻事实的突出特点之一是它的"非常态"①，非常就是不同寻常，非常就会出乎预料，非常可能一反常态，非常往往背离一般的事理逻辑、生活常规。因此，运用逻辑分析方法证实一些事实时，一定要注意那些看起来不合生活逻辑的事实。对此，美国学者门彻有一段精辟的阐释，他说："虽然记者按逻辑行事，但他必须接受最不合情理的事实和观察结果。一次又一次，记者发现异常的事实与例外的观察结果，却因为过于非同寻常而将其置于一边，未做进一步调查。不管事件看起来多么古怪奇异，如果没有至少进行一次快速核查，记者就不应该就此走开。"② 事实永远是第一位的，逻辑分析是第二位的。

2. 直接经验证实法

直接经验证实法，是新闻实践中最常用、最有说服力的证实方法。直

---

① 关于新闻事实的非常态，我在《新闻事实论》中有专门的论述，有兴趣的读者可参阅杨保军《新闻事实论》第一章的相关内容。杨保军. 新闻事实论 [M]. 北京：新华出版社，2001.

② 门彻. 新闻报道与写作：第 9 版 [M]. 展江，主译. 北京：华夏出版社，2003：308 - 309.

接经验法，既是新闻采访的主要方法，也是证实新闻信息的主要方法。获取新闻信息与证实新闻信息在实践上是同一个过程，这对记者来说尤为明显。需要注意的是，这里所说的直接经验，不仅包括记者的直接经验，也包括其他一些人（主要包括新闻事件的参与者、新闻事件的目击者以及其他直接的知情者）的直接经验。从新闻传播的角度看，这两种直接经验是不一样的。前者是职业目的支配下的直接经验，后者则可能只是自然发生的一种直接经验。因此，职业记者应该以不同的态度对待这两种不同的直接经验。

对于记者来说，自身对新闻事件的直接经验，永远都是第一位的、最重要的获取新闻信息和证实新闻信息的方法。直接经验证实的实质，就是直接倾听、直接观察。[①] 直接倾听新闻事实当事人、目击者、知情者的叙说，直接观察新闻事件的现场事象与变动状态。如果对某一事实信息有怀疑、不明确、难断定，最佳的确证方法，就是倾听作为信息来源的人的叙说，观察作为新闻信息来源的人和物的实际变动。亲眼所见、亲耳所闻的东西，对记者来说，具有更高的可靠性，具有直接的真实性。记者要以职业认知能力和职业道德品质，向公众保证自己直接经验的真实性，用自己的直接经验来证明新闻信息的真实性。

然而，就常态的新闻采访来看，尽管现场采访越来越多，但新闻事件本身出现、发生的难以预料性，使得新闻采访大都属于事后采访，即在新闻事实发生后的采访。因此，记者获取新闻事实信息主要依赖的不是自己的直接的现场倾听、现场观察、亲身体验，而要依赖对曾经直接经验过新

[①] 记者的直接观察，一般来说，有两种方式：一是"独立式观察"，即记者在不公开自己身份的情况下对新闻事实的发展过程的观察；二是"参与式观察"，即记者公开以自己的职业身份展开的新闻采访活动。在这种观察中，记者可以通过与新闻事实涉及的人物的直接接触、对新闻事实发生环境的全面考察来对构成新闻事实的各种相关因素进行了解。可参阅：高钢. 新闻写作精要［M］. 北京：首都经济贸易大学出版社，2005：54.

闻事实的他人（新闻源主体）的访谈，间接获取关于新闻事实的信息。这些间接信息的真实性需要证实。记者需要证明，新闻源主体的直接经验是真实的、可靠的。这就要求记者必须进行多信源的采访，寻求能够证实新闻源主体直接经验的证据，通过对有关资料的分析，对新闻事实"遗迹"的考察，通过互证的方式，发掘可靠的新闻信息。① 在得不到证据、得不到互证的情况下，只能通过在新闻报道中交代不同信源的说法，将可能的事实情况摆在收受者的面前，这既是不得已的办法，也是以新闻方式负责任的一种途径。

通过倾听获取的新闻信息，与通过亲自观察获取的新闻信息相比，其可靠性相对较低。倾听的直接对象是话语，它与话语背后的事实隔了一层，话语的真实性不是自明的，而是需要进一步证明的；观察的直接对象是事态的形象，它与事实具有直接的同一性，它的真实性是自明的（但事态的形象有可能是假象，对此，请参见第二章和下文的相关论述）。因而从原则上说，"眼见为实"是更为根本的证实方法。"直接观察是获取准确信息的最可靠的方式。拥有第二手和第三手陈述的记者须努力通过查找文件和档案记录来证实自己的材料。如果只能由他人来证实有关消息，记者须检验消息来源的可信度。"② 《纽约时报》一位记者说："没有任何东西可以替代你的所见所闻。这一点在互联网时代像过去一样有效，可能更加有效，因为走捷径的诱惑与走捷径的方法已经增多到无法衡量的地步。"③ 传播技术的进步使信息的获得更加容易，但并不意味着获得真实

---

① 在西方新闻写作中，有一条基本规则：新闻报道必须经过与所报道的事件或人物"无关的""独立的""两个以上的来源证实"，才能被认为"大致准确"，才能在新闻写作中引用。这条规则也叫作"三角定位法"，即"无关""独立""两个以上"都具备了，才能维护新闻的真实性。参阅：刘明华，徐泓，张征. 新闻写作教程［M］. 北京：中国人民大学出版社，2002：28-29.

② 门彻. 新闻报道与写作：第9版［M］. 展江，主译. 北京：华夏出版社，2003：44.

③ 同②124.

信息更加容易。

　　记者在采访、证实过程中应该特别警惕的是，不要以为自己看到的、听到的就一定是事实的真相，不要以为大家看到的、听到的就一定是事实的真相。一个人会犯的错误，大家也可能一起犯。你看到的、听到的，大家看到的、听到的也许是事实的假象（假象不是虚幻的、不存在的，假象也客观地存在在那里）。并且，特别要反复强调的是，多数人看到的并不一定就是真相，记者不能因为很多人都说他们看到了某种事实，就自然以为某一事实是真实存在的。真实与否是不能以多数人的意见为标准的，正像一种认识是否正确、是否是真理，不能以大家是否同意为标准一样。同意或看法一致是主观的东西，而真实与否必须以客观事实为唯一的衡量标准。在实际中，人们信以为真的东西也许其实是被制造出来的，有人在专门制造着人们想听的话和人们想看到的景象。记者应该始终有一种怀疑的精神和态度，正如人们经常所说的：必须多问几个为什么，并且特别要问自己，我看到的、听到的是真的吗。因为，人们常犯的错误是自以为是、刚愎自用，自己以为知道的东西其实自己并不真正知道。对此，高钢先生有一段话讲得相当到位、精彩，他说："新闻工作者要做'怀疑主义者'。他应该对自己听到的、看到的一切可能构成新闻的事情提出疑问。不轻信任何人，不轻信任何说法，不轻信任何没有经过证实的消息。对一切都要问个为什么。疑问会让人清醒，让人细致，让人深刻。让质疑贯穿新闻采访全过程，让质疑推动我们去追求事实的真相。"① 也就是说，观察的结果本身还需要必要的证明，"观察同样需要验证，这是职业记者应该遵守的信条"②。正如我们上文在讨论证实的对象时所指出的那样，新闻证实的根本对象（延伸对象）是事实本身，"仅仅观察是不够的，观

---

① 高钢. 新闻写作精要［M］. 北京：首都经济贸易大学出版社，2005：15.
② 同①55.

察必须与思考、调查、验证等这些新闻工作者的其他方法结合起来才能产生效果"①。思考就是我们前面所说的逻辑分析，调查则是通过其他渠道去旁证记者看到的东西是真实的、有根据的。事实上，任何单一的新闻证实方法都是不周全的，都难以孤立地证明新闻信息的真实性。只有把各种证实方法有机地结合起来，同时使用，才有可能确保新闻信息的真实性。

3. 权威证实法

权威证实，也是证实新闻真实性常用的方法之一。权威，一般而言，是指一种使人信从的力量和威望。可见，一个机构、一个组织、一个人能否成为"权威"，能否被人们当作权威，最为关键的是其有无令人信服的属性或特质。"可信"或值得"信赖"是权威的本质。而可信的基础就是因为权威所做的事、所讲的话一般来说是"真实"的、"正确"的。这正是权威可以证实新闻真实性或其他相关信息之真实性的根本。权威之所以成为权威，一是社会权力的赋予，使其充当权威；二是自身的塑造，使其真正能够成为权威。因此，对权威信息源的信任是一种社会信任，是社会交往的一个重要条件，同样，也是以"信"为本的新闻传播得以顺利展开的基本条件。②

新闻机构不是天堂，不可能遍知天下事。新闻记者不是上帝，不可能洞察世间万物，他们是为社会、为民众"跑腿"的"公仆"，他们要向社会、向民众传送、报道真实的信息，有时就必须求诸社会公认的权威机构和民众普遍尊奉的权威人物。某种现象到底说明什么，某种传说到底是真

---

① 高钢. 新闻写作精要 [M]. 北京：首都经济贸易大学出版社，2005：55.
② 中国人民大学新闻学院教授郭庆光先生在其《传播学教程》中写道："可信性包含两个要素，第一是传播者的信誉，包括是否诚实、客观、公正等人格条件；第二是专业权威性，即传播者对特定问题是否具有发言权和发言资格。这两者构成了可信性的基础。"参见：郭庆光. 传播学教程 [M]. 北京：中国人民大学出版社，1999：201.

是假，某一个人们普遍关心的数字到底是准是误，如此等等，在关键时刻，人们只相信权威，只有权威能够证实相关信息的真实性。在新闻实践中，寻求权威是普遍的、实用的证实方法。

所谓权威证实法，就是以权威所言作为新闻信息是否真实之直接标准的证实证明方法。权威证实，主要包括运用权威资料的证实方法、通过权威机构和权威人士的证实方法。一些新闻事实或它的有关构成部分是无法通过记者的直接倾听、直接观察证实的，编辑也难以通过对新闻稿件的逻辑分析证明相关内容的真实性。这时就需要权威机构的数据资料、文件、报告来证实，需要通过可信度极高的权威人士的说法来证实，通过公认的权威性的书籍、资料来证实。因为"被呈现事实、意见和论据的个人在相当程度上受到其提供者总体可信度的影响。若要对陈述的正确性做出评价，陈述的提供者必须为人们所知晓"①。媒体、记者的关键作用是当好权威信源与社会民众之间的桥梁，通过把权威信源展现在人们面前的方式，让人们相信有关新闻信息是真实的。"请记住，不会有任何读者会认为记者的存在会增加新闻的可信度和可读性。他们关注的是新闻来源，是新闻事实，是新闻内在的价值，而恰恰不会是记者本人。"②

不同领域有不同的权威，不存在"全能冠军"式的权威机构和权威人物。在这一领域是权威的机构、人物，在另一领域可能只是一个普通的机构、人物。因此，新闻记者、编辑要通过权威证实方法证明新闻报道中相关信息的真实性、准确性，首先必须找准权威机构、权威人物。识别、判断权威的能力，本身就是记者的重要素质之一。那些"跑场表演"的媒体

---

① 新闻自由委员会.一个自由而负责的新闻界［M］.展江，王征，王涛，译.北京：中国人民大学出版社，2004：14.

② 高钢.新闻写作精要［M］.北京：首都经济贸易大学出版社，2005：76.

"专家"，"混个脸熟"的媒体知识分子，是难以充当权威信息源的，也是难以确证有关信息真实性和准确性的。

新闻媒体或者记者、编辑在通过权威资料、权威机构、权威人物证实新闻信息的真实性时，同样要保持警惕，权威资料、权威机构、权威人物的说法并不具备天然的正确性。应该注意，权威也会出错，权威也会制造虚假。虽然这不是新闻机构、新闻传播者能够左右的（媒体如果发现权威造假，它的职责就是毫不留情地揭露），但时刻保持相对的独立性，不为他人所左右，始终是新闻媒体和职业传播者必须具备的品质和职业精神。新闻信息的权威性，主要来自媒体的独立性、记者的独立性。权威证实并不是终极的证实方法，新闻的终极的证实正像真实的终极的标准一样，只有一个，这就是事实。

四、新闻真实证实的基本过程

新闻真实的证实存在于整个新闻传播过程中，从逻辑上看，大致分为我们前面所说的"前在证实"和"后在证实"。所有具体新闻的证实都必然要经过"前在证实"，而只有那些已经被报道且被认识到是假新闻、失实新闻的新闻才会"经受""后在证实"。这样，我们可以说，常态的新闻真实证实大都属于前在证实型，只需经过前在证实阶段。既然绝大多数新闻真实的证实属于前在证实型，那么，如果我们以它作为分析对象①，就可以把证实过程分为两个大的环节：采写环节的证实和编辑环节的证实。但不管哪个环节的证实，内在的逻辑构成是相同的，即证实本身的内在环节是相同的或相似的。

---

① 由于后在证实针对的是既有的新闻，对它的证实实质上是对新闻事实进行再认识的过程，因此后在证实与前在证实在运作上是基本相同的，所以我们不再单独讨论后在证实的过程。

（一）真实性证实的逻辑构成分析[①]

证实活动，作为一种以检验认识是否真实、是否正确为目的的认识活动，有其自身的逻辑构成环节或方式。所谓新闻真实性证实的逻辑构成分析，是指对证实系统的基本构成要素和证实过程的基本环节进行逻辑的解剖。这就是说，我们下面是对新闻真实证实本身的逻辑分析，对证实活动本身各个环节的先后展开过程也是一种逻辑的抽象和表达。在实际的新闻证实活动中，这些在逻辑上分为先后的环节可能"融合"或"凝聚"在一起，并不像理论逻辑上分得那么清晰。但我们的分析并不是纯粹的理论构想，而是以新闻真实证实活动的实际情况为基础的。

第一，任何新闻真实证实活动，首先需要确定证实的具体对象，即首先要明白证实什么具体信息、什么具体内容的真实性。不管是前在证实还是后在证实，在大多数情况下，并不需要证明证实所有的新闻信息或稿件（作品）内容。记者在采访过程中，没有必要再去证实那些其真实性具有自明性的信息，需要确证的主要是那些不明了的信息、有疑问的信息。对后在证实来说，有时只是新闻文本中的个别信息可能失实或虚假，人们只是期望新闻媒体对有关的个别的信息或内容的真实性做出重新解释和说明。因此，传播者并不需要对整个新闻事实进行重新认识，只需要对有关陈述的真实性加以证实即可。当然，对于有些新闻报道，尤其是社会影响比较严重的"假新闻"，进行全面的、详细的验证是必要的，只有如此，才能充分揭示假新闻的真面目。总而言之，确定证实的具体对象，既可明

---

① 有学者对认识真理性之检验的逻辑过程做出这样的描述："（1）检验认知的正确性，离不开待证认知（被检验的对象）；（2）检验认知的正确性，离不开真知的尺度；（3）检验认知的正确性，离不开人们的对照（辩证反映）活动；（4）检验认知的正确性，离不开逻辑推理的思维活动。"参阅：陈南荣. 认知论 [M]. 厦门：厦门大学出版社，2000：147. 我认为，这一描述简明扼要，对分析新闻真实的证实问题具有方法论的作用。

确证实目标，又能提高证实工作的效率，新闻报道必定是和时间赛跑的
工作。

第二，寻找有待证实的信息或陈述指向、指称的客观对象，确立能够
证实相关信息、陈述的标准（事实）。这是真实性能够得到证实或证伪的
关键。这一环节要解决的关键问题是：什么能够证实或检验有关信息、陈
述的真实性？进而言之，什么能够直接证实、什么能够间接证实有关信
息、陈述的真实性？这是一个寻找证据的过程，找到了证据，即找到了相
关的事实，也就找到了证实相关信息、陈述的尺度或标准。找不到证据，
相关新闻信息的真实性就得不到确证，原则上就不能被写入新闻报道中，
已经发表了的新闻则要做出更正说明。

第三，对比"再认识"与"原认识"之间的关系，这是在意识范围内
的比较，人们不可能把客观事实与观念性的认识进行直接的对照。待证实
的有关信息、陈述可以看作对新闻事实的"原认识"，为证实目的而获得
的认识可以看作对新闻事实的"再认识"。当获得对有关信息、陈述指称
对象的"再认识"后，就可以将它作为直接的标准或尺度，去衡量、检验
"原认识"是否真实反映了客观对象。如果"原认识"与"再认识"相符合，
"原认识"对新闻事实的反映就是真实的；如果不符合，"原认识"就是虚假
的。当然，这里我们假定了一个前提条件，就是"再认识"是正确的，它
对新闻事实的反映是真实的，其中的道理我们在前文已经做过阐释。

第四，对虚假信息、陈述的修正，是证实的最后一个逻辑环节。经过
对有关信息、陈述指称对象的"再认识"，传播者获得了对新闻事实的确
证性认识结果，如果传播者确实相信"再认识"的结果真实反映了对象，
就会用它修正"原认识"，并以"再认识"为最终认识结果去报道（对后
在证实来说属于重新报道）新闻事实。

这里需要说明的是，上述的证实逻辑只是对一个周期的证实过程，即

一次证实活动必须经过的环节的描述。人类认识的局限性，从根本上决定了每次证实都是有限的证实，而非绝对的证实。因此，从理论上说，证实过程也是一个无限的过程，即每次被证实了的认识还有可能存在一定的虚假性，需要继续证实。但在实践中，特别是新闻认识实践中，这样的无限往往是"恶的无限"，人们不会把证实性的认识一次次重复下去。其中的原因主要有这样几点。

其一，从总体上说，以报道客观世界最新变动情况为基本目的的新闻认识是一种相对比较简单的认识活动，是以直接反映事实现象为主的认识活动，是以一件具体新闻事实为对象的认识活动，是以事实是什么为主（而不是以为什么为主）的认识活动。因此，对它的证实在总体上是比较容易的。

其二，具体一点讲，任何新闻报道针对的对象，都是比较具体的发生在确定时空范围的新近事实，即使是概括性的事实判断（概括性事实也是具体的），也总有相应的事实基础、一定的出处。因此，记者总可以溯源求本，寻找到最终的事实根据。就新闻稿件（作品）而言，对新闻事实的记述、再现都由相对比较简单的单称陈述语句构成，指称的都是具体的事实要素、片段、事项及其相互关系。① 因而，新闻真实性的证实是一种具体的证实、个别的证实，不是对一般的、全称的命题的证实。科学理论一般都表述为全程判断，但新闻报道对一定事实的反映都表述为具体的经验事实判断，是对具体事实要素、片段、事项及其相互关系的具体描述，是以对事实的具体的直接经验为最终根据的。因此，一旦有关记述被怀疑虚假，只要到实地再做观察，或向有关当事人、目击者、知情者再做采访，

---

① 构成新闻作品的语句都是事实判断句，每一句针对的都是一个事实单元，都有实际的根据。如果新闻作品是由一些无法寻找具体事实根据的语句构成的，其本身就不符合新闻写作的要求，其真实性是无法得到证明证实的。

就可以基本解决问题，即这些东西大多可以通过直接经验的认识方式去证实，无须复杂的推理，无须高深理论的指导，无须以科学实验的方式去证明。或者说，新闻报道中的陈述大多是直接的观察性或间接的可观察性的陈述，是能够为经验事实所证实的。只要我们相信（基于科学研究和实践证明基础上的相信）人类感觉、知觉的可靠性，就应该说我们能够证实我们的陈述。感觉、知觉经验是所有认识的来源和基础，如果我们不相信它们的可靠性，正确的认识就无法实现，我们就会陷入不可知论的泥潭。我们不能因为感觉、知觉有时会出错误，就一概否认感性认识的可靠性，正如我们不能因为某一个人可能做错事，就认为他永远要做错事一样。

当然，新闻认识真实性的证实，有其自身特有的难度。有些新闻的真实性，确实需要反复去证实，会持续相当长的时间，甚至是几十年的时间，转换成了历史课题，需要付出十分艰苦的努力，但这类新闻必定是极少数。还有，一些新闻的真实性也许永远不可能得到证实，只能成为历史之谜，给后来者留下无限的想象。对此，我们将在后文中单列一个问题进行专门的论述。

还有必要指出的是，对新闻真实性的证实，也像对其他认识正确性的证实一样，是绝对证实与相对证实的统一。有些事实要素、片段、事项及其相互关系可以绝对证实，比如一场事故到底伤亡了多少人，新闻陈述与新闻真实的证实都可以达到绝对真实和绝对证实；有些则只能相对证实，在现有的证据下证实，当有了新的证据时，也许新闻要改变它原有的叙述，比如，一场事故的原因到底是什么，有可能得不到绝对的证实。又如，某个新闻来源的"话语"，有些可以立即证实，有些则需要一个过程。尽管新闻报道了整个话语，但有些部分的真实性还需要向收受者加以特别的说明。一旦某一新闻是重大的、得到新的证据支持的新闻事实，就需要向人们重新公布。

我们知道，新闻中报道的新闻事实是什么，是通过采访实践发现、确立的。采访过程本质上是一种认识实践，因而我们也只有通过采访实践才能证明从先前的采访实践中获得的关于新闻事实的判断是否真实，这就是实践检验。由于作为检验的认识实践也是一种认识，因而它得到的关于新闻事实的新认识的真实性，也需要检验证实，由此可以看出，证实从原则上来说是一个过程，这也恰好说明了新闻真实只能是有限度的真实，只能是认识实践范围内的真实。"真的证实是对真的揭示，可能对也可能错，永远具有不确定性，任何一个观念或者命题都没办法百分之百的证实。"①列宁说过："实践标准实质上决不能**完全地**证实或驳倒人类的任何表象。这个标准也是这样的'不确定'，以便不让人的知识变成'绝对'。"②

在新闻活动中，记者采访未及的东西也许是事实的真相，而所及的也许只是假象或只是真相中并不重要的部分。如果作为检验证实的认识实践仍然未及事实真相，那新闻报道就只能停留在事实假象的层面或部分事实真相的部分，这种停留有可能是暂时的、短期的，也有可能是长久的、永远的，人们有可能永远得不到了解一定新闻事实真相的机会。因此，不能把新闻真实的证实性认识结果的正确性绝对化。

（二）新闻真实证实的实际环节

在任何一则新闻的诞生过程（由采访写作到编辑成稿）中，证实活动始终与其紧紧相伴。传播者在不断证明、检验自己获得的新闻信息的真实性、自己面对的稿件内容（陈述）的真实性。新闻诞生过程的"流水线"作业方式，形成了新闻真实性证实的不同环节。根据新闻生产的实际流程，我们将证实环节分为采写环节和编辑环节。在每个大的环节内部还有

---

① 郭继海. 真理符合论的困难及其解决 [M]. 北京：中国社会科学出版社，2003：112.
② 列宁. 列宁选集：第 2 卷 [M]. 3 版（修订版）. 北京：人民出版社，2012：103.

一些小的环节，并且各个环节之间都有着内在的紧密关系。

1. 采写环节的证实

新闻真实证实的主要过程，并不是发生在新闻刊播之后，而是在新闻（稿件）形成的过程（采访、写作、编辑）中。传播者只有在新闻刊播之前证实它的真实性，才能使传播真正成为真实新闻的传播。任何后在性的证实，都是"亡羊补牢"性的行为，是传播者不得已的行为，也是收受者并不期望发生的现象。

采写是新闻报道的起始环节（由于采访与写作通常是一体化的过程，并且大都由单一主体——记者——来完成，所以我们此处不再将二者分开讨论），因而新闻真实的证实也始于采写环节。在采写环节，新闻信息真实性职责性的、义务性的证实者，是记者，而不是别人。记者以外的人，在充当新闻源主体时，只对自己提供的信息的真实性承担一定的法律责任（如果涉及法律责任的话）和良心支配下的道义责任，并不承担新闻职业道德责任。因此，采写环节的真实性主要是由记者负责的，证实新闻信息的真实性是记者采写过程中的基本任务，也是最重要的职责之一。

采写环节的证实，是记者用自己对新闻事实的"亲知"来"明证"将要写入新闻稿件中的相关信息的过程[①]，是确立稿件内容事实根据的过程[②]。换句话说，记者对新闻事实的亲知，就是对新闻事实的一种"实知"，即通过对相关事实的实地或现场认知，或通过对知情者的直接了解

---

① 记者关于新闻事实所知的一切，都是通过他对新闻事实直接或间接的认识活动建构起来的，不管是直接的还是间接的，都是一种亲知，即亲自经历、亲自从事的新闻认知活动。如果是对新闻事实的现场采访，那就是一种直接性的亲知；如果是以"他知"为中介而获得对新闻事实的认知，那就是一种间接性的亲知，即通过对"他知"的亲知而达到对新闻事实的亲知。"明证就是知道所知与所是直接同一，即所知直接就是所是。"参见：刘永富. 胡塞尔现象学·海德格尔本是学引论：从所知学的角度重新解读胡塞尔和海德格尔 [M]. 西安：西北大学出版社，2000：56.

② 一些不被写入稿件的事实信息，同样需要进行证实。写入稿件的信息，不过是记者认为有新闻价值的信息，是可以反映新闻事实基本面目的信息。但在采访中，要想认知整个新闻事实的真相，对获取的各种信息的真实性都需要进行证实。

来确立"新闻事实是什么"的过程，这一过程就是记者不断获取相关证据的过程，在这一过程中，记者不断使自己相信自己获得的有关信息是有根据的。只有建立起将要构成稿件内容的事实根据，记者才能真正说服自己将要写出的新闻是真实的。"只有建立起根据才能是真实的、现实的、正当的，而真正的根据又最终只能通过明证来建立"①，而要获得明证，就必须亲知。因此，从根本上说，不管科学技术水平高到何种程度，亲知永远是记者最重要、最有效的采访方式，也是获得真实新闻信息的最佳途径。也正因为如此，采访环节的新闻真实证实是最关键的证实环节，是可信度最高的一种证实。

根据记者与新闻事实的时空关系，采访方式大致有三种：事前采访，即相关事实并未发生，记者通过各种渠道预先了解有关事实可能发生的各种信息；事中采访，即事实正在发生，记者也在事实发生过程中进行采访；事后采访，即事实的发生过程已经结束，记者随后进行采访，记者既有可能到新闻事实曾经发生过的现场去，也可能不去。在这三种采访方式中，由于新闻事件的不可预料性以及其他各种条件的客观限制，事后采访是常态的、主要的、大量的。

记者获取的新闻信息基本上可以分为两类：一是具有实际事实根据的信息，即信息所依赖的客观事实是曾在的或正在的，或者说，信息与信息包含的本源事实是同一的；二是纯粹的话语性信息，即记者所获得的信息，只是作为信息来源的人的话语，或有关文字、声音、图像等资料包含的信息，这些信息没有直接的、可见的客观事实根据。采访环节新闻真实证实的对象，主要就是记者获得的这两类信息。但能够成为记者有意证实的信息，主要是记者自己认为有价值的那部分信息。未被记者认识或发现

---

① 刘永富. 胡塞尔现象学·海德格尔本是学引论：从所知学的角度重新解读胡塞尔和海德格尔[M]. 西安：西北大学出版社，2000：113.

的任何信息，以及在记者的新闻价值评价中并不重要的信息，常常不会成为记者证实的主要对象。正是在这一意义上，人们说新闻是对发现了的事实的报道，新闻是记者认为的重要事实信息。从新闻真实论的角度说，新闻真实其实就是记者视野里的真实，这再次说明了新闻真实的有限性和局限性。只有全面的记者才有可能提供全面的真实，一个片面的记者，永远不可能向公众提供关于事实的全面景象。正如我们在第三章已经阐释过的，记者的认识能力、价值判断，在一定程度上，就是新闻真实的边界。收受者通过新闻报道了解到的事实真相，超不过记者的眼界，就像记者对一些新闻事实信息的把握，超不过新闻源主体所提供的信息界限一样。

在上述两类信息中，具有直接事实根据的信息的真实性在大多数情况下是自明的，无须一一证实。只有在特殊情况下，记者会根据直觉、经验以及一定的理性分析，对一些自己认为或感觉是假象事实的事实进行进一步的调查，去寻求事实背后的事实。在通常情况下，记者在采写环节的主要证实对象是纯粹的话语信息（可与第二章的相关论述结合起来，阅读此处的阐释）。采访过程，常常表现为记者用各种方式证实、证明新闻源主体话语真实性的过程。

从总体上说，记者作为一定新闻媒体的工作者，有义务交代新闻的来源，这是确保收受者信任媒体、相信新闻真实性的重要条件。消息来源是帮助收受者判断新闻准确性、真实性、可信度的重要依据。标明消息来源对于维护新闻的真实性有着特别的意义，"无论一家新闻单位是一个鼓吹者还是一个共同载体，它都应该确定事实、意见和论据的来源，以使读者和听众对它们做出判断。""当不能明确交代新闻来源的时候，就不要指望受众相信你报道的新闻。这种没有来源的'新闻'至多只是传闻。"[①] 一

---

① 高钢. 新闻写作精要 [M]. 北京：首都经济贸易大学出版社，2005：73.

般来讲，依赖于直接可见的感性事实的新闻信息是比较可靠的，人们也易于相信；而仅仅依赖于新闻源主体话语的新闻信息是不太可靠的，人们的疑问会大一些。因此，记者需要证实的主要对象应该是新闻源主体提供的话语性的新闻信息。

新闻源主体（本质上就是作为主体或人的新闻信息来源）的权威性、公信力、知名度是不一样的。对于记者来说，当然要尽可能诉求于权威性的源主体，但也不能迷信权威（参见前文相关论述）。有些党团组织、政府机构、企业单位、社会团体和专家学者、公众人物向媒体和记者提供的文件和资料（更不要说新闻稿件）以及所说的话语的真实性也是可疑的。因此，尽管新闻来源的可信度、权威性、知名度是有差别的，但对记者来说，必须对所有新闻源主体提供的信息都坚持证实、证明的原则，都进行验证。如果说真实是新闻的生命，我们就可以说，证实原则是真实的生命。离开证实、证明环节，新闻信息的真实性也就失去了最为根本的保证。因此，对记者来说，采访、获取信息是前提，证实、证明是根本。

有人说过这样的话："新闻内容是记者与信息来源之间磨合（negotiation）的结果。"① 但"磨合"不是合谋制造虚假信息，也不是要记者在真实问题上向新闻源主体做出让步。磨合的过程是确证新闻信息真实性的过程，是让新闻源主体坦诚告知事实真相的过程，这里需要耐心、敏感、知识、智慧和勇气，需要对新闻源主体心理的把握和对自己心理的驾驭。新闻记者不要忘记这样的名言警句："新闻记者是正直诚实的人，他信奉事实……不承认未经证实的断言。"② 记者的采访不能停留在新闻源主体提供的话语信息的层面上，而要透过话语寻求事实证据，"记者好像是一个

---

① 埃尔德里奇.获取信息：新闻、真相和权力 [M].张威，邓天颖，主译.北京：新华出版社，2004：157.

② 曼切尔.新闻报道与写作 [M].艾丰，张争，明安香，等译.北京：中国广播电视出版社，1981：144.

勘探者，他要挖掘、钻探事实真相这个矿藏，没有人会满意那些表面的材料……只要有可能，记者就应该坚持挖到底，直到新闻的矿藏——事实真相——被挖出来为止"①。日本的两位报人说得更加生动形象："真实，不像罩在玻璃罩里那样容易观察，一目了然。真实，仿佛隐藏在砖墙后面，难以捉住它，不能天真地认为，只要转一转，就可以了解到事实的真相。真正进入到大墙里面去是不容易的。尽管如此，只要来到大墙旁边，就能从墙缝往里看一看，就能听到墙里的响动和人们的谈话声。恐怕只有这样辛勤地工作，才能接近真实。只在记者俱乐部的角落里恭候，真实早已逃之夭夭了。"② 如果停留在话语层面上，新闻就很可能成为传闻，成为有闻必录的牺牲品。中国新闻学的开山祖徐宝璜先生八九十年前就已指出："'报纸有闻必录'，此吾国报纸之一极普通之口头禅，且常引为护身符者也，其实绝无意义。因若信一二人之传说，而不详加调查，证其确否，径视为事实而登载之，将致常以讹传讹之消息，且有时于不知不觉成为他人播谣之机械，此亦为以假乱真，又呜呼可?"③

对话语性新闻信息的证明、证实，需要做的是具体的验证工作。"验证的核心技巧是：用事实与你所引用的消息来源的说法去做比较。事实是你的全部依靠，而人们的说法只提供催促你去验证的契机。"④ 列宁说："要揭露谎言，就必须查找**确凿的**事实，对这些事实进行核对。"⑤ 然而，验证的难度不在于有事实根据的信息，而在于当下难以找到事实根据的信息。也就是说，并不是所有的信息都能得到事实性的证实证明。对一些

---

① 曼切尔. 新闻报道与写作［M］. 艾丰，张争，明安香，等译. 北京：中国广播电视出版社，1981：144.

② 蒋亚平，官健文，林荣强. 新闻失实论：上册［M］. 北京：中国新闻出版社，1986：141.

③ 徐宝璜. 新闻学［M］. 北京：中国人民大学出版社，1994：10.

④ 高钢. 新闻写作精要［M］. 北京：首都经济贸易大学出版社，2005：78.

⑤ 列宁. 列宁全集：第23卷［M］. 2版（增订版）. 北京：人民出版社，2017：102.

"话语信息"来说，记者可能只能证明某个人、某个机构说过这样那样的话语，但并不能证实他们所说的话语本身是否真实（参阅第二章的相关论述）、是否有客观事实根据。因此，对于纯粹的话语信息，特别是那些可能引起社会波动、影响公众利益的话语信息，可能引发各种法律纠纷的话语信息（这些信息有着充足的新闻价值），媒体和记者都需要格外小心。高钢先生在他的《新闻写作精要》中说："当遇到不可验证的消息时，新闻记者需要坚持的做法就是全面展示与新闻事件相关的各方，特别是相互对立的各方对新闻事件所持的看法，从而保证报道的客观性，让民众了解新闻事件的矛盾、冲突、对抗、争议，从而对新闻事件的复杂性有充分的认识。"① 因此，对于话语信息来说，媒体和记者的通常做法是为公众提供多源观点或意见，通过"报刊的有机运动"方式揭示事实的真相。

2. 编辑环节的证实

在宏观编辑理念中②，编辑工作贯穿于新闻传播的整个过程，在不同的传播层面、编辑环节有不同的编辑工作对象，不同的编辑担当着不同的具体任务。而在所有编辑中，微观层面的稿件编辑（相对策划编辑、版面编辑等而言）承担着最基本也可以说是最重要的编辑工作。稿件编辑直接面对稿件，工作就叫"编稿"，即"分析与选择稿件、修改稿件和制作标题"③。在编稿过程中，贯穿始终的一个重要工作、核心任务是"订正事实"④。"订正

---

① 高钢.新闻写作精要［M］.北京：首都经济贸易大学出版社，2005：78.

② 新闻编辑学的范畴包括宏观编辑业务和微观编辑业务两大块。所谓"宏观编辑业务"，是相对于编稿、组版、节目制作这些"微观编辑业务"而言的，它是在微观编辑业务开始前，新闻编辑对媒体的定位、对媒体产品中新闻单元（指报纸的新闻版及新闻性专版专刊、广播电视的新闻频道及新闻性栏目、网络媒体中的新闻网页等）的总体设计、对新闻采编机构和采编流程的设置、对新闻报道活动的设计和组织等，这些工作统称为"新闻传播的策划与组织"（蔡雯.新闻传播的策划与组织［M］.北京：新华出版社，2001：17.）。对宏观编辑理念，人们还有一些不同的看法，比如认为它泛化了新闻编辑的概念，统摄了一些并不属于编辑范围的对象。

③ 郑兴东，陈仁风，蔡雯.报纸编辑学教程［M］.北京：中国人民大学出版社，2001：5.

④ 同③80.事实上，其他类型的编辑，也承担着订正事实，即证明事实真实性的职责。

事实"，也就是我们所说的要证实、证明新闻稿件内容的真实性和准确性。美国新闻史上著名的专栏作家李普曼，在极为广阔的视野里，从社会民主建设的层面上（关于新闻真实的意义问题，我们将在本书的最后一章进行专门的系统论述），对编辑选择和订正新闻事实的重要性做出了阐释，他说："每日新闻到达报社办公室时是一种不能相信的事实、宣扬、谣言、怀疑、线索、希望与担心的混合物，在一个民主社会，选择与订正新闻是真正神奇与庄严的工作之一。"①

稿件编辑发现事实差错、证实稿件内容真实性及其他差错的途径、方法多种多样，按照我国学者的总结概括，主要包括分析法、核对法和调查法。"分析法就是通过对稿件所叙述的事实和叙述方法、写作条件等的逻辑分析，发现其中的破绽和疑点，从而判断稿件所叙述的事实哪些是不可靠的，或者是值得怀疑的。"核对法则是通过把新闻稿件中的相关内容"与权威资料对照来发现和纠正稿件事实方面的差错"的方法。调查法"就是对稿件中所叙述的事实，通过直接的、现场的观察和了解来检查它的真实性和准确性"②。对编辑来说，根据工作实际，分析法和核对法几乎是每稿必用的方法，只有对那些通过分析与核对无法确证的真实性问题才会采取调查的方法。即使调查，通常也是通过相关记者、通讯员等来进行。③ 因而从总的原则上可以说，编辑是通过对这几种方法的共用或有机结合来纠正稿件错误、判定事实真假的。但我以为，最富有编辑环节特色的基本方法是分析法，因此在下面，我主要围绕这一方法，对编辑如何证

---

① 门彻. 新闻报道与写作：第9版 [M]. 展江，主译. 北京：华夏出版社，2003：67.

② 关于这些方法的系统阐释，请参见：郑兴东，陈仁风，蔡雯. 报纸编辑学教程 [M]. 北京：中国人民大学出版社，2001：85-89.

③ 但这里需要注意，编辑不能只找新闻的作者去核对有关的事实，因为作者一般都觉得自己是不会出错的。编辑在核对有关事实时，应尽量找到事实的知情者，至少让新闻作者提供知情者，编辑再通过其他方式进行核对，以防一些作者特别是一些党政部门、企业单位的宣传人员故意造假。

实稿件的真实性进行比较详细的阐释。

就新闻编辑而言，面对的证实（订正）对象在整体上表现为一篇篇具体的新闻稿件。按照新闻写作的基本要求，每一篇新闻稿件都应该是由一组陈述句构成的文本，每一个陈述句都在述说一定的事实单元（要素、细节、片段、事项及其相互关系），形成相应的信息单元，因而每一个句子都有真假问题，都有与其描述、再现的对象是否符合的问题。因此，如果在新闻稿件中发现存在大量的无真假的句子，或者无法判断是真是假的句子，这则新闻的真实性就大可怀疑。[①] 显然，新闻编辑在检验证实新闻稿件所述内容的真实性、准确性时，首先要做的是排除、删去那些非陈述句的句子，或者说对事实无所陈述的句子[②]，然后再对对事实有所陈述的句子的真实性、准确性进行证实检验。

从叙事学（也有人称为叙述学）的角度看，新闻作品是典型的叙事性的文本。[③] 记者在记述、再现一件新闻事实时，总要运用大量的语句来建构新闻文本（作品）。[④] 每条新闻都由一系列的语句（主要是陈述句）构成，这些语句形成一个个相对独立、相互关联的信息单元，共同反映一件

---

① 在新闻写作实际中，应该坚持以新闻观念来写新闻，以新闻的方式来写新闻，以新闻的语言来写新闻。但我们一再发现，一些新闻的写作不是这样。表现在具体的语言形式上，就是在新闻稿件中包含着非新闻的语言。比如，"近几年来（几月来、几日来等）""在某某组织的领导下""在某某精神、思想的鼓舞下"……这些语言作为新闻语言的真实性是无法证实、证伪的，因而，可以说是一些典型的新闻垃圾语言，不仅影响了新闻的可读性，也影响了新闻的真实性，更为严重的是，影响了媒体的公信力和社会影响力，使新闻的真实性难以得到真正的实现。

② 澳大利亚出版的《新闻实践指南》中写道："如果编辑对一篇稿件、一个词、一段话有所怀疑，他就应当核对。如果无法核对，就应当删去它。'没有把握就不用'，这句格言，对于编辑和记者同样适用。"蒋亚平，官健文，林荣强．新闻失实论：上册［M］．北京：中国新闻出版社，1986：356.

③ "按照一般的解释，叙事就是对一个或一个以上真实或虚构事件的叙述。"（罗钢．叙事学导论［M］．昆明：云南人民出版社，1994：引言2.）新闻作品，显然是对真的新闻事件、事实的叙述，是典型的叙事文本。

④ 包括以画面、图像符号为特征的电视新闻，也要以一定的语言叙述来再现新闻事实，离开一定的叙述语言，纯粹的图像是难以让人准确理解新闻事实的。可参阅：杨保军．新闻事实论［M］．北京：新华出版社，2001：105-106. 黄匡宇．电视新闻语言学［M］．北京：中国广播电视出版社，2000.

新闻事实的状态。因此，新闻证实的直接对象，就是构成新闻的一系列语句及由一系列语句构成的文本整体。① 而就语句功能而言，语句可以分为不同的类型（即句型），有些类型的句子有真假，有些类型的句子无真假。新闻是对新闻事实的反映，最基本、最直接的目的在于提供事实信息。新闻传播真实性的内在诉求，要求新闻文本（作品）里的语句类型必须是有真假的，不然就无法判断新闻的真实性。因此，新闻报道一般不用疑问句、祈使句、感叹句和称呼句，因为这些类型的句子通常不涉及真假问题。② 如上所说，新闻报道运用的主要语句是陈述句，这是因为"陈述句对现实有所述说，报道信息"③。其他句子是在整体的叙事结构中被使用的，是起叙事作用的，因而在新闻文本的整体语境中也是有真假的。单独的非陈述语句，很难对实际的事实做出描述。

如上所言，新闻真实证实的直接对象是存在于新闻作品（文本）中的事实判断句。证实的过程就是看构成新闻文本的每一事实判断句是否有客观的事实根据，由每一事实判断句形成的文本整体是否再现了客观事实的整体面貌。如果每一事实判断句都有具体的事实根据，并与事实的要素、片段、事项相符合，如果由每一事实判断句形成的整体文本准确反映了事

---

① 我们也可以直接借用叙事学的方式，对新闻文本（作品）进行描述。"话语是一句一句叙述出来的，从第一句开始，到最后一句结尾，中间有一个话语线索牵引着，使它从头至尾形成一个整体。"（董小英. 叙述学 [M]. 北京：社会科学文献出版社，2001：276.）"叙述文本中的每一句话语，都是整个文本中有机的组成部分，每一句话语就像一块彩色的瓷砖，每一块上面的色彩不同，我们一块一块地画，画到最后却发现，所有的瓷砖组合在一起形成了一个带有整体图案的大的构图。这就是语句与文本所述的形象的关系。"（董小英. 叙述学 [M]. 北京：社会科学文献出版社，2001：85.）

② "疑问句的作用在于提问，它本身无所肯定，也无所否定，所以没有真假的问题。而祈使句的作用是要求听话人做某事，称呼句的作用是引起听话人注意，所以这两类语句都不对现实直接进行肯定或否定，它们也不直接涉及真假问题。感叹句虽然也报道信息，但它的主要功能是表达感情，因而一般不考虑它的真假问题。"（弓肇祥. 真理理论：对西方真理理论历史地批判地考察 [M]. 北京：社会科学文献出版社，1999：16.）注意，这些类型的句子可以运用在叙述事实的过程中，构成整体叙述的有机构成语句，这时它们当然是有真假的。

③ 弓肇祥. 真理理论：对西方真理理论历史地批判地考察 [M]. 北京：社会科学文献出版社，1999：16.

实的完整面貌，这时就可以说，某一新闻是真实的。

五、证实新闻真实的难度

新闻传播有自身的特点，新闻作品有自身的特色，新闻真实有自身的个性，因而新闻真实的证实，与一般自然科学、社会科学认识正确性、真理性的检验证实相比，虽然在有关原理、原则上具有相同点或相似性，但一定会有各自的特征，在证实过程中，一定会有一些独有的难度。认识、理解新闻真实证实中的难点，对于提高新闻的真实度、实现真实传播具有重要的意义。

还需要说明的一点是，下面关于新闻真实证实难度的讨论，只是从新闻真实证实活动的内部考虑，不涉及传播环境（在证实活动中也可以称为证实环境）对证实活动的干扰和影响。因为我们在讨论新闻真实的实现问题时，已经比较系统地探讨过环境因素对新闻真实实现的影响作用。另外，在讨论新闻真实证实的难度时，我们假设传播者具备证实新闻的基本能力和品质[①]，也就是说，这里我们不专门考虑证实者——传播者——对新闻真实证实的限制。我们关注的主要是相对传播者证实活动而存在的一些对证实活动形成限制或障碍的客观因素。我们把这种客观的限制和障碍称为证实新闻真实的难度。

（一）新闻源主体的有意遮蔽

新闻记者常常被称为专职的社会调查者，采访就是他们的调查手段。采访是与事实打交道的过程。所谓与事实打交道，包括两个主要方面：一

---

① 关于传播者对新闻真实实现的影响，我们在"新闻真实的实现（下）"一章中已经做过比较详细的论述。

是对人之外的物的观察和研究；二是对新闻事实当事人、目击者、知情者的采访。根据实际经验，获取新闻信息、证实新闻信息的关键在于处理好新闻主体与新闻源主体的关系。说通俗点，就是处理记者与新闻事件的参与者、知情者和目击者的关系。从总体上说，记者获得的信息总是超不出新闻源主体所知的范围①，超不出新闻源主体愿意告知的信息范围。记者的优势在于他可以获取不同信源对同一事实的所知，从而使自己超越任何一个单一的新闻源主体对事实的所知范围。这正是职业所赋予的一种权利和优势。

我们这里所说的新闻源主体，是指新闻信息资源的拥有者，即了解、掌握一定新闻事实真情实况的人。这种"人"可以是个体、群体，也可以是一定的组织机构。就实际情况而言，新闻源主体可以粗略地分为组织主体和非组织主体。组织主体主要包括政府组织、政党组织、企业组织和其他民间组织；非组织主体主要指以个体形式存在的主体。② 组织主体拥有的新闻信息，一般也是通过组织成员中一些个体在形式上直接占有的方式与外界进行交往的。比如，各个组织一般都有自己的新闻发言人或类似新闻发言人的角色。记者在采访过程中，尽管获取的信息属一定的组织占有，但面对的是实实在在的个人，而非整个组织。因此，作为记者，在获取、证实有关新闻信息时，需要直接处理的是与一些信息拥有者的关系。

从应然的角度讲，不管是一定的组织还是个人，如果其拥有的新闻信

---

① 这里所说的新闻源主体，是指关涉一个新闻事件的所有新闻源主体，而非某一个新闻源主体，因为对同一事件甚至是同一事实要素、片段、部分会有多个新闻源主体，这也正是记者可以展开互证的基础。当然，对有些新闻事件或某些事件的具体事实单元来说，新闻源主体可能是唯一的，这时，新闻源主体的作用对于记者来说，就显得更加重要。

② 关于新闻源主体的构成情况，我们将在本项目"理论新闻学系列专论研究"的子课题"新闻活动主体论"中详细探讨。

息与社会公共利益相关（是否相关，在实践上必须通过一定的法律法规进行界定），并且不属于国家法律禁止公开传播的信息，那么，任何组织和个人都有向媒体告知（准确地讲是向社会告知）新闻信息的义务，而不能以"无可奉告"的方式拒绝记者的采访。由公民通过一定法律程序授权的社会组织，则必须向社会真实告知与公共利益相关的信息。信息公开是保障公民知情权的基础。所谓信息公开，并不是要公民公开所拥有的与社会公共利益无关或没有什么重要关系的私人信息，而是指有关社会组织，特别是政府组织、执政的政党组织要向社会及时公布公共信息，以及个人拥有的与公共利益相关的信息。

在常态的新闻采访活动中，新闻源主体对记者来说，总是特别的重要。记者能否获得新闻信息，能否获得真实、全面的新闻信息，主要依赖于新闻源主体的告知。"在记者和信息源之间有一种天然的交换关系。而且，对那些记者本身无法亲自观察的新闻事件，或新闻事件本身很复杂很专业化时，记者对信息源的依赖程度就很高，并为此承担职业风险。"[①]因此，证实、证明新闻源主体提供的信息的真实性，识破其对真实信息的有意遮蔽，对媒体或记者提出了很高的要求。对一些不得已的暗访方法的使用，往往就是迫于这样的情景。从客观结果上说，新闻源主体对真实信息的有意遮蔽或故意歪曲，是记者获取真实信息和证实新闻信息的难度之一。并且，这种难度将伴随新闻传播的存在而存在，伴随新闻职业的存在而存在。新闻传播者与新闻源主体之间的矛盾，是新闻传播活动中的基本矛盾之一，也是整个新闻传播活动中首先要处理的矛盾。这对矛盾的解决水平在一定意义上直接影响和决定着媒体新闻报道的真实程度和整体质量。

---

① 陈卫星. 传播的观念 [M]. 北京：人民出版社，2004：203.

新闻源主体遮蔽事实真相、歪曲事实本来面目的具体动机可能多种多样，但新闻源主体遮蔽、掩盖真实信息，总的来说是基于对自己各种利益的考虑。一些别有用心的新闻源主体会故意说谎、造假，迷惑传播者。传播者一旦不能及时识破新闻源主体说的假话、制造的假象，虚假新闻就有可能传布天下。新闻源主体构建假象的手段从大的方面看可以归为两种：一是掩饰。掩饰的要害是把"有"的东西隐蔽、遮盖起来，目的在于不让人发现或看到事实的真实面目。掩饰所用的"遮盖物"就是假象，因为由此"遮盖物"分析不出被遮盖的东西，分析出的应该有的某个本质实际上却不存在。二是假装。假装就是把"没有"的东西装扮成"有"，目的在于误导人们形成错觉，把背后没有的东西推想为有。假装出来的现象自然也是假象。

新闻源主体如果觉得将事实真相毫无遮蔽地告知媒体、记者，告知社会公众，可能会给自己的一些利益带来损害，或者带来一些不必要的麻烦，就会遮蔽一些他们认为不能告知记者的信息。在接受采访时，不少新闻源主体会根据自己的判断过滤有关的新闻信息。只有那些在新闻源主体看来不会损害自身利益的信息，才会透过他们的信息网眼流到记者那里。新闻实践一再告诉人们，如果记者以第一手资料，也就是自己通过直接观察获得的信息为根据进行报道，失实的危险性是存在的，但必定是比较低的；如果记者获得的有关新闻事实的信息，是经过其他新闻源主体过滤的，那就要格外小心，因为经过过滤的信息，变形失真的可能性就比较大。并且，过滤的环节越多，失真的可能性就越大。因此，记者对获得的任何间接性的新闻信息，都要采取一定的方法加以核实，尽量提高新闻的可靠性。对于任何经过过滤的信息，都要力求以溯源的方式加以证实。如果各种条件制约记者无法在截稿时间内证实，那就至少在写作技巧上要十分清楚地交代间接信息的来源，即说明新闻信息的提供者是谁。只有这样，才能增加新闻的可信度，新闻收受者也才有机会根据记者提供的新闻源的权威性、可信度，决定自己是否相信某条新闻。

在记者需要专门证实某些信息的采访中，新闻源主体往往会变得更加谨慎小心，对有关信息的准确性、真实性更是闪烁其词、遮遮掩掩。一些极度敏感的组织性的新闻源主体，甚至会预先做好各种各样"迎接"记者采访的准备，让记者看到的、听到的一律变成新闻源主体想让记者看到的和听到的。这无疑给记者全面真实把握有关事实的本来面目带来极大的困难。对那些越是新闻价值高的事情，越是涉及社会公共利益的事情，越是矛盾重重的事情，越是撞击到社会丑恶、腐败的事情，采访的难度越大，证实的难度也越大。记得美国著名新闻人普利策说过这样的话：没有一桩罪行、没有一次逃税、没有一个诡计、没有一起诈骗不是靠秘而不宣才得以存活的。秘而不宣者正是事实信息的拥有者。这些拥有者总是千方百计掩盖事实信息，更不可能主动告诉记者有关的信息。即使在万不得已的情况下，这类新闻源主体也会绞尽脑汁、想尽办法来遮蔽、歪曲事实的本来面目，会以捏造、撒谎的伎俩欺骗媒体和记者。这时，记者与新闻源主体之间实质上在进行着一场"信息大战"。一方在挖掘信息，证实信息，另一方则在掩盖信息，扰乱视线。识破新闻源主体对有关信息的遮蔽，永远是记者的一项艰巨任务。

由上面的论述可以清楚地看到，媒体、记者是否能够获得真实的、全面的事实信息，是否能够证实已经获得的信息，在相当程度上取决于新闻源主体是否真诚（当然还取决于其他一些必要的条件），即是否具有讲真话、告实情的道德品质。由此可以进一步看出，新闻真实实现的程度，正如我们在前面分析虚假新闻产生的社会原因时指出的那样，确实取决于整个社会大环境的道德质量，取决于整个社会诚信的程度，取决于整个社会风气的良恶好坏，取决于人们基本的道德素养。新闻源主体说到底其实就是所有的社会成员，以及由社会成员组成的各种群体。一个国家、一个民族能够为整个世界、整个人类提供怎样的新闻，能够给自己的历史和世界的历史留下怎样的基本材料，从宏观上看，最主要的决定因素已经不是这个国家、民族拥有怎样的新闻职业队伍，而是这个国家拥有什么样的国民，拥有什么样的社会制度和新闻制度。

（二）新闻传播固有特性的限制

新闻传播作为一种传播新闻信息的活动，从内容到形式都有许多固有的特点和属性。比如在内容上追求真实和新鲜，在传播方式上追求快速和公开。但在新闻传播所有固有特性中，传播内容的新鲜性，特别是传播方式的及时性要求，对新闻真实以及新闻真实的证实影响最大。而且，内容的新鲜性和传播方式的及时性紧密相关。因此，我们着重从这两个方面讨论新闻真实证实的固有难度。

首先，追求内容的新鲜性、新奇性，是新闻传播内在的、必然性的要求。新闻传播特别关注各种各样的新现象、新发现、新观念、新人物。新事物容易引起人们的关注，对人们的认识能力也有新的要求。比如，一些新的科技发明创造，新的考古发现，一些新的、可能造成广泛社会影响的观点、看法（有可能作为纯粹话语新闻的对象），等等，是否真正具有新鲜的内容，具有新闻报道价值，并不那么容易判断和识别。正如我们已经指出过的那样，有时记者看到的、听到的，并不一定就是真实的。作为记者，不能仅以"眼见为实"或"有闻必录"的方式，将看到的、听到的新事物都作为新闻事实来报道，而需要证实它们的真实性。

证实，自然需要专门的知识和经验、一定的途径和手段。因此，新闻事实的新，时时刻刻都对记者提出了新的要求，也给新闻真实的证实增加了难度。一些新闻事实，其内容到底是"真新"还是"假新"，其实是记者工作经常面对的难题，对记者的判断力提出了考验。一些事实现象的真实性，一些信息的真实性，仅仅凭借以往的知识、经验是无法证实的。记者总是与新事物打交道，这也许正是快乐的源泉、新闻职业的魅力，但同时也是记者时时刻刻面临的挑战。不少记者就是因为被一些新的假象迷惑，被一些人所谓的新发现、新发明迷惑，才报道了假新闻、失实新闻。一方面是缺乏怀疑精神、严谨的职业作风，另一方面则可能是缺乏证实的能力。总而言之，内容的新鲜性，在事实上给记者、编辑的新闻真实证实工作带来了特有的难度。

其次，传播方式上的及时快速，是新闻证实遇到的最大困难。许多新闻的失实往往是由于时间紧迫造成的。对任何事实要素、片段、事项的证实，特别是对它们之间关系的证实，对事实内容到底是"真新"还是"假新"的证实，都需要或长或短的时间。没有时间的基本保障，即使记者有证明证实的能力、途径和方法，一些事实的真实性也是难以得到证明证实的。这时，媒体和记者不得不承担新闻可能虚假失实的风险。对个别新闻事实的报道，有时不能等到证实，这是媒体、记者面临的真正困境。新闻工作在真实问题上有时确实需要冒险，但这种冒险不能盲目，因为真实是新闻的第一生命，如果没有了真实，其他一切就失去了谈论的基础。正因为这样，一些媒体坚持一条原则：没有得到证实的新闻信息，一律不予刊播报道。

恩格斯在1889年写给朋友的一封信中曾经讲过这样一段话，他说："新闻事业，特别是对于我们这些天性不那么灵活的德国人（因此犹太人在这方面也'胜过'我们）来说，是一个非常有益的学校，通过这个工作，你会在各方面变得更加机智，会更好地了解和估计自己的力量，更主要的是会习惯于在一定期限内做一定的工作。但是，从另一方面看，新闻事业使人浮光掠影，因为时间不足，就会习惯于匆忙地解决那些自己都知道还没有完全掌握的问题。"① 可见，新闻工作的优势、劣势都与时间紧密相关。就真实的证实而言，时间上的及时要求当然是增加了证实的难度，这是固有的难度，新闻工作者只能努力降低，但不可能完全克服。诚如有学者指出的那样，"弱点往往是先天造成的一种自然的短处，因而常常难以完全避免。但是，弱点又并非完全不可改变。先天的东西，通过后天的努力也是可以弥补的。只不过需要付出更大的努力和代价"②。

但我们同时必须指出，对于当代新闻传播水平来说，几乎每条新闻的刊播都有严格的时间限制（截稿时间），时间成为新闻的"第二生命"（真实是新闻的第一生命）。这不仅是因为只有时间上的及时才能保证新闻内容的新鲜，还因为，正如我们在前面（参阅第三章关于新闻真实及时性特点的论述）所说，只有及时才能产生和发挥新闻真实的影响力，及时的真实正是新闻真实的力量所在、优势所在，是它与其他真实性的重要区别之一。而且，有时正是因为及时，才使新闻变得真实可信。正是新闻报道及时地、实时地将事实的瞬间场面展现在人们的面前，它才变成了永恒真实的瞬间。有时，只有在事实正在发生的时候对事实进行报道，人们才会相信事实的真实，事后的追忆、追记不仅使新闻失去了新的魅力，也使人们对新闻的真实产生怀疑。因此，及时并不总是对新闻的真实具有负面的影响，对于新闻传播来说，及时带来的正面作用更大一些。个别新闻因及时报道而失去对真实的充分保证，可能是新闻传播在真实问题上不可不付出的代价。因此，如果传播者确实是在以职业的新闻理念报道新闻，维护新闻的真实性，那么我想，随着人们新闻素养的普遍提高、对新闻传播特点的理解和把握，他们对因为时间的特殊要求所造成的个别失实现象，是能够宽容和理解的，是会给新闻工作者留下更正余地的。当然，新闻工作者

① 马克思，恩格斯. 马克思恩格斯全集：第 37 卷. 北京：人民出版社，1971：318-319.
② 项德生，郑保卫. 新闻学概论 [M]. 武汉：武汉大学出版社，2000：348.

自己不能把这当成新闻失实的借口。职业新闻工作者的目标永远是真实报道事实，正确报道事实。万一出现失实，要尽快更正错误。

最后，由于新闻采访大都是事后采访，一些事件的现实场景已经消失，一些事实甚至毫无痕迹，要知道新闻事实的面目到底是什么，只能依赖一些材料，依赖一些人的回忆，依赖对一些人的访谈。对于记者来说，他人提供的事物资料、文字材料，只有得到相应的实际事实支持，也就是只有得到明证，才能作为令人相信的新闻信息写入新闻稿件之中。如果得不到事实的支持，其可靠性是值得怀疑的。但更为困难的是，记者或其他人尽管可以怀疑，有时却无法消除怀疑。这才是记者面临的困境。

当材料的可靠性、回忆的可靠性受到怀疑，新闻的真实性就会受到怀疑，但这在实际中确实是难以避免的。这里，我们以事后访谈为例，加以简要的说明。

访谈（不管是对当事人，还是对旁观者或其他什么角色的人）的实质是记者请他人通过回忆的方式来再现新闻事实的真实面目。然而建立在记忆基础上的回忆往往会"漏洞百出"，并不完全可靠。"回忆虽然是一种对于真实存在过的事物的记录，但是由于事物已经消失，回忆本身就是一种幻觉"[1]，这种幻觉尽管不是纯粹的幻觉[2]，但与现场的直接感觉、直觉不能等同，它是经过记忆者理性意识、非理性意识自觉不自觉"加工"的产物，偏离甚至背离事实本来面目的情况是难以避免的。因此，任何一个具有专业素养、职业精神的记者，对访谈得来的信息的真实性都要持有怀疑的态度，不可想当然地信以为真，而要努力得到几个（至少两个）信源的证实。当一条信息得不到两个以上信源的证实时，也许它本身是真实的，

---

[1] 董小英. 叙述学 [M]. 北京：社会科学文献出版社，2001：26.
[2] 纯粹的幻觉是对根本没有存在过的事物的一种形象和声音感觉。参阅：董小英. 叙述学 [M]. 北京：社会科学文献出版社，2001：26.

但它的可信度是比较低的。即使是多个信源共同证实的信息，有时也难以确证，因为一则信息是否真实的唯一标准，是事实本身，而非多数人的意见。因而，一旦事实消亡，那么关于它的真实报道，原则上一定是有限的，能够证实的程度也是有限的。不要把新闻真实神圣化、绝对化，它永远是人们主观认识范围、价值观念、传播环境影响下的真实。

第七章　新闻真实的意义

不靠真理吃饭，你的事业就靠不住。如果你的事业建筑在人民利益与真理上面，那才是可靠的。

——刘少奇

一切新闻的主要要素是真实。如果一条新闻并不道地的真实的话，刊登这条新闻的报纸也就和这个荒谬的报道一样的荒谬。

——约斯特

俗话说：你不知道的事不会伤害你。这根本是胡说八道，因为事实恰恰相反，你不知道的事正是为害最甚的事，它剥夺了你面对事实的机会。

——阿普尔比

世上最为宝贵的是生命，而真实就被看作新闻的生命。真实对于新闻传播的重要性不言自明，对新闻媒体生存与发展的必要性也显而易见。但这些只是新闻真实的"系统内"价值。新闻传播一旦实现真实传播，新闻一旦成为真实的新闻，它对新闻传播面对的现实世界，对人们的正常生存与发展，对社会的正常运转与进步，对历史的描述与记忆，就都有着巨大的"系统外"意义。[①] 本章我们将从内外两个基本向度上简要分析新闻真实的意义。正因为新闻真实具有内外双重价值和意义，我们关于新闻真实的讨论本身才是有意义的。我把"新闻真实的意义"作为本书的最后一章，目的就在于让读者对新闻真实的意义，进而对新闻真实论本身的意义有一个更加充分的认识。

一、新闻媒体的生存发展之本

始终如一地向社会、向公众传播真实新闻、真实信息，是新闻传播媒体自身得以顺利生存和发展的基本条件。真实，不仅是新闻的生命，也是传播新闻的媒体的生命、新闻工作者的生命。一家媒体，如果没有了或淡化了"真实意识"，也就意味着它不在乎自己的性命，不在乎自己的生存发展之本。

（一）真实——新闻媒介的立身之本

在我们所处的大众传播时代中，存在着不同的媒体和媒介，发挥着不同的功能与作用。那么，新闻媒介到底是一种什么样的媒介？它的特质是什么？它具有什么样的传播内容和传播方式？它的传播内容与传播方式具有什么样的特点？即到底什么是新闻媒介的立身之本？这里，我们主要从新闻媒介传播的内容方面阐释这些问题，从而说明真实对于整个新闻媒介的重要性。

---

① "系统内"指新闻业自身，"系统外"指相对新闻业子系统而存在的社会环境。

关于什么是新闻媒介的特质，我在《新闻理论教程》中写过这样一段总结性的话："当我们将一种媒介定义为新闻传播媒介时，其基本根据是：第一，从传播者角度说，必须以传播、评述新闻事实信息为媒介的基本使命。第二，就媒介本身所承载的内容而言，新闻在质与量的统一性上必须占据所有传播内容的核心地位。第三，从收受者角度说，对媒介的信息诉求或心理期待主要是新闻事实信息和相关的评论，而非其他内容。这三条的核心是说，新闻媒介必须以负载新闻信息符号作为自己的立身之本，即传播新闻是它的核心要务。"① 因此，简明扼要地说，新闻媒介的特质，即它的内在规定性，就是以报道新闻作为第一任务。它的内容就是新闻。新闻是新闻媒介的立身之本。明白这一人们已经非常熟悉的道理，是我们理解真实是新闻媒介立身之本的前提。

作为传播内容的新闻具有什么样的特性？对此，人们早已做出了具有高度共识性的回答：真实、新鲜、重要、显著、接近、有趣等。一则新闻，如果具备所有这些属性，在内容上就一定是一则高质量的、对收受者充满吸引力的新闻。但在所有这些特性之中，唯有真实性是不可替代的。在具备真实性的前提下，再具备任何其他一个特性，相应的信息都可以被看作新闻；而当其他属性都具备，唯独不能确定真实性时，一则信息或一条"新闻"的新闻地位就会令人怀疑。因此，与其他特性相比，真实性在客观上、逻辑上是更根本的特性。也就是说，新闻内容最根本的特性首先是真实，因而，从传播内容角度看，真实是新闻能够成为新闻的第一根据，真实性是新闻媒介的立身之本，是新闻传播媒体能够生存发展的基本条件。其实，早在八九十年前，美国学者约斯特在他的《新闻学原理》中就已写道："一切新闻的主要要素是真实。如果一条新闻并不道地的真实

---

① 杨保军. 新闻理论教程［M］. 北京：中国人民大学出版社，2005：201-202.

的话，刊登这条新闻的报纸也就和这个荒谬的报道一样的荒谬。""如果真实是真正新闻的试金石，如果新闻内在真实是新闻品质的衡量尺度，那么整个报纸就应被这种尺度衡量。"①

（二）真实——新闻媒体的根本追求

既然真实是新闻媒介的立身之本，它就必然成为新闻媒体的根本追求。任何一家新闻媒体，不管是具有国际影响力的大媒体还是只有小范围影响力的社区性媒体，不管是商业性质的还是政治性质的，不管是社会主义的还是资本主义的，如果放弃了真实传播，其以新闻媒体名义的生存便结束了。也许它可以成为其他什么样的媒体（比如成为宣传机器），但绝对不配称为新闻媒体。中国著名新闻学者甘惜分先生说："资产阶级新闻事业和无产阶级新闻事业在根本观点上分歧很多，唯独在新闻报道必须真实这一主张上惊人地一致。"② 这就是说，真实是各种媒体共同的追求、一致的目标。当然，不同的新闻媒体，由于其所处的具体传播环境不同，新闻事业的传统不同，特别是传播价值观不同，可能在具体的新闻真实观上不会完全相同，在总体的真实目标追求上会有一定的差异（可参阅第一章相关内容），但要求每篇具体的报道必须真实（达到具体真实）是所有新闻媒体的基本准则。

追求真实，揭示真相，这是新闻传播内在的、规律性的要求，是人类新闻传播现象、传播活动、新闻传播业经过长期历史演变、发展逐步形成的一种约定。③ 这一约定有一个从不自觉到自觉，从不明确到明确的过

---

① 童兵. 比较新闻传播学 ［M］. 北京：中国人民大学出版社，2002：85.

② 甘惜分. 新闻理论基础 ［M］. 北京：中国人民大学出版社，1982：114.

③ 人类的一种活动该做什么，不该做什么，并不是固定不变的。一种事业本身就是在历史过程中逐步形成的。当一种事业发展到相对比较成熟的规模和水平时，就会形成一些基本的、稳定的使命和任务。当新闻传播发展为一种事业、一种产业，新闻工作成为一种专业性的工作，成为一种社会职业时，人类赋予它的基本使命，它需要完成的基本任务，就是真实反映事实世界的最新变动，维护人类正常的信息交流秩序。

程。到了今天，追求真实，揭示真相，向人们反映、描述一个真实的新闻事实世界，并力求以新闻的方式反映、描述一个真实的事实世界①，已经成为新闻媒体的基本使命，也成了职业新闻工作者的基本职责。放弃真实，就意味着放弃新闻。放弃真实，就意味着放逐新闻传播的使命。不尊重事实，不追求真实，就等于铲除新闻传播存在的根本。因而，坚守真实是新闻传播的职业底线。

在制定自己的目标，树立自己的理想时，不管是作为组织的新闻媒体还是作为个人的职业新闻工作者，都可能不会仅仅限定在揭示一个真实的世界的范围内。新闻媒体及其从业者，会有更高的目标和理想。他们不仅追求真实，也追求真理；他们不仅揭示真实，也维护正义；他们不仅监测环境，也清理污染。但所有新闻追求、新闻理想，都要基于真实的报道。真实是新闻传播得以存在的根基，是其他追求的出发点，是其他理想起飞的平台。新闻以真实作为自己的旗帜和灵魂，以真实奠定自己的地位和影响。因此"为报道真实新闻而奋斗"②，是新闻传播主体永远的职责，是新闻传播者永远应该坚持的职业理念和精神。

新闻传播追求真实的直接动力，就是探求事实真相的实事求是的科学精神。但我们也应该看到，新闻传播，也像其他信息传播一样，还有自己的价值追求。新闻传播并非单纯的事实报道，并非为了追求真实而追求真实。追求真实在新闻传播范围内是直接的、根本的目标，但只要我们抬高眼界、放宽视野，在社会系统范围内观照、考量新闻传播，就会立即发现，新闻传播有着更高的价值追求，有着更加深远的理想目标，它要通过

---

① 事实世界和新闻事实世界，是两个既有联系又有区别的世界。我们在本书第三章讨论新闻真实的有限性时有过相关的论述。对这一问题感兴趣的读者，亦可参阅：杨保军. 新闻事实论［M］. 北京：新华出版社，2001：191-206. 杨保军. 新闻理论教程［M］. 4版. 北京：中国人民大学出版社，2019：288-302.

② 周恩来1950年元旦给《新华日报》的题词。

真实的新闻报道，为人们创造一个良好的信息环境，一个美好的进行深层精神交往的环境，以促进社会的良性发展，人类之间、人类与自然之间的和谐相处。也就是说，新闻求实、求真的内在灵魂是人文精神，是对人自身发展、完善需要的满足。我国著名新闻学者童兵先生说："新闻所关注的事，无论是自然界发生的事，还是人世间发生的事，大多同人的生活发展有关，新闻从不问津同人完全没有关系的事实。"① 新闻关注的真实，一定是与人的利益相关的事实的真实。因此，真实作为新闻媒体的根本追求，只是一种手段，是以人为本、为人民利益服务的手段。

二、新闻传播的优势之源和影响力之根②

新闻是新闻媒体的灵魂。一个没有"新闻"的新闻媒体，不再是新闻媒体；一个没有"新闻"的新闻媒介，不再是新闻媒介。也许一家新闻媒体并不主要依赖新闻传播的直接收入"吃饭"，但它不可能离开新闻传播的效应生存和发展。而想要新闻传播产生效应，发挥社会影响，前提是新闻必须真实。真实是新闻传播的优势所在，是新闻传播产生巨大社会影响力的根据和基础。

（一）真实——新闻传播的优势之源

每一种传播都有自己的个性和特点，而最能显示传播特点的是它的内容的属性和传播的方式。对于新闻传播来说，真实、新鲜、重要、显著、接近、趣味等是其内容的内在规定性，及时、公开、大众化是其传播方式

---

① 童兵. 科学和人文的新闻观［M］//王文章，侯样祥. 中国学者心中的科学·人文：科学人文关系卷. 昆明：云南教育出版社，2002：545.
② 真实是新闻传播的优势之源、影响力之根，但并不是说新闻的优势、影响力仅仅依赖于新闻传播内容的真实。我们这里关于新闻传播优势及其影响力的讨论，是从新闻真实论角度的阐释。

上的突出特征。① 真实、新鲜等内容品质，及时、公开等传播方式，使新闻传播具有了自身的特有魅力和优势。但"新闻真实论"要求我们回答的核心问题是：内容的真实性，为什么能够成为新闻传播的优势和魅力，从而使新闻传播成为一种具有特别意义和特殊价值的传播？

首先，我们以为，真实，之所以能够成为新闻传播的优势，是因为新闻真实是一种客观的力量，它使新闻传播具有了客观效应。真实，是与客观事实的符合，而不是主观意识的想象。事实一旦成为事实，就是客观的。客观性是一切事实的根本属性，它的存在不以人的意志为转移，不依赖于判断的正误，也不依赖于对它做出何种评价。因而，由真实传播产生的力量，是一种客观的力量，是一种事实的力量②，是一种自在的力量。客观力量、事实力量是不可否认、不能忽视、不能置之不理的力量。客观力量、事实力量的作用是客观的、实际的、有形的，而不是想象的、无形的。不管人们是否愿意承认和接受，它都会以自己的方式发挥作用，产生效应。新闻是在"朴素"中体现优势的，是在"切实"中表现力量的。③

列宁在谈到新闻真实问题时曾说，"我们应当说**真话**，因为这是**我们的力量所在**"④，报纸"要向公众作**全面介绍**，阐明真相，不吹嘘，不浮

---

① 不管是内容的内在规定性还是传播方式的特征，都会随着整个时代及其传媒业的发展而有一定的变化，显示出不同历史时期的具体特点。但从总体上来说，这些规定性是比较稳定的。

② 事实证明，新闻传播能够产生各种各样的效应。一些特殊的事实能够激发人们对它的关注和报道，使人们对事实的力量看得一清二楚。但就大部分能够称得上是新闻事实的事实来说，它们的客观力量必须经过传播者主观的开发才能发挥出来。因此，当我们说真实的力量是一种客观力量、事实力量时，并不是否认传播者的作用。事实恰好相反，新闻事实的新闻价值及其他价值，只有经过传播者创造性的劳动，才能在传播中实现（可参阅杨保军《新闻价值论》第六章"新闻价值的创造"的相关内容。杨保军. 新闻价值论 [M]. 北京：中国人民大学出版社，2003：208 - 255.）。但客观事实，永远是力量的基础和客观源泉。离开新闻事实的传播，当然可以产生效应，但那不是新闻的效应，不是新闻真实的效应。

③ 张闻天在《提倡朴素与切实的作风》一文中，把"朴素"的含义阐释为"有什么说什么""老老实实""真实"，把"切实"解释为"适合实际"。参见：中共中央宣传部新闻局，中国社会科学院新闻研究所. 真实：新闻的生命 [M]. 北京：中国新闻出版社，1986：71 - 74.

④ 列宁. 列宁全集：第 11 卷 [M]. 2 版（增订版）. 北京：人民出版社，2017：333.

夸，也绝不散布谣言和传播见不得人的小道消息"，"吹牛撒谎是道义上的灭亡，也势必引向政治上的灭亡"①。列宁认为，即使是宣传，也必须讲真话，报实情，布尔什维克党的宣传工作之所以能取得实际的效果，是"因为我们的宣传过去和现在一直是向全世界的工人和农民说真话"②。有学者指出，"新闻的唯一真正的权力存在于代表民意的法庭中，一旦失去了可信度，这种权力也就荡然无存"③，毫无疑问，这种权力的力量来自新闻的真实。新闻传播以事实胜于雄辩的方式，显示出它"忠于事实、忠于真理"的独特优势，在满足人们知情需要的过程中实现教育、引导等诸多功能。

真实力量的客观性、事实性，说明新闻传播的力量、新闻的力量，不仅在于媒体报道了客观事实，还在于报道了什么样的客观事实。正因如此，人们才会看到，一些规模上、人力上、财力物力上相当弱小的媒体，甚至是个人操办的"作坊"式的媒体（当代的作坊式媒体，依赖的是高科技），由于对一件或几件轰动性事实的报道，或者名噪一时，或者迅速成长起来。这从本质上说是事实的力量、真实的力量。有价值、有意义的真实报道，才会产生一种神奇的魔力，使媒体得到跳跃式发展的机遇。其实，几乎所有的媒体，都有过因为抓到特殊的事实进行报道而名震一时的辉煌。不同在于有些媒体顺势而上，抓住了良好的发展契机，不断成长为强势的、主流的媒体；有些媒体则是昙花一现、雷电一闪，随着事实的销声匿迹，报道的结束，自己也慢慢隐身而去。

真实也即事实作为新闻媒体力量之源的更大启发是，它从新闻传播的源头上提醒新闻人，尽管怎样传播非常重要，但传播什么样的内容，对于新闻媒体来说永远都是最重要的问题。新闻必定不是文学艺术，它重在内

---

① 列宁. 列宁全集：第 11 卷［M］. 2 版（增订版）. 北京：人民出版社，2017：331.
② 列宁. 列宁全集：第 40 卷［M］. 2 版（增订版）. 北京：人民出版社，2017：146.
③ 张穗华. 媒介的变迁［M］. 北京：中国对外翻译出版公司，2002：126.

在，不在技巧。"真实为王"的实质意味是"内容为王"。"传媒产业是内容产业"①，只有内容是真实的，是公众喜欢的，是满足公众正当需求的，新闻传播才能真正具有强大的传播力量，凸显自身的优势。

其次，真实，是一种可靠的力量。新闻正是通过自己内容的真实性，赢得了人们的信赖。靠欺骗的新闻是走不远的。刘少奇讲过一句十分精彩的话："不靠真理吃饭，你的事业就靠不住。如果你的事业建筑在人民利益与真理上面，那才是可靠的。"② 新闻内容的客观性、事实性，决定了它是一种可靠的信息、可信的信息，是可以用来调整、指导人们言行的一种信息。新闻信息的可靠性，源于事实的客观性和不变性。③ 人们可以不相信一家媒体的社论或意见，可以不相信一个人的观点和看法，但往往无法拒绝铁一般的事实。李普曼说，理性地说，事实是不依赖于所有我们正确的和错误的观点而中立地存在的。能够对主观构成根本约束与限制的东西，能够在主观面前显示平等力量的东西，只有客观事物。反过来说，只有客观事物是最可靠的，只有源于客观事实的真实信息是最可靠的。新闻报道把新近或正在发生的重要事实作为本源，因而，它有一种天然的可靠的、可信的力量。由新闻报道内在规定而来的可靠的、可信的力量，塑造了新闻传播的特有优势。当然，这是从普遍意义上讲的，是从新闻报道应然的状态讲的，我们并不排除、否认虚假新闻报道的存在。

一条短短的新闻报道，之所以常常能够形成巨大的传播效应，就在于真实、可靠和可信所创造的传播优势。我们来看一段经典的论述。毛泽

---

① 喻国明认为："无论通道（指传播、负载媒介内容的渠道——引者注）是修在地面还是建在天上，内容都是传播产业须臾不可离弃的东西。在今天，内容生产的市场价值保障也许比渠道的建设来得更可靠一些。"赵彦华. 媒介市场评价研究：理论、方法与指标体系 [M]. 北京：新华出版社，2004：5.

② 刘少奇. 对华北记者团的谈话 [J]. 新闻战线，1982（1）：2-7.

③ 事实的客观性很好理解，也不易形成误会。但对事实的不变性，很有必要做进一步的解释。参见本书第111~112页我的博士论文《新闻事实论》中的一段话。

东，作为一名伟大的报刊活动家，在《政治周报》① 发刊理由中曾经这样写道："我们反攻敌人的方法，并不多用辩论，只是忠实地报告我们革命工作的事实。敌人说：'广东共产'，我们说：'请看事实'。敌人说：'广东内讧'，我们说：'请看事实'。敌人说：'广州政府勾联俄国丧权辱国'，我们说：'请看事实'。敌人说：'广州政府治下水深火热民不聊生'，我们说：'请看事实'。""《政治周报》的体裁，十分之九是实际事实之叙述，只有十分之一是对于反革命派宣传的辩论。"② 毛泽东深知新闻传播让事实说话的规律。他以"请看事实"的方式，淋漓尽致地发挥了新闻传播的客观性、事实性优势，使他的对手们以及广大群众不得不信他的报道。在社会生活中，人们也经常发现，当一些莫名其妙的流言、谣言、传说泛滥时，相关的个人或者机构所采取的最有力、最有效的消除办法，主要不是通过在媒体发表言论的方式劝服公众不要相信谣言和传说，而是将有关事实的真相公之于众。这其中的内在精神就是：事实比言论可靠，事实胜于雄辩。社会公众会自然斥责（至少是不相信）那些"闭着眼睛说瞎话"的人，更会斥责那些"睁着眼睛说瞎话"的人。③

（二）真实——新闻传播社会影响力的根基

"影响力"不仅是近些年来普通社会生活中十分通用、流行的一个词语，也是整个人文社会科学界应用比较广泛的一个学术范畴，更是传媒界（包括业界和学术界）特别青睐的一个概念。人们从不同角度把传媒的本质归结为产品的影响力。其最基本的含义是：传媒是依赖自己精神产品的

---

① 《政治周报》是中国国民党中央宣传部的机关刊物，自 1925 年 12 月至 1926 年 6 月出版于广州。这个刊物是在中国共产党和中国国民党第一次合作的情况下出版的。毛泽东曾任该报主编。

② 中国中央宣传部新闻局. 马克思主义新闻工作文献选读 [M]. 北京：人民出版社，1990：135.

③ 在我看来，所谓"闭着眼睛说瞎话"，就是不看客观事实，想当然乱说一气；所谓"睁着眼睛说瞎话"，就是明目张胆不承认事实，蛮不讲理乱说一气。

社会影响力生存发展的。一家媒体，一旦在其传播的目标领域或目标指向领域内，对其精神产品的消费者没有足够的实质性影响力，就不仅失去了存在的意义和必要，也失去了生存和发展的根基。

就传媒界来看，有人从一般层面上界说了影响力的含义："影响力是一种控制能力，这种控制能力表现为影响力的发出者对于影响力的收受者在其认知、倾向、意见、态度和信仰以及外表行为等方面和目的性的控制作用。"① 有人结合中国实际，进一步阐释了媒介的社会影响力："媒介的社会影响力指媒介对受传者了解国内外大事，党和政府政策，与工作、生活有关的信息或知识，了解新思想、新观念、新知识以及树立信念和心态，满足文化、审美需求等方面产生的影响。"② 这些看法，基本上可以代表中国新闻传播界对影响力的大致理解。如果再做一点抽象概括，我们可以说，影响力主要是指人们在信息交往、精神交往中体现出来的一种传播者对收受者的引领作用和力量。影响力理论，实质上是从传播者视角出发，对各种传播社会功能、社会作用、社会效果的一种描述和揭示。

新闻传播的影响力，反映的是新闻传播对社会的一种作用力，这种作用力最终体现在对新闻收受者思想意识、情感态度与外在行为的调整、引领和控制上。新闻传播作为一种信息传播，新闻产品作为一种精神文化产品，对收受者的直接影响和作用主要是一种精神作用、观念作用。"传媒影响力是通过信息传播过程实现的。其影响力的发生势必建立在收受者关注、接触的基础上，所以传媒影响力从内涵上看，是由'吸引注意（媒介即媒介内容的接触）'和'引起目的性的变化（认知、情感、意志行为等的受动性改变）'两大基本的部分构成的。"③ 新闻传播是否对收受者产生

---

① 喻国明. 传媒影响力：传媒产业本质与竞争优势 [M]. 广州：南方日报出版社，2003：3-4.
② 赵彦华. 媒介市场评价研究：理论、方法与指标体系 [M]. 北京：新华出版社，2004：30.
③ 同①4.

了影响力，就是看收受者在收受新闻之后是否"改变"了既有的社会认知、社会判断、社会决策及相关的社会行为。[①] 传媒影响力的结果，在思辨层面上是比较容易描述的，但在实证层面上的确证是不太容易的。传媒的实际影响力，有些是有形的，有些是无形的；有些是短期的、显在的，有些是长期的、潜移默化的。因而，衡量或测算传媒影响力大小是一件相当困难的事情。仅仅通过报刊的发行量，广播电视的收听、收视率，网络的点击率，是不能准确说明传媒影响力大小的。[②]

　　新闻传播若要产生社会影响力，显而易见的逻辑是：人们必须收受新闻、相信新闻。而能使人们自觉自愿收受新闻、相信新闻的条件（这些条件，也就是新闻传播产生影响力的条件）尽管不是一条两条，但我们以为其中最为核心的乃是人们对传播新闻的媒体的信任和忠诚。而新闻媒体要获取人们对它的信任、忠诚，从新闻真实论的角度看，第一位的要素乃是它所传播的新闻必须是真实的。只有在真实的前提下，进一步追求那些与人们的利益、兴趣、需要相关的新闻，与人们收受心理、收受水平相适应的传播方式，才是有意义的、有价值的。简明扼要地说：影响力来自媒体的公信力，而传播的公信力主要来自媒体真实的、有意义的、有价值的新闻报道。[③] 其中，真实是有意义、有价值的基础。因此，我们可以毫不迟疑地说，真实，是新闻传播和新闻传媒社会影响力的根基。美国一家杂志

---

　　① 所谓改变，主要表现为三种样式：强化了收受者原有的认知和态度；更新了收受者原有的认知和态度；树立或产生了新的认知和态度。参见：杨保军. 新闻事实论 [M]. 北京：新华出版社，2001. 另外，对传媒影响力想进一步了解的读者，可参阅：喻国明. 传媒影响力：传媒产业本质与竞争优势 [M]. 广州：南方日报出版社，2003.

　　② 关于传媒社会影响力的分析与评价问题，有兴趣的读者可参阅赵彦华撰写的《媒介市场评价研究——理论、方法与指标体系》中的相关内容（赵彦华. 媒介市场评价研究：理论、方法与指标体系 [M]. 北京：新华出版社，2004.）。

　　③ 从原则上说，有意义、有价值的新闻报道，是指那些能够满足社会公众普遍需求、维护社会公共利益的报道。用一句流行的话说，新闻报道到底有无意义和价值，最终要看人民满意不满意，人民喜欢不喜欢。

在一篇社论中说，如果新闻充斥着虚假，不论是故意的还是由疏忽造成的，那么整个新闻专业都会像充斥着胆小鬼的军队一样毫无用处。[1] 这篇社论提醒我们明白的浅显道理是：军队的战斗力来自勇敢，新闻的战斗力来自真实。当然，正像我们一再说明的，新闻的战斗力不只来自真实（军队的战斗力也不只来自勇敢）。

在实际的传播活动中，人们也看到，一些谣言和虚假新闻报道，同样能够产生社会影响力，甚至比真实的新闻产生的社会影响力还要大。这确实是事实，但它没有推翻我们的"真实——新闻传播社会影响力的根基"这一判断。一些谣言和虚假新闻之所以能够产生一定的或巨大的社会影响力，最主要的原因是人们不明真相、信以为真。如果谣言、虚假新闻的真实面目被人们识破，它的影响力也就结束了。这从另一面说明真实是影响力的根源，相信是影响力产生的中介。当然，新闻影响力的大小，不仅取决于真实性这一个条件，还取决于其他一些条件。但必须明确的是，真实是决定性的、根本的条件。如果没有了真实，其他条件就难以发挥作用。这也正是我们把真实界定为影响力的"根基"的理由。

三、信息社会的民主保障与安全前提

民主的前提之一是"民知"，并且必须是真知。信息社会的一大困境就是信息的泛滥和虚假。逃脱信息困境在相当大的程度上依赖于大众媒介的真诚和智慧。[2] 真诚是大众媒介向人们提供真实信息的道德保障，智慧

---

[1] 弗林特. 报纸的良知：新闻事业的原则和问题案例讲义 [M]. 萧严，译. 北京：中国人民大学出版社，2005：32.

[2] 我国学者喻国明说："从传媒生产的内容特质的角度说，现代社会也要求传媒和传媒人从过去那种简单的资讯提供者的角色扮演转变到'信息管家、时事顾问、意见领袖'这样一种智慧型信息提供者媒介角色扮演。"赵彦华. 媒介市场评价研究：理论、方法与指标体系 [M]. 北京：新华出版社，2004：序言 7.

是大众媒介向人们提供有效真实信息的智力保障。一言以蔽之，真实而有意义的信息是实现民主社会的重要基础。此处，我们重点从真实论角度阐释新闻报道对于民主建设的作用和影响。

（一）真实——实现民主的基本保障

现代民主社会是市场经济的产物，或者说市场经济是民主政治、民主社会的基础。市场经济本质上是一种自由的经济、法治的经济、维护道德底线的经济。说到底，市场经济是一种民主经济。市场经济的水平、成熟的程度，与社会民主的水平、成熟的程度，在总体上是相适应、相对等的。维护市场经济运作，维护民主政治、民主社会运行的命脉之一，就是社会信息的顺畅交流与分享。

民主社会是建立在信息公开、言论自由基础之上的，民主政治的有效性依赖于人们对生活于其中的世界的知情和了解。当民主社会演进、发展到今天这样一个信息时代时，对普通大众来说，知情最重要的渠道就是大众传播媒介[①]，并且是充当新闻传播核心角色的大众媒介。可以说，新闻媒介是民主社会的重要工具，是民主社会民主得以切实实现的中介手段，"通过这个中介，自由社会的成员接受和交流他们用以参与社会管理的判断、意见、观点和信息"[②]。"维护民主，也许还包括维护文明，现在可能

[①]　这其中最为基本的问题就是公众知情权的满足与实现。1980 年联合国国际交流问题研究委员会对知情权有以下几点表述：(1) 它是民主的固有因素。民众是国家的主权者，政府是实现民意的机关，民众有权了解政府工作的一切情况。只有这样，民众才能做出明智的判断，选举自己的政府并对之进行有效的监督和罢免。他们的这些权利大都是通过新闻报道实现的。(2) 它是公民的言论自由的重要基础，因为获取信息资料是行使这一权利的前提，否则将无话可说，言论自由将变得毫无意义。(3) 它是监督政府工作、防止出现"坏政府"的重要手段。(4) 在信息时代，它又是一项公众的社会权利和政治权利。普通民众不可能仅靠个人力量收集广泛的信息，因而知情权赋予处在社会信息流通中心的政府及新闻媒介以义务，帮助民众获得需要的信息。参见：刘建明．新闻学前沿：新闻学关注的 11 个焦点 [M]．北京：清华大学出版社，2005：235 - 236．

[②]　新闻自由委员会．一个自由而负责的新闻界 [M]．展江，王征，王涛，译．北京：中国人民大学出版社，2004：8 - 9．

依赖于一个自由而负责任的新闻界。如果我们想拥有进步和和平，那么我们就必须拥有这样一个新闻界。"① 所谓负责任的新闻界，在我看来，首先是提供真实报道的新闻界，提供有意义报道的新闻界。把一个有意义的真实世界展现在人们面前，就是媒体的基本责任，就是实现社会民主的基本条件之一。

民主的直接表现，就是人们能够在法治范围内自由地发表意见。近现代以来的众多思想家一再向人们证明：在人类所有的自由中，言论自由、表达自由是最基本的、最重要的自由，是其他一切自由的基础。一切言论，从源头上讲都基于对一定事实的认识和把握。表达意见的基础是人们对有关事实的了解，特别是真实的了解。只有真实了解事实或实际，表达的意见的有效性才能得到保证。"知"是"说"的前提，不知的"说"大都是乱说或胡说，它和民主的本质是有距离的。

在今天这样的信息社会，"公民的知察权（即知情权——引者注）在很大程度上有赖于新闻传播者的公开报道才得以实现"②。新闻报道不仅能够满足人们知情的需要，更为重要的是"它能够吸引广大人民群众主动地参加解决这些与他们最有切身关系的问题"③。列宁曾讲过这样的话："只有当群众知道一切，能判断一切，并自觉地从事一切的时候，国家才有力量"④，他们自身的利益才有可能得到有效的维护，他们自身才能得到发展。有学者指出："一个实行信息封闭的地方，很难想象那里的民众同其他地方进行广泛畅通的相互传播和交流。信息公开的程度，直接影响

① 新闻自由委员会. 一个自由而负责的新闻界 [M]. 展江，王征，王涛，译. 北京：中国人民大学出版社，2004：62.

② 童兵. 理论新闻传播学导论 [M]. 2版. 北京：中国人民大学出版社，2011：37.

③ 列宁. 列宁全集：第34卷 [M]. 2版（增订版）. 北京：人民出版社，2017：138.

④ 列宁. 列宁选集：第3卷 [M]. 3版（修订版）. 北京：人民出版社，2012：347.

到这个地方及其民众的发展水平。"① 语言学家诺姆·乔姆斯基在以传播政治经济学的眼光审视传播问题时指出，大多数普通民众只能从常见的媒体中获取政治事务和事件的信息。一个人只有了解了某个议题的消息或是前因后果，才谈得上形成自己的看法。一个民主的社会只有在公众能获取全面和公正的信息之时，做出的选择才是体现了民众自由意志的选择，才称得上是真正的民主。②

历史与现实经验反复证明，"民主"是以"民知"为前提的，因此，"我们应该（实际上是必须——引者注）让人民知道世界真实情况"③。在信息社会，具有民主意义的知，即平等的、公开的知的途径，最重要的恐怕便是大众传播媒介。在大众传播媒介上能够为民主社会、民主政治直接提供信息支持的主要是新闻报道。④ 新闻报道为人们提供的是事实信息，而事实信息是一切决策最可靠的依据。真实新闻报道给人们提供的是真实的阅读自由和阅读民主。人们在虚假的、欺骗性的信息中是不自由的，在虚假新闻的传播中是被挟持、被控制的。当人们面对真实新闻时，他们的思维才有了真正自由的基础。而只有真实的新闻、有意义的新闻，才有助于人们对政治事务和一般社会公共事务的准确判断。美国新闻学者梅尔文·门彻讲过一句意味深长的话："民意测验告诉我们，公众对新闻记者疑虑重重。这对民主社会而言是很危险的，因为只有当信息完备的公众参与到自由交换意见的公共生活中来，民主社会才可能正常运转。"⑤ 中国

---

① 魏永征. 新闻法新论 [M]. 北京：中国海关出版社，2002：412.

② 潘知常，林玮. 传媒批判理论 [M]. 北京：新华出版社，2002：182.

③ 刘少奇. 客观、真实、公正、全面 [M] //中共中央宣传部新闻局，中国社会科学院新闻研究所. 真实：新闻的生命. 北京：中国新闻出版社，1986：69.

④ 尽管近些年来严肃新闻的数量在世界各国的新闻媒介中都有所下降，但不可否认的是，政治、经济、军事、外交、科技、文化等领域的最新变动状态以及社会生活中的重要事件仍然是新闻报道的核心内容。这些报道为人们民主权利的实现提供了坚实的信息基础。

⑤ 门彻. 新闻报道与写作：第9版 [M]. 展江，主译. 北京：华夏出版社，2003：70.

传播学者陈卫星认为："真实新闻对于民主政治、民主社会的建构来说，必要性和重要性都是不言而喻的。""对于大多数人来说，政治主要也就是一个'媒介事件'，而它们参与这个领域的过程，在相当的程度上，均有媒体作为中介。"① 媒体在充当这个中介的过程中，不仅要提供事实世界的真相，而且要提供一种就一定事件在一定情景中真实、全面和智慧的报道。②

马克思认为，报刊所做的是"真实的叙述"，人民群众通过报刊才能"得知自己的情况"，而报刊一旦失去了真实，人民群众"就会认为报刊是某种**无关紧要的东西**而不屑一顾，因为人民不让自己受骗"③。中国的一位普通工人在 1980 年写给《人民日报》的信中说："人民有权利要求你们报道真实情况，有一说一，有二说二，有好说好，有坏说坏，使大家及时全面地了解我们国家发生的事情。只有这样，报纸才能取信于民，真正办成人民的报纸。"④ 对于新闻媒体而言，失去真实等于失去信任，等于失去生存的根基；对于社会公众或者说对于社会来说，失去真实的新闻报道，等于失去了民主的依据和条件，等于失去了民主的机会和可能。"在民主多元和市场经济的社会环境下，新闻报道的真实性与市场规律（注重受众的消费心理）和舆论多元（对事实的评判往往通过传播位置的比较）是一致的。"⑤ "情况不明，信息缺位，人民群众是很难做出保障其利益最大化的选择与决策的。因此，新闻媒介对于人民利益的维护和保障，最为根本的就是要保障人民群众的知情权的充分实现。"⑥ 达到充分需要两方

---

① 陈卫星. 传播的观念 [M]. 北京：人民出版社，2004：99.

② 新闻自由委员会. 一个自由而负责的新闻界 [M]. 展江，王征，王涛，译. 北京：中国人民大学出版社，2004：12 - 13.

③ 马克思，恩格斯. 马克思恩格斯全集：第 1 卷 [M]. 2 版. 北京：人民出版社，1995：353.

④ 佚名. 读者来信 [N]. 人民日报，1980 - 07 - 24.

⑤ 同①.

⑥ 喻国明. 传媒影响力：传媒产业本质与竞争优势 [M]. 广州：南方日报出版社，2003：19.

面的保证：一是真实，二是全面。而根基性的东西仍然是"真实"二字，因为真实内在地要求必须全面。当然，仅仅"真实"两个字还是不够的，但那超出了我们这里讨论的范围。

民主社会所需要的真知，不是对一事、一点、一面的知，而是相对比较全面的知。全面的知，才会真正具有民主意义。并不是每个人都能了解整个事实世界，但通过媒介平台的交流、人们对重要信息的分享，总会获知更多的信息。因此，新闻传媒不仅要反映单一事实、事件的真实（具体真实），还要努力通过新闻视角、新闻方式，反映一定时空范围内整个事实世界的整体真实。"片面性的报道，会造成假象，培养主观主义。"[①] 实现具体真实与整体真实的统一尽管做起来比较困难，但它是整个新闻界和每家媒体的责任，应该追求的目标（关于新闻认识的有限性、新闻真实的有限性，我们在第三章做过详细的讨论）。"认识就是人们对他生活于其中的世界的认识，就是对存在于他周围的事物或现象的认识。人对他生活于其中的世界的认识从总体上说只有与世界符合一致，人才能生活这个世界之中。"[②] 进一步说，只有对周围事物、生存环境达到一定的认识水平，人的生活才能变成作为主体的人的生活。人的生活的特点就在于它是一种自觉的、反思性的生活。自觉的、反思的前提条件之一是人对生活、生存状态的真知。建立在虚假认知基础上的反思，也必然是虚假的，人的生活因而也必然是盲目的，命运是偶然的。新闻传播实质上在为社会公众提供生发意见、舆论的材料。只有这些材料是真实的、准确的，公众生发出的一些意见才可能是真实的、有建设性的、符合实际的。人们的意见如果生发于虚假的材料、失实的信息，这样的意见就注定会偏离实际，极有可能成为

---

① 刘少奇. 客观、真实、公正、全面 [M] //中共中央宣传部新闻局，中国社会科学院新闻研究所. 真实：新闻的生命. 北京：中国新闻出版社，1986：69.

② 郭继海. 真理符合论的困难及其解决 [M]. 北京：中国社会科学出版社，2003：引言7.

谬见或谎言。"报纸发行人向要求了解事实的公众提供错误的信息，就和总是向主顾提供次品的奸商差不多。因为所有人都明白公众希望在报纸上读到的是事实。事实才是构成精神食粮中坚实的、能形成意见的重要部分。"①因此，在新闻传播影响越来越加广泛的当代社会，提供真实的、全面的新闻报道，对社会的健康、良性、和谐发展是至关重要的。换个角度说，新闻是人认识世界的一种特有手段，是与人的现实生活同步的一种手段。因而，在信息时代的大背景下，新闻的真实可靠，对人们正常地、良好地生活在这个世界中有着特别的意义和价值。民主社会的自我决定，依赖的是真知，而任何一个个人都无法通过自己的力量直接获知经验范围之外的重要的事实信息，只能主要通过作为社会公器的媒介平台来了解世界的面目。这又一次说明：真实的新闻报道、信息传播，乃是实现民主的基本保障。

还有一个问题值得注意。随着传播技术的迅猛发展，传播渠道总量的不断扩张，研究者们一再发现，当今社会，人们对新闻媒体的信任程度在不断降低，其中的原因多种多样，但最主要的原因就是新闻媒体的虚假报道越来越多。② 因而一些人对新闻媒体在民主社会中的作用失去了足够的信心。我以为这种担心是可以理解的，也值得人们高度重视。但事情的另一面是，研究者们也发现，人们对媒体的新闻报道总会做出反应（说明他们仍在关注新闻界），特别是在遇到重大新闻事件时，在遇到与自己利益

---

① 弗林特．报纸的良知：新闻事业的原则和问题案例讲义［M］．萧严，译．北京：中国人民大学出版社，2005：10.

② 这里需要指出的是，人们之所以对媒体降低了接触的兴趣、信任的程度，原因是复杂的、多元的，不是简单的、单一的。媒介技术的突飞猛进，特别是互联网的快速方便，大大降低了人们对传统媒体的依赖程度。因而，传统媒体受众减少是必然的趋势。受众资源本身在一定时期内是有限的，相对稳定的，而能够吸引、分配受众资源的传媒却在迅速增长。因而，从总的结果上看，必然是几乎所有媒体的受众都在减少。这是分流的结果。垄断与独霸是非民主的。因此，在我看来，媒介集团的巨无霸趋势，带来的最终结果是它的必然解体或解构。一个空壳巨无霸是不会存在下去的。这个世界需要多种声音，而不是一种声音。这个世界需要在多种声音中协调整合，而不是在一种声音中独唱或歇斯底里。

相关的报道时，也就是在遇到涉及社会公共利益的报道时，人们几乎都会聚精会神地守望媒体，等待着媒体的报道和解释。人们在内心里仍然相信，媒体在代表他们监测着环境、守望着社会。因而，媒体能否给人们提供真实的报道，并不是无足轻重，而是至关重要。媒体的新闻报道往往成为人们对一定事件做出反应、发表意见的重要根据，即媒体的报道往往成为他们施行民主权利的基础或条件。美国新闻自由委员会在大约 60 年前就讲过这样的话："一个人依赖于所获得的新闻的质量、比例和范围，这不仅是为了他个人能接触到事件、思想和情感的世界，而且也为了获得履行他作为公民所承担的义务和就公共事务做出判断所需要的材料。其判断的明智与否影响到国家的运转，甚至是世界的和平，涉及作为自由共同体的国家的生存。"[①] 因而，新闻媒体及其从业者应该和必须从民主建设、民主运行的高度对待自己的报道，从对一个国家、民族命运前途负责的高度对待自己的报道，从整个人类和平、和谐发展的高度对待自己的报道。提供全面的、真实的、及时的报道，从直接性上看，是对人们民主权利的尊重，是在帮助人们实现自己的民主权利。如果看得更深一点，更广阔一点，更长远一点，那么新闻的真实报道是在帮助人们（包括新闻传播者自己在内）关注自己的前途和命运，也是在帮助整个人类关注自己的前途和命运。这些论述和阐释并不是大话、套话或玄话和空话，而是新闻媒体、新闻工作者必须具有的认识和观念。真实，对于新闻传播来说，永远都是最重要的事情。

（二）真实——信息社会的安全前提

生活在信息时代、信息社会，不管是对于国家、社会还是对于个人，

---

① 新闻自由委员会. 一个自由而负责的新闻界 [M]. 展江，王征，王涛，译. 北京：中国人民大学出版社，2004：9.

信息安全都已经成为至关重要的问题之一，成为生存与发展的基本条件之一。如今的人们生存于多重世界之中：感性的客观世界、符号化的信息世界和内心创造的个性化的精神世界。信息世界（信息环境）是客观世界与精神世界的中介和桥梁，有着特殊的意义和价值。客观世界的真实面目需要通过信息世界的反映，精神世界的塑造依赖信息世界的滋养。因而，一个社会，一个个人，能否有一个可以信赖的信息世界、信息环境，即是否有一个安全的信息渠道，直接影响着社会、个人的现实状态和未来发展。

我国学者喻国明在一篇名为《保障人民的知情权是建构国家信息安全体制的根本原则》中写道："对于构筑一个国家的信息安全体制而言，其中最为关键的是解决这样一个根本原则的问题：我们所要追求的'安全'是谁的安全？答案当然应该是人民，而不是别的什么人。"① 我们这里虽然不讨论国家信息安全体制问题，但我们必须明白的是，信息安全的实质对象或者说是"保安"对象就是广大的人民群众，也就是生存、发展于社会中的每一个人。保障他们的信息安全，就是保障他们的知情权。而就中国的现实来说，"尊重与保障人民群众的知情权的基本含义，就是要使新闻媒介肩负起'社会守望者'的社会职责。遇有与人民群众息息相关或具有普遍兴趣的重大事件、突发事件，即使是所谓'负面'事件，也应该在第一时间让人民群众及时地'知情'、客观地'知情'和充分地'知情'"② 当然，最重要的是要让他们"真实地"知情。只有真实地知情，信息安全才能得到真实的保障。真实，乃是信息安全的内在需要。众所周知，新闻媒介的第一功能就是监测环境、守望社会，而这第一功能主要是通过反映、报道客观世界最新变动情况的方式实现的。新闻媒介能

① 喻国明. 传媒影响力：传媒产业本质与竞争优势［M］. 广州：南方日报出版社，2003：19.
② 同①.

否通过传播新闻的方式监测环境、守望社会，为人们提供安全的信息环境，就新闻本身来说，关键在于它是不是真实的、及时的。就真实而言，新闻报道能不能为社会公众营造一个比较可信的信息环境，不仅要看每一具体报道是否真实，更要看新闻报道能否达到整体的真实、全面的真实。

对个人来说，尽管他或她并不是任何时候都会实际运用自己所收受到的各种新闻信息，但无可置疑的是，当信息社会到来时，所有人都比过去从大众传播媒介上获得更多的新闻信息，并且使用更多的新闻信息，也就是说，媒介提供的新闻信息成为人们依赖度越来越高的信息。显而易见，只有新闻信息是真实的，人们对它的依赖才是可靠的。有人以为自己可以脱离大众媒介生存、生活，这在今天看来是天真的、不实际的。离开社会环境的人不是人，离开信息社会的人，不是信息时代的人。一个人要想在我们的时代正常地生存和发展，就不得不融入这个信息环境。以为自己可以超越时代的羁绊，那只能是掩耳盗铃式的可笑想法。"俗话说：你不知道的事不会伤害你。这根本是胡说八道，因为事实恰恰相反，你不知道的事正是为害最甚的事，它剥夺了你面对事实的机会。"① 人们如果不知道事实世界的最新变化，就不能应对事实世界对生存与发展提出的各种挑战。这是再简单不过的道理，无须进行论证和阐释。

按照马斯洛的人的需要层次理论②，我们可以说，人们对信息安全的需要是永恒的，也是最基本的需要。信息需要贯穿在所有的需要之中，没有信息的"穿针引线"，其他需要都是不可能实现的。童兵先生说："从新闻传播的角度考察人的不同层次的需要，无论是较低层次的生理需要，还

---

① 阿普尔比，亨特，雅各布．历史的真相 [M]．刘北成，薛绚，译．北京：中央编译出版社，1999：292.

② 美国人本主义心理学家马斯洛于 1943 年提出了人的需要层次说，认为从低级到高级，可以分为五个层次：生理需要、安全需要、爱和归属需要、尊重的需要和自我实现的需要。

是较高层次的自我实现的需要，都离不开交往活动，离不开新闻的传播收受活动。"① 可以说，没有信息安全的保障，也就没有需要实现的保障。"人为了自身的安全、生存和发展，需要及时感知客观世界的变动，以便进行自我调适，适应变化的外部环境。新闻信息传播的使命，正是向受众报道新近发生的事实变动的信息。"② 如果说在以往的时代人们依赖少量信息就可以生存、生活的话，那么，在今天这样的信息社会，只有依靠充分的、高质量的信息才能良好地生存和发展。新闻媒体、新闻传播者只有把世界的真实情况告诉社会、告诉公众，人们才能有效地行动。"告诉人们周围世界的情况，这样人们便能按照他们的所读、所见和所闻行动。但是行动依赖于清晰的、可理解的和准确的信息。没有这些信息，行动就可能被误导，或会向更糟、更无所作为的方向发展。"③ 同样，整个信息世界的质量高低，对一定社会、国家的信息安全、整体良性运行有着极其重要的影响。"媒介对国家安全应负的责任主要表现为真实地报道国家的情况、不利信息和社会矛盾。对那些有害的信息，必须提出消除危害的建设性的途径，而不是假借客观报道扩大局部的危机，并推动局势的进一步恶化。"④

在自然、社会出现灾难、危机现象时，现代社会的人们，首先求助的是新闻媒体的新闻报道，他们想尽快获知事实、事件的真相。如果正常的信息通道不能满足他们的基本信息需求，不能为他们提供信息安全的需要，他们就会涌向非正常的通道，从而形成一种信息恐慌、信息混乱的局面或状态。美国社会学者西布塔尼曾经这样总结他关于传闻泛滥机制的研究结论："传闻是新闻的代用品。事实上传闻是不能在正常渠道发

---

① 童兵.理论新闻传播学导论［M］.2版.北京：中国人民大学出版社，2011：13.
② 同①143.
③ 门彻.新闻报道与写作：第9版［M］.展江，主译.北京：华夏出版社，2003：70.
④ 刘建明.新闻学前沿：新闻学关注的11个焦点［M］.北京：清华大学出版社，2005：236.

展的新闻——对于正常渠道发布新闻的不满足是构成传闻形成乃至肆虐的决定条件。"[1] 因此，对于一个社会来说，能否通过正常的媒介渠道为人们提供信息安全保障，直接标志着社会管理的水平和质量。信息混乱无序，必然导致社会混乱无序，人心混乱无序，这是信息时代、信息社会的突出特点。

以上论述已经从多层面说明一个问题，信息安全的实质与关键，在于信息的公开。信息公开是信息安全的基础。[2] 对于新闻媒体来说（这是我们关注的核心），如果社会提供了信息公开的环境，对新闻自由提供了足够的保障，那么，社会公众能否拥有一个安全的信息环境，关键要看新闻媒体能否充分发挥其传播功能，真实、客观、全面、公正、及时、公开报道有关信息。只有在信息公开环境中实现了真实的报道，信息安全才能真正实现。

四、知识社会与道德社会的内在诉求

知识社会把人类带入了一个新的教育时代，新的社会化时代，知识传播方式发生重大变化的时代。知识社会的重要标志之一，就是大众传播媒介成为人们接受教育、获得知识、实现社会化极其重要的渠道。因此，真实传播已经成为知识社会的内在诉求。这种诉求表现在诸多方面，但我以

---

① 喻国明. 传媒影响力：传媒产业本质与竞争优势 [M]. 广州：南方日报出版社，2003：16.
② "信息公开"是近些年来人们关注的热门话题。就新闻界来看，人们普遍认为信息公开"首先是政务公开，政府行政行为公开，支持媒体问责政府、批评政府和官员的缺点错误"。信息公开，在新闻媒介上的体现是，人民的生存状态与生活质量，人民的精神世界和社会活动，人民的聪明才智及其得以发挥的程度，党和政府的人才政策和人文关怀的水平，人民的工作生活及其所创造的英勇业绩，人民的幸福与痛苦、欢乐与忧患、经验与教训、进步与不足，都应该在新闻传媒上得到最充分、最真实、最透明的反映。参阅：童兵. 政治文明建设：新闻信息资源的富矿：再论新闻理论研究的新课题 [M] //北京广播学院新闻传播学院. 新闻传播学前沿2004. 北京：北京广播学院出版社，2004：1-6.

为最突出的有两个：一是智识的要求，二是道德的要求。在一个社会的成长、一个人的成长中，德与智是最基本的东西。

（一）真实——知识社会的成长基础

新闻媒介常常被人们比喻为百科全书、知识宝库。这当然是针对媒介整体和所有传播内容而言的。但即使就狭义的新闻报道来说，其内容的广泛性、新鲜性，也足以成为收受者获取信息、吸纳新知的一个重要渠道。在今天这样一个大众传播充满工作、学习生活时空的时代中，新闻报道已经成为人们学习知识、借鉴经验的一条通道。知识社会的标志之一，就是知识通道的大众化、教育方式的大众媒介化。因而，媒介所承载的、蕴含在各种信息中的知识的真实性、新鲜性，对于今天的社会发展显得异常重要，成为知识社会成长的基础。

早在大约60年前，美国新闻自由委员会在其有关报告中就写道："我们必须承认，大众传播机构是一种教育工具，而且也许是最强大的。"①担当过新闻自由委员会主席的罗伯特·M. 哈钦斯对新闻界在知识传播中的作用更是倍加强调，他说："16年的正规学校教育根本无法与通过新闻界接受的终生教育相提并论。"② 当人类进入21世纪后，社会变成了知识社会，时代成为信息时代、传媒时代，"通过新闻界"接受教育的方式更是今非昔比。通过大众媒介、新闻媒介进行学习，已经成为今天社会进行学习的基本方式之一，并且是最广泛的方式之一。如今，人们可以不接受学校教育，但没有人可以拒绝媒介的教育；人们可以不通过学校学习，但没有人能够拒绝通过媒介来学习。大众媒介已经成为知识成长的通道，成

---

① 新闻自由委员会. 一个自由而负责的新闻界 [M]. 展江，王征，王涛，译. 北京：中国人民大学出版社，2004：15.

② 同①90. 怎样才能使新闻媒介成为有效的教育工具，成为知识传播的渠道？我以为这是非常值得研究的重要课题，需要进行专门的探讨。

为社会越来越知识化的基础。新闻报道在其中发挥的作用当然是难以否认的。

　　从知识传播角度看，每篇新闻报道都包含一定的知识信息。新闻的本体功能无疑是信息功能，核心在于告知人们新闻事实是什么。但所有新闻除了告知事实状态的本体性信息功能之外，还都具延伸性的其他功能。知识功能、教育功能便是其中之一。事实上，对于新闻报道来说，知识信息是一种本体性的存在。即只要有新闻报道存在，就有相应的某种知识存在。我们只是在逻辑上将新闻的信息功能与知识功能加以区分，在实际的存在状态中，两种功能是共时的。因此，任何人在任何时候、任何地方，只要阅读、视听新闻报道，他或她就会同时学到或重温相关的知识。他或她的学习可能是自觉的，也可能是不自觉的、潜移默化的。可见，传播知识的功能是新闻报道固有的本性，是本体性的属性，是想抛弃都抛弃不了的功能。

　　就整体的新闻传播来说，新闻报道中包含的知识可以说是无限的。自然科学、社会科学、人文科学领域中的各种知识都会包含在新闻报道之中。人们的经验、生活的常识等，都会以不同的丰富多彩的方式体现在新闻报道中。任何一篇新闻，都是依赖作者对一定知识的知悉而写成的；任何一篇新闻，都会反映一定的自然领域、社会领域、生活领域中事态的变化，与此同时，也会反映相应的知识领域的基本知识，甚至是最新的知识创造。那些具有一定深度的有关专门领域的各种报道，更是含有比较广泛而深刻的专业知识，这样的新闻报道，不仅能给收受者提供一定的新闻信息，还能够提供相关领域的最新知识。同时，它也对收受者的收受素质提出了要求。只有具有一定的相关知识基础，才能读懂、看懂、听懂相关的新闻报道。因而，一个长期关注某一领域的新闻收受者，如果能够持之以恒地收受相关报道，就完全有可能成为一定领域的内行甚至专家。

在知识社会，人们最重要的资本，也可以说是人们生存与发展的能力，主要体现在对知识质与量的占有上。知识是资本，知识也是权力。对于普通的、已经脱离专门性学校教育的大众来说，他们没有足够的时间，也往往没有足够的兴趣，以精英们的方式去专门不断地获取知识资本和权力。大众媒介可能是他们了解社会环境的基本通道，也是他们增长各种新的知识的主要通道之一。因而，知识社会对媒介的真实传播也提出了要求，呼唤能以真实的信息传播、真实的新闻报道，为普通的大众服务。新闻所具有的知识功能或者知识属性，在客观上使新闻报道多了一份责任。虚假新闻不可能传播真实的知识，更不可能传播真理。一些虚假失实的科技新闻、文化新闻，对科学和真理更是一种直接的挑衅和玷污。

在信息时代、知识社会到来之际，人们对大众传播媒介的依赖程度越来越高。[①] 与此相应，新闻传播越来越成为建构和推动社会正常运行或更新变革的重要工具和力量。美国哲学家杜威在 19 世纪后期就已认为，大众传播是社会变迁的工具。他还曾试图通过新闻传播方式报道社会科学的最新成果，以改良社会运行状况。[②] 自然，新闻传播要成为知识社会的有效工具，前提仍然是传播的新闻必须是真实的，必须有助于人们认识社会的真实情况，不然，只会把人们带入歧途。被称为第一个大众传播理论家的美国人帕克，早在 20 世纪初就指出，"新闻是人际对话的基础"[③]。这足

---

① 当做出这一判断时，我们把互联网也看作大众传播媒介。因为事实上，如今的人们越来越不依赖传统的大众传播媒介。特别是年轻的后辈们，已经表现出对传统新闻媒体的冷淡和对网络新闻的热情。还有一种现象可以顺便指出来，现在的年轻人，对新闻本身也越来越冷淡，他们对严肃新闻的关注程度实质上在下降，他们乐于关注的新闻往往是娱乐新闻、体育新闻和一些丑闻。这些现象都是非常值得关注和研究的。

② 戈德法布．"民主"社会中的知识分子 [M]．杨信彰，周恒，译．沈阳：辽宁教育出版社，2002：61．

③ 陈卫星．传播的观念 [M]．北京：人民出版社，2004：75．

以反映出"新闻"在现代大众化社会生活中的地位与作用。而要使这种对话有效，成为人们之间真正有意义的交流，最基本的保障是新闻信息的真实。"媒体的报道必须真实，新闻必须自由，媒体在整体上高举正义、公正和健康的大旗，媒体镜像才显现出真理的物象，让人们看清生活和历史的发展方向。媒介给人们提供歪曲的影像，受众得出错误的结论，就会误读世界。人民不是群氓，公众有时甚至常常对世事判断错误，是因为得不到世界真实的影像。只要媒介镜像不断演示真实的画面，人民就会看透真理，驾驭真理。"①

总之，在我看来，大众媒介是知识社会成长的极为重要的血脉，新闻传播所包含的知识是知识社会成长的新鲜血液，而真实是使新闻能够促进知识社会成长的根本保证。

（二）真实——道德社会的内在诉求

新闻传播的诸多特征，特别是新闻传播的真实性，对于道德社会的建设有着任何其他手段都不可替代的作用和影响。人类之所以能够成为人类，在于其在漫长的历史演进中形成了人性。人性是与神性、动物性相区别的人的特性。这一特性恐怕不是别的，就是人的德性。② 正是德性使人成为人。正是具有德性的社会才成为人的社会。也就是说，只有人的社会才是道德的社会。

道德社会要求人们在所有涉及道德的领域内、言行中，遵守社会道德

---

① 刘建明. 新闻学前沿：新闻学关注的 11 个焦点 [M]. 北京：清华大学出版社，2005：190.

② 我国伦理学者高兆明先生，在分析了历史上诸多关于"人"的定义之后认为："如果存在着一个与人性同等意义的东西，那么，这个东西是何？这就是道德。""道德为人之所是，即所谓人之为人的内在规定性。这有两个层次的含义：个体的与类的。无论是作为个体的人，还是作为类的人，能够配称之为人的，核心的就在于有道德这样一种存在样式、范型或如柏拉图所说的形式。"我本人赞同他的看法。参见：高兆明. 伦理学理论与方法 [M]. 北京：人民出版社，2005：14.

规范。道德社会要求新闻传播必须是道德的传播，即从内容到形式，都是道德的。内容的道德性主要包括两个方面：一是不传播道德社会道德规范不允许传播的东西（假定社会的道德规范是合理的，是符合一定历史时代人性发展水平的）；二是在道德规范允许的范围内，传播的内容应该是真实的、可靠的、可信的。真实报道所依赖的道德品质主要有智慧、诚实和勇敢。其中诚实是最重要的。因此，人们对新闻工作者的道德期望首先就是诚实的品质。如果新闻媒体报道了虚假不实的新闻，社会公众首先就会认为，新闻工作者不具有诚实的道德品质。

大众传播时代到来之后①，人们通常把新闻媒介看作"社会公器"，看作维护公共利益的工具，媒介领域也被看作社会的公共领域。这在客观上就不仅意味着社会公众赋予媒体维护社会正义的权利，也意味着社会公众要求新闻媒体承担为公共利益服务的责任。作为维护社会正义、维护公共利益的角色，新闻工作者在道德上首先应该是崇高的，其道德水平应该高于普通大众，正像教师作为教育人的人，社会要求他们必须具有高于普通大众的道德水平。如此的逻辑，使得新闻工作者在整个社会的道德建设中具有了特别的地位和影响。如我在前文讨论虚假新闻的有关问题时所说，不管是社会大众还是新闻工作者自己，都把新闻媒体、新闻工作者看作（至少是期待）社会道德规范的维护者和道德行为的楷模。新闻工作者的行为具有比较显著的道德示范作用和影响。因此，新闻传播已经不仅仅是简单地报道新闻事实信息的活动，从道德教育、道德传播角度看，也在维护着、传递着、培养着、创造着、影响着社会的道德价值观念和普遍的道德风气。

---

① 新闻学界通常认为，19世纪30年代诞生于美国的商业报纸，标志着大众传播时代的开始。也有人认为，周期性印刷报纸的诞生，标志着大众传播时代的开启。还有人认为，广播电视的真正兴起，才意味着大众传播时代的真正到来。

　　由于能否真实报道新闻是形成各种道德影响的根源①，因此，社会期待新闻工作者成为道德楷模，成为良好道德风尚的倡导者、传播者，实质的意味就是，新闻传播者必须向社会提供真实的新闻。真实不再是新闻的内在诉求，也是社会道德建设的诉求。

---

①　这里我们不讨论其他内容的传播。但必须指出，新闻媒体及其从业者的道德影响，不限于新闻传播，所有传播内容、传播方式，都会影响到社会的道德建设、人们的道德行为。

参考文献

一、中文文献（著作类）

艾丰．新闻采访方法论［M］．北京：人民日报出版社，1989.

北京广播学院新闻传播学院．新闻传播学前沿2004［M］．北京：北京广播学院出版社，2004.

蔡雯．新闻传播的策划与组织［M］．北京：新华出版社，2001.

陈嘉明．知识与确证：当代知识论引论［M］．上海：上海人民出版社，2003.

陈力丹．马克思主义新闻思想概论［M］．上海：复旦大学出版社，2003.

陈力丹．世界新闻传播史［M］．上海：上海交通大学出版社，2002.

陈南荣．认知论［M］．厦门：厦门大学出版社，2000.

陈卫星．传播的观念［M］．北京：人民出版社，2004.

陈绚．新闻道德与法规：对媒介行为规范的思考［M］．北京：中国大百科全书出版社，2005.

成美，童兵．新闻理论教程［M］．北京：中国人民大学出版社，1993.

崔文华．全能语言的文化时代：电视文化研究［M］．北京：北京师范大学出版社，1998.

丁柏铨. 新闻理论新探 [M]. 北京：新华出版社，1999.

丁柏铨. 中国当代理论新闻学 [M]. 上海：复旦大学出版社，2002.

董小英. 叙述学 [M]. 北京：社会科学文献出版社，2001.

方汉奇. 中国新闻事业通史：3 卷 [M]. 北京：中国人民大学出版社，1999.

风笑天. 社会学研究方法 [M]. 北京：中国人民大学出版社，2001.

冯契. 哲学大辞典：修订本 [M]. 上海辞书出版社，2001.

甘惜分. 新闻理论基础 [M]. 北京：中国人民大学出版社，1982.

甘惜分. 新闻论争三十年 [M]. 北京：新华出版社，1988.

甘惜分. 新闻学大辞典 [M]. 郑州：河南人民出版社，1993：10.

高帆. 虚假论：真实背向的理性沉思 [M]. 沈阳：辽宁人民出版社，1994.

高钢. 新闻写作精要 [M]. 北京：首都经济贸易大学出版社，2005.

高兆明. 伦理学理论与方法 [M]. 北京：人民出版社，2005.

弓肇祥. 真理理论：对西方真理理论历史地批判地考察 [M]. 北京：社会科学文献出版社，1999.

郭继海. 真理符合论的困难及其解决 [M]. 北京：中国社会科学出版社，2003.

郭庆光. 传播学教程 [M]. 北京：中国人民大学出版社，1999.

胡壮麟. 语言学教程：修订版中译本 [M]. 北京：北京大学出版社，2002.

黄旦. 新闻传播学：修订版 [M]. 2 版. 杭州：杭州大学出版社，1997.

黄匡宇. 电视新闻语言学 [M]. 北京：中国广播电视出版社，2000.

黄匡宇. 理论电视新闻学 [M]. 广州：中山大学出版社，1996.

黄天鹏. 新闻学论文集 [M]. 上海：光华书局，1930.

黄小寒. "自然之书"读解：科学诠释学 [M]. 上海：上海译文出版社，2002.

蒋亚平，官健文，林荣强. 新闻失实论：上册 [M]. 北京：中国新闻出版社，1986.

金岳霖. 知识论 [M]. 北京：商务印书馆，1983.

匡文波. 网络传播技术 [M]. 北京：高等教育出版社，2003.

蓝鸿文. 新闻采访学 [M]. 2 版. 北京：中国人民大学出版社，2001.

蓝鸿文. 新闻伦理学简明教程 [M]. 北京：中国人民大学出版社，2001.

乐黛云. 跨文化之桥 [M]. 北京：北京大学出版社，2002.

李步楼，等．现代西方哲学中的真理观［M］．武汉：湖北教育出版社，1991.

李良荣．新闻学导论［M］．北京：高等教育出版社，1999.

李良荣．新闻学概论：修订本［M］．福州：福建人民出版社，1995.

李向明．广播新闻创优谈［M］．北京：中国广播电视出版社，1997.

李秀林，王于，李淮春．辩证唯物主义和历史唯物主义原理［M］．5版．北京：中国人民大学出版社，2004.

李瞻．新闻学：新闻原理与制度之批评研究［M］．台北：三民书局，1983.

梁衡．新闻原理的思考［M］．北京：人民出版社，1996.

刘华蓉．大众传媒与政治［M］．北京：北京大学出版社，2001.

刘建明．当代新闻学原理［M］．北京：清华大学出版社，2003.

刘建明．现代新闻理论［M］．北京：民族出版社，1999.

刘建明．新闻学前沿：新闻学关注的11个焦点［M］．北京：清华大学出版社，2005.

刘建明．宣传舆论学大辞典［M］．北京：经济日报出版社，1993.

刘明华，徐泓，张征．新闻写作教程［M］．北京：中国人民大学出版社，2002.

刘晓红，卜卫．大众传播心理研究［M］．北京：中国广播电视出版社，2001.

刘永富．胡塞尔现象学·海德格尔本是学引论：从所知学的角度重新解读胡塞尔和海德格尔［M］．西安：西北大学出版社，2000.

刘永富．真假论纲［M］．北京：中国社会科学出版社，2002.

罗钢．叙事学导论［M］．昆明：云南人民出版社，1994.

罗国杰．马克思主义伦理学［M］．北京：人民出版社，1982.

聂暾．两极论与中介论：修正版［M］．南昌：江西人民出版社，2001.

潘知常，林玮．传媒批判理论［M］．北京：新华出版社，2002.

沙莲香．社会心理学［M］．北京：中国人民大学出版社，1987.

石永义．现代政治学原理［M］．北京：中国人民大学出版社，2000.

舒炜光．科学认识论：第3卷 科学认识形成论［M］．长春：吉林人民出版社，1990.

孙旭培．新闻学新论［M］．北京：社科文献出版社，1993.

孙正聿．超越意识［M］．长春：吉林教育出版社，2001.

童兵．比较新闻传播学［M］．北京：中国人民大学出版社，2002.

童兵. 理论新闻传播学导论［M］. 2版. 北京：中国人民大学出版社，2011.

王逢振，等. 电视与权力. 天津：天津社会科学院出版社，2000.

王海明. 伦理学原理［M］. 北京：北京大学出版社，2001.

王路. "是"与"真"：形而上学的基石［M］. 北京：人民出版社，2003.

王文章，侯样祥. 中国学者心中的科学·人文：科学人文关系卷［M］. 昆明：云南教育出版社，2002.

王元化. 文学沉思录［M］. 上海：上海文艺出版社，1983.

王子琳. 法律社会学［M］. 长春：吉林大学出版社，1991.

魏永征. 新闻传播法教程［M］. 北京：中国人民大学出版社，2002.

魏永征. 新闻法新论［M］. 北京：中国海关出版社，2002.

文援朝. 超越错误：医错哲学及其应用研究［M］. 长沙：中南工业大学出版社，1995.

吴高福. 新闻学基本原理［M］. 武汉：武汉大学出版社，1993.

吴缦，曹璐. 新闻广播研究［M］. 北京：北京广播学院出版社，1997.

现代汉语词典［M］. 7版. 北京：商务印书馆，2016.

项德生，郑保卫. 新闻学概论［M］. 武汉：武汉大学出版社，2000.

中共中央宣传部新闻局. 中国共产党新闻工作文献选编：1938—1989［M］. 北京：人民出版社，1990.

徐宝璜. 新闻学［M］. 北京：中国人民大学出版社，1994.

徐耀魁. 西方新闻理论评析［M］. 北京：新华出版社，1998.

严存生. 论法与正义［M］. 西安：陕西人民出版社，1997.

阳作华，黄金南. 唯物辨证法范畴研究［M］. 武汉：华中工学院出版社，1984：48.

杨保军. 新闻价值论［M］. 北京：中国人民大学出版社，2003.

杨保军. 新闻理论教程［M］. 北京：中国人民大学出版社，2005.

杨保军. 新闻理论教程［M］. 4版. 北京：中国人民大学出版社，2019.

杨保军. 新闻事实论［M］. 北京：新华出版社，2001.

杨宇冠. 人权法：《公民权利和政治权利国际公约》研究［M］. 北京：中国人民公安大学出版社，2003.

姚福申. 新时期中国新闻传播评述［M］. 上海：复旦大学出版社，2002.

姚福申．学海泛舟二十年：对新闻学与编辑学的探索［M］．香港：香港语丝出版社，2001.

姚新中．道德活动论［M］．北京：中国人民大学出版社，1990.

叶德本，解守阵．中外假新闻大曝光［M］．北京：中国国际广播出版社，1992.

叶家铮．电视媒介研究［M］．北京：北京广播学院出版社，1997.

叶子．电视新闻学［M］．北京：北京广播学院出版社，1997.

余丽丽．社会转型与媒介的社会控制：透视中国传媒调控机制嬗变的动因、轨迹与逻辑［D］．上海：复旦大学，2003.

余治平．哲学的锁钥：源于本体论的形上之思［M］．成都：四川人民出版社，2002.

俞燕敏，鄢利群．无冕之王与金钱：美国媒体与美国社会［M］．北京：中国社会科学出版社，2000.

喻国明．传媒影响力：传媒产业本质与竞争优势［M］．广州：南方日报出版社，2003.

喻国明．解析传媒变局：来自中国传媒业第一现场的报告［M］．广州：南方日报出版社，2002.

张世林．学林春秋：三编上册［M］．北京：朝华出版社，1999.

张世英．哲学导论［M］．北京大学出版社，2002.

张穗华．媒介的变迁［M］．北京：中国对外翻译出版公司，2002.

张维义．当代"老新闻"［M］．北京：中国广播电视出版社，1994.

张中华．管理学通论［M］．2版．北京：北京大学出版社，2008.

章士嵘．认识论辞典［M］．长春：吉林人民出版社，1984.

赵敦华．现代西方哲学新编［M］．北京：北京大学出版社，2001.

赵彦华．媒介市场评价研究：理论、方法与指标体系［M］．北京：新华出版社，2004.

郑保卫．当代新闻理论［M］．新华出版社，2003.

郑保卫．中国共产党新闻思想史［M］．福州：福建人民出版社，2004.

郑超然，程曼丽，王泰玄．外国新闻传播史［M］．北京：中国人民大学出版社，2000.

郑杭生．社会学概论新修［M］．3版．北京：中国人民大学出版社，2003.

郑兴东，陈仁风，蔡雯．报纸编辑学教程［M］．北京：中国人民大学出版社，2001.

中共中央文献研究室．毛泽东年谱：一九四九——一九七六：第3卷［M］．北京：中央文献出版社，2013.

中共中央宣传部新闻局，中国社会科学院新闻研究所 . 真实：新闻的生命 ［M］. 北京：中国新闻出版社，1986.

中国人民大学新闻学院 . 新闻传播学术报告会论文集 ［M］. 北京：中国人民大学出版社，1997.

钟蔚文 . 从媒介真实到主观真实：看新闻？怎么看？看到什么？［M］. 台北：正中书局，1992.

周俊 . 媒介假事件的基本特征和规范 ［D］. 北京：中国人民大学，2005.

周文彰 . 狡黠的心灵：主体认识图式概论 ［M］. 北京：中国人民大学出版社，1991.

周小普 . 广播新闻与音响报道 ［M］. 北京：中国人民大学出版社，2001.

朱光潜 . 朱光潜美学文集：第 1 卷 ［M］. 上海：上海文艺出版社，1982.

二、中文文献（论文类）

陈斌，贾亦凡 . 2003 年十大假新闻 ［J］. 新闻记者，2004（1）：21 - 27.

陈力丹 . 假新闻何以泛滥成灾？［J］. 新闻记者，2002（2）：22 - 23.

陈锡喜 . 正确理解本质在现象中 ［J］. 社会科学，1984（7）：38.

陈玉申 . 发挥党报社会新闻报道的示范和引导作用 ［J］. 新闻战线，2003（5）：19 - 20.

程晓鸿 . 36 篇假新闻使《纽约时报》蒙羞 ［J］. 珠海特区报，2003 - 05 - 25.

单波 . 重建新闻客观性原理 ［J］. 现代传播（北京广播学院学报），1999（1）：28 - 35.

郭镇之 ."客观新闻学"［J］. 新闻与传播研究，1998（4）：58 - 66，92.

胡耀邦 . 关于党的新闻工作 ［J］. 新闻记者，1985（5）：2 - 8.

李昕 . 新闻学的核心：采访！采访！核实！核实！：美国斯坦福大学吴惠连教授与清华学子对话录 ［J］. 新闻记者，2001（10）：20 - 22.

刘少奇 . 对华北记者团的谈话 ［J］. 新闻战线，1982（1）：2 - 7.

陆定一 . 新闻必须完全真实：陆定一同志对本刊记者的谈话 ［J］. 新闻战线，1982（12）：2.

美国媒体诚信再创历史新低 ［N］. 参考消息，2004 - 10 - 15.

穆青 . 学会写视觉新闻：一九八三年九月十日在新华社国内部编前会议上的讲话

［J］. 新闻业务，1984（3）：7-8.

宁树藩．"有闻必录"考［J］. 新闻研究资料，1986（1）：95-113.

欧阳明．电视评论如何扬长避短：《东方时空·面对面》的启示［J］. 中国广播电视学刊，1999（5）：26-28，36.

吴飞．西方新闻报道方式变革的内在动力［J］. 现代传播，1999（2）：5-10.

杨保军．试论新闻传播规律［J］. 国际新闻界，2005（1）：59-65.

佚名．读者来信［N］. 人民日报，1980-07-24.

三、中文文献（翻译类，包括著作与论文）

阿普尔比，亨特，雅各布．历史的真相［M］. 刘北成，薛绚，译．北京：中央编译出版社，1999.

阿特休尔．权力的媒介：新闻媒介在人类事务中的作用［M］. 黄煜，裘志康，译．北京：华夏出版社，1989.

埃默里 M，埃默里 E，罗伯茨．美国新闻史：大众传播媒介解释史：第8版［M］. 展江，殷文，主译．北京：新华出版社，2001.

艾布拉姆斯．镜与灯：浪漫主义文论与批评传说［M］. 郦稚牛，等译．北京大学出版社，1989.

班尼特．新闻：政治的幻象［M］. 杨晓红，王家全，译．北京：当代中国出版社，2005.

宾默尔．博弈论与社会契约：第1卷［M］. 王小卫，钱勇，译．上海：上海财经大学出版社，2003.

布尔迪厄．关于电视［M］. 许钧，译．沈阳：辽宁教育出版社，2000.

迪尔凯姆．社会学方法的规则［M］. 胡伟，译．北京：华夏出版社，1999.

菲德勒．媒介形态变化：认识新媒介［M］. 明安香，译．北京：华夏出版社，2000.

弗林特．报纸的良知：新闻事业的原则和问题案例讲义［M］. 萧严，译．北京：中国人民大学出版社，2005.

富勒．信息时代的新闻价值观［M］. 展江，译．北京：新华出版社，1999.

伽达默尔．真理与方法：哲学诠释学的基本特征［M］. 洪汉鼎，译．上海：上海译文出版社，1999.

戈德法布."民主"社会中的知识分子［M］.杨信彰，周恒，译.沈阳：辽宁教育出版社，2002.

埃尔德里奇.获取信息：新闻、真相和权力［M］.张威，邓天颖，主译.北京：新华出版社，2004.

莱斯特.视觉传播：形象载动信息［M］.霍文利，等译.北京：北京广播学院出版社，2003.

朗格.艺术问题［M］.滕守尧，朱疆源，译.北京：中国社会科学出版社，1983.

李普曼.公众舆论［M］.闫克文，江红，译.上海：上海人民出版社，2002.

列宁.列宁全集：第11卷［M］.2版（增订版）.北京：人民出版社，2017.

列宁.列宁全集：第23卷［M］.2版（增订版）.北京：人民出版社，2017.

列宁.列宁全集：第28卷［M］.2版（增订版）.北京：人民出版社，2017.

列宁.列宁全集：第34卷［M］.2版（增订版）.北京：人民出版社，2017.

列宁.列宁全集：第51卷［M］.2版（增订版）.北京：人民出版社，2017.

列宁.列宁全集：第9卷［M］.2版（修订版）.北京：人民出版社，2017.

列宁.列宁全集：第40卷［M］.2版（修订版）.北京：人民出版社，2017.

列宁.列宁选集：第1卷［M］.3版（修订版）.北京：人民出版社，2012.

列宁.列宁选集：第2卷［M］.3版（修订版）.北京：人民出版社，2012.

列宁.列宁选集：第3卷［M］.3版（修订版）.北京：人民出版社，2012.

列宁.列宁选集：第4卷［M］.3版（修订版）.北京：人民出版社，2012.

卢那察尔斯基.论文学［M］.北京：人民文学出版社，1978.

罗斯金.政治学：第6版［M］.林震，等译.北京：华夏出版社，2002.

马克思，恩格斯.马克思恩格斯全集：第1卷［M］.2版.北京，人民出版社，1995.

马克思，恩格斯.马克思恩格斯全集：29卷［M］.北京：人民出版社，1972.

马克思，恩格斯.马克思恩格斯全集：31卷［M］.北京：人民出版社，1972.

马克思，恩格斯.马克思恩格斯全集：第33卷［M］.北京：人民出版社，1973.

马克思，恩格斯.马克思恩格斯全集：第37卷［M］.北京：人民出版社，1971.

马克思，恩格斯.马克思恩格斯全集：第42卷［M］.北京：人民出版社，1979.

马克思，恩格斯.马克思恩格斯全集：第49卷［M］.2版.北京：人民出版社，

2016.

　　马克思恩格斯文集：10 卷［M］．北京：人民出版社，2009.

　　马克思，恩格斯．马克思恩格斯选集：第 1 卷［M］．3 版．北京：人民出版社，2012.

　　马克思，恩格斯．马克思恩格斯选集：第 4 卷［M］．3 版．北京：人民出版社，2012.

　　麦克布赖德，等．多种声音，一个世界［M］．中国对外翻译出版公司第二翻译室，译．北京：中国对外翻译出版公司，1981.

　　门彻．新闻报道与写作：第 9 版［M］．展江，主译．北京：华夏出版社，2003.

　　施拉姆，等．报刊的四种理论［M］．中国人民大学新闻系，译．北京：新华出版社，1980.

　　施瓦茨．如何成为顶级记者：美联社新闻报道手册［M］．曹俊，王蕊，译．北京：中央编译出版社，2003.

　　史蒂文森．认识媒介文化：社会理论与大众传播［M］．王文斌，译．北京：商务印书馆，2001.

　　舒德森．探索新闻：美国报业社会史［M］．何颖怡，译．台北：远流出版事业股份有限公司，1993.

　　斯大林．斯大林全集：第 13 卷［M］．人民出版社，1956.

　　史密斯．新闻道德评价［M］．李青藜，译．北京：新华出版社，2001.

　　瓦托夫斯基．科学思想的概念基础：科学哲学导论［M］．范岱年，等译．北京：求实出版社，1982.

　　瓦耶纳．当代新闻学［M］．丁雪英，连燕堂，译．北京：新华出版社，1986.

　　韦伯．文明的历史脚步：韦伯文集［M］．黄宪起，张晓玲，译．上海：上海三联书店，1988.

　　沃克．报纸的力量：世界十二家大报［M］．苏潼均，诠申，译．北京：新华出版社，1987.

　　新闻自由委员会．一个自由而负责的新闻界［M］．展江，王征，王涛，译．北京：中国人民大学出版社，2004.

　　伊瑟尔．虚构与想象：文学人类学疆界［M］．陈定家，汪正龙，等译．长春：吉林人民出版社，2003.

后　记

　　写一部《新闻真实论》，是我很久以来的愿望。看着30多万字的书稿，说真的，我有几分自豪和欣慰。尽管它不是令我十分满意，但它毕竟为我今后的相关研究打下了还算坚实的基础。

　　每写完一本书，我都要由衷地感谢很多人，但这一次，我要把感谢的话语首先献给我远在千里之外的父母和岳父母。他们都已进入古稀之年，身体也都不是很好，我本应利用寒假、暑假和其他节假日回家看望他们。但正是这些时间，成就了我一本又一本的著作。这些时间不只是老天爷赐给我的，也是他们赐给我的。每次电话中，还未等我问候他们的话说完，他们便抢过话头告诫我一定要注意身体，不要太累……我要深深地感谢他们，我要用白纸黑字郑重写下对他们的感激之情，并祝他们健康长寿。

　　我的教学、科研能有今天这样小小的成绩，离不开我的导师童兵先生的指导和关怀。正是他，把我带入新闻理论研究领域，使我写出一篇奠定自己学术研究基础的博士学位论文《新闻事实论》。正是这篇博士学位论文，为我赢得了不少的荣誉，但更为重要的是，它给我赢得了一些机会和几分宁静，使我能够潜心做一些自己喜爱的学术研究。这部《新闻真实论》，就是我主持的"高等学校全国优秀博士学位论文作者专项资金资助项目"《理论新闻学系列专论研究：新闻本体论、新闻真实论、新闻道德论》（200314）的部分成果。

　　中国人民大学新闻学院良好的学术氛围、高品质的学术资源，不仅为我提供了科研的平台，也为我创造了不断学习进步的机会。感谢学院所有的老师，是他们的辛勤与智慧共同创造了人民大学新闻学院的今天。我愿通过高质量的教学和创新性的科研，为新闻学院的继续发展，奉献自己的微薄之力。

我在写作中参阅了大量的文献，引用了不少研究者的成果。在此，对那些激发过我灵感、启发过我深思、引发过我疑问的所有作者们，表示真诚的谢意。

衷心感谢我的爱人成茹，她一贯的支持与关爱，使我始终保持着一份平常、平静、平和的心态，不急不躁，在学术研究的道路上，按照自己的步点向前迈进……

衷心感谢中国人民大学出版社人文分社，几年来，在分社编辑的热心帮助下，我的几部著作都顺利面世。这部《新闻真实论》也是在大家的鼎力支持下，才得以和读者尽快见面。感谢本书的责任编辑，他们的认真仔细、一丝不苟，使书中不少错误得以及时修正。

感谢所有支持过我、帮助过我的朋友们。

杨保军

2005 年 8 月 2 日

于中国人民大学林园 9 楼

图书在版编目（CIP）数据

新闻真实论：新修版 / 杨保军著. -- 2 版. -- 北
京：中国人民大学出版社，2024.1
中国新闻传播学自主知识体系建设工程
ISBN 978-7-300-32511-8

Ⅰ.①新… Ⅱ.①杨… Ⅲ.①新闻学—研究 Ⅳ.
①G210

中国国家版本馆 CIP 数据核字（2024）第 029994 号

中国新闻传播学自主知识体系建设工程
当代中国新闻理论研究

新闻真实论（新修版）

杨保军　著

Xinwen Zhenshilun

出版发行	中国人民大学出版社			
社　　址	北京中关村大街 31 号		**邮政编码**	100080
电　　话	010 - 62511242（总编室）		010 - 62511770（质管部）	
	010 - 82501766（邮购部）		010 - 62514148（门市部）	
	010 - 62515195（发行公司）		010 - 62515275（盗版举报）	
网　　址	http://www.crup.com.cn			
经　　销	新华书店			
印　　刷	中煤（北京）印务有限公司		**版　次**	2006 年 4 月第 1 版
				2024 年 1 月第 2 版
开　　本	720 mm×1000 mm　1/16			
印　　张	28.75 插页 3		**印　次**	2024 年 8 月第 2 次印刷
字　　数	364 000		**定　价**	129.00 元